现代经济与管理类系列教材

税务会计

主　编　郑新娜　王　颖

副主编　李争艳　张师嘉

清华大学出版社
北京交通大学出版社
·北京·

内 容 简 介

本书以我国现行最新的税收法规和企业会计准则为依据，比较完整、系统地介绍了各税种的具体规定和涉税会计处理方法，对企业出口货物退税以及减免返还税款也做了详细介绍。为了便于学习和理解，各税种都给出了丰富的核算实例。在章节安排上，货物、劳务税种和准许计入费用的税种核算在前，企业所得税和个人所得税核算在后，具有与财务会计核算和企业所得税清算的一致性。在各章内容的编写上，法律规定在先，核算方法和实务处理在后，体现了法规的准确性、核算技能的新颖性、核算方法的程序性和实用性。本书根据增值税税率调整、企业会计收入新准则设计了大量例题，替换了整合后的增值税、消费税及城市维护建设税等附加税费申报表，编写了个人所得税的内容，并在每章后增加了即测即评（包括单选题、多选题和判断题），能增进学生对所学知识的理解和掌握。

本书适合应用型本科财会专业学生作为教材使用，也可作为财会工作人员自学的参考用书。

图书在版编目（CIP）数据

税务会计 / 郑新娜，王颖主编. —北京：北京交通大学出版社 ：清华大学出版社，2022.11
ISBN 978-7-5121-4831-4

Ⅰ．① 税…　Ⅱ．① 郑…　② 王…　Ⅲ．① 税务会计–高等学校–教材
Ⅳ．① F810.62

中国版本图书馆 CIP 数据核字（2022）第 213374 号

税务会计
SHUIWU KUAIJI

责任编辑：田秀青

出版发行：	清 华 大 学 出 版 社	邮编：100084	电话：010-62776969	http://www.tup.com.cn
	北京交通大学出版社	邮编：100044	电话：010-51686414	http://www.bjtup.com.cn

印 刷 者：北京鑫海金澳胶印有限公司

经　　销：全国新华书店

开　　本：185 mm×260 mm　　印张：18.25　　字数：467 千字

版 印 次：2022 年 11 月第 1 版　　2022 年 11 月第 1 次印刷

印　　数：1～1 500 册　　定价：49.00 元

前　　言

　　"税务会计"课程是应用型院校财经专业的一门专业选修课,服务于会计专业人才培养目标,培养具有一定税务会计实务操作能力的应用型人才。本课程坚持"理实一体、学做合一",以涉税岗位能力的培养为主线,直接为培养学生从事税务会计工作应具备的纳税计算能力、税务会计核算能力和纳税申报能力服务。

　　本教材内容包括税务会计总论、增值税会计、消费税会计实务、企业所得税的会计实务、个人所得税的会计实务、其他税种的会计实务(上)、其他税种的会计实务(下)共七个项目。为培养高端应用型税务会计人才,本教材对税务会计实例进行分析与操作,主要讲授企业税务会计实际工作所必需的各税种的计算、会计核算和纳税申报等问题,突出了税务会计的实用性和应用性,让学生在学习税务会计理论知识的同时,提升税务会计的实践和应用能力。税务会计课程的前置课程为税法,后续课程为纳税筹划。

　　本教材在借鉴大量优秀前期成果的基础上,结合编者对税务会计的理论与实践的认识编写而成,具有以下特色:

　　1. 案例实用性和应用性强

　　本教材在讲授税务会计理论知识的基础上,更加注重税务会计的实用性和应用性,着重培养学生的应用和实践能力,让学生较好地把握税务会计的精髓和思想。

　　2. 编写形式和内容适合应用型人才培养特点

　　本教材强调"理实一体、学做合一",更加突出实践性,力求实现情境化教学。教材编写形式和内容适合应用型人才培养特点。每个项目开头设置"职业能力目标",让学生首先能够明确项目的学习目标。本教材由郑新娜、王颖担任主编,李争艳、张师嘉担任副主编;郑新娜编写项目一和项目二,王颖编写项目三和项目四,李争艳编写项目五,张师嘉编写项目六和项目七。本书以学生日后的办税工作实际需要为核心,紧密结合税务会计工作的实际,着重具体操作知识的编写,条理清晰,操作规范,有助于提升学生的技能训练和从业能力。

　　3. 按照最新企业会计准则和税收法律编写

　　(1)突出税务会计核算和涉税风险管控。本教材在吸纳税法基础知识的基础上,尽量避免与"税法""税务代理""财务会计""税费计算与申报""纳税实务"等课程的内容重叠,突出税务会计岗位的会计核算和纳税人的涉税风险管控,总体设计体现理实一体化的编写模式。

　　(2)以"引例"为启发,体现任务驱动式教学。每个单元创设若干与税务会计岗位实务密切相关的工作任务，每个任务以"引例"为启发，让学生带着任务和思考去学习相关税法和企业会计准则知识，完成系列技能操作。每个单元后均设置了"练习题"，对单元内容进行检测和实战演练。将枯燥的税务会计知识融入实际的账务操作、真实的纳税申报和涉税风险控制的工作，不仅提高了学习效率，而且学以致用，增加了学生学习乐趣。

4. 教学资源丰富

本教材提供给任课教师 PPT 教学课件，各个项目强化练习和对应的答案。

尽管我们对本教材进行了认真的编审，但由于编者水平有限，书中不足之处在所难免，恳请广大读者批评指正。

编 者

2022 年 3 月

目　录

项目一
税务会计总论

（1）能识记税务会计的含义。

（2）能明确税务会计与财务会计的联系与区别、税务会计的基本前提、税务会计的核算原则、税务会计的目标。

（3）能对税务会计科目进行设置。

任务一　税务会计的认知

一、税务会计的含义

税收会计、税务会计与纳税会计是三个极易混淆的概念，三者的内涵不同。若站在征税主体（包括税务机关、海关）的角度，税务会计称为"税收会计"（征税主体税务会计）；若站在纳税主体（又称"纳税人"，包括法人、自然人和其他组织）的角度，税务会计称为"纳税会计"（纳税主体税务会计）。由于本书主要研究纳税主体涉税会计事项的处理，因此采用的"税务会计"一词指的是"纳税会计"（纳税主体税务会计）。

日本著名税务会计专家武田昌辅认为，税务会计是为计算法人税法中的课税所得而设立的会计，它不是制度会计，而是以企业会计为依据，按税法的要求对既定的盈利进行加工、修正的会计。

美国著名税务会计专家吉特曼认为，税务会计主要是处理某项目何时被确认为收入或费用的账务问题的一种专业会计。

我国税务会计专家盖地认为，税务会计是以所涉税境的现行税收法规为准绳，用会计学的理论、方法和程序，对企业涉税会计事项进行确认、计量、记录和申报（报告），以实现企业最大税收利益的一门专业会计。

通过学习税务会计课程，可以了解税务会计的基本理论框架与研究体系、税务会计的意义与分类等，熟悉税务凭证的种类、构成、管理、税务行政管理法规，掌握主要税种的相关法律内容、会计科目的运用、纳税金额的核算、会计业务处理方式、纳税申报程序和方法，并掌握一定的税务处理实际技能，为学生未来从事税务会计工作打下良好的基础。同时，认识到税务会计的重要性，树立税务会计的管理观念，养成依法纳税的意识。

二、税务会计与财务会计的联系与区别

税务会计是社会经济发展到一定历史阶段后从传统的财务会计中细化分离出来的。税务会计与财务会计均属于企业的会计体系，两者在会计主体、记账基础、核算前提等方面基本相同，但在会计目标、会计对象、会计核算法律依据、提供的信息和会计核算基础等方面存在一定的区别。

（一）税务会计与财务会计的联系

1. 税务会计以财务会计为基础

税务会计作为一项专业活动并不是单独存在的，它是会计的一个特殊领域，是以财务会计为基础的。财务会计生成了较为健全完善的财务数据和信息，作为编制财务会计报告的基本财务资料。实践中，税务会计的资料（数据和信息）大多来源于财务会计资料（数据和信息）。

2. 税务会计与财务会计之间存在协调性

税务会计对财务会计处理中与现行税法不相符的会计事项，需要按照税法的规定进行计算、调整，并在会计分录中予以体现，这样相关的税务会计处理又会反过来影响财务会计，并将其影响体现在财务会计账簿以及最终的财务会计报告之中。

（二）税务会计与财务会计的区别

1. 会计目标不同

财务会计的目标主要是向投资者、债权人、政府部门、社会公众、企业管理决策者等相关信息使用者提供企业的财务状况、经营成果和现金流量等信息；税务会计的目标主要是向税务机关、海关、企业管理决策者等相关信息使用者提供纳税活动方面的信息。

2. 会计对象不同

财务会计的对象是核算和监督企业生产经营活动所引起的资金运动和变化；税务会计的对象是核算和监督企业纳税活动所引起的资金运动和变化。

3. 会计核算法律依据不同

财务会计核算的法律依据是会计法、会计准则和会计制度等会计法律法规；税务会计核算的法律依据除了会计法、会计准则和会计制度等会计法律法规之外，更加侧重于税收法律法规（简称"税法"）。目前我国的税收法律法规与会计法律法规存在较多差异。主要表现在收入的确认、费用的确认、资产的取得和期末计价等方面。当会计法律法规与税收法律法规不一致时，税务会计应当以税收法律法规为依据来调整财务会计的核算结果。

4. 提供的信息不同

财务会计通过对经济业务事项的核算工作，主要编制资产负债表、利润表和现金流量表，反映企业的财务状况、经营成果和现金流量，为相关信息使用者提供财务会计方面的信息；税务会计通过对应纳税额的确认、计算、会计核算、纳税筹划和申报交纳等工作，主要编制纳税申报表及应交税款明细表，列明应交税款、预交税款、未交税款、减免税款和应退税款等内容，为相关信息使用者提供纳税活动方面的信息。

5. 会计核算基础不同

财务会计主要遵循会计法、会计准则和会计制度等法律法规，强调提供会计信息的真实

性和可靠性，因此，其核算基础是权责发生制；税务会计则要兼顾会计法律法规和税收法律法规，关注纳税主体的现金支付能力，因此，其核算基础是权责发生制和收付实现制及两者的有机结合。

三、税务会计的基本前提

由于税务会计是以财务会计为基础的，因此财务会计的基本前提中有些也适用于税务会计，如会计分期、货币计量等，但因税法的特殊性，税务会计的基本前提也有其特殊性。

（一）纳税主体

纳税主体就是通常所称的纳税人或纳税义务人，即依法直接负有纳税义务的法人、自然人和其他组织。纳税主体与财务会计中的会计主体有一定的联系，但又有一定的区别。在一般情况下，会计主体同时也是纳税主体。例如，某工业企业既是会计主体，同时又是纳税主体。但在某些特殊或特定情况下，会计主体不一定就是纳税主体，纳税主体不一定就是会计主体。例如，由于合伙企业独立进行会计核算，因此合伙企业是会计主体，但合伙企业不是企业所得税的纳税主体，却是个人所得税和其他某些税种的纳税主体；由于其他个人（指个体工商户以外的个人，即自然人）不进行会计核算，因此其他个人不是会计主体，却是个人所得税和其他某些税种的纳税主体。

（二）持续经营

持续经营是指企业的生产经营活动将按照既定的目标持续不断地进行下去，在可以预见的将来，不会面临破产或者清算。持续经营是增值税留抵、增值税期末留抵税额退税制度、企业所得税递延、亏损弥补、享受跨期税收优惠、税收返还或退还的前提条件。

（三）货币时间价值

货币时间价值是指货币随着时间的推移而增加的价值。货币时间价值这一基本前提是税收立法、税收征收案例的出发点。税法对各个税种均明确规定了纳税义务发生时间、纳税期限、纳税申报期限、税款交纳期限等。在纳税筹划实务中，纳税人延期纳税就是利用了货币时间价值。纳税人在合法合理的前提下，采取递延确认收入或加速确认费用的方式便可以实现延期纳税的目的。

（四）纳税期限

纳税期限是指纳税人按照税法规定交纳税款的期限，有按年纳税、按期纳税和按次纳税之分，一般为一个时间段。纳税人不能自行决定其纳税期限，而必须根据税法的规定来确定自己的纳税期限。例如，根据税法的规定，增值税的纳税期限分别为 1 日、3 日、10 日、15 日、1 个月或者 1 个季度；不能按照固定期限纳税的，可以按次纳税。而企业所得税按年计征，分月或者分季预交，年终汇算清交，多退少补。企业所得税的纳税年度，自公历 1 月 1 日起至 12 月 31 日止。企业在一个纳税年度的中间开业，或者由于合并、关闭等原因终止经营活动，使该纳税年度的实际经营期不足 12 个月的，应当以其实际经营期为一个纳税年度。企业清算时，应当以清算期间作为一个纳税年度。自年度终了之日起 5 个月内，向税务机关报送年度企业所得税纳税申报表，并汇算清交，结清应交企业所得税款。企业在年度中间终止经营活动的，应当自实际经营终止之日起 60 日内，向税务机关办理当期企业所得税汇算清交。

四、税务会计的核算原则

税务会计虽然是从财务会计中细化分离出来的，但由于税法的特殊性，税务会计核算除遵循财务会计的核算原则外，还应遵循以下原则。

（一）合法性原则

合法性原则是指税务会计人员对涉税事项严格按照税法的同时兼顾会计法律法规来核算，即正确确认税基和税率，计算应纳税额，进行会计核算，并及时准确地申报交纳税款。合法性原则要求税务会计人员平时应当按会计准则进行会计核算，但在计算应纳税额和纳税申报时，若税法与会计法律法规不一致，则必须按税法的规定进行调整。

（二）及时性原则

及时性原则是指税务会计人员对涉税事项严格按照税法规定的时间计算应纳税额，进行会计核算，并申报交纳税款。税法的许多规定都具有时效性，如纳税申报期限、税款交纳期限、税收优惠政策的享受期限等。税务会计人员应当及时关注和学习税收法律法规的变化，及时计算申报交纳税款，及时向税务机关或海关提供纳税资料。

（三）筹划性原则

筹划性原则是指纳税人在不违反法律的前提下，通过对企业设立、筹资、投资、经营、股利分配、产权重组等活动中的涉税事项事先进行策划和安排，制订相应的纳税方案，来实现企业价值最大化等目标。筹划性原则是税务会计人员在进行纳税筹划工作时应当重点考虑的原则。

（四）收付实现制与权责发生制相结合的原则

权责发生制，也称应计制，是指收入、费用的确认应当以取得收取款项的权利或发生支付款项的义务作为确认的标志而非以实际收到或支付货币作为确认的标志。收付实现制，也称现金制，是指收入、费用的确认以实际收到或支付货币作为确认的标志。

权责发生制下的会计核算有利于正确反映企业的经营成果，但不利于反映企业的现金流量。我国企业会计准则规定，企业应当以权责发生制为基础进行会计确认、计量和报告。而企业交纳税款是现金的净流出，交纳时必须考虑自身的现金支付能力。另外，财务会计的会计信息质量要求中的谨慎性所要求列入的某些减值准备、预计费用等，在税务会计中一般情况下是不被接受的。这是因为税务会计具有"强调成本费用实际发生才能确认"的限制条件，从而起到保障国家税收收入的目的。因此，在收入的确认和费用确认上（尤其是费用的确认上），税务会计在遵循权责发生制原则的基础上应结合一定的收付实现制原则。

五、税务会计的目标

税务会计既要以国家税法为准绳，兼顾遵守会计法律制度，认真履行纳税义务，又在不违反税法和会计法律制度的前提下，追求与纳税相关的企业价值最大化。因此税务会计的主要目标包括以下方面。

（一）依法纳税，履行纳税人应尽的义务

税务会计人员要对企业生产经营活动中的应纳税额进行确认、计算、会计核算、纳税筹划和申报交纳等工作。就应纳税款的申报交纳工作来说，税务会计人员应当及时准确地填报有关纳税申报表等纳税资料，及时足额地交纳各种税款，认真履行纳税人应尽的义务。

（二）正确进行纳税处理，维护纳税人的合法权益

税务会计人员应当依法及时准确地进行纳税申报，及时足额地交纳各种税款。如遇特殊情况，不能按时进行纳税申报或者不能按时交纳税款，企业有权申请延期申报或延期交纳税款。企业对税务机关、海关做出的具体行政行为不服的，有权申请行政复议，依法向人民法院起诉。企业在处理各种纳税问题时，应当充分行使自己的权利，维护自身的合法权益。

（三）向税务会计信息使用者提供纳税活动方面的信息

税务会计人员向各级税务机关、海关提供纳税活动方面的信息，作为评定纳税人信用等级、税收立法等方面的主要依据；向企业的投资者、债权人、企业管理决策者等提供纳税活动方面的信息，作为其进行投融资决策、经营决策等的重要依据；通过向社会公开纳税活动方面的信息，让社会公众了解企业纳税义务的履行情况、纳税信用等级、对社会的税收贡献额等，从而促使企业重视纳税问题，维护企业形象。

（四）合理选择纳税方案，科学进行纳税筹划

税务会计要服从企业价值最大化的最终目标，因此，税务会计人员应当在企业生产的各个环节对涉税事项事前进行税负的测算并制订相应的纳税方案，事中进行税负控制与调节，事后进行税负分析与总结等。这既是税务会计人员进行纳税筹划工作的重要目标，也是纳税人行使合法权利的具体体现。

（五）依法按照法律规定，严格控制涉税风险

税务会计人员需要不断提高自身的专业素质和能力，依照相关的税收法律法规和会计法律的规定，完成对相应纳税额进行确认、计算、会计核算、纳税筹划和申报等工作，将涉税风险严格控制在最小范围内。税务会计人员不仅应当避免由于适用法律规定错误等导致少交税而面临的补税、罚款、滞纳金、刑罚、纳税信用、社会声誉损害等风险的发生，而且应当避免由于自身专业素质和能力的欠缺而未能运用相关税收优惠政策等导致的多交税情况的发生。

任务二　税务会计科目的设置

一、"应交税费"科目的设置

本科目核算企业按照税法规定计算应交纳的各种税费，包括增值税、消费税、企业所得税、个人所得税、资源税、城镇土地使用税、城市维护建设税、教育费附加、地方教育附加、房产税、土地增值税、车船税等。企业应当或者可以不预先计提的税金（应当或者可以在发生纳税义务的当期交纳，而不是以后期间交纳），如印花税、车辆购置税、契税、耕地占用税等，可以不在本科目核算，而是直接借记相关科目，贷记"银行存款"科目。其中，企业按规定计算确定与经营活动相关的印花税并同时交纳时，借记"税金及附加"科目，贷记"银行存款"科目；企业按规定计算确定与经营活动相关的车辆购置税并同时交纳时，借记"固定资产"等科目，贷记"银行存款"科目；企业按规定计算确定与经营活动相关的契税并同时交纳时，借记"在建工程""固定资产""无形资产"等科目，贷记"银行存款"科目；企业按规定计算确定与经营活动相关的耕地占用税并同时交纳时，借记"在建工程""固定资产""无形资产"等科目，贷记"银行存款"科目。当然，若印花税、车辆购置税、契税、耕地占用税等预先计提而在以后期间交纳，或者企业为了会计核算的需要，则通过"应交税费"科目核算。

本科目按照"应交税费"的税种进行明细核算，其中增值税一般纳税人应当在"应交税费"科目下设置"应交增值税""未交增值税""预交增值税""待抵扣进项税额""待认证进项税额""待转销项税额""增值税留抵税额""简易计税""转让金融商品应交增值税""代扣代缴增值税""增值税检查调整"11 个二级明细科目；增值税小规模纳税人应当在"应交税费"科目下设置"应交增值税""转让金融商品应交增值税""代扣代缴增值税"3 个二级明细科目；其他税种一般情况下应当在"应交税费"科目下各设 1 个（特殊情况下可以设置 2 个或多个）二级明细科目。

本科目期末如为贷方余额，反映企业尚未交纳的税费；期末如为借方余额，反映企业多交或尚未抵扣的税费。

（一）"应交税费——应交增值税"科目的设置

增值税一般纳税人应在"应交税费——应交增值税"明细账内设置"进项税额""销项税额抵减""已交税金""转出未交增值税""减免税款""出口抵减内销产品应纳税额""销项税额""出口退税""进项税额转出""转出多交增值税"等专栏，详见项目二增值税会计。

增值税小规模纳税人的"应交税费——应交增值税"明细科目不设置专栏。

（二）"应交税费——未交增值税""应交税费——预交增值税""应交税费——待抵扣进项税额""应交税费——待认证进项税额""应交税费——待转销项税额""应交税费——增值税留抵税额""应交税费——简易计税""应交税费——转让金融商品应交增值税""应交税费——代扣代缴增值税""应交税费——增值税检查调整"等科目的设置

以上科目的设置详见项目二增值税会计。

（三）"应交税费——应交消费税""应交税费——应交城市维护建设税""应交税费——应交教育费附加""应交税费——应交地方教育附加""应交税费——应交资源税""应交税费——应交房产税""应交税费——应交城镇土地使用税""应交税费——应交车船税"等科目的设置

企业按规定计算应交纳的与生产经营活动有关的消费税、城市维护建设税、教育费附加、地方教育附加、资源税、房产税、城镇土地使用税、车船税等，借记"税金及附加""固定资产清理"等科目，贷记上述科目。实际交纳或补交时，借记上述科目，贷记"银行存款"科目。

（四）"应交税费——应交土地增值税"科目的设置

企业转让的国有土地使用权连同地上建筑物及其附着物一并在"固定资产"或"在建工程"等科目核算的，转让时按应交纳的土地增值税额，借记"固定资产清理"科目，贷记本科目。房地产开发企业转让其开发的房地产按应交纳的土地增值税额，借记"税金及附加"科目，贷记本科目。实际交纳或补交时，借记本科目，贷记"银行存款"科目。

（五）"应交税费——应交所得税"科目的设置

"应交税费——应交所得税"科目反映企业所得税的当期应交、实际交纳和退补情况。本科目的贷方反映当期应交和应补交的企业所得税，借方反映实际交纳和补交的企业所得税；贷方余额反映当期应交未交的企业所得税，借方余额反映多交的企业所得税。纳税人应当按照当期应交或应补交的企业所得税，借记"所得税费用——当期所得税费用"科目，贷记本科目。实际交纳或补交时，借记本科目，贷记"银行存款"科目。

（六）"应交税费——应交个人所得税""应交税费——代扣代缴个人所得税"科目的设置

个人（主要指个体工商户、个人独资企业、合伙企业）按规定自行申报时计算的应交纳的个人所得税额，借记"所得税费用"等科目，贷记"应交税费——应交个人所得税"科目。实际交纳或补交时，借记本科目，贷记"银行存款"科目。

企业按规定计算应代扣代缴的个人所得税时，借记"应付职工薪酬"等科目，贷记"应交税费——代扣代缴个人所得税"科目。实际交纳或补交时，借记本科目，贷记"银行存款"科目。

二、"税金及附加"科目的设置

本科目核算企业经营活动发生的消费税、城市维护建设税、教育费附加、地方教育附加、资源税、房产税、城镇土地使用税、车船税、印花税等相关税费。企业按规定计算确定的与经营活动相关的税费，借记本科目，贷记"应交税费"等科目（其中印花税由于一般情况下不预先计提，而是直接交纳，因此企业按规定计算确定与经营活动相关的印花税并同时交纳时，借记本科目，贷记"银行存款"科目）。期末，应将本科目的余额转入"本年利润"科目。

三、"在建工程""固定资产""无形资产"等科目的设置

企业应当或者可以不预先计提的税金（应当或者可以在发生纳税义务的当期交纳，而不是以后期间交纳），除了印花税在"税金及附加"科目中核算外，车辆购置税、契税、耕地占用税等，在"在建工程""固定资产""无形资产"等科目中核算。其中企业按规定计算确定与经营活动相关的车辆购置税并同时交纳时，借记"固定资产"等科目，贷记"银行存款"科目；企业按规定计算确定与经营活动相关的契税并同时交纳时，借记"在建工程""固定资产""无形资产"等科目，贷记"银行存款"科目；企业按规定计算确定与经营活动相关的耕地占用税并同时交纳时，借记"在建工程""固定资产"等科目，贷记"银行存款"科目。

四、"所得税费用"科目的设置

"所得税费用"科目核算企业根据企业会计准则确认的应从当期利润总额中扣除的所得税费用。本科目应当按照"当期所得税费用""递延所得税费用"进行明细核算。期末，应将本科目的余额转入"本年利润"科目，结转后本科目无余额。

资产负债表日，企业根据按税法规定计算确定的当期应交纳的企业所得税额，借记"所得税费用——当期所得税费用"科目，贷记"应交税费——应交所得税"科目。

资产负债表日，递延所得税资产的应有余额大于"递延所得税资产"科目余额的差额（若初次确认递延所得税资产，则按初次确认的递延所得税资产金额），借记"递延所得税资产"科目，贷记"所得税费用——递延所得税费用""资本公积——其他资本公积"等科目；递延所得税资产的应有余额小于"递延所得税资产"科目余额的差额，做相反的会计分录。

资产负债表日，递延所得税负债的应有余额大于"递延所得税负债"科目余额的差额（若初次确认递延所得税负债，则按初次确认的递延所得税负债金额），借记"所得税费用——递延所得税费用""资本公积——其他资本公积"等科目，贷记"递延所得税负债"科目；递延所得税负债的应有余额小于"递延所得税负债"科目余额的差额，做相反的会计分录。

五、"递延所得税资产"科目的设置

"递延所得税资产"科目核算企业根据企业会计准则确认的可抵扣暂时性差异产生的所得税资产。根据税法规定可用以后年度税前利润（实际上应为应纳税所得额）弥补的亏损产生的所得税资产，也在本科目核算。本科目应当按照可抵扣暂时性差异等项目进行明细核算。

资产负债表日，若企业初次确认递延所得税资产，借记"递延所得税资产"科目：贷记"所得税费用——递延所得税费用"科目。以后各期的资产负债表日递延所得税资产的应有余额大于其账面余额的，应按其差额确认，借记"递延所得税资产"科目，贷记"所得税费用——递延所得税费用"等科目；资产负债表日递延所得税资产的应有余额小于其账面余额的，做相反的会计分录。

企业合并中取得资产、负债的入账价值与其计税基础不同形成可抵扣暂时性差异的，应于购买日确认递延所得税资产，借记本科目，贷记"商誉"等科目。

与直接计入所有者权益的交易或事项相关的递延所得税资产，借记本科目，贷记"资本公积——其他资本公积"科目。

资产负债表日，预计未来期间很可能无法获得足够的应纳税所得额用于抵扣可抵扣暂时性差异的，按原已确认的递延所得税资产中应减记的金额，借记"所得税费用——递延所得税费用""资本公积——其他资本公积"等科目，贷记本科目。

本科目期末余额在借方，反映企业已确认的递延所得税资产的余额。

六、"递延所得税负债"科目的设置

"递延所得税负债"科目核算企业根据企业会计准则确认的应纳税暂时性差异产生的所得税负债。本科目应当按照应纳税暂时性差异项目进行明细核算。

资产负债表日，若企业初次确认递延所得税负债，借记"所得税费用——递延所得税费用"科目，贷记"递延所得税负债"科目。以后各期的资产负债表日递延所得税负债的应有余额大于其账面余额的，应按其差额确认，借记"所得税费用——递延所得税费用"等科目，贷记"递延所得税负债"科目：资产负债表日递延所得税负债的应有余额小于其账面余额的，做相反的会计分录。

企业合并中取得资产、负债的入账价值与其计税基础不同形成应纳税暂时性差异的，应于购买日确认递延所得税负债，同时调整商誉，借记"商誉"等科目，贷记本科目。

与直接计入所有者权益的交易或事项相关的递延所得税负债，借记"资本公积——其他资本公积"科目，贷记本科目。

本科目期末余额在贷方，反映企业已确认的递延所得税负债的余额。

七、"以前年度损益调整"科目的设置

"以前年度损益调整"科目核算企业本年度发生的调整以前年度损益的事项，以及本年度发现的前期差错更正涉及的调整以前年度损益的事项。企业在资产负债表日至财务报告批准报出日之间发生的需要调整报告年度损益的事项，也在本科目核算。

企业调整增加以前年度利润或减少以前年度亏损，借记有关科目，贷记本科目；调整减少以前年度利润或增加以前年度亏损，做相反的会计分录。

由于以前年度损益调整增加以及汇算清交调增的所得税费用，借记本科目，贷记"应交税费——应交所得税"等科目；由于以前年度损益调整减少以及汇算清交调减的所得税费用，做相反的会计分录。

经上述调整后，应将本科目的余额转入"利润分配——未分配利润"科目。本科目如为贷方余额，借记本科目，贷记"利润分配——未分配利润"科目；如为借方余额，做相反的会计分录。本科目结转后应无余额。

八、"资产处置损益"科目的设置

本科目核算企业出售划分为持有待售的非流动资产（金融工具、长期股权投资和投资性房地产除外）或处置组（子公司和业务除外）时确认的处置利得或损失，以及处置未划分为持有待售的固定资产、在建工程、生产性生物资产及无形资产而产生的处置利得或损失。债务重组中因处置非流动资产（金融工具、长期股权投资和投资性房地产除外）产生的利得或损失和非货币性资产交换中换出非流动资产（金融工具、长期股权投资和投资性房地产除外）产生的利得或损失也通过本科目核算。

本科目期末应从其借方或者贷方结转至"本年利润"科目，结转后应无余额。

九、"其他综合收益"科目的设置

本科目核算计入其他收益的政府补助，以及其他与日常活动相关且计入其他收益的项目。企业作为个人所得税的扣缴义务人，根据《中华人民共和国个人所得税法》收到的扣缴税款手续费，应作为其他与日常活动相关的收益通过本科目核算。

本科目期末应从其借方结转至"本年利润"科目，结转后应无余额。

十、"营业外收入"科目的设置

本科目核算企业发生的除营业利润以外的收益，主要包括与企业日常活动无关的政府补助、盘盈利得、捐赠利得（企业接受股东或股东的子公司直接或间接的捐赠，经济实质属于股东对企业的资本性投入的除外）等。

本科目期末应从其借方结转至"本年利润"科目，结转后应无余额。

十一、"营业外支出"科目的设置

本科目核算企业发生的除营业利润以外的支出，主要包括公益性捐赠支出、非常损失、盘亏损失、非流动资产毁损报废损失等。非流动资产毁损报废损失包括因自然灾害发生毁损、已丧失使用功能等原因而报废清理产生的损失。企业在不同交易中形成的非流动资产毁损报废利得和损失不得相互抵销，应分别通过"营业外收入"科目和"营业外支出"科目进行核算。

本科目期末应从其贷方结转至"本年利润"科目，结转后应无余额。

十二、"应收出口退税款"科目的设置

"应收出口退税款"科目可以设置"应收出口退税款——增值税""应收出口退税——消费税"两个明细科目，其借方分别反映销售出口货物按规定向税务机关申报应退回的增值税额、消费税额，贷方分别反映实际收到的出口货物应退回的增值税额、消费税额。期末借方余额，反映尚未收到的应退增值税额、消费税额。

项目二
增值税会计

（1）能根据相关业务资料计算增值税。

（2）能设置增值税会计科目，能根据相关业务资料对增值税进行会计核算。

（3）能根据相关业务资料填写增值税及附加税费批费申报表以及相关申报表，并能进行增值税的纳税申报。

任务一　增值税的认知

一、增值税的概念

增值税是以销售货物或者加工、修理修配劳务，销售服务、无形资产、不动产以及进口货物过程中产生的增值额作为计税依据而征收的一种流转税。具体而言，增值税是对在我国境内销售货物或者加工、修理修配劳务、销售服务、无形资产、不动产以及进口货物的企业单位和个人，就其取得销售货物或者加工、修理修配劳务，销售服务、无形资产或者不动产的销售额以及进口货物的金额为计税依据计算税款，并实行税款抵扣的一种流转税。

二、增值税征税范围

（一）增值税征税范围的基本规定

1. 销售或者进口货物

销售货物是指有偿转让货物的所有权。

进口货物是指申报进入中国海关境内的货物。我国增值税法规定，只要是报关进口的应税货物，均属于增值税的征税范围，除享受免税政策外，在进口环节交纳增值税。

2. 提供加工、修理修配劳务

"加工"是指接受来料承做货物，加工后的货物所有权仍属于委托方的业务，也就是通常所说的委托加工业务，即委托方提供原材料及主要材料，受托方按照委托方的要求制造货物并收取加工费的业务；"修理修配"是指受托对损伤和丧失功能的货物进行修复，使其恢复原状和功能的业务。

提供加工、修理修配劳务是指有偿提供加工、修理修配劳务，但单位或个体经营者聘用的员工为本单位或雇主提供加工修理修配劳务，不包括在内。

在中华人民共和国境内销售货物或者提供加工、修理修配劳务，是指：销售货物的起运地或者所在地在境内；提供的应税劳务发生地在境内。

3. 销售服务、无形资产、不动产

1）销售服务、无形资产、不动产的概念

销售服务、无形资产、不动产，是指有偿提供服务、有偿转让无形资产或者不动产，但属于下列非经营活动的情形除外。

（1）行政单位收取的同时满足以下条件的政府性基金或者行政事业性收费：由国务院或者财政部批准设立的政府性基金，由国务院或者省级人民政府及其财政、价格主管部门批准设立的行政事业性收费；收取时开具省级以上（含省级）财政部门监（印）制的财政票据；所收款项全额上交财政。

（2）单位或者个体工商户聘用的员工为本单位或者雇主提供取得工资的服务。

（3）单位或者个体工商户为聘用的员工提供服务。

（4）财政部和国家税务总局规定的其他情形。

在境内销售服务、无形资产或者不动产是指：服务（租赁不动产除外）或者无形资产（自然资源使用权除外）的销售方或者购买方在境内；所销售或者租赁的不动产在境内；所销售自然资源使用权的自然资源在境内；财政部和国家税务总局规定的其他情形。

2）销售服务、无形资产、不动产的具体内容

（1）销售服务。

销售服务，是指提供交通运输服务、邮政服务、电信服务、建筑服务、金融服务、现代服务、生活服务。

① 交通运输服务。

交通运输服务，是指使用运输工具将货物或者旅客送达目的地，使其空间位置得到转移的业务活动，包括陆路运输服务、水路运输服务、航空运输服务和管道运输服务。

② 邮政服务。

邮政服务，是指中国邮政集团公司及其所属邮政企业提供邮件寄递、邮政汇兑、机要通信和邮政代理等邮政基本服务的业务活动，包括邮政普遍服务、邮政特殊服务和其他邮政服务。

③ 电信服务。

电信服务，是指利用有线、无线的电磁系统或者光电系统等各种通信网络资源，提供语音通话服务，传送、发射、接收或者应用图像、短信等电子数据和信息的业务活动，包括基础电信服务和增值电信服务。

④ 建筑服务。

建筑服务，是指各类建筑物、构筑物及其附属设施的建造、修缮、装饰，线路、管道、设备、设施等的安装以及其他工程作业的业务活动，包括工程服务、安装服务、修缮服务、装饰服务和其他建筑服务。

⑤金融服务。

金融服务，是指经营金融保险的业务活动，包括贷款服务、直接收费金融服务、保险服务和金融商品转让。

⑥现代服务。

现代服务，是指围绕制造业、文化产业、现代物流产业等提供技术性、知识性服务的业务活动，包括研发和技术服务、信息技术服务、文化创意服务、物流辅助服务、租赁服务、签证咨询服务、广播影视服务、商务辅助服务和其他现代服务。

⑦生活服务。

生活服务，是指为满足城乡居民日常生活需求提供的各类服务活动，包括文化体育服务、教育医疗服务、旅游娱乐服务、餐饮住宿服务、居民日常服务和其他生活服务。

（2）销售无形资产。

销售无形资产，是指转让无形资产所有权或者使用权的业务活动。无形资产，是指不具实物形态，但能带来经济利益的资产，包括技术、商标、著作权、商誉、自然资源使用权和其他权益性无形资产。

技术，包括专利技术和非专利技术。

自然资源使用权，包括土地使用权、海域使用权、探矿权、采矿权、取水权和其他自然资源使用权。

其他权益性无形资产，包括基础设施资产经营权、公共事业特许权、配额、经营权（包括特许经营权、连锁经营权、其他经营权）、经销权、分销权、代理权、会员权、席位权、网络游戏虚拟道具、域名、名称权、肖像权、冠名权、转会费等。

（3）销售不动产。

销售不动产，是指转让不动产所有权的业务活动。不动产，是指不能移动或者移动后会引起性质、形状改变的财产，包括建筑物、构筑物等。

建筑物，包括住宅、商业营业用房、办公楼等可供居住、工作或者进行其他活动的建造物。

构筑物，包括道路、桥梁、隧道、水坝等建造物。

转让建筑物有限产权或者永久使用权的、转让在建的建筑物或者构筑物所有权的、在转让建筑物或者构筑物时一并转让其所占土地的使用权的，按照销售不动产交纳增值税。

（二）增值税征收范围的特殊规定

1. 视同销售货物

单位或者个体经营者的下列行为，视同销售货物，征收增值税：

（1）将货物交付其他单位或者个人代销。

（2）销售代销货物。

（3）设有两个以上机构并实行统一核算的纳税人，将货物从一个机构移送其他机构用于销售，但相关机构设在同一县（市）的除外。

（4）将自产、委托加工的货物用于非增值税应税项目。

（5）将自产、委托加工的货物用于集体福利或个人消费。

（6）将自产、委托加工或购进的货物作为投资，提供给其他单位或个体工商户。

（7）将自产、委托加工或购进的货物分配给股东或投资者。

（8）将自产、委托加工或购进的货物无偿赠送其他单位或个人。

上述第（5）项所称"集体福利或个人消费"是指企业内部设置的供职工使用的食堂、浴室、理发室、宿舍、幼儿园等福利设施及设备、物品等，或者以福利、奖励、津贴等形式发放给职工个人的物品。

2. 视同销售服务、无形资产或者不动产

下列情形视同销售服务、无形资产或者不动产：

（1）单位或者个体工商户向其他单位或者个人无偿提供服务，但用于公益事业或者以社会公众为对象的除外。

（2）单位或者个人向其他单位或者个人无偿转让无形资产或者不动产，但用于公益事业或者以社会公众为对象的除外。

（3）财政部和国家税务总局规定的其他情形。

是否属于视同销售一览表见表 2-1。

表 2-1 是否属于视同销售一览表

用途	自产、委托加工的货物	外购（购进）的货物
集体福利或者个人消费	√	×
作为投资	√	√
分配	√	√
无偿赠送	√	√

注："√"表示属于视同销售，"×"表示不属于视同销售。

3. 混合销售行为

一项销售行为如果既涉及货物又涉及服务，为混合销售。从事货物的生产、批发或者零售的单位和个体工商户的混合销售行为，按照销售货物交纳增值税；其他单位和个体工商户的混合销售行为，按照销售服务交纳增值税。

上述从事货物的生产、批发或者零售的单位和个体工商户，包括以从事货物的生产、批发或者零售为主，并兼营销售服务的单位和个体工商户在内。

4. 兼营行为

纳税人销售货物、加工修理修配劳务、服务、无形资产或者不动产适用不同税率或者征收率的，应当分别核算适用不同税率或者征收率的销售额，未分别核算销售额的，按照以下方法从高适用税率或者征收率：

（1）兼有不同税率的销售货物或者加工、修理修配劳务，销售服务、无形资产或者不动产，从高适用税率。

（2）兼有不同征收率的销售货物或者加工、修理修配劳务，销售服务、无形资产或者不动产，从高适用征收率。

（3）兼有不同税率和征收率的销售货物或者加工、修理修配劳务，销售服务、无形资产或者不动产，从高适用税率。

混合销售行为和兼营行为的比较见表 2-2。

表 2-2　混合销售行为和兼营行为的比较

类型	判断依据	税务处理	备注
混合销售行为	强调同一项销售行为中存在两类经营项目，一类是货物，另一类是服务的混合，两者有从属关系	从事货物的生产、批发或者零售的单位和个体工商户的混合销售行为，按照销售货物交纳增值税，其他单位和个体工商户的混合销售行为，按照销售服务交纳增值税	从事货物的生产、批发或者零售的单位和个体工商户包括以从事货物的生产、批发或者零售为主，并兼营销售服务的单位和个体工商户在内
兼营行为	强调同一纳税人的经营活动中存在两类或者多类的经营项目，销售货物或者加工、修理修配劳务，销售服务无形资产或者不动产，两者之间无直接从属关系	应当分别核算适用不同税率或者征收率的销售额，未分别核算销售额的，从高适用税率或者征收率	（1）兼有不同税率的销售货物或者加工、修理修配劳务、销售服务、无形资产或者不动产，从高适用税率 （2）兼有不同征收率的销售货物或者加工、修理修配劳务、销售服务、无形资产或者不动产，从高适用征收率 （3）兼有不同税率和征收率的销售货物或者加工、修理修配劳务、销售服务、无形资产或者不动产，从高适用税率

三、增值税纳税人

增值税纳税人是指税法规定负有交纳增值税义务的单位和个人。在中华人民共和国境内销售货物或者加工、修理修配劳务（以下简称劳务），销售服务、无形资产、不动产以及进口货物的单位和个人，为增值税的纳税人。

单位是指企业、行政单位、事业单位、军事单位、社会团体及其他单位。个人是指个体工商户和其他个人。

对于销售货物、提供加工、修理修配劳务或者进口货物的行为，单位租赁或者承包给其他单位或者个人经营的，以承租人或者承包人为纳税人。对于销售服务、无形资产或者不动产的行为，单位以承包、承租、挂靠方式经营的，承包人、承租人、挂靠人（以下统称承包人）以发包人、出租人、被挂靠人（以下统称发包人）名义对外经营并由发包人承担相关法律责任的，以该发包人为纳税人；否则，以承包人为纳税人。2017 年 7 月 1 日（含）以后，资管产品运营过程中发生的增值税应税行为，以资管产品管理人为增值税纳税人。

按照经营规模的大小和会计核算健全与否等标准，增值税纳税人可分为一般纳税人和小规模纳税人。

（一）一般纳税人

一般纳税人是指年应征增值税销售额（以下简称年应税销售额，指的是销售货物、劳务、服务、无形资产、不动产年应征增值税销售额之和）超过税法规定的小规模纳税人标准（自2018 年 5 月 1 日起，小规模纳税人标准为 500 万元及以下）的企业和企业性单位。一般纳税人的特点是增值税进项税额可以抵扣销项税额。纳税人不属于一般纳税人（或者可选择不作为一般纳税人）的情况包括以下几点：

（1）年应税销售额未超过小规模纳税人标准的企业（不属于一般纳税人，但符合一定条件的可以申请成为一般纳税人）。

（2）除个体经营者（个体工商户）以外的其他个人（不属于一般纳税人）。

（3）非企业性单位、不经常发生增值税应税行为的企业（针对销售货物、加工修理修配劳务的纳税人，年应税销售额超过小规模纳税人标准的，可选择不作为一般纳税人）。

（4）不经常发生应税行为的单位和个体工商户（针对销售服务、无形资产或者不动产的纳税人，年应税销售额超过规定标准的，可选择不作为一般纳税人）。

增值税纳税人年应税销售额超过财政部、国家税务总局规定的小规模纳税人标准的，除税法另有规定外，应当向其机构所在地主管税务机关办理一般纳税人登记。

在税务机关登记的一般纳税人，可按税法规定计算应纳税额，并使用增值税专用发票。对符合一般纳税人条件但不办理一般纳税人登记手续的纳税人，应按销售额依照增值税税率计算应纳税额，不得抵扣进项税额，也不得使用增值税专用发票。

（二）小规模纳税人

小规模纳税人是指年应税销售额在规定标准以下，并且会计核算不健全，不能按规定报送有关税务资料的增值税纳税人。小规模纳税人的标准如下：

① 自 2018 年 5 月 1 日起，增值税小规模纳税人标准为年应征增值税销售额 500 万元及以下。

② 年应征增值税销售额超过小规模纳税人标准的其他个人（指个体工商户以外的个人）按照小规模纳税人纳税。

③ 年应征增值税销售额超过小规模纳税人标准的非企业性单位、不经常发生应税行为的企业可选择按照小规模纳税人纳税（针对销售货物、加工修理修配劳务的纳税人）；年应征增值税销售额超过规定标准但不经常发生应税行为的单位和个体工商户可选择按照小规模纳税人纳税（针对销售服务、无形资产或者不动产的纳税人）。

小规模纳税人会计核算健全，能够提供准确税务资料的，可以向主管税务机关办理一般纳税人登记，成为一般纳税人。

除国家税务总局另有规定外，一经登记为一般纳税人后，不得转为小规模纳税人。一般纳税人符合以下条件的，在 2020 年 12 月 31 日前，可选择转登记为小规模纳税人：转登记日前连续 12 个月（以 1 个月为 1 个纳税期）或者连续 4 个季度（以 1 个季度为 1 个纳税期）累计销售额未超过 500 万元。

四、增值税扣缴义务人

中华人民共和国境外（以下简称境外）的单位或者个人在境内提供应税劳务，在境内未设有经营机构的，以其境内代理人为扣缴义务人；在境内没有代理人的，以购买方为扣缴义务人。

境外的单位或者个人在境内发生应税行为（销售服务、无形资产或不动产），在境内未设有经营机构的，以购买方为增值税扣缴义务人。财政部和国家税务总局另有规定的除外。

上述扣缴义务人按照下列公式计算应扣缴税额：

$$应扣缴税额 = [购买方支付的价款 / (1 + 税率)] \times 税率$$

五、增值税税率和征收率

自 2017 年 7 月 1 日起,简并增值税税率结构,将原税率 13% 调整为 11%。自 2018 年 5 月 1 日起,增值税一般纳税人发生增值税应税销售行为或者进口货物,原适用 17% 和 11% 税率的,税率分别调整为 16%、10%。自 2019 年 4 月 1 日起,增值税一般纳税人发生增值税应税销售行为或者进口货物,原适用 16% 税率的,税率调整为 13%;原适用 10% 税率的,税率调整为 9%。

(一)基本税率

增值税的基本税率为 13%,适用于纳税人销售或者进口货物(适用 9% 的低税率的除外)、提供加工修理修配劳务、销售有形动产租赁服务。

(二)低税率

1)9% 税率

(1)一般纳税人销售或者进口下列货物,税率为 9%:粮食等农产品、食用植物油、食用盐;自来水、暖气、冷气、热水、煤气、石油液化气、天然气、二甲醚、沼气、居民用煤炭制品;图书、报纸、杂志,音像制品、电子出版物;饲料、化肥、农药、农机、农膜;国务院规定的其他货物。

(2)一般纳税人销售交通运输、邮政、基础电信、建筑、不动产租赁服务,销售不动产,转让土地使用权,税率为 9%。

2)6% 税率

一般纳税人销售增值电信服务、金融服务、现代服务和生活服务,销售土地使用权以外的无形资产,税率为 6%。

(三)零税率

(1)纳税人出口货物或者劳务,税率为零;但是,国务院另有规定的除外。

(2)境内单位和个人跨境销售国务院规定范围内的服务或者无形资产,税率为零。

(四)征收率

一般纳税人特殊情况下采用简易计税方法适用征收率。小规模纳税人交纳增值税采用简易计税方法适用征收率。我国增值税的法定征收率是 3%;一些特殊项目适用 3% 减按 2% 的征收率。全面营改增后的与不动产有关的特殊项目适用 5% 的征收率;一些特殊项目适用 5% 减按 1.5% 的征收率。

自 2020 年 3 月 1 日至 2021 年 3 月 31 日,湖北省增值税小规模纳税人,适用 3% 征收率的应税销售收入,免征增值税;适用 3% 预征率的预交增值税项目,暂停预交增值税。自 2021 年 4 月 1 日至 2021 年 12 月 31 日,湖北省增值税小规模纳税人,适用 3% 征收率的应税销售收入,减按 1% 预征收率征收增值税;适用 3% 预征率的预交增值税项目,减按 1% 预征率预交增值税。自 2020 年 3 月 1 日至 2021 年 12 月 31 日,除湖北省外,其他省、自治区、直辖市的增值税小规模纳税人,适用 3% 征收率的应税销售收入,减按 1% 征收率征收增值税;适用 3% 预征率的预交增值税项目,减按 1% 预征率预交增值税。

六、增值税一般计税方法下应纳税额的计算

我国增值税一般纳税人在一般计税方法下的应纳税额的计算实行购进扣税法。一般纳税

人在一般计税方法下销售货物，劳务、服务、无形资产、不动产（统称应税销售行为），应纳税额为当期销项税额抵扣当期进项税额后的余额。其应纳增值税税额的计算公式为：

$$应纳增值税税额＝当期销项税额－当期准予抵扣的进项税额$$
$$＝当期销售额×适用税率－当期准予抵扣的进项税额$$

"当期"是个很重要的时间限定，是指税务机关依照税法对纳税人确定的纳税期间。只有在纳税期间内实际发生的销项税额、进项税额，才是法定的当期销项税额、进项税额。如果当期销项税额小于当期准予抵扣的进项税额，当期不足抵扣的部分可以结转到下期继续抵扣。

（一）销售额的确定

1）一般销售方式下销售额的确定

销售额为纳税人发生应税销售行为收取的全部价款和价外费用，但是不包括收取的销项税额以及代为收取的政府性基金或者行政事业性收费。

价外费用包括价外向购货方收取的手续费、补贴、基金、集资费、返还利润、奖励费、违约金、滞纳金、延期付款利息、赔偿金、包装费、包装物租金、储备费、优质费、运输装卸费、代收款项，代垫款项以及其他各种性质的价外费用。但下列项目不包括在内。

（1）向购买方收取的销项税额。

（2）受托加工应征消费税的消费品所代收代缴的消费税。

（3）同时符合以下条件的代垫运输费：承运部门将运输费发票开具给购货方的；纳税人（销货方）将该项发票转交给购货方的。

（4）同时符合以下条件代为收取的政府性基金或者行政事业性收费：由国务院或者财政部批准设立的政府性基金，由国务院或者省级人民政府及其财政、价格主管部门批准设立的行政事业性收费；收取时开具省级以上财政部印制的财政票据；所收款项全额上交财政。

（5）销售货物的同时代办保险等而向购买方收取的保险费，以及向购买方收取的代购买方交纳的车辆购置税、车辆牌照费（销货方对此类代收费用开具发票的除外）。

（6）以委托方名义开具发票代委托方收取的款项。

2）价税合并收取情况下销售额的确定

纳税人采用销售额和销项税额合并定价的，按下列公式计算销售额：

$$不含税销售额＝含税销售额／（1＋增值税税率）$$
$$＝全部价款＋价外费用／（1＋增值税税率）$$

3）其他情况下销售额的确定

纳税人发生应税销售行为的价格明显偏低并无正当理由的，由主管税务机关核定其销售额。纳税人发生视同应税销售行为而无销售额的，由主管税务机关按照下列顺序核定其销售额：

（1）按照纳税人最近时期销售同类货物、服务、无形资产或者不动产的平均价格确定。

（2）按照其他纳税人最近时期销售同类货物、服务、无形资产或者不动产的平均价格确定。

（3）按照组成计税价格确定。组成计税价格的计算公式如下。

① 销售的若是服务、无形资产、不动产或者销售的货物不属于消费税应计税消费品：

$$组成计税价格=成本×（1+成本利润率）$$

② 若销售的货物属于消费税应税消费品：

a）实行从价定率办法计算纳税的组成计税价格计算公式：

$$组成计税价格=成本×（1+成本利润率）+消费税税额$$
$$=成本×（1+成本利润率）/（1+消费税比例税率）$$

b）实行从量定额办法计算纳税的组成计税价格计算公式：

$$组成计税价格=成本×（1+成本利润率）+消费税税额$$
$$=成本×（1+成本利润率）+课税数量×消费税定额税率$$

c）实行复合计税办法计算纳税的组成计税价格计算公式：

$$组成计税价格=成本×（1+成本利润率）+消费税税额$$
$$=［成本×（1+成本利润率）+课税数量×消费税定额税率］/$$
$$（1-消费税比例税率）$$

成本利润率由国家税务总局规定。

（4）销售额应以人民币计算，如果纳税人按照人民币以外的货币结算销售额的，应当以外币价格折合成人民币计算，其销售额的人民币折合率可以选择销售额发生的当天或者当月1日的人民币汇率中间价。纳税人应当事先确定采用何种折合率，且确定后12个月内不得变更。

（5）纳税人兼营免税、减税项目的，应当分别核算免税、减税项目的销售额；未分别核算销售额的，不得免税、减税。

（二）销项税额的确定

一般纳税人在一般计税方法下发生应税销售行为，按照销售额和税法规定的税率计算收取的增值税税额，为销项税额。销项税额的计算公式如下：

$$销项税额=销售额×适用税率$$

需要注意的是，公式中的"销售额"不包括向购买方收取的增值税税额。

【例2-1】甲酒厂为增值税一般纳税人，202×年5月销售葡萄酒并开具增值税普通发票，收取不含税价款500 000元。

【要求】计算甲酒厂的增值税销项税额。

【解析】增值税销项税额=500 000×13%=65 000（元）

【例2-2】甲公司为增值税一般纳税人，202×年5月将自产的一批新电器300件作为福利发给公司员工。目前，市场上还没有与该类新电器类似的同类产品，因此，也没有同类产品的销售价格。已知每台电器成本为500元，成本利润率为10%。

【要求】计算该批新电器的增值税销售额及增值税销项税额。

【解析】增值税销售额=成本×（1+成本利润率）=500×300×（1+10%）=165 000（元）

　　　　增值税销项税额=165 000×13%=21 450（元）

（三）进项税额的确定

纳税人购进货物、劳务、服务、无形资产、不动产支付或者负担的增值税额，为进项税额。

1. 准予从销项税额中抵扣的进项税额

（1）从销售方取得的增值税专用发票上注明的增值税额。具体来说，购进货物、加工修理修配劳务，从销售方取得的增值税专用发票（含税控机动车销售统一发票）上注明的增值税额为进项税额，准予从销项税额中抵扣；购进服务、无形资产或者不动产，从销售方取得的增值税专用发票上注明的增值税额为进项税额，准予从销项税额中抵扣。

2016 年 5 月 1 日后取得并在会计制度上按固定资产核算的不动产或者 2016 年 5 月 1 日后取得的不动产在建工程，其进项税额应自取得之日起分两年从销项税额中抵扣，第一年抵扣比例为 60%，第二年抵扣比例为 40%。融资租入的不动产以及在施工现场修建的临时建筑物、构筑物，其进项税额不适用上述分两年抵扣的规定。

自 2019 年 4 月 1 日起，上述规定停止执行，即纳税人取得不动产或者不动产在建工程的进项税额不再分 2 年抵扣。此前按照上述规定尚未抵扣完毕的待抵扣进项税额，可自 2019 年 4 月税款所属期起从销项税额中抵扣。

（2）从海关取得的海关进口增值税专用缴款书上注明的增值税额。

（3）自 2018 年 5 月 1 日起，纳税人购进农产品，原适用 11%扣除率的，扣除率调整为 10%。自 2019 年 4 月 1 日起，纳税人购进农产品，原适用 10%扣除率的，扣除率调整为 9%。自 2019 年 4 月 1 日起，纳税人购进农产品，按下列规定抵扣进项税额：

① 除后述第②项规定外，纳税人购进农产品，取得一般纳税人开具的增值税专用发票或海关进口增值税专用缴款书的，以增值税专用发票或海关进口增值税专用缴款书上注明的增值税额为进项税额；从按照简易计税方法依照 3%征收率计算交纳增值税的小规模纳税人取得增值税专用发票的，以增值税专用发票上注明的金额和 9%（自 2017 年 7 月 1 日起至 2018 年 4 月 30 日，为 11%；自 2018 年 5 月 1 日起至 2019 年 3 月 31 日，为 10%）的扣除率计算进项税额；取得（开具）农产品销售发票或收购发票的，以农产品销售发票或收购发票上注明的农产品买价（买价，是指纳税人购进农产品在农产品收购发票或者销售发票上注明的价款和按照规定交纳的烟叶税）和 9%（自 2017 年 7 月 1 日起至 2018 年 4 月 30 日，为 11%；自 2018 年 5 月 1 日起至 2019 年 3 月 31 日，为 10%）的扣除率计算进项税额。

② 自 2019 年 4 月 1 日起的营改增试点期间，纳税人购进用于生产或者委托加工 13%税率货物的农产品，按照 10%的扣除率计算进项税额（自 2017 年 7 月 1 日起至 2018 年 4 月 30 日的营改增试点期间，纳税人购进用于生产销售或委托加工 17%税率货物的农产品，按照 13%的扣除率计算进项税额。自 2018 年 5 月 1 日起至 2019 年 3 月 31 日的营改增试点期间，纳税人购进用于生产销售或委托加工 16%税率货物的农产品，按照 12%的扣除率计算进项税额）。

③ 继续推进农产品增值税进项税额核定扣除试点，纳税人购进农产品进项税额已实行核定扣除的，仍按照《财政部　国家税务总局关于在部分行业试行农产品增值税进项税额核定扣除办法的通知》（财税〔2012〕38 号）、《财政部　国家税务总局关于扩大农产品增值税进项税额核定扣除试点行业范围的通知》（财税〔2013〕57 号）执行。其中，《农产品增值税进项税额核定扣除试点实施办法》第四条第二项规定的扣除率调整为 9%（自 2017 年 7 月 1 日起至 2018 年 4 月 30 日，为 11%；自 2018 年 5 月 1 日起至 2019 年 3 月 31 日，为 10%）；第三项规定的扣除率调整为按上述第①项、第②项规定执行。

④ 纳税人从批发、零售环节购进适用免征增值税政策的蔬菜、部分鲜活肉蛋而取得的普通发票，不得作为计算抵扣进项税额的凭证。

⑤ 纳税人购进农产品既用于生产销售或委托加工 13%（自 2017 年 7 月 1 日起至 2018 年 4 月 30 日，为 17%；自 2018 年 5 月 1 日起至 2019 年 3 月 31 日，为 16%）税率货物又用于生产销售其他货物服务的，应当分别核算用于生产销售或委托加工 13%（自 2017 年 7 月 1 日起至 2018 年 4 月 30 日，为 17%；自 2018 年 5 月 1 日起至 2019 年 3 月 31 日，为 16%）税率货物和其他货物服务的农产品进项税额。未分别核算的，统一以增值税专用发票或海关进口增值税专用缴款书上注明的增值税额为进项税额，或以农产品收购发票或销售发票上注明的农产品买价和 9%（自 2017 年 7 月 1 日起至 2018 年 4 月 30 日，为 11%；自 2018 年 5 月 1 日起至 2019 年 3 月 31 日，为 10%）的扣除率计算进项税额。

⑥ 销售发票，是指农业生产者销售自产农产品适用免征增值税政策而开具的普通发票。

（4）自用的应征消费税的摩托车、汽车、游艇，2013 年 8 月 1 日（含）以后购入的，其进项税额准予从销项税额中抵扣。

（5）自境外单位或者个人购进劳务、服务、无形资产或者境内的不动产，从税务机关或者扣缴义务人取得的代扣代缴税款的完税凭证上注明的增值税税额，准予从销项税额中抵扣。纳税人凭完税凭证抵扣进项税额的，应当具备书面合同、付款证明和境外单位的对账单或者发票。资料不全的，其进项税额不得从销项税额中抵扣。

（6）自 2019 年 4 月 1 日起，购进国内旅客运输服务，其进项税额允许从销项税额中抵扣。纳税人购进国内旅客运输服务未取得增值税专用发票的，暂按照以下规定确定进项税额：

① 取得增值税电子普通发票的，为发票上注明的税额；

② 取得注明旅客身份信息的航空运输电子客票行程单的，按照下列公式计算进项税额：

$$航空旅客运输进项税额 = [（票价 + 燃油附加费）/（1 + 9\%）] \times 9\%$$

③ 取得注明旅客身份信息的铁路车票的，为按照下列公式计算的进项税额：

$$铁路旅客运输进项税额 = [票面金额/（1 + 9\%）] \times 9\%$$

④ 取得注明旅客身份信息的公路、水路等其他客票的，按照下列公式计算进项税额：

$$公路、水路等其他旅客运输进项税额 = [票面金额/（1 + 3\%）] \times 3\%$$

【例 2-3】甲公司为增值税一般纳税人，202× 年 1 月向农业生产者收购一批免税农产品，在农产品收购发票上注明价款 100 000 元，支付运输公司运送该批产品的运费 3 000 元（不含增值税），取得增值税专用发票，且甲公司取得的增值税专用发票 202× 年 1 月符合抵扣规定。该批免税农产品当月全部领用，并用于生产增值税税率为 13% 的货物。

【要求】计算可抵扣的增值税进项税额。

【解析】可抵扣的增值税进项税额 = 100 000 ×（9% + 1%）+ 3 000 × 9% = 100 000 × 10% + 3 000 × 9% = 10 270（元）

2. 不得从销项税额中抵扣的进项税额

（1）用于简易计税方法计税项目、免征增值税项目、集体福利或者个人消费的购进货物、劳务、服务、无形资产和不动产。其中涉及的固定资产、无形资产、不动产，仅指专用于上述项目的固定资产、无形资产（不包括其他权益性无形资产）、不动产。纳税人的交际应酬消费属于个人消费。

（2）非正常损失的购进货物，以及相关的劳务和交通运输服务。

（3）非正常损失的在产品、产成品所耗用的购进货物（不包括固定资产）、劳务和交通运输服务。

（4）非正常损失的不动产，以及该不动产所耗用的购进货物、设计服务和建筑服务。

（5）非正常损失的不动产在建工程所耗用的购进货物、设计服务和建筑服务。纳税人新建、改建、扩建、修缮、装饰不动产，均属于不动产在建工程。

非正常损失，是指因管理不善造成货物被盗、丢失、霉烂变质，以及因违反法律法规造成货物或者不动产被依法没收、销毁、拆除的情形。

（6）购进的贷款服务、餐饮服务、居民日常服务和娱乐服务。

上述第（4）项、第（5）项所称货物，是指构成不动产实体的材料和设备，包括建筑装饰材料和给排水、采暖、卫生、通风、照明、通信、煤气、消防、中央空调、电梯、电气、智能化楼宇设备及配套设施。

【例2-4】甲公司是增值税一般纳税人，202×年5月有关生产经营业务如下：（1）月初外购货物一批，取得增值税专用发票，支付增值税进项税额45万元，中下旬因企业经营管理不善，造成该批货物一部分发生霉烂变质，经核实造成1/5的损失。

（2）外购的动力燃料，取得增值税专用发票，支付增值税进项税额20万元，80%用于增值税应税项目，另20%用于免征增值税项目。

甲公司取得的增值税专用发票202×年5月均符合抵扣规定。

【要求】计算甲公司当月可抵扣的增值税进项税额。

【解析】

（1）外购货物可抵扣的增值税进项税额=45-45/5=45-9=36（万元）

（2）外购动力燃料可抵扣的增值税进项税额=20-20×20%=16（万元）

（3）可抵扣的增值税进项税额=36+16=52（万元）

【例2-5】甲公司为增值税一般纳税人，202×年6月发生经济业务如下：

（1）购进一批A材料。取得增值税专用发票注明的价款为30万元，取得增值税专用发票注明的运费为3万元。

（2）向农业生产者收购一批免税农产品，在农产品收购发票上注明的价款为20万元。该批免税农产品于202×年5月全部领用，并用于生产增值税税率为13%的应税货物。

（3）销售产品一批，取得不含税销售额200万元，另外收取包装物租金5.65万元。

（4）因仓库管理不善，上月购进的一批工具被盗，该批工具的采购成本为20万元（进项税额上月已抵扣）。

已知：甲公司取得的增值税专用发票202×年6月均符合抵扣规定。购进和销售产品适用的增值税税率为13%，向农业生产者收购免税农产品用于生产增值税税率为13%的应税货物时的增值税扣除率为10%。

【要求】计算甲公司当月的应纳增值税。

【解析】

（1）进项税额=30×13%+3×9%+20×10%=6.17（万元）

（2）销项税额=200×13%+5.65/（1+13%）×13%=26.65（万元）

（3）进项税额转出=20×13%=2.6（万元）

（4）应纳增值税=26.65-（6.17-2.6）=23.08（万元）

（四）进口货物增值税应纳税额的计算

不同于一般增值税在生产批发、零售等环节征税，进口增值税是专门在进口环节进行征收的一种增值税。

我国税法规定，不管是增值税一般纳税人还是增值税小规模纳税人，纳税人进口货物，按照组成计税价格和规定的增值税税率计算增值税税额，不得抵扣任何税额（在计算进口环节的应纳增值税税额时，不得抵扣发生在我国境外的各种税金）。组成计税价格和应纳税额计算公式为：

（1）若进口货物不属于消费税应税货物：

$$组成计税价格=关税完税价格+关税税额$$
$$应纳税额=组成计税价格×增值税税率$$

（2）若进口货物属于消费税应税货物：

① 实行从价定率办法计算交纳消费税的应税消费品，其计算增值税的组成计税价格计算公式为：

$$组成计税价格=关税完税价格+关税税额+消费税税额$$
$$=（关税完税价格+关税税额）/（1-消费税比例税率）$$

② 实行从量定额办法计算交纳消费税的应税消费品，其计算增值税的组成计税价格计算公式为：

$$组成计税价格=关税完税价格+关税税额+消费税税额=关税完税价格+关税税额+$$
$$海关核定的应税消费品的进口数量×消费税定额税率$$

③ 实行复合计税办法计算交纳消费税的应税消费品，其计算增值税的组成计税价格计算公式为：

$$组成计税价格=关税完税价格+关税税额+消费税税额=（关税完税价格+关税税额+$$
$$海关核定的应税消费品的进口数量×消费税定额税率）/$$
$$（1-消费税比例税率）$$

【例2-6】甲公司为增值税一般纳税人，202×年5月进口一批消费税应税货物，关税完税价格为30 000元，适用的消费税税率为10%、关税税率为50%，进口该批货物的增值税税率为13%。

【要求】计算甲公司进口货物的增值税。

【解析】关税=30 000×50%=15 000（元）

组成计税价格=（30 000+15 000）/（1-10%）=50 000（元）

进口货物的增值税=50 000×13%=6 500（元）

七、增值税小规模纳税人应纳税额的计算

小规模纳税人发生应税销售行为，实行按照销售额乘以征收率计算应纳税额的简易计税方法，并不得抵扣进项税额。其应纳税额计算公式为：

$$应纳税额=销售额×征收率$$

简易计税方法的销售额不包括其应纳增值税税额。纳税人采用销售额和应纳增值税税额合并定价方法的，按照下列公式计算销售额：

$$销售额＝含税销售额/（1＋征收率）$$

一般纳税人提供财政部和国家税务总局规定的特定应税行为，可以选择使用简易计税方法计税，但一经选定，36 个月内不得变更。

提示：自 2020 年 2 月 1 日起，增值税小规模纳税人（其他个人除外）发生增值税应税行为，需要开具增值税专用发票的，可以自愿使用增值税发票管理系统自行开具。选择自行开具增值税专用发票的小规模纳税人，税务机关不再为其代开增值税专用发票。

【例 2-7】甲咨询公司为小规模纳税人，按月申报交纳增值税，202×年 9 月取得含税咨询收入 404 000 元。202×年 9 月甲咨询公司减按 1%的征收率征收增值税。

【要求】计算甲咨询公司 202×年 9 月的应纳增值税。

【解析】应纳增值税＝404 000/（1＋1%）×1%＝4 000（元）

八、增值税征收管理

（一）增值税的纳税义务发生时间

（1）采用直接收款方式销售货物的，不论货物是否发出，其纳税义务的发生时间均为收到销售款项或者取得索取销售款项凭据的当天；先开具发票的，其纳税义务的发生时间为开具发票的当天。纳税人发生应税行为（销售服务、无形资产或不动产）的，其纳税义务的发生时间为收讫销售款项或者取得索取销售款项凭据的当天；先开具发票的，其纳税义务的发生时间为开具发票的当天。

（2）采取托收承付和委托银行收款方式销售货物的，其纳税义务的发生时间为发出货物并办妥托收手续的当天。

（3）采取赊销和分期收款方式销售货物的，其纳税义务的发生时间为书面合同约定的收款日期当天；无书面合同的或者书面合同没有约定收款日期的，其纳税义务的发生时间为货物发出的当天。

（4）采取预收货款方式销售货物的，其纳税义务的发生时间为货物发出的当天；但生产销售生产工期超过 12 个月的大型机械设备、船舶、飞机等货物，其纳税义务的发生时间为收到预收款或者书面合同约定的收款日期的当天。

纳税人提供租赁服务采取预收款方式的，其纳税义务发生时间为收到预收款的当天。纳税人提供建筑服务取得预收款，应在收到预收款时，以取得的预收款扣除支付的分包款后的余额，按照规定的预征率预交增值税。按照现行规定应在建筑服务发生地预交增值税的项目，纳税人收到预收款时在建筑服务发生地预交增值税。按照现行规定无须在建筑服务发生地预交增值税的项目，纳税人收到预收款时在机构所在地预交增值税。适用一般计税方法计税的项目预征率为 2%，适用简易计税方法计税的项目预征率为 3%。

（5）纳税人从事金融商品转让的，其纳税义务的发生时间为金融商品所有权转移的当天。

（6）委托其他纳税人代销货物的，其纳税义务的发生时间为收到代销单位的代销清单或者收到全部或者部分货款的当天。未收到代销清单及货款的，其纳税义务的发生时间为发出代销货物满 180 天的当天。

（7）证券公司、保险公司、金融租赁公司、证券基金管理公司、证券投资基金以及其他经中国人民银行、银保监会、证监会批准成立且经营金融保险业务的机构发放贷款后，自结息日起 90 天内发生的应收未收利息按现行规定交纳增值税，自结息日起 90 天后发生的应收未收利息暂不交纳增值税，待实际收到利息时按规定交纳增值税。

（8）销售应税劳务，其纳税义务的发生时间为提供劳务同时收讫销售款项或者取得索取销售款项凭据的当天。

（9）纳税人提供建筑服务，被工程发包方从应支付的工程款中扣押的质押金、保证金，未开具发票的，其纳税义务的发生时间为纳税人实际收到质押金、保证金的当天。

（10）纳税人发生视同销售货物行为（不包括代销行为）的，其纳税义务的发生时间为货物移送的当天。纳税人发生视同销售服务、无形资产或不动产行为的，其纳税义务发生时间为服务、无形资产转让完成的当天或者不动产权属变更的当天。

（11）纳税人进口货物，纳税义务发生的时间为报关进口的当天。

（12）增值税扣缴义务发生的时间为纳税人增值税纳税义务发生的当天。

（二）增值税的纳税期限

增值税的纳税期限分别为 1 日、3 日、5 日、10 日、15 日、1 个月或者 1 个季度，纳税人的具体纳税期限，由主管税务机关根据纳税人应纳税额的大小分别核定；以 1 个季度为纳税期限的规定适用于小规模纳税人、银行、财务公司、信托投资公司、信用社，以及财政部和国家税务总局规定的其他纳税人。不能按照固定期限纳税的，可以按次纳税。

纳税人以 1 个月或者 1 个季度为 1 个纳税期的，自纳税期满之日起 15 日内申报纳税；以 1 日、3 日、5 日、10 日或者 15 日为 1 个纳税期的，自期满之日起 5 日内预交税款，于次月 1 日起 15 日内申报纳税并结清上月应纳税款。扣缴义务人解交税款的期限，按照上述规定执行。

纳税人进口货物，应当自海关填发海关进口增值税专用交款书之日起 15 日内交纳税款。

（三）增值税的纳税地点

（1）固定业户应当向其机构所在地或者居住地主管税务机关申报纳税。总机构和分支机构不在同一县（市）的，应当分别向各自所在地的主管税务机关申报纳税；经财政部和国家税务总局或者其授权的财政和税务机关批准，可以由总机构汇总向总机构所在地的主管税务机关申报纳税。

（2）固定业户到外县（市）销售货物或者劳务，应当向其机构所在地的主管税务机关报告外出经营事项，并向其机构所在地的主管税务机关申报纳税；未报告的，应当向销售地或者劳务发生地的主管税务机关申报纳税；未向销售地或者劳务发生地的主管税务机关申报纳税的，由其机构所在地的主管税务机关补征税款。

（3）非固定业户销售货物、劳务、服务、无形资产或者不动产，应当向销售地、劳务发生地或者应税行为（销售服务、无形资产或者不动产）发生地主管税务机关申报纳税；未申报纳税的，由其机构所在地或者居住地主管税务机关补征税款。

（4）其他个人提供建筑服务，销售或者租赁不动产，转让自然资源使用权，应向建筑服务发生地、不动产所在地、自然资源所在地主管税务机关申报纳税。

（5）纳税人进口货物，应当向报关地海关申报纳税。

（6）扣缴义务人应当向其机构所在地或者居住地主管税务机关申报交纳其扣缴的税款。

任务二　增值税的会计核算

一、增值税会计科目及专栏的设置

（一）增值税一般纳税人会计科目及专栏的设置

增值税一般纳税人应当在"应交税费"科目下设置"应交增值税""未交增值税""预交增值税""待抵扣进项税额""待认证进项税额""待转销项税额""增值税留抵税额""简易计税""转让金融商品应交增值税""代扣代缴增值税""增值税检查调整"共 11 个明细科目。

（1）"应交增值税"明细科目的借、贷方需要核算许多经济内容，借方既要核算进项税额，又要核算预交的税金等；贷方既要核算销项税额，又要核算出口退税、进项税额转出等。"应交增值税"明细科目如果仍使用三栏式账户，不能详细地核算企业增值税的计提、扣减、预交、交纳等情况。因此，在账户设置上采用了多栏式账户的方式，在"应交税费——应交增值税"账户中的借方和贷方分别设置了若干个专栏进行核算。

增值税一般纳税人应在"应交增值税"明细账内设置"进项税额""销项税额抵减""已交税金""转出未交增值税""减免税款""出口抵减内销产品应纳税额""销项税额""出口退税""进项税额转出""转出多交增值税"等专栏。"应交税费——应交增值税"明细账见表 2-3。

表 2-3　"应交税费——应交增值税"明细账

略	借方						贷方					借或贷	余额
	合计	进项税额	销项税额抵减	已交税金	转出未交增值税	减免税款	出口抵减内销产品应纳税额	合计	销项税额	出口退税	进项税额转出	转出多交增值税		

其中：

①"进项税额"专栏，记录一般纳税人购进货物、加工修理修配劳务、服务、无形资产或不动产而支付或负担的、准予从当期销项税额中抵扣的增值税额，以及不得从当期销项税额中抵扣的将要转出的进项税额。

②"销项税额抵减"专栏，记录一般纳税人按照现行增值税制度规定因扣减销售额而减少的销项税额。

③"已交税金"专栏，记录一般纳税人当月已交纳的应交增值税额。

④"转出未交增值税"和"转出多交增值税"专栏，分别记录一般纳税人月度终了转出当月应交未交或多交的增值税额。

⑤"减免税款"专栏，记录一般纳税人按现行增值税制度规定适用一般计税方法时准予减免的增值税额。

⑥"出口抵减内销产品应纳税额"专栏，记录实行"免、抵、退"办法的一般纳税人按规定计算的当期应免抵税额，或者经税务机关审核的"免抵退税申报汇总表"中的"当期免抵税额"的当期数。

⑦"销项税额"专栏，记录一般纳税人销售货物、加工修理修配劳务、服务、无形资产或不动产而收取的增值税额。

⑧"出口退税"专栏，记录一般纳税人出口货物、加工修理修配劳务、服务、无形资产按"免、抵、退"办法计算的当期免抵退税额或按"免、退"办法直接计算的应退回的增值税额。

⑨"进项税额转出"专栏，记录一般纳税人购进货物、加工修理修配劳务、服务、无形资产或不动产等发生非正常损失以及其他原因而不应从销项税额中抵扣、按规定转出的进项税额。

（2）"未交增值税"明细科目，核算一般纳税人月度终了从"应交增值税"或"预交增值税"明细科目转入当月应交未交、多交或预交的增值税额，以及当月交纳以前期间未交的增值税额。

（3）"预交增值税"明细科目，核算一般纳税人适用一般计税方法时转让不动产、提供不动产经营租赁服务、提供建筑服务、采用预收款方式销售自行开发的房地产项目等，以及其他按现行增值税制度规定应预交的增值税额。

（4）"待抵扣进项税额"明细科目，核算一般纳税人已取得增值税扣税凭证并经税务机关认证，按照现行增值税制度规定准予以后期间从销项税额中抵扣的进项税额。其包括：一般纳税人自 2016 年 5 月 1 日后取得并按固定资产核算的不动产或者 2016 年 5 月 1 日后取得的不动产在建工程，按现行增值税制度规定准予以后期间从销项税额中抵扣的进项税额（自 2019 年 4 月 1 日起，分期抵扣规定停止执行，即纳税人取得不动产或者不动产在建工程的进项税额不再分 2 年抵扣。此前按照分期抵扣规定尚未抵扣完毕的待抵扣进项税额，可自 2019 年 4 月税款所属期起从销项税额中抵扣）和实行纳税辅导期管理的一般纳税人取得的尚未交叉稽核比对的增值税扣税凭证上注明或计算的进项税额等。

（5）"待认证进项税额"明细科目，核算一般纳税人由于未经税务机关认证而不得从当期销项税额中抵扣的进项税额。其包括：一般纳税人已取得增值税扣税凭证、按照现行增值税制度规定准予从销项税额中抵扣，但尚未经税务机关认证的进项税额；一般纳税人已取得海关交款书，但尚未申请稽核或者已申请稽核但尚未取得稽核相符结果的海关交款书进项税额。

（6）"待转销项税额"明细科目，核算一般纳税人销售货物、加工修理修配劳务、服务、无形资产或不动产，已确认相关收入（或利得）但尚未发生增值税纳税义务而需于以后期间确认为销项税额或者应纳增值税的税额。

（7）"增值税留抵税额"明细科目，核算兼有销售服务、无形资产或不动产的原增值税一般纳税人，截止纳入营改增试点之日前的增值税期末留抵税额按照现行增值税制度规定不得从销售服务、无形资产或不动产的销项税额中抵扣的增值税留抵税额。

（8）"简易计税"明细科目，核算一般纳税人采用简易计税方法发生的增值税计提、扣减、预交、交纳等业务。

（9）"转让金融商品应交增值税"明细科目，核算增值税纳税人转让金融商品发生的增值税额。

（10）"代扣代缴增值税"明细科目，核算纳税人购进在境内未设经营机构的境外单位或个人在境内的应税行为代扣代缴的增值税额。

（11）"增值税检查调整"明细科目。根据国家税务总局 1998 年 3 月 26 日发布的《国家税务总局关于印发〈增值税日常稽查办法〉的通知》（国税发〔1998〕44 号）的规定，增值税一般纳税人在税务机关对其增值税纳税情况进行检查后，凡涉及应交增值税账务调整的，应设立"应交税费——增值税检查调整"专门科目。凡检查后应调减账面进项税额或调增账面销项税额和进项税额转出的，借记有关科目，贷记"应交税费——增值税检查调整"科目；凡检查后应调增账面进项税额或调减账面销项税额和进项税额转出的，借记"应交税费——增值税检查调整"科目，贷记有关科目；全部调账事项入账后，应对该科目的余额进行处理，处理后，该科目无余额。

（二）增值税小规模纳税人会计科目的设置

小规模纳税人只需在"应交税费"科目下设置"应交增值税"明细科目，不需要设置一般纳税人设置的专栏及除"转让金融商品应交增值税""代扣代缴增值税"外的明细科目。

二、销售等业务增值税的会计核算

（一）一般销售业务增值税的会计核算

企业销售货物、加工修理修配劳务、服务、无形资产或不动产，应当按应收或已收的金额，借记"应收账款""应收票据""银行存款"等科目，按取得的收入金额，贷记"主营业务收入""其他业务收入""固定资产清理"等科目，按现行增值税制度规定计算的销项税额（或采用简易计税方法计算的应纳增值税额），贷记"应交税费——应交增值税（销项税额）"或"应交税费——简易计税"科目（小规模纳税人贷记"应交税费——应交增值税"科目）。发生销售退回的，应根据按规定开具的红字增值税专用发票（或者红字增值税普通发票、红字机动车销售统一发票，下同）做相反的会计分录。

1. 采用直接收款方式销售货物销项税额或应纳增值税额的会计核算

企业采取直接收款方式销售货物的，不论货物是否发出，其纳税义务发生时间均为收到销售款项或者取得索取销售款项凭据的当天。企业生产经营活动中采取直接收款方式销售货物，已将货物移送对方并暂估销售收入入账，但既未取得销售款项或取得索取销售款项凭据也未开具销售发票的，其增值税纳税义务发生时间为取得销售款项或取得索取销售款项凭据的当天；先开具发票的，为开具发票的当天。

（1）销售除固定资产以外的货物销项税额或应纳增值税额的会计核算。

企业销售除固定资产以外的货物，应当按应收或已收的金额，借记"应收账款""应收票据""银行存款"等科目，按取得的收入金额，贷记"主营业务收入""其他业务收入"等科目，按现行增值税制度规定计算的销项税额（或采用简易计税方法计算的应纳增值税额），贷记"应交税费——应交增值税（销项税额）"或"应交税费——简易计税"科目（小规模纳税人贷记"应交税费——应交增值税"科目）。发生销售退回的，应根据按规定开具的红字增值税专用发票做相反的会计分录。

【例 2-8】甲公司为增值税一般纳税人，202×年 5 月采取直接收款方式销售 A 产品一批，开具的增值税专用发票上注明价款 800 000 元，增值税税额 104 000 元。A 产品的成本为 500 000 元。产品已发出，款项以银行存款收讫。

【要求】对甲公司上述业务进行账务处理。

【解析】

（1）确认销售收入时：

借：银行存款 904 000

贷：主营业务收入 800 000

应交税费——应交增值税（销项税额） 104 000

（2）确认销售成本时：

借：主营业务成本 500 000

贷：库存商品 500 000

（2）一般纳税人销售自己使用过的应征消费税的摩托车、汽车、游艇以外的固定资产（不动产除外，下同）销项税额或应纳增值税额的会计核算。

一般纳税人销售自己使用过的应征消费税的摩托车、汽车、游艇以外的固定资产，根据不同方法计算出应交纳的增值税。将固定资产转入清理时，冲销其账面原值、累计折旧及减值准备，借记"固定资产清理""累计折旧""固定资产减值准备"等科目，贷记"固定资产"科目；发生各项清理支出时，借记"固定资产清理"科目，贷记"银行存款"等科目。在销售时，如果企业销售的是已使用过的、可抵扣增值税进项税的固定资产（增值税转型之后购入，主要指 2009 年 1 月 1 日之后购入），因该项固定资产在原取得时，其增值税进项税额已记入"应交税费——应交增值税（进项税额）"科目，故销售时按适用税率 13%或 9%计算确定增值税销项税额，企业应借记"银行存款"等科目，贷记"固定资产清理""应交税费——应交增值税（销项税额）"（按 13%或 9%的税率）科目；如果销售的固定资产是在增值税转型之前（主要指的是 2008 年 12 月 31 日之前）购入的，在购入时，增值税进项税额不能抵扣而已计入固定资产成本，即进项税额未记入"应交税费——应交增值税（进项税额）"科目，则其出售视为旧货销售，按照 4%的征收率减半计算交纳增值税（自 2014 年 7 月 1 日起，按照 3%的征收率减按 2%计算交纳增值税），且开具增值税普通发票，企业应借记"银行存款"等科目，贷记"固定资产清理""应交税费——简易计税"（按 4%的征收率计算，自 2014 年 7 月 1 日起，按照 3%的征收率计算）科目，同时，借记"应交税费——简易计税"（按照（4%–2%）计算，自 2014 年 7 月 1 日起，按照（3%–2%）计算）科目，贷记"其他收益"（生产经营期间正常销售固定资产的情形）或者"营业外收入——政府补助"（因自然灾害等原因发生毁损、已丧失使用功能等原因而报废固定资产的情形）科目。按生产经营期间正常销售固定资产所产生的损失，借记"资产处置损益"科目，贷记"固定资产清理"科目；或者按生产经营期间正常销售固定资产所产生的利得，借记"固定资产清理"科目，贷记"资产处置损益"科目。按固定资产因自然灾害等原因发生毁损、已丧失使用功能等原因而报废清理产生的损失，借记"营业外支出——非流动资产毁损报废损失"科目，贷记"固定资产清理"科目；或者按固定资产因自然灾害等原因发生毁损、已丧失使用功能等原因而报废清理产生的收益，借记"固定资产清理"科目，贷记"营业外收入——非流动资产毁损报废收益"科目。

【例 2-9】甲公司为增值税一般纳税人，2021 年 5 月出售一台使用过的设备，原价为

117 000 元（含增值税），购入时间为 2013 年 5 月，且购入时取得增值税专用发票，发票上注明价款 100 000 元，增值税税额 17 000 元。甲公司取得的增值税专用发票 2013 年 5 月符合抵扣规定。该设备的折旧年限为 10 年，采用直线法计提折旧，不考虑净残值。2021 年 5 月的售价为 67 800 元（含增值税），该设备销售时适用 13% 的增值税税率。

【要求】对甲公司上述业务进行账务处理。

【解析】

（1）购入设备时：

借：固定资产　　　　　　　　　　　　　　　　　　　　100 000

　　应交税费——应交增值税（进项税额）　　　　　　　17 000

　　　贷：银行存款　　　　　　　　　　　　　　　　　　　117 000

（2）将设备转入清理时：

借：固定资产清理　　　　　　　　　　　　　　　　　　20 000

　　累计折旧〔（100 000/10）×8〕　　　　　　　　　80 000

　　　贷：固定资产　　　　　　　　　　　　　　　　　　　100 000

（3）收到价款时：

借：银行存款　　　　　　　　　　　　　　　　　　　　67 800

　　　贷：固定资产清理〔67 800/（1+13%）〕　　　　　　60 000

　　　　　应交税费——应交增值税（销项税额）（60 000×13%）　　7 800

（4）结转设备出售净损益时：

借：固定资产清理　　　　　　　　　　　　　　　　　　40 000

　　　贷：资产处置损益　　　　　　　　　　　　　　　　　40 000

【例 2-10】甲公司为增值税一般纳税人，2021 年 10 月出售一台使用过的设备，原价为 117 000 元（含增值税，该设备购买时适用 17% 的增值税税率），购入时间为 2008 年 10 月，折旧年限为 20 年，采用直线法计提折旧，不考虑净残值，2021 年 10 月的售价为 70 200 元（含增值税），按简易计税方法依照 3% 征收率减按 2% 征收增值税，并开具了增值税普通发票。

【要求】对甲公司上述业务进行账务处理。

【解析】因该设备购入时间为 2008 年 10 月（增值税转型之前），则固定资产的原值为 117 000 元（购入的增值税进项税额计入设备成本），该设备出售视为旧货销售，由于该设备出售之日为 2021 年 10 月，因此按照简易办法依照 3% 征收率减按 2% 征收增值税。

（1）购入设备时：

借：固定资产　　　　　　　　　　　　　　　　　　　　117 000

　　　贷：银行存款　　　　　　　　　　　　　　　　　　　117 000

（2）将设备转入清理时：

借：固定资产清理　　　　　　　　　　　　　　　　　　40 950

　　累计折旧〔（117 000/20）×13〕　　　　　　　　　76 050

　　　贷：固定资产　　　　　　　　　　　　　　　　　　　117 000

（3）收到价款时：

借：银行存款　　　　　　　　　　　　　　　　　　　　70 200

　　　贷：固定资产清理　　　　　　　　　　　　　　　　68 155.34

应交税费——简易计税〔70 200/（1+3%）×3%〕   2 044.66

 借：应交税费——简易计税〔〔70 200/（1+3%）〕×（3%–2%）〕   681.55

  贷：其他收益   681.55

（4）结转设备出售净损益时：

 借：应交税费——简易计税〔〔70 200/（1+3%）〕×（3%–2%）〕   681.55

  贷：其他收益   681.55

（5）结转设备出售净损益时：

 借：固定资产清理（68 155.34–40 950）   27 205.34

  贷：资产处置损益   27 205.34

  （3）一般纳税人销售自己使用过的应征消费税的摩托车、汽车、游艇等固定资产销项税额或应纳增值税额的会计核算。

  一般纳税人销售 2013 年 8 月 1 日之前购入的自用应征消费税的摩托车、汽车、游艇等固定资产，按照 4%的征收率减半征收增值税（自 2014 年 7 月 1 日起，按照简易办法依照 3%征收率减按 2%征收增值税）。一般纳税人销售 2013 年 8 月 1 日之后购入的自用应征消费税的摩托车、汽车、游艇等固定资产，按照 13%税率计算交纳增值税。

  将固定资产转入清理时，冲销其账面原值、累计折旧及减值准备，借记"固定资产清理""累计折旧""固定资产减值准备"等科目，贷记"固定资产"科目。发生各项清理支出时，借记"固定资产清理"科目，贷记"银行存款"等科目。在销售时，按照取得的销售收入和计算的增值税额，借记"银行存款"等科目，贷记"固定资产清理""应交税费——简易计税"（若一般纳税人销售 2013 年 8 月 1 日之前购入的自用应征消费税的摩托车、汽车、游艇等固定资产，按 4%的征收率计算，自 2014 年 7 月 1 日起，按照 3%的征收率计算）科目，同时，借记"应交税费——简易计税"（按照（4%–2%）计算，自 2014 年 7 月 1 日起，按照（3%–2%）计算）科目，贷记"其他收益"（生产经营期间正常销售固定资产的情形）或者"营业外收入——政府补助"（因自然灾害等原因发生毁损、已丧失使用功能等原因而报废固定资产的情形）科目，或贷记"固定资产清理""应交税费——应交增值税（销项税额）"（若一般纳税人销售 2013 年 8 月 1 日之后购入的自用应征消费税的摩托车、汽车、游艇等固定资产，按 13%的税率计算）科目。按生产经营期间正常销售固定资产所产生的损失，借记"资产处置损益"科目，贷记"固定资产清理"科目；或者按生产经营期间正常销售固定资产所产生的利得，借记"固定资产清理"科目，贷记"资产处置损益"科目。按固定资产因自然灾害等原因发生毁损、已丧失使用功能等原因而报废清理产生的损失，借记"营业外支出——非流动资产毁损报废损失"科目，贷记"固定资产清理"科目；或者按固定资产因自然灾害等原因发生毁损、已丧失使用功能等原因而报废清理产生的收益，借记"固定资产清理"科目，贷记"营业外收入——非流动资产毁损报废收益"科目。

  【例 2–11】甲公司为增值税一般纳税人，2021 年 5 月因经营业务调整，出售已使用过的两辆小汽车。第一辆小汽车为 2013 年 5 月购入，其账面原值为 100 000 元，已提折旧 60 000 元，以 70 000 元的价格（含增值税）出售，甲公司向对方开具增值税普通发票，款项已收妥存入银行。第二辆小汽车为 2014 年 5 月购入，购入时取得增值税专用发票，发票上注明价款 200 000 元，增值税税额 34 000 元，甲公司取得的增值税专用发票 2014 年 5 月符合抵扣规定，该小汽车账面原值为 200 000 元，已提折旧 100 000 元，以 120 000 元的价格（含增值税）出售，甲公司向对方开具增值税专用发票，款项已收妥存入银行，该小汽车销售时适用 13% 的增值税税率。

【要求】 对甲公司上述业务进行账务处理。

【解析】

1. 将第一辆小汽车转入清理时：

借：固定资产清理　　　　　　　　　　　　　　　　　　　　　　　40 000

　　累计折旧　　　　　　　　　　　　　　　　　　　　　　　　　60 000

　　　贷：固定资产——小汽车　　　　　　　　　　　　　　　　　　　100 000

收到出售第一辆小汽车价款时：

借：银行存款　　　　　　　　　　　　　　　　　　　　　　　　　70 000

　　　贷：固定资产清理〔70 000/（1+3%）〕　　　　　　　　　　　　67 961.17

　　　　　应交税费——简易计税〔［70 000/（1+3%）］×3%〕　　　　2 038.83

借：应交税费——简易计税〔［70 000/（1+3%）］×（3%−2%）〕　　679.61

　　　贷：其他收益　　　　　　　　　　　　　　　　　　　　　　　　679.61

结转第一辆小汽车出售净损益时：

借：固定资产清理（67 961.17−40 000）　　　　　　　　　　　　27 961.17

　　　贷：资产处置损益　　　　　　　　　　　　　　　　　　　　　27 961.17

2. 将第二辆小汽车转入清理时：

借：固定资产清理　　　　　　　　　　　　　　　　　　　　　　　100 000

　　累计折旧　　　　　　　　　　　　　　　　　　　　　　　　　100 000

　　　贷：固定资产——小汽车　　　　　　　　　　　　　　　　　　　200 000

收到出售第二辆小汽车价款时：

借：银行存款　　　　　　　　　　　　　　　　　　　　　　　　　120 000

　　　贷：固定资产清理〔120 000/（1+13%）〕　　　　　　　　　　106 194.69

　　　　　应交税费——应交增值税（销项税额）（106 194.69×13%）　13 805.31

结转第二辆小汽车出售净损益时：

借：固定资产清理（106 194.69−100 000）　　　　　　　　　　　6 194.69

　　　贷：资产处置损益　　　　　　　　　　　　　　　　　　　　　6 194.69

（4）小规模纳税人销售自己使用过的固定资产的会计核算。

小规模纳税人（除其他个人外）销售自己使用过的固定资产，减按 2% 征收率征收增值税。这里指的是小规模纳税人适用 3% 征收率减按 2% 征收率征收，其销售额和应纳税额的计算公式如下：

$$销售额 = 含增值税销售额/（1+3\%）$$

$$应纳税额 = 销售额 \times 2\%$$

其他个人销售自己使用过的固定资产，免征增值税。

小规模纳税人将固定资产转入清理时，冲销其账面原值、累计折旧及减值准备，借记"固定资产清理""累计折旧""固定资产减值准备"等科目，贷记"固定资产"科目；发生各项清理支出时，借记"固定资产清理"科目，贷记"银行存款"等科目；在销售时，按照取得的销售收入和计算的增值税额，借记"银行存款"等科目，贷记"固定资产清理""应交税费——应交增值税"（按照 3%的征收率计算）等科目，同时，借记"应交税费——应交增值税"〔按照（3%-2%）计算〕科目，贷记"其他收益"（生产经营期间正常销售固定资产的情形）或者"营业外收入——政府补助"（因自然灾害等原因发生毁损、已丧失使用功能等原因而报废固定资产的情形）科目。按生产经营期间正常销售固定资产所产生的损失，借记"资产处置损益"科目，贷记"固定资产清理"科目；或者按生产经营期间正常销售固定资产所产生的利得，借记"固定资产清理"科目，贷记"资产处置损益"科目。按固定资产因自然灾害等原因发生毁损、已丧失使用功能等原因而报废清理产生的损失，借记"营业外支出——非流动资产毁损报废损失"科目，贷记"固定资产清理"科目；或者按固定资产因自然灾害等原因发生毁损、已丧失使用功能等原因而报废清理产生的收益，借记"固定资产清理"科目，贷记"营业外收入——非流动资产毁损报废"科目。

【例 2-12】甲公司为增值税小规模纳税人，2020 年 1 月因经营业务调整，出售已使用过的一台机器设备。机器设备账面原值为 12 000 元，已提折旧 2 400 元，以 16 000 元的价格（含增值税）出售。甲公司向对方开具了增值税普通发票，款项已收妥存入银行。

【要求】对甲公司上述业务进行账务处理。

【解析】

（1）将机器设备转入清理时：

借：固定资产清理　　　　　　　　　　　　　　　　　　　　9 600
　　累计折旧　　　　　　　　　　　　　　　　　　　　　　2 400
　　　贷：固定资产——机器设备　　　　　　　　　　　　　　　　12 000

（2）收到出售机器设备价款时：

借：银行存款　　　　　　　　　　　　　　　　　　　　　16 000
　　　贷：固定资产清理　　　　　　　　　　　　　　　　　　15 533.98
　　　　　应交税费——应交增值税〔［16 000/（1+3%）］×3%〕　466.02
借：应交税费——应交增值税〔［16 000/（1+3%）］×（3%-2%）〕155.34
　　　贷：其他收益　　　　　　　　　　　　　　　　　　　　155.34

（3）结转机器设备出售净损益时：

借：固定资产清理（15 533.98-9 600）　　　　　　　　　5 933.98
　　　贷：资产处置损益　　　　　　　　　　　　　　　　　5 933.98

2. 采用托收承付或委托收款方式销售货物销项税额或应纳增值税额的会计核算

企业采取托收承付或委托收款方式销售货物的，其纳税义务发生时间为发出货物并办妥托收手续的当天。企业采取托收承付或委托收款方式销售货物，应当根据托收承付或委托收款结算凭证和发票，按应收或已收的金额，借记"应收账款"科目，按取得的收入金额，贷记"主营业务收入""其他业务收入"等科目，按现行增值税制度规定计算的销项税额（或采用简易计税方法计算的应纳增值税额），贷记"应交税费——应交增值税（销项税额）"或"应交税费——简易计税"科目（小规模纳税人贷记"应交税费——应交增值税"科目）。

【例 2-13】甲公司为增值税一般纳税人，202×年 5 月底采取托收承付结算方式向外地乙公司销售 A 产品一批，货物已发出，开具的增值税专用发票上注明价款 300 000 元，增值税税额 39 000 元。以银行存款代垫运费 1 090 元。已向银行办妥托收手续。托运方将增值税专用发票开具给乙公司，注明运费 1 000 元，增值税税额 90 元。甲公司将该发票转交给乙公司。

【要求】 对甲公司上述业务进行账务处理。

【解析】

借：应收账款——乙公司　　　　　　　　　　　　　　　　340 090
　　贷：主营业务收入　　　　　　　　　　　　　　　　　　300 000
　　　　应交税费——应交增值税（销项税额）　　　　　　　39 000
　　　　银行存款　　　　　　　　　　　　　　　　　　　　 1 090

3. 采用赊销或分期收款方式销售货物销项税额或应纳增值税额的会计核算

按照国家统一的会计制度确认收入或利得的时点早于按照增值税制度确认增值税纳税义务发生时点的，应将相关销项税额或者增值税额记入"应交税费——待转销项税额"科目，待实际发生纳税义务时再转入"应交税费——应交增值税（销项税额）"或"应交税费——简易计税"科目（小规模纳税人转入"应交税费——应交增值税"科目）。

政府会计准则及其应用指南将赊销或分期收款销售商品的收入确认与会计处理分为两种类型：不具有融资性质和具有融资性质。在实务中，赊销或分期收款销售商品是否具有融资性质，一般根据赊销或分期收款期限的长短确定，但同时又需要进行会计职业判断。最简单的判断标准是看未来收款额（赊销）或各期收款总额之和（分期收款销售商品）是否比合同或协议签订之日商品的正常市场价格高。如果未来收款额（赊销）或各期收款总额之和（分期收款销售商品）高于货物当前的市价，则说明购货方为延期支付货款付出了货币时间价值的代价，销货方为延期收取货款可以取得相当于货币时间价值的收益，按企业会计准则规定，应将其确认为融资收益，且赊销或分期收款销售商品是否具有融资性质完全取决于交易双方的意愿和交易本身的特性。不一定收款递延时间越长，融资收益就一定越高，有时递延收款时间可能未超过一年，但未来收款额（赊销）或各期收款总额之和（分期收款销售商品）也会超过当前商品售价，所以递延收款时间长短不足以作为判断交易是否具有融资性质的依据。在会计处理上，递延收款时间长短将影响确认应收款项时所采用的科目：递延收款时间在一年以内的应该用"应收账款"科目；一年以上的应该按照新准则的规定，用"长期应收款"科目。从税收法规和会计准则相互协调的角度看，会计处理中，"应交税费——应交增值税（销项税额）"科目的确认时间和金额计算应遵循税收法规的规定。对赊销或分期收款销售商品业务收入金额的确定，需要区分两种情况：一是实质上不具有融资性质的，收入金额应从购货方应收的合同或协议价款来确定；二是实质上具有融资性质的，收入金额应当按照其未来现金流量现值或商品现销价格来确定。

采取赊销或分期收款方式销售货物，其纳税义务发生时间为书面合同约定的收款日期的当天，无书面合同的或者书面合同没有约定收款日期的，其纳税义务发生时间为货物发出的当天（也就是说，书面合同约定的收款日期的当天或者货物发出的当天应当开具增值税专用发票或者普通发票，确认纳税义务。同时需要注意的是，先开具发票的，为开具发票的当天，这种情况下，实际上相当于采用直接收款方式销售商品）。采取赊销或分期收款方式销售货物，会计上要求在满足收入确认条件时就要确认收入，一般情况下，发出商品时，会计上就需要确认收入。

企业采取赊销或分期收款方式销售货物，如果不具有融资性质，则以合同金额确认收入，其会计处理与税法规定基本相同。在发出货物时，应当借记"应收账款"或"长期应收款"科目，贷记"主营业务收入""应交税费——待转销项税额"科目；同时，结转销售成本。按合同约定的收款日期开具发票时，借记"银行存款""应交税费——待转销项税额"等科目，贷记"应收账款"或"长期应收款"、"应交税费——应交增值税（销项税额）"或"应交税费——简易计税"等科目（小规模纳税人贷记"应交税费——应交增值税"科目）。

企业采取赊销或分期收款方式销售货物，如果具有融资性质，其会计处理与税法规定不一致。在发出货物时，按应收合同或协议价款，借记"应收账款"或"长期应收款"科目，按应收合同或协议价款的公允价值（未来现金流量现值），贷记"主营业务收入"科目，按未来应确认的增值税额，贷记"应交税费——待转销项税额"等科目，按其差额，贷记"未实现融资收益"科目；同时，结转销售成本。按合同约定的收款日期开具发票时，借记"银行存款""应交税费——待转销项税额"等科目，贷记"应收账款"或"长期应收款"、"应交税费——应交增值税（销项税额）"或"应交税费——简易计税"等科目（小规模纳税人贷记"应交税费——应交增值税"科目）。在合同或协议期间内按照应收款项的摊余成本和实际利率计算确定的摊销金额，冲减财务费用。未实现融资收益在收款期内按实际利率法摊销，摊销结果与直线法相差不大时，也可以采用直线法摊销。

【例2-14】甲公司为增值税一般纳税人，202×年4月以赊销方式销售A产品共计60 000元（不含增值税），未来应确认的增值税税额为7 800元，产品实际成本为30 000元，按合同规定，收款日期为202×年9月15日，且甲公司于本年9月15日开具增值税专用发票（假设该赊销业务不具有融资性质）；202×年5月以分期收款方式销售B产品共计90 000元（不含增值税），未来应确认的增值税税额为11 700元，产品实际成本为60 000元，按合同规定，收款日期分别为本年6月15日、12月15日，且甲公司于202×年6月15日、12月15日分别等额开具增值税专用发票（假设该分期收款销售业务不具有融资性质）。

【要求】对甲公司上述业务进行账务处理。

【解析】

（1）① 4月甲公司发出A产品时：

借：应收账款 67 800
　　贷：主营业务收入 60 000
　　　　应交税费——待转销项税额 7 800
借：主营业务成本供售 30 000
　　贷：库存商品 30 000

② 若合同约定的收款日期收到款项，则甲公司9月15日开具增值税专用发票，并计算增值税销项税额，账务处理如下：

借：银行存款 67 800
　　应交税费——待转销项税额 7 800
　　贷：应收账款 67 800
　　　　应交税费——应交增值税（销项税额） 7 800

若合同约定的收款日期未收到款项，则甲公司9月15日开具增值税专用发票，并计算增值税销项税额，账务处理如下：

借：应交税费——待转销项税额 7 800
　　贷：应交税费——应交增值税（销项税额） 7 800

（2）① 5 月甲公司发出 B 产品时：

借：应收账款　　　　　　　　　　　　　　　　　　　　　　　　　101 700

　　贷：主营业务收入　　　　　　　　　　　　　　　　　　　　　90 000

　　　　应交税费——待转销项税额　　　　　　　　　　　　　　　11 700

借：主营业务成本　　　　　　　　　　　　　　　　　　　　　　　 60 000

　　贷：库存商品　　　　　　　　　　　　　　　　　　　　　　　60 000

② 若合同约定的收款日期分别收到款项，则甲公司 6 月 15 日和 12 月 15 日分别等额开具增值税专用发票，并计算增值税销项税额，分别进行账务处理如下：

借：银行存款　　　　　　　　　　　　　　　　　　　　　　　　　 50 850

　　应交税费——待转销项税额　　　　　　　　　　　　　　　　　　5 850

　　贷：应收账款　　　　　　　　　　　　　　　　　　　　　　　50 850

　　　　应交税费——应交增值税（销项税额）　　　　　　　　　　5 850

若合同约定的收款日期未收到款项，则 6 月 15 日和 12 月 15 日分别等额开具增值税专用发票，并计算增值税销项税额，分别进行账务处理如下：

借：应交税费——待转销项税额　　　　　　　　　　　　　　　　　　5 850

　　贷：应交税费——应交增值税（销项税额）　　　　　　　　　　5 850

4. 采用预收货款方式销售货物销项税额或应纳增值税额的会计核算

企业采取预收货款方式销售货物，其纳税义务发生时间为货物发出的当天，但生产销售生产工期超过 12 个月的大型机械设备、船舶、飞机等货物，其纳税义务的发生时间为收到预收款或者书面合同约定的收款日期的当天。企业采取预收货款方式销售货物，会计处理和税法的规定基本一致，除了生产销售生产工期超过 12 个月的大型机械设备、船舶、飞机等货物以外，企业收到预收货款时，不做销售处理，等到发出产品时才做销售处理。纳税人在收到预收货款时，应借记"银行存款"科目，贷记"合同负债"科目；发出商品时，确认收入及补收货款，借记"合同负债""银行存款"等科目，贷记"主营业务收入""应交税费——应交增值税（销项税额）"或"应交税费——简易计税"等科目（小规模纳税人贷记"应交税费——应交增值税"科目），同时结转已销商品成本。

【例 2-15】甲服装厂为增值税一般纳税人，202×年 5 月 8 日收到某批发公司预付服装款 90 000 元；6 月 28 日，甲服装厂发出服装并开具增值税专用发票，发票上注明价款 100 000 元，增值税税额 13 000 元，同时补收货款。

【要求】对甲服装厂上述业务进行账务处理。

【解析】

（1）收到预付款时：

借：银行存款　　　　　　　　　　　　　　　　　　　　　　　　　 90 000

　　贷：合同负债　　　　　　　　　　　　　　　　　　　　　　　90 000

（2）发出货物时：

借：合同负债　　　　　　　　　　　　　　　　　　　　　　　　　 90 000

　　银行存款　　　　　　　　　　　　　　　　　　　　　　　　　 23 000

　　贷：主营业务收入　　　　　　　　　　　　　　　　　　　　 100 000

　　　　应交税费——应交增值税（销项税额）　　　　　　　　　 13 000

5. 销售（提供）加工修理修配劳务销项税额或应纳增值税额的会计核算

企业销售加工修理修配劳务，其纳税义务的发生时间为提供劳务同时收讫销售款项或者取得索取销售款项的凭据的当天。

企业销售加工修理修配劳务，应当按应收或已收的金额，借记"应收账款""应收票据""银行存款"等科目，按取得的收入金额，贷记"主营业务收入""其他业务收入"等科目，按现行增值税制度规定计算的销项税额（或采用简易计税方法计算的应纳增值税额），贷记"应交税费——应交增值税（销项税额）"或"应交税费——简易计税"科目（小规模纳税人贷记"应交税费——应交增值税"科目）。发生销售退回的，应根据按规定开具的红字增值税专用发票做相反的会计分录。

当提示企业发生合同履约成本时，借记"合同履约成本"科目，贷记"银行存款""应付职工薪酬""原材料""累计折旧""累计摊销"等科目；对合同履约成本进行摊销时，借记"主营业务成本""其他业务成本"等科目，贷记"合同履约成本"科目。涉及增值税的，还应进行相应的处理。企业结转已销售商品或提供服务成本时，借记"主营业务成本""其他业务成本"等科目，贷记"库存商品""合同履约成本"等科目。

【例2-16】甲公司是一家汽修厂，为增值税一般纳税人，202×年7月为乙公司修理一辆汽车，收取修理费并开具增值税专用发票，发票上注明价款6 000元，增值税税额780元，款项已收存银行。在修理过程中，甲公司发生劳务成本3 000元（均为维修工人薪酬）、更换零件等耗用原材料2 000元。

【要求】对甲公司上述业务进行账务处理。

【解析】

（1）发生合同履约成本时：

借：合同履约成本（3 000+2 000）　　　　　　　　　　　　　5 000
　　贷：应付职工薪酬　　　　　　　　　　　　　　　　　　　3 000
　　　　原材料　　　　　　　　　　　　　　　　　　　　　　2 000

（2）确认修理收入时：

借：银行存款　　　　　　　　　　　　　　　　　　　　　　　6 780
　　贷：主营业务收入　　　　　　　　　　　　　　　　　　　6 000
　　　　应交税费——应交增值税（销项税额）　　　　　　　　　780

（3）对合同履约成本进行摊销时：

借：主营业务成本　　　　　　　　　　　　　　　　　　　　　5 000
　　贷：合同履约成本　　　　　　　　　　　　　　　　　　　5 000

6. 销售（提供）服务销项税额或应纳增值税额的会计核算

企业销售服务的，其纳税义务的发生时间为收讫销售款项或者取得索取销售款项凭据的当天；先开具发票的，为开具发票的当天。企业提供租赁服务采取预收款方式的，其纳税义务发生时间为收到预收款的当天。

企业销售服务（除采取预收款方式提供租赁服务以外），应当按应收或已收的金额借记"应收账款""应收票据""银行存款"等科目，按取得的收入金额，贷记"主营业务收入""其他业务收入"等科目，按现行增值税制度规定计算的销项税额（或采用简易计税方法计算的应纳增值税额），贷记"应交税费——应交增值税（销项税额）"或"应交税费——简易计税"

科目（小规模纳税人贷记"应交税费——应交增值税"科目）。发生销售退回的，应根据按规定开具的红字增值税专用发票做相反的会计分录。

企业采取预收款方式提供租赁服务，应当按预收的价税合计金额，借记"银行存款"等科目，按未来应当确认的收入金额，贷记"预收账款"科目，按现行增值税制度规定计算的销项税额（或采用简易计税方法计算的应纳增值税额），贷记"应交税费——应交增值税（销项税额）"或"应交税费——简易计税"科目（小规模纳税人贷记"应交税费——应交增值税"科目）。发生销售退回的，应根据按规定开具的红字增值税专用发票做相反的会计分录。

【例2-17】甲宾馆为增值税一般纳税人，202×年5月提供住宿服务取得含增值税收入1 060 000元，按照适用税率开具了增值税专用发票，款项已结清并存入银行。202×年5月，甲宾馆计提与宾馆经营直接相关的客房以及客房内的设备家具等折旧50 000元、甲宾馆土地使用权摊销费用35 000元。住宿服务适用的增值税税率为6%。

【要求】对甲宾馆上述业务进行账务处理。

【解析】

（1）确认资产的折旧费、摊销费时：

借：合同履约成本　　　　　　　　　　　　　　　　　　　　　　　85 000

　　贷：累计折旧　　　　　　　　　　　　　　　　　　　　　　50 000

　　　　累计摊销　　　　　　　　　　　　　　　　　　　　　　35 000

（2）确认住宿服务收入时：

借：银行存款　　　　　　　　　　　　　　　　　　　　　　　1 060 000

　　贷：主营业务收入〔1 060 000/（1+6%）〕　　　　　　　　 1 000 000

　　　　应交税费——应交增值税（销项税额）(1 000 000×6%)　　　60 000

（3）对合同履约成本进行摊销时：

借：主营业务成本　　　　　　　　　　　　　　　　　　　　　　85 000

　　贷：合同履约成本　　　　　　　　　　　　　　　　　　　85 000

【例2-18】甲租赁公司为增值税一般纳税人，202×年6月1日与乙公司签订经营租赁合同，合同约定甲租赁公司向乙公司出租一台设备，租期为12个月，租金共计13.56万元（含增值税），租赁开始日为7月1日，双方约定乙公司要在6月15日向甲公司一次性全额支付租金，甲租赁公司202×年6月15日收到乙公司支付的租金13.56万元（含增值税）。甲租赁公司对于该设备每月计提折旧7 000元。

【要求】对甲租赁公司上述业务进行账务处理。

【解析】纳税人提供租赁服务采取预收款方式的，其纳税义务发生时间为收到预收款的当天。甲租赁公司应于6月15日对收到的预付款计提销项税额。有形动产租赁服务适用税率为13%。

202×年6月甲租赁公司应计提的销项税额=〔13.56/（1+13%）〕×13%=1.56（万元）

（1）6月15日收到预收款时：

借：银行存款　　　　　　　　　　　　　　　　　　　　　　　135 600

　　贷：预收账款　　　　　　　　　　　　　　　　　　　　 120 000

　　　　应交税费——应交增值税（销项税额）　　　　　　　　 15 600

（2）在租赁期限内（202×年7月至下年6月）的每月月末，甲租赁公司分别确认收入时：

借：预收账款（120 000/12）　　　　　　　　　　　　　　　　10 000
　　　贷：主营业务收入　　　　　　　　　　　　　　　　　　　　　　　10 000
（3）在租赁期限内（202×年7月至下年6月）的每月月末，甲租赁公司计提设备折旧时：
借：主营业务成本　　　　　　　　　　　　　　　　　　　　　　7 000
　　　贷：累计折旧　　　　　　　　　　　　　　　　　　　　　　　　　7 000

7. 销售无形资产销项税额或应纳增值税额的会计核算

企业销售无形资产的，其纳税义务发生时间为收讫销售款项或者取得索取销售款项凭据的当天；先开具发票的，为开具发票的当天。企业销售无形资产，应当按应收或已收的金额，借记"应收账款""应收票据""银行存款"等科目，按取得的收入或利得（或者损失）金额，贷记"主营业务收入"（销售或转让无形资产使用权）、"其他业务收入"（销售或转让无形资产使用权，即出租无形资产使用权）、"资产处置损益"（销售或转让无形资产使用权，即出租无形资产使用权）等科目，按现行增值税制度规定计算的销项税额（或采用简易计税方法计算的应纳增值税额），贷记"应交税费——应交增值税（销项税额）"或"应交税费——简易计税"科目（小规模纳税人贷记"应交税费——应交增值税"科目）。发生销售退回的，应根据按规定开具的红字增值税专用发票做相反的会计分录。

【例2-19】甲公司为增值税一般纳税人，202×年5月出售一项商标所有权，取得含增值税收入636 000元。该商标所有权的原购入成本为1 200 000元，出售时已摊销金额为800 000元，该商标未计入减值准备。款项已存入银行。

【要求】对甲公司上述业务进行账务处理。

【解析】商标权的所有权转让适用税率为6%。

甲公司应计提的销项税额=636 000/（1+6%）×6%=36 000（元）

借：银行存款　　　　　　　　　　　　　　　　　　　　　　636 000
　　累计摊销　　　　　　　　　　　　　　　　　　　　　　　800 000
　　　贷：无形资产——商标权　　　　　　　　　　　　　　　　　　1 200 000
　　　　　应交税费——应交增值税（销项税额）　　　　　　　　　　　36 000
　　　　　资产处置损益　　　　　　　　　　　　　　　　　　　　　200 000

【例2-20】甲公司为增值税一般纳税人，现将某商标使用权转让（出租）给乙公司，合同规定出租期限为两年（2017年5月至2019年4月），每月租金收入10 000元（不含增值税），每月月初收取当月租金。2017年5月1日，收到当月的租金及增值税合计10 600元，已办理进账手续。该商标权每月的摊销额为5 000元。

【要求】对甲公司上述业务进行账务处理。

【解析】转让（出租）商标权的使用权适用税率为6%。

甲公司应计提的销项税额=［10 600/（1+6%）］×6%=600（元）

（1）2017年5月1日取得（或确认）租金收入时：

借：银行存款　　　　　　　　　　　　　　　　　　　　　　10 600
　　　贷：其他业务收入　　　　　　　　　　　　　　　　　　　　　　10 000
　　　　　应交税费——应交增值税（销项税额）　　　　　　　　　　　　600

（2）2017年5月31日进行摊销时：

借：其他业务成本 5 000

　　贷：累计摊销 5 000

8. 销售不动产销项税额或应纳增值税额的会计核算

企业销售不动产的，其纳税义务发生时间为收讫销售项或者取得索取销售款项凭据的当天；先开具发票的，为开具发票的当天。企业销售不动产，应当按应收或已收的金额，借记"应收账款""应收票据""银行存款"等科目，按取得的收入金额，贷记"主营业务收入""其他业务收入""固定资产清理"等科目，按现行增值税制度规定计算的销项税额（或采用简易计税方法计算的应纳增值税额），贷记"应交税费——应交增值税（销项税额）"或"应交税费——简易计税"科目（小规模纳税人贷记"应交税费——应交增值税"科目）。发生销售退回的，应根据按规定开具的红字增值税专用发票做相反的会计分录。

1）房地产企业销售自行开发的房地产项目的销项税额或应纳增值税额的会计核算

房地产企业销售自行开发的房地产项目，应当按应收或已收的金额，借记"应收账款""应收票据""银行存款"等科目，按取得的收入金额，贷记"主营业务收入""其他业务收入"等科目，按现行增值税制度规定计算的销项税额（或采用简易计税方法计算的应纳增值税额），贷记"应交税费——应交增值税（销项税额）"或"应交税费——简易计税"科目（小规模纳税人贷记"应交税费——应交增值税"科目）。发生销售退回的，应根据按规定开具的红字增值税专用发票做相反的会计分录。

【例2-21】甲房地产公司为增值税一般纳税人，自行开发了某房地产项目，施工许可证注明的开工日期是2016年4月1日。202×年5月该公司销售了该项目的一批房产，共取得含增值税收入3 108万元，同时办妥了房屋产权转移手续。这批房产对应的土地款为981万元。计算增值税时，该公司选择了简易计税方法。

【要求】对甲公司上述业务进行账务处理。

【解析】一般纳税人销售自行开发的房地产项目，可以选择适用简易计税方法按照5%的征收率计税。一经选择简易计税方法计税的，36个月内不得变更为一般计税方法计税。

房地产老项目，是指：（1）"建筑工程施工许可证"注明的合同开工日期在2016年4月3日前的房地产项目；（2）"建筑工程施工许可证"未注明合同开工日期或者未取得"建筑工程施工许可证"但建筑工程承包合同注明的开工日期在2016年4月30日前的建筑工程项目。

一般纳税人销售自行开发的房地产老项目适用简易计税方法计税的，以取得的全部价款和价外费用为销售额，不得扣除对应的土地价款。

应纳增值税=［31 080 000/（1+5%）］×5%=1 480 000（元）

借：银行存款 31 080 000

　　贷：主营业务收入 29 600 000

　　　　应交税费——简易计税 1 480 000

【例2-22】在例2-21中，假设在计算增值税时，甲公司选择了一般计税方法，其他资料不变。

【要求】对甲公司上述业务进行账务处理。

【解析】房地产开发企业中的一般纳税人销售自行开发的房地产项目，适用一般计税方法计税，按照取得的全部价款和价外费用，扣除当期销售房地产项目对应的土地价款后的余额计算销售额。

销售额＝（全部价款和价外费用－当期允许扣除的土地价款）/（1+9%）

土地价款所对应的税额（销项税额抵减额）＝［9 810 000/（1+9%）］×9%＝810 000（元）

应纳增值税＝［（全部价款和价外费用－当期允许扣除的土地价款）/（1+9%）］×9%

　　　　　＝［全部价款和价外费用/（1+9%）］×9%－［当期允许扣除的土地价款/

　　　　　　（1+9%）］×9%

　　　　　＝［31 080 000/（1+9%）］×9%－［9 810 000/（1+9%）］×9%

　　　　　＝2 566 238.53－810 000＝1 756 238.53（元）

借：银行存款　　　　　　　　　　　　　　　　　　　　　　31 080 000

　　贷：主营业务收入　　　　　　　　　　　　　　　　　28 513 761.47

　　　　应交税费——应交增值税（销项税额）　　　　　　2 566 238.53

借：应交税费——应交增值税（销项税额抵减）　　　　　　　810 000

　　贷：主营业务成本　　　　　　　　　　　　　　　　　　　810 000

【例2-23】 在例2-21中，假设施工许可证注明的开工日期是2016年5月1日，其他资料不变。

【要求】 对甲公司上述业务进行账务处理。

【解析】 纳税人销售自行开发的房地产项目，适用一般计税方法，其会计处理可参照例2-22。房地产企业预售自行开发的房地产项目的销项税额或应纳增值税额的会计核算见本任务"四、差额征税的会计核算"中的"（一）企业发生相关成本费用允许扣减销售额增值税的会计核算"。

2）除房地产企业销售自行开发的房地产项目以外的销售不动产销项税额或应纳增值税额的会计核算

除房地产企业销售自行开发的房地产项目以外的销售不动产应通过"固定资产清理"账户核算，根据按规定收取的增值税税额，贷记"应交税费——应交增值税（销项税额）"或"应交税费——简易计税"科目（小规模纳税人贷记"应交税费——应交增值税"科目），发生的净损益记入"资产处置损益"科目。

【例2-24】 甲市A公司为增值税一般纳税人，2019年4月销售位于乙市的写字楼，并于当月办妥了相关产权转移手续。该写字楼于2016年4月购置并投入使用，投入使用前发生的成本为546万元，销售写字楼取得含增值税收入840万元。在销售过程中应纳土地增值税60万元，已用银行存款交纳，假设销售过程中无其他费用。投入使用时，该公司预计该写字楼可使用50年，按平均年限法计提折旧，无残值。计算增值税时，该公司转让不动产选择了简易计税方法。假设该公司本期无其他销售行为，无可抵扣进项税额，也无期初留抵税额。

【要求】 对A公司上述业务进行账务处理。

【解析】 一般纳税人转让其2016年4月30日前取得（不含自建）的不动产，可以选择适用简易计税方法计税，以取得的全部价款和价外费用扣除不动产购置原价或者取得不动产时作价后的余额为销售额，按照5%的征收率计算应纳税额。纳税人应按照上述计税方法向不动产所在地主管税务机关预交税款，向机构所在地主管税务机关申报纳税。

应预交增值税＝［（全部价款和价外费用－不动产购置原价或者取得不动产时的作价）/

　　　　　　　（1+5%）］×5%

　　　　　　＝［（8 400 000－5 460 000）/（1+5%）］×5%

$$=[8\ 400\ 000/(1+5\%)]\times5\%-[5\ 460\ 000/(1+5\%)]\times5\%=400\ 000-260\ 000$$
$$=140\ 000（元）$$

应纳增值税=应预交增值税=140 000元

借：固定资产清理	5 132 400
累计折旧〔［（5 460 000/50）/12］×36〕	327 600
贷：固定资产	5 460 000
借：银行存款	8 400 000
贷：固定资产清理	8 000 000
应交税费——简易计税〔［8 400 000/（1+5%）］×5%〕	400 000
借：应交税费——简易计税〔［5 460 000/（1+5%）］×5%〕	260 000
贷：固定资产清理	260 000

上述两个会计分录也可以合并为：

借：银行存款	8 400 000
贷：固定资产清理	8 260 000
应交税费——简易计税〔［8 400 000/（1+5%）］×5%－	
［5 460 000（1+5%）］×5%〕	140 000
借：固定资产清理	600 000
贷：应交税费——应交土地增值税	600 000
借：固定资产清理	2 527 600
贷：资产处置损益	2 527 600

向不动产所在地主管税务机关预交税款时：

借：应交税费——简易计税	140 000
贷：银行存款	140 000

下个月申报期内向机构所在地主管税务机关申报纳税时，由于向不动产所在地主管税务机关预交税款（140 000元）和向机构所在地主管税务机关申报纳税额（400 000元－260 000元=140 000元）相等，即不需要补交增值税，因此只需要进行纳税申报，不需要进行账务处理。

【例2-25】在例2-24中，假设在计算增值税时，A公司选择了一般计税方法，其他资料不变。

【要求】对A公司上述业务进行账务处理。

【解析】一般纳税人转让其2016年4月30日前取得（不含自建）的不动产，选择适用一般计税方法计税的，以取得的全部价款和价外费用为销售额计算应纳税额。纳税人应以取得的全部价款和价外费用扣除不动产购置原价或者取得不动产时作价后的余额，按照5%的预征率向不动产所在地主管税务机关预交税款，向机构所在地主管税务机关申报纳税。

应预交增值税=［（全部价款和价外费用－不动产购置原价或者取得不动产时的作价）/
    （1+5%）］×5%
    =［（8 400 000－5 460 000）/（1+5%）］×5%
    =［8 400 000/（1+5%）］×5%－［5 460 000/（1+5%）］×5%
    =400 000－260 000=140 000（元）

增值税销项税额＝［8 400 000/（1+9%）］×9%=7 706 422.02×9%=693 577.98（元）

借：固定资产清理	5 132 400
累计折旧〔［（5 460 000/50）/12〕×36］	327 600
贷：固定资产	5 460 000
借：银行存款	8 400 000
贷：固定资产清理	7 706 422.02
应交税费——应交增值税（销项税额）	693 577.98
借：固定资产清理	600 000
贷：应交税费——应交土地增值税	600 000
借：固定资产清理（7 706 422.02-5 132 400-600 000）	1 974 022.02
贷：资产处置损益	1 974 022.02

向不动产所在地主管税务机关预交税款时：

借：应交税费——预交增值税	140 000
贷：银行存款	140 000

该公司本期无其他销售行为，无可抵扣进项税额，也无期初留抵税额。

应纳增值税=693 577.98-0-0=693 577.98（元）

月份终了，将当月应交未交增值税额从"应交税费——应交增值税"科目转入"应交税费——未交增值税"科目时：

借：应交税费——应交增值税（转出未交增值税）	693 577.98
贷：应交税费——未交增值税	693 577.98

月份终了，将当月预交的增值税额从"应交税费——预交增值税"科目转入"应交税费——未交增值税"科目时：

借：应交税费——未交增值税	140 000
贷：应交税费——预交增值税	140 000

下月申报期内向机构所在地主管税务机关申报纳税时：

借：应交税费——未交增值税（693 577.98-140 000）	553 577.98
贷：银行存款	553 577.98

【例2-26】 在例2-24中，假设该写字楼的销售时间为2020年1月，购置并投入使用的时间为2017年1月，其他资料不变。

【要求】 对A公司上述业务进行账务处理。

【解析】 一般纳税人转让其2016年5月1日后取得（不含自建）的不动产，适用一般计税方法，以取得的全部价款和价外费用为销售额计算应纳税额。纳税人应以取得的全部价款和价外费用扣除不动产购置原价或者取得不动产时作价后的余额，按照5%的预征率向不动产所在地主管税务机关预交税款，向机构所在地主管税务机关申报纳税。其账务处理可参照例2-25。

【例2-27】 甲市B公司为增值税一般纳税人，202×年4月销售位于乙市的自建写字楼，并于当月办妥了相关产权转移手续。该写字楼于2016年4月建成并投入使用，投入使用前发生的建设成本为546万元，销售写字楼取得的含增值税收入为840万元。在销售过程中应纳土地增值税60万元，已用银行存款交纳，假设销售过程中无其他费用。投入使用时，该公司预计该写字楼可使用 50 年，按直线法计提折旧，无残值。计算增值税时，该公司转让不动产选择了简易计税方法。假设该公司本期无其他销售行为，无可抵扣进项税额，也无期初留抵税额。

【要求】对 B 公司上述业务进行账务处理。

【解析】一般纳税人转让其 2016 年 4 月 30 日前自建的不动产，可以选择适用简易计税方法计税，以取得的全部价款和价外费用为销售额，按照 5% 的征收率计算应纳税额。纳税人应按照上述计税方法向不动产所在地主管税务机关预交税款，向机构所在地主管税务机关申报纳税。

应预交增值税 = ［ 8 400 000/（1+5%）］×5% = 8 000 000×5% = 400 000（元）

应纳增值税 = 应预交增值税 = 400 000 元

借：固定资产清理　　　　　　　　　　　　　　　　　　　5 132 400

　　累计折旧〔［（5 460 000/50）/12］×36〕　　　　　　327 600

　　　贷：固定资产　　　　　　　　　　　　　　　　　　　5 460 000

借：银行存款　　　　　　　　　　　　　　　　　　　　　8 400 000

　　　贷：固定资产清理　　　　　　　　　　　　　　　　　8 000 000

　　　　　应交税费——简易计税〔［8 400 000/（1+5%）］×5%〕　400 000

借：固定资产清理　　　　　　　　　　　　　　　　　　　600 000

　　　贷：应交税费——应交土地增值税　　　　　　　　　　600 000

借：固定资产清理（8 000 000−5 132 400−600 000）　　　2 267 600

　　　贷：资产处置损益　　　　　　　　　　　　　　　　　22 67 600

向不动产所在地主管税务机关预交税款时：

借：应交税费——简易计税　　　　　　　　　　　　　　　400 000

　　　贷：银行存款　　　　　　　　　　　　　　　　　　　400 000

下个月申报期内向机构所在地主管税务机关申报纳税时，由于向不动产所在地主管税务机关预交税款（400 000 元）和向机构所在地主管税务机关申报纳税额（400 000 元）相等，即不需要补交增值税，因此只需要进行纳税申报，不需要进行账务处理。

【例 2−28】在例 2−27 中，假设在计算增值税时，B 公司选择了一般计税方法，其他资料不变。

【要求】对 B 公司上述业务进行账务处理。

【解析】一般纳税人转让其 2016 年 4 月 30 日前自建的不动产，选择适用一般计税方法计税的，以取得的全部价款和价外费用为销售额计算应纳税额。纳税人应以取得的全部价款和价外费用，按照 5% 的预征率向不动产所在地主管税务机关预交税款、向机构所在地主管税务机关申报纳税。

应预交增值税 = ［ 8 400 000/（1+5%）］×5% = 400 000（元）

增值税销项税额 = ［ 8 400 000/（1+9%）］×9% = 7 706 422.02×9% = 693 577.98（元）

借：固定资产清理　　　　　　　　　　　　　　　　　　　5 132 400

　　累计折旧〔［（5 460 000/50）/12］×36〕　　　　　　327 600

　　　贷：固定资产　　　　　　　　　　　　　　　　　　　5 460 000

借：银行存款　　　　　　　　　　　　　　　　　　　　　　　　8 400 000

　　贷：固定资产清理　　　　　　　　　　　　　　　　　　　　　8 000 000

　　　　应交税费——应交增值税（销项税额）[[8 400 000/(1+5%)]×5%] 400 000

借：固定资产清理　　　　　　　　　　　　　　　　　　　　　　　600 000

　　贷：应交税费——应交土地增值税　　　　　　　　　　　　　　600 000

借：固定资产清理（8 000 000-5 132 400-600 000）　　　　　　　2 267 600

　　贷：资产处置损益　　　　　　　　　　　　　　　　　　　　　22 67 600

向不动产所在地主管税务机关预交税款时：

借：应交税费——简易计税　　　　　　　　　　　　　　　　　　　400 000

　　贷：银行存款　　　　　　　　　　　　　　　　　　　　　　　400 000

该公司本期无其他销售行为，无可抵扣进项税额，也无期初留抵税额。

应纳增值税=693 577.98-0-0-693 577.98（元）

月份终了，将当月应交未交增值税额从"应交税费——应交增值税"科目转入"应交税费——未交增值税"科目时：

借：应交税费——应交增值税（转出未交增值税）　　　　　　　　693 577.98

　　贷：应交税费——未交增值税　　　　　　　　　　　　　　　　693 577.98

月份终了，将当月预交的增值税额从"应交税费——预交增值税"科目转入"应交税费——未交增值税"科目时：

借：应交税费——未交增值税　　　　　　　　　　　　　　　　　　400 000

　　贷：应交税费——预交增值税　　　　　　　　　　　　　　　　400 000

下月申报期内向机构所在地主管税务机关申报纳税时：

借：应交税费——未交增值税（693 577.98-400 000）　　　　　　293 577.98

　　贷：银行存款　　　　　　　　　　　　　　　　　　　　　　　293 577.98

【例2-29】在例2-27中，假设该写字楼的销售时间为2020年1月，2016年5月10日开始自建，投入使用的时间为2017年1月，其他资料不变。

【要求】对B公司上述业务进行账务处理。

【解析】一般纳税人转让其2016年5月1日后自建的不动产，适用一般计税方法以取得的全部价款和价外费用为销售额计算应纳税额。纳税人应以取得的全部价款和价外费用，按照5%的预征率向不动产所在地主管税务机关预交税款，向机构所在地主管税务机关申报纳税。其账务处理可参照例2-28。

9. 按照国家统一的会计制度确认收入或利得的时点早于按照增值税制度确认增值税纳税义务发生时点的销项税额或应纳增值税额的会计核算

按照国家统一的会计制度确认收入或利得的时点早于按照增值税制度确认增值税纳税义务发生时点的，应将相关销项税额或者应纳增值税额记入"应交税费——待转销项税额"科目，待实际发生纳税义务时再转入"应交税费——应交增值税（销项税额）"或"应交税费——简易计税"科目（小规模纳税人转入"应交税费——应交增值税"科目）。

企业提供建筑服务，在向业主办理工程价款结算时，借记"应收账款""合同资产""银行存款"等科目，贷记"主营业务收入"等科目，同时，贷记"应交税费——应交增值税（销项税额）"或"应交税费——简易计税"科目（小规模纳税人贷记"应交税费——应交增值税"

科目）；企业向业主办理工程价款结算的时点早于增值税纳税义务发生的时点的，应贷记"应交税费——待转销项税额"等科目，待增值税纳税义务发生时再转入"应交税费——应交增值税（销项税额）"或"应交税费——简易计税"科目（小规模纳税人转入"应交税费——应交增值税"科目）。

【例 2-30】甲公司是一家建筑企业，为增值税一般纳税人，现为乙方提供公路建筑服务（甲公司采用一般计税方法），合同总价为 11 亿元（不含增值税），其中质押金为 1 亿元（不含增值税），合同约定 2019 年 11 月 1 日甲公司从乙方收取工程款 10 亿元（不含增值税）及其增值税，另外 1 亿元（不含增值税）的质押金由乙方在支付款项时扣押，质保期为 1 年。2019 年 11 月 1 日，甲公司开具给乙方增值税专用发票，发票上注明价款 10 亿元，增值税税额 0.9 亿元。2020 年 11 月 1 日，质保期满，建筑工程未发生质量问题。2020 年 12 月 1 日，甲公司实际收到乙方曾扣押的 1 亿元（不含增值税）的质押金，并开具给乙方增值税专用发票，发票上注明价款 1 亿元，增值税税额 0.09 亿元。

【要求】对甲公司上述业务进行账务处理。

【解析】《国家税务总局关于在境外提供建筑服务等有关问题的公告》（国家税务总局公告 2016 年第 69 号）规定，纳税人提供建筑服务，被工程发包方从应支付的工程款中扣押的质押金、保证金，未开具发票的，以纳税人实际收到质押金、保证金的当天为纳税义务发生时间。

需要注意的是，上述政策应用有一个前提，即"未开具发票的"，就是说"质押金、保证金"没有开具发票，纳税义务发生的时间为实际收到质押金、保证金的当天。

（1）2019 年 11 月 1 日，应收工程款及增值税时：

借：银行存款　　　　　　　　　　　　　　　　　1 090 000 000

　　合同资产——质押金　　　　　　　　　　　　1 090 000 000

　　　贷：主营业务收入　　　　　　　　　　　　　　1 100 000 000

　　　　　应交税费——应交增值税（销项税额）　　　90 000 000

　　　　　　　　　　——待转销项税额　　　　　　　　9 000 000

（2）2020 年 11 月 1 日，质保期满时：

借：应收账款——质押金　　　　　　　　　　　　1 09 000 000

　　应交税费——待转销项税额　　　　　　　　　　　9 000 000

　　　贷：合同资产——质押金　　　　　　　　　　　　109 000 000

　　　　　应交税费——应交增值税（销项税额）　　　　9 000 000

（3）2020 年 12 月 1 日，收到质押金时：

借：银行存款　　　　　　　　　　　　　　　　　109 000 000

　　　贷：应收账款——质押金　　　　　　　　　　　　109 000 000

10. 按照增值税制度确认增值税纳税义务发生时点早于按照国家统一的会计制度确认收入或利得时点的销项税额或应纳增值税额的会计核算

按照增值税制度确认增值税纳税义务发生时点早于按照国家统一的会计制度确认收入或利得时点的，应按应纳增值税额，借记"应收账款"等科目，贷记"应交税费——应交增值税（销项税额）"或"应交税费——简易计税"科目（小规模纳税人贷记"应交税费——应交增值税"科目），按照国家统一的会计制度确认收入或利得时，应按扣除应纳增值税额后的金额确认收入。

企业提供建筑服务，在向业主办理工程价款结算时，借记"应收账款""合同资产""银行存款"等科目，贷记"主营业务收入"等科目，同时，贷记"应交税费——应交增值税（销项税额）"或"应交税费——简易计税"科目（小规模纳税人贷记"应交税费——应交增值税"科目）；企业向业主办理工程价款结算的时点早于增值税纳税义务发生的时点的，应贷记"应交税费——待转销项税额"等科目，待增值税纳税义务发生时再转入"应交税费——应交增值税（销项税额）"或"应交税费——简易计税"科目（小规模纳税人转入"应交税费——应交增值税"科目）；增值税纳税义务发生的时点早于企业向业主办理工程价款结算的，应借记"银行存款"等科目，贷记"合同负债"和"应交税费——应交增值税（销项税额）"或"应交税费——简易计税"等科目（小规模纳税人贷记"应交税费——应交增值税"科目）。

【例2-31】 甲公司为增值税一般纳税人，202×年7月采用托收承付方式向丙公司销售一批商品，开具的增值税专用发票上注明价款60 000元，增值税税额7 800元，商品成本40 000元。甲公司在售出该批商品时已得知丙公司现金流转发生暂时困难，但为了减少存货积压，同时也为了维持与丙公司长期以来建立的商业关系，甲公司仍将商品发出并办妥托收手续。

【要求】 对甲公司上述业务进行账务处理。

【解析】 销售货物或者应税劳务，纳税义务发生时间为收讫销售款项或者取得索取销售款项凭据的当天；先开具发票的，为开具发票的当天。纳税人先开具发票时，增值税纳税义务发生时间先于会计收入确认时间。采取托收承付和委托银行收款方式销售货物的，纳税义务发生时间为发出货物并办妥托收手续的当天。

（1）甲公司发出商品时，甲公司已得知丙公司现金流转发生暂时困难，由于商品控制权未转移给丙公司，因此此时会计上不能确认收入。但甲公司将商品发出并办妥托收手续时，税法上的增值税纳税义务已经发生。

借：发出商品	40 000
贷：库存商品	40 000
借：合同资产	7 800
贷：应交税费——应交增值税（销项税额）	7 800

（2）甲公司得知丙公司经营情况出现好转，丙公司承诺近期付款时，商品控制权确定转移给丙公司，会计上应确认收入。

借：应收账款（60 000+7 800）	67 800
贷：主营业务收入	67 800
借：主营业务成本	40 000
贷：发出商品	40 000

11. 混合销售行为销项税额或应纳增值税额的会计核算

一项销售行为如果既涉及货物又涉及服务，为混合销售。从事货物的生产、批发或者零售的单位和个体工商户的混合销售行为，按照销售货物交纳增值税；其他单位和个体工商户的混合销售行为，按照销售服务交纳增值税。从事货物的生产、批发或者零售的单位和个体工商户，包括以从事货物的生产、批发或者零售为主，并兼营销售服务的单位和个体工商户在内。

企业发生混合销售行为，应当按应收或已收的金额，借记"应收账款""应收票据""银行存款"等科目，按取得的收入金额，贷记"主营业务收入""其他业务收入"等科目，按现行增值税制度规定计算的销项税额（或采用简易计税方法计算的应纳增值税额），贷记"应交税费——应交增值税（销项税额）"或"应交税费——简易计税"科目（小规模纳税人贷记"应交税费——应交增值税"科目）。

【例2-32】甲商场为增值税一般纳税人，202×年6月销售空调，并为客户提供安装服务，空调价款为113 000元（含增值税），另收取安装费11 300元（含增值税）。货款与安装费均已收到。

【要求】对甲商场上述业务进行账务处理。

【解析】甲商场销售空调并为客户提供安装服务的行为，属于从事货物的生产批发或者零售的单位和个体工商户的混合销售行为，因此按照销售货物交纳增值税。

$$甲商场当期销项税额 = [113\ 000/(1+13\%) + 113\ 00/(1+13\%)] \times 13\%$$
$$= (100\ 000 + 10\ 000) \times 13\% = 14\ 300（元）$$

借：银行存款　　　　　　　　　　　　　　　　　　124 300
　　贷：主营业务收入　　　　　　　　　　　　　　100 000
　　　　其他业务收入　　　　　　　　　　　　　　10 000
　　　　应交税费——应交增值税（销项税额）　　　14 300

12. 兼营行为销项税额或应纳增值税额的会计核算

企业销售货物、加工修理修配劳务、服务、无形资产或不动产适用不同税率或者征收率的，应当分别核算适用不同税率或者征收率的销售额；未分别核算销售额的，按照以下方法适用税率或者征收率：① 兼有不同税率的销售货物、加工修理修配劳务、服务、无形资产或不动产，从高适用税率；② 兼有不同征收率的销售货物、加工修理修配劳务、服务、无形资产或不动产，从高适用征收率；③ 兼有不同税率和征收率的销售货物、加工修理修配劳务、服务、无形资产或不动产，从高适用税率。

企业发生兼营行为，如果分别核算适用不同税率或者征收率的销售额，则应当按应收或已收的金额，借记"应收账款""应收票据""银行存款"等科目，按取得的收入金额，贷记"主营业务收入""其他业务收入"等科目，按现行增值税制度规定计算的销项税额（或采用简易计税方法计算的应纳增值税额），贷记"应交税费——应交增值税（销项税额）"或"应交税费——简易计税"科目（小规模纳税人贷记"应交税费——应交增值税"科目）。

【例2-33】甲公司为增值税一般纳税人，202×年10月生产销售化工机械设备（货物）800 000元（不含增值税）。甲公司又对外提供餐饮服务，取得销售额20 000元（不含增值税）。甲公司对以上两种业务分别核算，并按照各自的适用税率分别开具了增值税专用发票，款项均已结清并存入银行。

【要求】对甲公司上述业务进行账务处理。

【解析】销售化工机械设备（货物）适用税率为13%，提供餐饮服务适用税率为6%。

$$甲公司应计提的销项税额 = 800\ 000 \times 13\% + 20\ 000 \times 6\% = 104\ 000 + 1\ 200 = 105\ 200（元）$$

借：银行存款　　　　　　　　　　　　　　　　　　904 000
　　贷：主营业务收入　　　　　　　　　　　　　　800 000
　　　　应交税费——应交增值税（销项税额）（800 000×13%）　104 000

借：银行存款   21 200

 贷：其他业务收入   20 000

  应交税费——应交增值税（销项税额）（20 000×6%） 1 200

或者可以将上述两个分录合并为：

借：银行存款   925 200

 贷：主营业务收入   800 000

  其他业务收入   20 000

  应交税费——应交增值税（销项税额）   105 200

（二）视同销售业务增值税的会计核算

企业发生税法上视同销售的行为，应当按照企业会计准则等相关规定进行相应的会计处理，并按照现行增值税制度规定计算的销项税额（或采用简易计税方法计算的应纳增值税额），借记"应付职工薪酬""利润分配"等科目，贷记"应交税费——应交增值税（销项税额）"或"应交税费——简易计税"科目（小规模纳税人贷记"应交税费——应交增值税"科目）。

1. 将货物交付他人代销和销售代销货物销项税额或应纳增值税额的会计核算

委托其他纳税人代销货物的，其纳税义务发生时间为收到代销单位的代销清单或者收到全部或者部分货款的当天。未收到代销清单及货款的，其纳税义务发生时间为发出代销货物满 180 天的当天。

根据受托方是否有对受托商品实质上的市场定价权，可将委托（受托）代销行为分为视同买断和收取手续费两种方式。若代理商有实质市场定价权，则为视同买断方式；若代理商没有实质市场定价权，则为收取手续费方式。

1）视同买断方式的代销行为销项税额或应纳增值税额的会计核算

视同买断方式的代销行为指的是双方签订合同或协议，实际售价由受托方自定，委托方按合同收取代销货款，实际售价与合同价之间的差额归受托方。这种方式又具体分为不附退回条款的视同买断方式（包销方式）和附退回条款的视同买断方式（非包销方式）。

（1）不附退回条款的视同买断方式。

这种方式下受托方在取得代销商品后，无论是否能够卖出、是否获利，均与委托方无关，受托方均不能把商品退回给委托方，因此这种方式下委托方和受托方之间的代销商品交易，与委托方直接销售商品给受托方没有实质区别，在符合商品收入确认条件时，委托方应确认相关销售商品收入，受托方作为购进商品处理。

（2）附退回条款的视同买断方式。

这种方式下受托方可以把没有卖出去的商品退回给委托方，或受托方因代销商品出现亏损时可以要求委托方补偿，在这种方式下委托方在发出委托代销商品时并未转移商品控制权，因此不确认销售收入和销项税额（或采用简易计税方法计算的应纳增值税额），受托方也不作为购进商品处理，受托方将商品销售后，按实际售价确认销售收入，并向委托方开具代销清单；委托方收到代销清单时，再确认本企业的销售收入。

在会计处理上，对于委托方来说，发出委托代销商品时应按发出的委托代销货物的实际成本，借记"发出商品"科目，贷记"库存商品""原材料""周转材料"等科目。等到收到受托方转来的代销清单时，才确认销售收入和销项税额（或采用简易计税方法计算的应纳增值税额），借记"应收账款""银行存款"等科目，贷记"主营业务收入""应交税费——应交增值税（销项税额）"或"应交税费——简易计税"等科目（小规模纳税人贷记"应交税费——应交增值税"科目）；同时借记"主营业务成本"科目，贷记"发出商品"科目。对于受托方来说，收到委托方发来的委托代销货物时，按接受价或含增值税价，借记"受托代销商品"科目，贷记"受托代销商品款"科目；若受托方为零售企业且采用售价金额核算法来核算存货成本，还应按代理商品的进销差价，贷记"商品进销差价"科目。受托方销售代销货物时，既要确认代销货物的销售收入、销售成本，又要确认代销货物的销项税额（或采用简易计税方法计算的应纳增值税额）。

【例2-34】202×年5月，甲公司（增值税一般纳税人）委托乙公司（增值税一般纳税人）销售A商品100件，协议价均为每件200元（不含增值税），A商品成本为每件120元，增值税税率为13%。合同约定A商品的具体市场销售价格由乙公司自定，同时约定将来受托方乙公司没有将商品售出时可以将商品退回给委托方甲公司。202×年7月，乙公司按每件220元（不含增值税）的价格出售给顾客后，向甲公司开具代销清单。甲公司202×年7月收到乙公司开来的代销清单时开具增值税专用发票，发票上注明价款20 000元，增值税税额2 600元，但双方尚未结算相关款项。乙公司取得增值税专用发票202×年7月符合抵扣规定。202×年9月双方结清相关款项。

【要求】

（1）对视同买断方式下委托方甲公司的业务进行账务处理。

（2）对视同买断方式下受托方乙公司的业务进行账务处理。

【解析】

（1）甲公司的账务处理如下：

① 202×年5月，发出代理销售A商品时：

借：发出商品　　　　　　　　　　　　　　　　　　　　　　　　　　12 000

　　贷：库存商品　　　　　　　　　　　　　　　　　　　　　　　　　　12 000

② 202×年7月，收到乙公司开来的代销清单，并开具增值税专用发票时：

借：应收账款——乙公司　　　　　　　　　　　　　　　　　　　　　22 600

　　贷：主营业务收入　　　　　　　　　　　　　　　　　　　　　　　20 000

　　　　应交税费——应交增值税（销项税额）　　　　　　　　　　　　　2 600

同时：

借：主营业务成本　　　　　　　　　　　　　　　　　　　　　　　　12 000

　　贷：发出商品　　　　　　　　　　　　　　　　　　　　　　　　　12 000

③ 202×年9月，收到乙公司结清的款项时：

借：银行存款　　　　　　　　　　　　　　　　　　　　　　　　　　22 600

　　贷：应收账款——乙公司　　　　　　　　　　　　　　　　　　　　22 600

（2）乙公司账务处理如下：

① 202×年5月，收到代销的A商品时：

借：受托代销商品　　　　　　　　　　　　　　　　　　　　　　　　20 000

　　贷：受托代销商品款　　　　　　　　　　　　　　　　　　　　　　20 000

② 202×年7月，销售代销商品，并结转成本及确认付款义务时：

借：银行存款   24 860
    贷：主营业务收入   22 000
      应交税费——应交增值税（销项税额）   2 860
  同时：
  借：主营业务成本   20 000
    贷：受托代销商品   20 000
  借：受托代销商品款   20 000
    贷：应付账款——甲公司   20 000
  ③ 202×年7月，开具代销清单并收到甲公司开具的增值税专用发票且符合抵扣规定时：
  借：应交税费——应交增值税（进项税额）   2 600
    贷：应付账款——甲公司   2 600
  ④ 202×年9月，结清代销款项时：
  借：应付账款——甲公司   22 600
    贷：银行存款   22 600

2）收取手续费方式的代销行为销项税额或应纳增值税额的会计核算

  收取手续费方式的代销行为指的是双方签订合同或协议，实际售价由委托方确定，委托方按合同收取代销货款，受托方根据合同的约定向委托方收取手续费的销售方式。这种方式委托方也是在收到代销清单时确认销售收入，受托方在商品销售后按合同约定确认手续费收入。

  在会计处理上，对于委托方来说，发出委托代销商品时并未转移商品控制权，因此不确认销售收入和销项税额（或采用简易计税方法计算的应纳增值税额），而应按发出的委托代销货物的实际成本，借记"发出商品"科目，贷记"库存商品""原材料""周转材料"等科目。等到收到受托方转来的代销清单时，才确认销售收入和销项税额（或采用简易计税方法计算的应纳增值税额），借记"应收账款""银行存款"等科目，贷记"主营业务收入""应交税费——应交增值税（销项税额）"或"应交税费——简易计税"等科目（小规模纳税人贷记"应交税费——应交增值税"科目），同时借记"主营业务成本"科目，贷记"发出商品"科目。委托方还应按应付或实际支付的代理手续费，借记"销售费用"科目，按当月已认证的可抵扣增值税额，借记"应交税费——应交增值税（进项税额）"科目，按当月未认证的可抵扣增值税额，借记"应交税费——待认证进项税额"科目，贷记"银行存款""应收账款"等科目（若采用简易计税方法或者未取得合法的扣税凭证，则进项税额记入"销售费用"科目）。对于受托方来说，收到委托方发来的委托代销货物时，按接受价或含增值税价，借记"受托代销商品"科目，贷记"受托代销商品款"科目；若受托方为零售企业且采用售价金额核算法来核算存货成本，还应按代理商品的进销差价，贷记"商品进销差价"科目。受托方销售代销货物后，不确认代销货物的销售收入、销售成本，但要确认代销货物的销项税额（或采用简易计税方法计算的应纳增值税额），还要将代销手续费收入作为"主营业务收入"或者"其他业务收入"入账，同时确认代销手续费收入的销项税额。

  【例2-35】202×年5月，甲公司（增值税一般纳税人）委托乙公司（增值税一般纳税人）销售A商品60件，协议价均为每件180元（不含增值税），A商品成本为每件80元，增值税税率为13%。甲公司按不含增值税售价的10%支付乙公司手续费（不含增值税）。202×年7月，乙公司按每件180元（不含增值税）的价格出售给顾客后，向甲公司开具代销清单。

甲公司收到乙公司开来的代销清单时开具给乙公司代销货物的增值税专用发票，发票上注明价款 10 800 元，增值税税额 1 404 元，乙公司取得的增值税专用发票 202×年 7 月符合抵扣规定；同时甲公司支付给乙公司手续费，收到乙公司开具手续费的增值税专用发票，发票上注明手续费 1 080 元，增值税税额 648 元，甲公司取得的增值税专用发票 202×年 7 月符合抵扣规定，但双方尚未结算相关款项。202×年 9 月双方结清相关款项。

【要求】

（1）对收取手续费方式下委托方甲公司的业务进行账务处理。

（2）对收取手续费方式下受托方乙公司的业务进行账务处理。

【解析】

（1）甲公司的账务处理如下：

① 202×年 5 月，发出代销的 A 商品时：

借：发出商品　　　　　　　　　　　　　　　　　　　　　　　4 800

　　贷：库存商品　　　　　　　　　　　　　　　　　　　　　　4 800

② 202×年 7 月收到乙公司开来的代销清单，并开具增值税专用发票时：

借：应收账款——乙公司　　　　　　　　　　　　　　　　　12 204

　　贷：主营业务收入　　　　　　　　　　　　　　　　　　　10 800

　　　　应交税费——应交增值税（销项税额）　　　　　　　　1 404

同时：

借：主营业务成本　　　　　　　　　　　　　　　　　　　　　4 800

　　贷：发出商品　　　　　　　　　　　　　　　　　　　　　　4 800

③ 202×年 7 月，计提手续费并收到乙公司开具增值税专用发票且符合抵扣规定时：

借：销售费用（10 800×10%）　　　　　　　　　　　　　　　1 080

　　应交税费——应交增值税（进项税额）（1 080×6%）　　　　64.8

　　贷：应收账款——乙公司　　　　　　　　　　　　　　　1 144.8

若对于支付的代销手续费，委托方甲公司从受托方乙公司取得的是增值税普通发票，则增值税进项税额不能抵扣，而应计入销售费用，账务处理如下：

借：销售费用　　　　　　　　　　　　　　　　　　　　　　1 144.8

　　贷：应收账款——乙公司　　　　　　　　　　　　　　　1 144.8

④ 202×年 9 月，收到乙公司结清的款项时：

借：银行存款　　　　　　　　　　　　　　　　　　　　　11 059.2

　　贷：应收账款——乙公司（12 204－1 144.8）　　　　　11 059.2

（2）乙公司的账务处理如下：

① 202×年 5 月，收到代销的 A 商品时：

借：受托代销商品　　　　　　　　　　　　　　　　　　　　10 800

　　贷：受托代销商品款　　　　　　　　　　　　　　　　　　10 800

② 202×年 7 月，销售代销商品时：

借：银行存款　　　　　　　　　　　　　　　　　　　　　　12 204

　　贷：应付账款——甲公司　　　　　　　　　　　　　　　10 800

　　　　应交税费——应交增值税（销项税额）　　　　　　　　1 404

③ 202×年7月，开具代销清单并收到甲公司开具的增值税专用发票且符合抵扣规定时：

借：应交税费——应交增值税（进项税额）　　　　　　　　　　　　　1 404

　　贷：应付账款——甲公司　　　　　　　　　　　　　　　　　　　　　　1 404

④ 202×年7月，注销"受托代销商品款"和"受托代销商品"时：

借：受托代销商品款　　　　　　　　　　　　　　　　　　　　　　　10 800

　　贷：受托代销商品　　　　　　　　　　　　　　　　　　　　　　　　10 80

⑤ 202×年9月，结清代销款项并计算代销手续费收入时：

借：应付账款——甲公司（10 800 + 1 404）　　　　　　　　　　　　12 204

　　贷：银行存款　　　　　　　　　　　　　　　　　　　　　　　　 1 059.2

　　　　主营业务收入（或其他业务收入）　　　　　　　　　　　　　　 1 080

　　　　应交税费——应交增值税（销项税额）　　　　　　　　　　　　　 64.8

或者乙公司的账务处理如下（初级会计职称考试《初级会计实务》教材中的账务处理做法）：

① 202×年5月，收到代销的A商品时：

借：受托代销商品　　　　　　　　　　　　　　　　　　　　　　　　10 800

　　贷：受托代销商品款　　　　　　　　　　　　　　　　　　　　　　　10 800

② 202×年7月，销售代销商品时：

借：银行存款　　　　　　　　　　　　　　　　　　　　　　　　　　12 204

　　贷：受托代销商品　　　　　　　　　　　　　　　　　　　　　　　 10 800

　　　　应交税费——应交增值税（销项税额）　　　　　　　　　　　　 1 404

③ 202×年7月，开具代销清单并收到甲公司开具的增值税专用发票且符合抵扣规定时：

借：应交税费——应交增值税（进项税额）　　　　　　　　　　　　　1 404

　　贷：应付账款——甲公司　　　　　　　　　　　　　　　　　　　　　 1 404

借：受托代销商品款　　　　　　　　　　　　　　　　　　　　　　　10 800

　　贷：应付账款——甲公司　　　　　　　　　　　　　　　　　　　　　10 800

④ 202×年9月，结清代销款项并计算代销手续费收入时：

借：应付账款——甲公司　　　　　　　　　　　　　　　　　　　　　12 204

　　贷：银行存款　　　　　　　　　　　　　　　　　　　　　　　　11 059.2

　　　　主营业务收入（或其他业务收入）　　　　　　　　　　　　　　 1 080

　　　　应交税费——应交增值税（销项税额）　　　　　　　　　　　　　 64.8

2. 将货物在两个机构之间移送销项税额或应纳增值税额的会计核算

单位或个体经营者的下列行为，视同销售货物，计算销项税额或应纳增值税额：设有两个以上机构并实行统一核算的纳税人，将货物从一个机构移送到其他机构用于销售，但相关机构设在同一县（市）的除外。

《国家税务总局关于企业所属机构间移送货物征收增值税问题的通知》（国税发〔1998〕137号）规定："《中华人民共和国增值税暂行条例实施细则》第四条视同销售货物行为的第三项所称的用于销售，是指受货机构发生以下情形之一的经营行为：一、向购货方开具发票；二、向购货方收取货款。受货机构的货物移送行为有上述两项情形之一的，应当向所在地税务机关交纳增值税；未发生上述两项情形的，则应由总机构统一交纳增值税。如果受货机构只就部分货物向购买方开具发票或收取货款，则应当区别不同情况计算并分别向总机构所在地或分支机构所在地交纳税款。"企业可根据实际情况在计算交纳增值税时进行相应的会计处理。

如果异地受货机构（受货方）发生向购货方开具发票或向购货方收取货款这两项情形之一的（受货机构具备向购货单位开票的资格或者有权向购货方收取货款），受货机构向购货方开具发票或向购货方收取货款时，应当向受货机构所在地税务机关交纳增值税。这种情况下，移送货物的方（移货方）的货物移送行为应视同销售，在货物移送当天应当开具增值税发票，统一核算的机构（一般是移货方）应当借记"库存商品——受货方""应交税费——应交增值税（进项税额）""应交税费——待认证进项税额"等科目（受货方若为一般纳税人且采用简易计税方法，则最终将进项税额应记入"库存商品——受货方"科目；受货方若为小规模纳税人，则将进项税额直接记入"库存商品——受货方"科目），贷记"库存商品——移货方""应交税费——应交增值税（销项税额）"科目（移货方若为一般纳税人且采用简易计税方法，则将应纳增值税额记入"应交税费——简易计税"科目；移货方若为小规模纳税人，则将应纳增值税额记入"应交税费——应交增值税"科目），当期移货方应当向其所在地计提增值税销项税额或应纳增值税，受货方若符合抵扣规定则可以在其所在地计提可抵扣的增值税。异地受货机构（受货方）向购货方开具发票或向购货方收取货款时，应当借记"应收账款""银行存款"等科目，贷记"主营业务收入""应交税费——应交增值税（销项税额）"或"应交税费——简易计税"等科目（小规模纳税人贷记"应交税费——应交增值税"科目），同时借记"主营业务成本"科目，贷记"库存商品——受货方"科目，且受货方应当向其所在地税务机关交纳增值税。

如果异地受货机构（受货方）未向购货方开具发票，也未向购货方收取货款的（受货机构既不具备向购货单位开票的资格，又无权向购货方收取货款），此时移送货物的一方（移货方）的货物移送行为不属于"用于销售"。也就是说，移货方不用视同销售计算交纳增值税，等到产品实际对外销售时，统一核算的机构再确认收入计算交纳增值税，并向移货方所在地税务机关交纳增值税。而统一核算的机构对于货物移送行为只做货物进、消、存仓库保管账，不做涉税的会计处理。

【例2-36】甲公司和下属的乙分支机构均为增值税一般纳税人，分别位于A市和B市，并实行统一核算，乙分支机构具备向购货单位开票的资格或者有权向购货方收取货款。202×年5月，甲公司将自产货物100件调往乙分支机构用于销售。该自产货物每件不含增值税售价为1 000元，成本为800元。甲公司202×年5月向乙分支机构开具增值税专用发票，且乙分支机构取得的增值税专用发票202×年5月符合抵扣规定。202×年7月，乙分支机构将其全部销售给丙公司，并由乙分支机构向购买方丙公司开具增值税专用发票，且收到货款。该货物适用的增值税税率为13%。

【要求】对甲公司的上述业务进行账务处理。

【解析】由于甲公司和下属的乙分支机构实行统一核算，因此统一进行会计核算。

（1）202×年5月，甲公司向乙分支机构移送货物并开具增值税专用发票，乙分支机构取得的增值税专用发票202×年5月符合抵扣规定时：

借：库存商品——乙分支机构（800×100）　　　　　　　　　　　　　80 000

　　应交税费——应交增值税（进项税额）（1 000×100×13%）　　　　13 000

贷：库存商品——甲公司　　　　　　　　　　　　　　　　　　80 000

　　　　　　应交税费——应交增值税（销项税额）　　　　　　　　　　13 000

　　注：202×年5月13 000元的销项税额在甲公司所在地计提，202×年5月13 000元的进项税额在乙分支机构所在地作为可抵扣的增值税。

　　（2）202×年7月，乙分支机构对外销售货物给丙公司，且向丙公司开具增值税专用发票并收取货款时：

　　借：银行存款　　　　　　　　　　　　　　　　　　　　　　　　113 00

　　　　贷：主营业务收入　　　　　　　　　　　　　　　　　　　　100 000

　　　　　　应交税费——应交增值税（销项税额）　　　　　　　　　 1 300

　　借：主营业务成本　　　　　　　　　　　　　　　　　　　　　　80 000

　　　　贷：库存商品——乙分支机构　　　　　　　　　　　　　　　　80 000

　　注：202×年7月13 000元的销项税额在乙分支机构所在地计提。

　　【例2-37】甲公司和下属的乙分支机构均为增值税一般纳税人，分别位于A市和B市，并实行统一核算，乙分支机构既不具备向购货单位开票的资格，又无权向购货方收取货款。202×年5月甲公司将自产货物100件调往乙分支机构用于销售。该自产货物每件不含增值税售价为1 000元，成本为800元。202×年7月甲公司通过乙分支机构将自产货物全部销售给丙公司，并由甲公司向购买方丙公司开具增值税专用发票，且收到货款。该货物适用的增值税税率为13%。

　　【要求】对甲公司的上述业务进行账务处理。

　　【解析】由于甲公司和下属的乙分支机构实行统一核算，因此统一进行会计核算。

　　（1）202×年5月，甲公司将自产货物调往乙分支机构用于销售，由于甲公司向购买方丙公司开具增值税专用发票，且收到货款，因此甲公司移送货物到乙分支机构的行为不属于视同销售，此时不需要交纳增值税。甲公司对于货物移送行为只做货物进销、存仓库保管账，不做涉税的会计处理。

　　（2）202×年7月，甲公司通过乙分支机构对外销售货物，甲公司开具发票并收取货款时：

　　借：银行存款　　　　　　　　　　　　　　　　　　　　　　　113 000

　　　　贷：主营业务收入　　　　　　　　　　　　　　　　　　　100 000

　　　　　　应交税费——应交增值税（销项税额）　　　　　　　　 13 000

　　借：主营业务成本　　　　　　　　　　　　　　　　　　　　　80 000

　　　　贷：库存商品　　　　　　　　　　　　　　　　　　　　　80 000

　　注：202×年7月13 000元的销项税额在甲公司所在地计提。

　　3. 将自产、委托加工的货物用于集体福利或个人消费销项税额或应纳增值税额的会计核算

　　企业将自产、委托加工的货物用于集体福利或个人消费的，税法上应于货物移送时视同销售，计算销项税额或应纳增值税额，会计上应当确认收入。企业应借记"应付职工薪酬非货币性福利"等科目，按最近时期同类货物的平均销售价格或组成计税价格，贷记"主营业务收入""其他业务收入"等科目，按最近时期同类货物的平均销售价格或组成计税价格和规定的增值税税率计算的销项税额或者采用简易计税方法计算的应纳增值税额，贷记"应交税费——应交增值税（销项税额）"或"应交税费——简易计税"科目（小规模纳税人贷记"应

交税费——应交增值税"科目），同时结转该货物的成本，借记"主营业务成本""其他业务成本"等科目，贷记"库存商品"科目。

【例 2-38】甲公司是一家空调生产企业，为增值税一般纳税人。202×年 5 月，甲公司决定以其生产的空调作为福利发放给职工，每人发放一台。公司共有职工 250 人，其中，生产工人 200 人，车间管理人员 20 人，厂部管理人员 30 人。该型号空调每台不含增值税售价为 500 元，单位成本为 40 元。

【要求】对甲公司上述业务进行账务处理。

【解析】

（1）决定发放非货币性福利时：

计入生产成本的金额=500×200×（1+13%）=113 000（元）

计入制造费用的金额=500×20×（1+13%）=11 300（元）

计入管理费用的金额=500×30×（1+13%）=16 950（元）

借：生产成本		113 000
制造费用		11 300
管理费用		16 950
贷：应付职工薪酬——非货币性福利		141 250

（2）实际发放非货币性福利时：

借：应付职工薪酬——非货币性福利		141 250
贷：主营业务收入		125 000
应交税费——应交增值税（销项税额）（125 000×13%）		16 250
借：主营业务成本		100 000
贷：库存商品（400×250）		100 000

4. 将自产、委托加工或购买的货物作为投资销项税额或应纳增值税额的会计核算

企业将自产、委托加工或购买的货物作为投资，提供给其他单位或个体经营者，税法上应于货物移送时视同销售，计算销项税额或应纳增值税额。

【例 2-39】甲公司为增值税一般纳税人，202×年 5 月以库存商品对 A 公司进行投资。该批商品的取得成本为 80 万元，计税价格为 100 万元。假设该批产品的增值税税率为 13%。

【要求】对甲公司上述业务进行账务处理。

【解析】

借：长期股权投资		1 130 000
贷：主营业务收入		1 000 000
应交税费——应交增值税（销项税额）		130 000
借：主营业务成本		800 000
贷：库存商品		800 000

5. 将自产、委托加工或购买的货物分配给股东或投资者销项税额或应纳增值税额的会计核算

企业将自产、委托加工或购买的货物分配给股东或投资者，税法上应于货物移送时视同销售，计算销项税额或应纳增值税额，会计上应确认收入。企业应借记"应付利息""应付股利"等科目，按最近时期同类货物的平均销售价格或组成计税价格，贷记"主营业务收入"

"其他业务收入"等科目，按最近时期同类货物的平均销售价格或组成计税价格和规定的增值税税率计算的销项税额或者采用简易计税方法计算的应纳增值税额，贷记"应交税费——应交增值税（销项税额）"或"应交税费——简易计税"科目（小规模纳税人贷记"应交税费——应交增值税"科目），同时结转该货物成本。

【例2-40】甲公司为增值税一般纳税人，202×年5月将生产的一批产品作为股利分配给股东。该批产品市场售价为100 000元，实际成本为80 000元。假设该批产品的增值税税率为13%。

【要求】对甲公司上述业务进行账务处理。

【解析】

（1）分配股利时：

借：应付股利　　　　　　　　　　　　　　　　　　　113 000

　　贷：主营业务收入　　　　　　　　　　　　　　　　100 000

　　　　应交税费——应交增值税（销项税额）　　　　　13 000

（2）结转该批产品成本时：

借：主营业务成本　　　　　　　　　　　　　　　　　80 000

　　贷：库存商品　　　　　　　　　　　　　　　　　　80 000

6. 将自产、委托加工或购买的货物无偿赠送销项税额或应纳增值税额的会计核算

企业将自产、委托加工或购买的货物无偿赠送给其他单位或者个人时，无论是公益性捐赠还是非公益性捐赠，税法上应于货物移送时视同销售，计算销项税额或应纳增值税额，但会计上不确认收入，企业应借记"营业外支出"等科目；按最近时期同类货物的平均销售价格或组成计税价格和规定的增值税税率计算的销项税额或者采用简易计税方法计算的应纳增值税额，贷记"应交税费——应交增值税（销项税额）"或"应交税费——简易计税"科目（小规模纳税人贷记"应交税费——应交增值税"科目）；按该货物的成本，贷记"库存商品"等科目。

【例2-41】甲公司为增值税一般纳税人，202×年8月将自产的大衣1 000件直接捐赠给灾区。该大衣每件成本为300元，每件不含增值税售价400元。

【要求】对甲公司上述业务进行账务处理。

【解析】

借：营业外支出　　　　　　　　　　　　　　　　　352 000

　　贷：库存商品（300×1 000）　　　　　　　　　　300 000

　　　　应交税费——应交增值税（销项税额）（400×1 000×13%）　52 000

例2-41由于企业所得税法与企业会计准则上对收入的确认存在差异，即企业所得税需要确认收入，而会计上不确认收入，因此需要在企业所得税纳税申报时进行纳税调整。在计算所得税时，应调增收入400 000元，调增成本300 000元。此外，由于企业的直接捐赠不能在税前扣除，因而还需调增应纳税所得额35 200元。

7. 无偿提供服务、转让无形资产或不动产销项税额或应纳增值税额的会计核算

下列情形视同销售服务、无形资产或不动产：① 单位或者个体工商户向其他单位或者个人无偿提供服务，但用于公益事业或者以社会公众为对象的除外；② 单位或者个人向其他单位或者个人无偿转让无形资产或不动产，但用于公益事业或者以社会公众为对象的除外；

③ 财政部和国家税务总局规定的其他情形。需要注意的是，纳税人出租不动产，租赁合同中约定免租期的，不属于视同销售服务。

企业发生视同销售服务、无形资产或不动产的，税法上其纳税义务发生时间为服务、无形资产转让完成的当天或者不动产权属变更的当天，但会计上不确认收入（由于与交易相关的经济利益未流入企业，因此不符合收入确定条件）。对于无偿提供服务，企业应借记"营业外支出"等科目；按最近时期销售服务、无形资产或不动产的平均价格和规定的增值税税率计算的销项税额或者采用简易计税方法计算的应纳增值税额，贷记"应交税费——应交增值税（销项税额）"或"应交税费——简易计税"科目（小规模纳税人贷记"应交税费——应交增值税"科目）。对于无偿转让无形资产或不动产，除了计提销项税额或应纳增值税额之外，还应对无形资产或不动产进行相关的账务处理。

【例2-42】甲会计师事务所为增值税一般纳税人，202×年5月10日派出注册会计师张某参加乙公司高管座谈会，免费为乙公司提供有关企业重组业务的财税咨询服务2小时。甲会计师事务所此类咨询服务不含增值税价格为800元/时。

【要求】对甲会计师事务所上述业务进行账务处理。

【解析】甲会计师事务所提供的免费咨询服务应视同销售服务计算增值税。

增值税销项税额=2×800×6%=96（元）

借：营业外支出　　　　　　　　　　　　　　　　　　　　96
　　贷：应交税费——应交增值税（销项税额）　　　　　　　　96

8. 销售折让、中止或者退回以及提供折扣销项税额或应纳增值税额的会计核算

1）销售折让、中止或者退回销项税额或应纳增值税额的会计核算

纳税人适用一般计税方法计税的，因销售折让、中止或者退回而退还给购买方的增值税税额，应当从当期的销项税额中扣减；因销售折让、中止或者退回而收回的增值税税额，应当从当期的进项税额中扣减。纳税人适用简易计税方法计税的，因销售折让、中止或者退回而退还给购买方的销售额，应当从当期销售额中扣减。扣减当期销售额后仍有余额造成多交的税款，可以从以后的应纳税额中扣减。纳税人发生应税行为，开具增值税专用发票后，发生开票有误或者销售折让、中止、退回等情形的，应当按照国家税务总局的规定开具红字增值税专用发票；未按照规定开具红字增值税专用发票的，不得扣减销项税额或者销售额。

销售方凭税务机关系统校验通过的"开具红字增值税专用发票信息表"开具红字专用发票，在新系统中以销项负数开具。借记"主营业务收入""应交税费——应交增值税（销项税额）"或"应交税费——简易计税"等科目（小规模纳税人借记"应交税费——应交增值税"科目），登账时用红字在贷方登记；贷记"应收账款""银行存款""财务费用"等科目，登账时用红字在借方登记；同时，借记"库存商品"科目，登账时用红字在贷方登记，贷记"主营业务成本"科目，登账时用红字在借方登记。

【例2-43】甲公司为增值税一般纳税人，202×年8月销售给乙公司一批产品，开具增值税专用发票，注明价款50 000元，增值税税额6 500元。该批产品的成本为35 000元。202×年9月发现质量不符合要求，双方协商折让20%。甲公司凭税务机关系统校验通过的"开具红字增值税专用发票信息表"开具红字专用发票，在新系统中以销项负数开具，注明折让价款10 000元，增值税税额1 300元，甲公司通过银行汇出款项。

【要求】对甲公司上述业务进行账务处理。

【解析】

（1）销售产品时：

借：银行存款		56 500
贷：主营业务收入		50 000
应交税费——应交增值税（销项税额）		6 500
借：主营业务成本		35 000
贷：库存商品		35 000

（2）发生折让时：

借：主营业务收入		10 000
应交税费——应交增值税（销项税额）		1 300
贷：银行存款		11 300

实际登账时，"主营业务收入"和"应交税费——应交增值税（销项税额）"科目应以红字记入贷方发生额：

借：银行存款		11 300
贷：主营业务收入		10 000
应交税费——应交增值税（销项税额）		1 300

【例2-44】甲公司为增值税一般纳税人，202×年5月甲公司向乙公司提供货物运输服务，甲公司开具的增值税专用发票上注明价款10 000元，增值税税额900元。由于货物未及时送达，双方协商折让10%，甲公司按照现行税法规定开具红字增值税专用发票，款项尚未结算。

【要求】对甲公司上述业务进行账务处理。

【解析】

（1）提供运输服务时：

借：应收账款——乙公司		10 900
贷：主营业务收入		10 000
应交税费——应交增值税（销项税额）		900

（2）发生折让时：

甲公司按照税法规定开具红字增值税专用发票，冲销主营业务收入1 000元和增值税税额90元。

借：应收账款——乙公司		1 090
贷：主营业务收入		1 000
应交税费——应交增值税（销项税额）		90

【例2-45】甲公司为增值税一般纳税人，202×年5月赊销给乙公司一批产品，开具增值税专用发票，注明价款100 000元，增值税税额13 000元。因质量问题乙公司于202×年6月全部退货。甲公司凭税务机关系统校验通过的"开具红字增值税专用发票信息表"开具红字增值税专用发票，在新系统中以销项负数开具，注明价款100 000元，增值税税额13 000元。该批货物成本为80 000元。

【要求】对甲公司上述业务进行账务处理。

【解析】

（1）销售产品时：

借：应收账款　　　　　　　　　　　　　　　　　　　　　　　　113 000
　　贷：主营业务收入　　　　　　　　　　　　　　　　　　　　　100 000
　　　　应交税费——应交增值税（销项税额）　　　　　　　　　　13 000
借：主营业务成本　　　　　　　　　　　　　　　　　　　　　　　80 000
　　贷：库存商品　　　　　　　　　　　　　　　　　　　　　　　80 000
（2）销售退回时：
借：应收账款　　　　　　　　　　　　　　　　　　　　　　　　113 000
　　贷：主营业务收入　　　　　　　　　　　　　　　　　　　　　100 000
　　　　应交税费——应交增值税（销项税额）　　　　　　　　　　13 000
借：主营业务成本　　　　　　　　　　　　　　　　　　　　　　　80 000
　　贷：库存商品　　　　　　　　　　　　　　　　　　　　　　　80 000

2）提供折扣销项税额或应纳增值税额的会计核算

（1）折扣销售销项税额或应纳增值税额的会计核算。

折扣销售即会计上的商业折扣，是指销售方在销售货物或提供应税劳务时，因购买方购买数量较大或与销售方有特殊关系等原因而给予对方价格上的优惠（直接打折）。纳税人采取折扣方式销售货物，如果销售额和折扣额在同一张发票上分别注明的，可按折扣后的销售额征收增值税；如果将折扣额另开发票，不论其在财务上如何处理，均不得从销售额中减除折扣额。纳税人发生应税行为，将价款和折扣额在同一张发票上分别注明的，以折扣后的价款为销售额；未在同一张发票上分别注明的，以价款为销售额，不得扣减折扣额。销售额和折扣额在同一张发票上分别注明，指销售额和折扣额在同一张发票上的"金额"栏分别注明的，可按折扣后的销售额征收增值税。未在同一张发票"金额"栏注明折扣额，而仅在发票的"备注"栏注明折扣额的，折扣额不得从销售额中减除。

【例2-46】甲公司为增值税一般纳税人，202×年8月为扩大销售向乙公司销售其产品，实行8折优惠。假设销售产品100件，每件产品原价1 000元（不含增值税），折扣后的价格为每件800元（不含增值税），且折扣额与销售额在同一张发票的"金额"栏中分别注明。该产品成本为每件600元。

【要求】对甲公司上述业务进行账务处理。

【解析】

借：银行存款　　　　　　　　　　　　　　　　　　　　　　　　90 400
　　贷：主营业务收入（800×100）　　　　　　　　　　　　　　80 000
　　　　应交税费——应交增值税（销项税额）（80 000×13%）　10 400
借：主营业务成本　　　　　　　　　　　　　　　　　　　　　　60 000
　　贷：库存商品　　　　　　　　　　　　　　　　　　　　　　60 000

【例2-47】甲公司为增值税一般纳税人，202×年5月向乙公司提供货物运输服务，原价1 000 000元（不含增值税），由于运输量大，双方协商给予10%的折扣。甲公司开具的增值税专用发票上注明价款900 000元，增值税税额81 000元。款项尚未收取。

【要求】对甲公司上述业务进行账务处理。

【解析】

借：应收账款——乙公司　　　　　　　　　　　　　　　　　　981 000

贷：主营业务收入   900 000

    应交税费——应交增值税（销项税额）   81 000

  【例 2-48】甲超市为增值税一般纳税人，202×年 5 月开展一次促销活动，采用"买一赠一"的方式销售西装，即顾客每购买一套西装可获赠一条领带。每套西装的不含增值税价格为 3 000 元，每条领带的不含增值税价格为 1 000 元。当月甲超市采用"买一赠一"方式销售西装 100 套。已知每套西装和每条领带的成本分别为 2 000 元和 600 元。甲超市将销售西装和随同西装赠送的领带品名、数量以及按各项商品公允价值的比例分摊确认的价格在同一张发票上的"金额"栏分别注明。

  【要求】对甲超市上述业务进行账务处理。

  【解析】增值税销项税额=3 000×100×13%=39 000（元）

    销售西装应分摊的收入=3 000×100×3 000/（3 000+1 000）=225 000（元）

    赠送领带应分摊的收入=3 000×100×1 000/（3 000+1 000）=75 000（元）

  借：银行存款   339 000

    贷：主营业务收入——西装   225 000

         ——领带   75 000

      应交税费——应交增值税（销项税额）   39 000

  借：主营业务成本   260 000

    贷：库存商品——西装   200 000

        ——领带   60 000

  （2）销售折扣销项税额或应纳增值税额的会计核算。

  销售折扣即会计上的现金折扣，是指销货方在销售货物或应税劳务后，为了鼓励购货方及早偿还货款而协议许诺给予购货方的一种折扣优待，即对在折扣期内付款的客户，按销售货款给予一定比率的价款减让。根据《企业会计准则第 14 号——收入》（2006 年），销售折扣发生在销货之后，属于企业的一种融资性质的理财费用，在企业销售货物发生纳税义务时，购货方能否获得此项折扣尚未得知。因此，销售折扣不得从销售额中减除，要按折扣前的销售额全额作为计算销项税额的依据。当发生销售折扣时，会计处理上将销售折扣记入"财务费用"科目，不属于增值税的征收范围，不开具发票，可以凭合同、支付凭证（与合同对照是否满足销售折扣条件）等在企业所得税税前扣除。销售折扣的会计处理方法有总价法和净价法两种，上述处理方式采用的是总价法。根据《企业会计准则第 14 号——收入》（2017 年修订），销售折扣的会计处理没有明确的规定，主要有两种观点：第一种观点是将销售折扣理解为从客户获取的融资服务（提前收回货款，可以看作是客户向本企业提供的融资），这种观点与《企业会计准则第 14 号——收入》（2006 年）的处理方法一致，这种观点的处理方法为总价法；第二种观点是将销售折扣理解为可变对价，合同中存在可变对价时，企业应当按照期望值或最可能发生金额确定可变对价的最佳估计数，但包含可变对价的交易价格，应当不超过在相关不确定性消除时累计已确认收入极可能不会发生重大转回的金额。企业在评估累计已确认收入是否极可能不会发生重大转回时，应当同时考虑收入转回的可能性及其比重。每一资产负债表日，企业应当重新估计应计入交易价格的可变对价金额。在第二种观点下，企业选择总价法还是净价法进行会计处理，取决于对可变对价最佳估计数的判断。若对可变对价最佳估计数判断为总价，则为总价法，在总价法下，如果购买方能够在折扣期内付款，企业应按购买方获得的销售折扣金额调减营业收入；若对可变对价最佳估计数判断为净价，则为净价法，在净价法下，如果购买方未能在折扣期内付款，企业应按购买方放弃的销售折扣金额调增营业收入。由于第一种观点和税法的规定完全一致，且2021年注册会计师考试辅导教材《会计》认为"财务费用包括利息支出（减利息收入）、汇兑损益以及相关的手续费、企业发生的现金折扣或收到的现金折扣等"，另外，2021年度全国会计专业技术资格考试辅导教材《初级会计实务》也是采用第一种观点，因此本书采用第一种观点。

【例2-49】甲公司和乙公司均为增值税一般纳税人。甲公司202×年7月销售一批产品给乙公司，开具给乙公司增值税专用发票，发票上注明价款20 000元，增值税税额2 600元，规定销售折扣条件为"2/10，1/20，n/30"（合同规定计算折扣按照不含增值税的价款计算）。甲公司按总价法进行账务处理。该产品成本为12 000元。乙公司取得的增值税专用发票202×年7月符合抵扣规定。

【要求】

（1）对销货方甲公司进行账务处理。

（2）对购货方乙公司进行账务处理。

【解析】

（1）销货方甲公司的账务处理如下：

① 产品发出并办妥托收手续时：

借：应收账款　　　　　　　　　　　　　　　　　　　　　　22 600

　　贷：主营业务收入　　　　　　　　　　　　　　　　　　　　20 000

　　　　应交税费——应交增值税（销项税额）　　　　　　　　　2 600

借：主营业务成本　　　　　　　　　　　　　　　　　　　　12 000

　　贷：库存商品　　　　　　　　　　　　　　　　　　　　　　12 000

② 如果上述货款乙公司在10天内支付，则甲公司在收款时：

借：银行存款　　　　　　　　　　　　　　　　　　　　　　22 200

　　财务费用（20 000×2%）　　　　　　　　　　　　　　　　　400

　　贷：应收账款　　　　　　　　　　　　　　　　　　　　　　22 600

如果上述货款乙公司在11天至20天内支付，则甲公司在收款时：

借：银行存款　　　　　　　　　　　　　　　　　　　　　　22 400

　　财务费用（20 000×1%）　　　　　　　　　　　　　　　　　200

　　贷：应收账款　　　　　　　　　　　　　　　　　　　　　　22 600

如果上述货款乙公司超过20天支付，则甲公司在收款时：

借：银行存款　　　　　　　　　　　　　　　　　　　　　　22 600

　　贷：应收账款　　　　　　　　　　　　　　　　　　　　　　22 600

（2）购货方乙公司的账务处理如下：

① 收到货物及结算凭证时：

借：原材料　　　　　　　　　　　　　　　　　　　　　　　20 000

　　应交税费——应交增值税（进项税额）　　　　　　　　　　2 600

　　贷：应付账款　　　　　　　　　　　　　　　　　　　　　　22 600

② 如果上述货款在10天内支付时：

借：应付账款   22 600

    贷：银行存款   22 200

        财务费用   400

如果上述货款在 11 天至 20 天内支付时：

借：应付账款   22 600

    贷：银行存款   22 400

        财务费用   200

如果上述货款超过 20 天支付时：

借：应付账款   22 600

    贷：银行存款   22 600

9. 以旧换新销项税额或应纳增值税额的会计核算

企业采取以旧换新方式销售货物，应按新货物的同期销售价格确定销售额。考虑到金银首饰以旧换新业务的特殊情况，对金银首饰以旧换新业务，可以按销售方实际收取的不含增值税的全部价款征收增值税。企业应按扣除回收旧货物应收或实收价税合计，借记"银行存款""库存现金""应收账款""应收票据"等科目，按回收的旧货物所抵顶的价款，借记"原材料""库存商品"等科目，按新货物正常对外销售不含增值税价款，贷记"主营业务收入"科目，并按此不含增值税价款计算增值税销项税额或者应纳增值税额，贷记"应交税费——应交增值税（销项税额）"或"应交税费——简易计税"科目（小规模纳税人贷记"应交税费——应交增值税"科目）。

【例 2-50】甲商场为增值税一般纳税人，202×年 9 月采取以旧换新方式向个人消费者销售彩电 100 台，彩电零售价为每台 2 260 元，收回旧彩电的价格为 700 元/台。甲商场向个人消费者共收取库存现金 156 000 元。

【要求】对甲商场的上述业务进行账务处理。

【解析】

借：库存现金   156 000

    库存商品——旧彩电（700×100）   70 000

    贷：主营业务收入〔2 260×100/（1+13%）〕   200 000

        应交税费——应交增值税（销项税额）（200 000×13%）   26 000

10. 包装物销售、包装物租金及押金销项税额或应纳增值税额的会计核算

1）包装物销售销项税额或应纳增值税额的会计核算

随同产品出售单独计价的包装物，在随同产品出售时要单独计价，单独反映其销售收入和销售成本，其销项税额或应纳增值税额在确认销售收入的同时一并计算。企业应借记"银行存款""应收账款""应收票据"等科目，贷记"其他业务收入""应交税费——应交增值税（销项税额）"或"应交税费——简易计税"等科目（小规模纳税人贷记"应交税费——应交增值税"科目），同时结转成本。随同产品出售而不单独计价的包装物，应按其实际成本计入销售费用，借记"销售费用"科目，贷记"周转材料——包装物""应交税费——应交增值税（销项税额）"或"应交税费——简易计税"等科目（小规模纳税人贷记"应交税费——应交增值税"科目）。

【例 2-51】甲公司为增值税一般纳税人，202×年 7 月将附带包装物的 A 产品 100 件对外销售，包装物单独计价，开具的增值税专用发票上注明 A 产品价款 500 000 元，包装物价款 100 000 元，A 产品增值税税额 65 000 元，包装物增值税税额 13 000 元。附带包装物的 A 产品单位成本为 2 500 元/件，包装物的单位成本为 1 000 元/件。

【要求】对甲公司上述业务进行账务处理。

【解析】

（1）确认销售收入时：

借：银行存款　　　　　　　　　　　　　　　　　　　　　　678 000
　　贷：主营业务收入——A 产品　　　　　　　　　　　　　　500 000
　　　　其他业务收入——包装物　　　　　　　　　　　　　　100 000
　　　　应交税费——应交增值税（销项税额）（65 000+13 000）　78 000

（2）结转成本时：

借：主营业务成本　　　　　　　　　　　　　　　　　　　　250 000
　　贷：库存商品　　　　　　　　　　　　　　　　　　　　　250 000
借：其他业务成本　　　　　　　　　　　　　　　　　　　　100 000
　　贷：周转材料——包装物　　　　　　　　　　　　　　　　100 000

2）包装物租金销项税额或应纳增值税额的会计核算

根据原增值税相关政策，包装物租金属于价外费用，应并入销售额计算销项税额或应纳增值税额。价外费用属于含增值税收入，应换算成不含增值税收入计算并交纳增值税。根据全面营改增相关政策，销售货物同时收取包装物租金的行为属于混合销售行为，应当根据主业销售货物的税率交纳增值税。不管是选择按照以上哪一种规定来确认纳税行为，其纳税额的计算和会计处理方式是相同的。企业应借记"银行存款""应收账款""应收票据"等科目，按产品销售收入，贷记"主营业务收入"科目，按包装物租金收入换算成的不含增值税收入，贷记"其他业务收入"科目，按计算出的销项税额或者应纳增值税额，贷记"应交税费——应交增值税（销项税额）"或"应交税费——简易计税"科目（小规模纳税人贷记"应交税费——应交增值税"科目）。

【例 2-52】甲公司为增值税一般纳税人，202×年 7 月销售给某企业 B 产品一批，货款为 30 000 元，增值税税额为 3 900 元，并出租包装物 100 个，共收取租金 2 260 元，款项已收妥入账。该批产品的成本为 15 000 元。

【要求】对甲公司上述业务进行账务处理。

【解析】

（1）确认销售收入时：

借：银行存款　　　　　　　　　　　　　　　　　　　　　　36 160
　　贷：主营业务收入——B 产品　　　　　　　　　　　　　　30 000
　　　　其他业务收入——包装物租金〔2 260/（1+13%）〕　　　2 000
　　　　应交税费——应交增值税（销项税额）（3 900+2 000×13%）　4 160

（2）结转成本时：

借：主营业务成本　　　　　　　　　　　　　　　　　　　　15 000
　　贷：库存商品　　　　　　　　　　　　　　　　　　　　　15 000

3）包装物押金销项税额或应纳增值税额的会计核算

一般情况下，企业为销售货物而出租出借包装物收取的押金，单独记账核算的，时间在1年以内（以12个月为限），又未过期的，不并入销售额征税，但对因逾期未收回包装物不再退还的押金，应按所包装货物的适用税率计算销项税额或应纳增值税额。其中，"逾期"是指按合同约定实际逾期或以1年为期限，对收取1年以上的押金，无论是否退还均并入销售额征税。当然，在将包装物押金并入销售额征税时，需要先将该押金换算为不含税价，再并入销售额征税。对于个别包装物周转使用期限较长的，报经税务机关确定后，可适当放宽逾期期限。从1995年6月1日起，对销售除啤酒、黄酒外的其他酒类产品而收取的包装物押金，无论是否返还以及会计上如何核算，均应并入当期销售额征税。对销售啤酒、黄酒所收取的押金，按上述一般押金的规定处理。因此销售酒类产品收取的包装物押金分为两种情况：一是啤酒、黄酒，其会计核算与一般押金的税务处理相同；二是除啤酒、黄酒外的其他酒类产品的押金，无论该押金是否返还以及会计上如何核算，均应在收取押金时并入当期销售额计算交纳增值税。对于一般情况下的包装物的押金，在收到押金时应借记"银行存款"科目、贷记"其他应付款"科目，若在规定期限内收回包装物押金时，再做相反的分录；而若在规定期限内未收回包装物时，则不再退还押金，借记"其他应付款"科目；按包装物押金换算成的不含增值税收入，贷记"其他业务收入"科目，按计算出的销项税额或应纳增值税额贷记"应交税费——应交增值税（销项税额）"或"应交税费——简易计税"科目（小规模纳税人贷记"应交税费——应交增值税"科目），同时结转包装物成本，借记"其他业务成本"科目，贷记"周转材料——包装物"科目。

【例2-53】甲公司为增值税一般的税人，202×年7月销售电脑取得收入10 000元（不含增值税），同时出借包装物一批，收到包装物押金2 260元，款项已存入银行。电脑成本为80 000元，包装物成本为1 000元。

【要求】对甲公司上述业务进行账务处理。

【解析】

（1）销售电脑收到包装物押金时：

借：银行存款   115 260

    贷：主营业务收入   100 000

        应交税费——应交增值税（销项税额）   13 000

        其他应付款——存入保证金   2 260

（2）结转电脑成本时：

借：主营业务成本   80 000

    贷：库存商品   80 000

（3）退还或者没收包装物押金时：

① 如果出借的包装物在约定期限之内或者在1年之内收回，则收回包装物并退还包装物押金时：

借：其他应付款——存入保证金   2 260

    贷：银行存款   2 260

② 如果出借的包装物逾期或者超过1年仍未收回的，则没收包装物押金，确认收入及销项税额或应纳增值税额，并同时结转包装物成本。

借：其他应付款——存入保证金 2 260

  贷：其他业务收入〔2 260/（1+13%）〕 2 000

    应交税费——应交增值税（销项税额）（2 000×13%） 260

借：其他业务成本 1 000

  贷：周转材料——包装物 1 000

（三）小规模纳税人销售等业务应纳增值税税额的会计核算

小规模纳税人销售货物、加工修理修配劳务、服务、无形资产或不动产，应当按应收或已收的金额，借记"应收账款""应收票据""银行存款"等科目，按取得的收入金额，贷记"主营业务收入""其他业务收入""固定资产清理"等科目，按现行增值税制度规定计算的应纳增值税额，贷记"应交税费——应交增值税"科目。发生销售退回的，应根据按规定开具的红字增值税专用发票做相反的会计分录。

【例2-54】甲公司为增值税小规模纳税人，2020年2月采取直接收款方式销售A产品一批，开具的增值税普通发票上注明价款2 000元，增值税税额60元。A产品的成本为1 200元。产品已发出，款项以银行存款收讫。

【要求】对甲公司上述业务进行账务处理。

【解析】

借：银行存款 2 060

  贷：主营业务收入 2 000

    应交税费——应交增值税 60

借：主营业务成本 1 200

  贷：库存商品 1 200

三、购进等业务增值税的会计核算

（一）一般购进业务进项税额的会计核算

一般纳税人购进货物、加工修理修配劳务、服务、无形资产或不动产，按应计入相关成本费用或资产的金额，借记"在途物资"（或"材料采购"）或"原材料""库存商品""委托加工物资""生产成本""无形资产""固定资产""管理费用"等科目，按当月已认证的可抵扣增值税额，借记"应交税费——应交增值税（进项税额）"科目，按当月未认证的可抵扣增值税额，借记"应交税费——待认证进项税额"科目（小规模纳税人购进货物、加工修理修配劳务、服务、无形资产或不动产，支付或者承担的增值税不记入"应交税费——应交增值税（进项税额）"或"应交税费——待认证进项税额"等科目，而记入"在途物资"（或"材料采购"）或"原材料""库存商品""生产成本""固定资产""管理费用"等科目；一般纳税人适用简易计税方法计税时以及一般纳税人适用一般计税方法计税但取得增值税普通发票等情形时，购进货物、加工修理修配劳务、服务、无形资产或不动产支付或者承担的增值税不记入"应交税费——应交增值税（进项税额）"或"应交税费——待认证进项税额"等科目，而记入"在途物资"（或"材料采购"）或"原材料""库存商品""生产成本""固定资产""管理费用"等科目，下同），按应付或实际支付的金额，贷记"应付账款""应付票据""银行存款"等科目。发生退货的，如原增值税专用发票已做认证，应根据税务机关开具的红字增值税专用发票做相反的会计分录；如原增值税专用发票未做认证，应将发票退回并做相反的会计分录。

1. 购进货物进项税额的会计核算

一般纳税人购进货物，按应计入相关成本费用或资产的金额，借记"在途物资"（或"材料采购"）或"原材料""库存商品""生产成本""固定资产""管理费用"等科目，按当月已认证的可抵扣增值税额，借记"应交税费——应交增值税（进项税额）"科目，按当月未认证的可抵扣增值税额，借记"应交税费——待认证进项税额"科目，按应付或实际支付的金额，贷记"应付账款""应付票据""银行存款"等科目。

【例2–55】甲公司为增值税一般纳税人，原材料成本的核算采用实际成本法。甲公司202×年5月购入原材料3 000千克，单价5元/千克，取得的增值税专用发票上注明价款15 000元，增值税税额1 950元。202×年5月货款已支付，原材料尚未到达。202×年6月收到原材料，并验收入库。甲公司取得的增值税专用发票202×年5月符合抵扣规定。

【要求】对甲公司上述业务进行账务处理。

【解析】

（1）202×年5月购入原材料取得增值税专用发票，且取得的增值税专用发票202×年5月符合抵扣规定，并支付货款时：

借：在途物资 15 000

应交税费——应交增值税（进项税额） 1 950

贷：银行存款 16 950

（2）202×年6月收到原材料，并验收入库时：

借：原材料 15 000

贷：在途物资 15 000

【例2–56】甲公司为增值税一般纳税人，原材料成本核算采用实际成本法。甲公司202×年5月购入原材料3 000千克，单价5元/千克，取得的增值税专用发票上注明价款15 000元，增值税税额1 950元。货款已支付，材料已验收入库。甲公司于202×年7月初的纳税申报期内，才对取得的增值税专用发票通过增值税发票综合服务平台进行勾选确认。

【要求】对甲公司上述业务进行账务处理。

【解析】

（1）202×年5月购入货物时：

借：原材料 15 000

应交税费——待认证进项税额 1 950

贷：银行存款 16 950

（2）202×年7月初的纳税申报期内，才对取得的增值税专用发票通过增值税发票综合服务平台进行勾选确认，因此202×年6月符合抵扣规定（注：实务中一般某月抵扣，次月初的纳税申报期内勾选认证）：

借：应交税费——应交增值税（进项税额） 1 950

贷：应交税费——待认证进项税额 1 950

2. 进口货物进项税额的会计核算

一般纳税人进口货物，按应计入相关成本费用或资产的金额，借记"在途物资"（或"材料采购"）或"原材料""库存商品""生产成本""固定资产""管理费用"等科目，按从海关取得的海关进口增值税专用交款书上注明的增值税税额（已申请稽核并取得稽核相符结果的海关交款书进项税额），借记"应交税费——应交增值税（进项税额）"科目，按从海关取得的海关进口增值税专用交款书上注明的增值税税额（尚未申请稽核或者已申请稽核但尚未取得稽核相符结果的海关交款书进项税额），借记"应交税费——待认证进项税额"科目，按应付或实际支付的金额，贷记"应付账款""应付票据""银行存款"等科目。

【例2-57】甲公司为增值税一般纳税人，202×年7月从国外进口一批布料并已验收入库，海关完税凭证上注明的价款为100 000元，已知其关税税率为10%。该公司原材料成本的核算采用实际成本法。从海关取得的海关进口增值税专用交款书上注明的增值税税额为14 300元，该海关进口增值税专用交款书202×年7月已经申请稽核比对并且稽核比对结果为相符。

【要求】对甲公司上述业务进行账务处理。

【解析】

该批商品进口时应纳关税=100 000×10%=10 000（元）

该批商品进口时应纳增值税=（100 000+10 000）×13%=14 300（元）

借：原材料　　　　　　　　　　　　　　　　　　　　　　　110 000

　　应交税费——应交增值税（进项税额）　　　　　　　　　　14 300

　　　贷：银行存款　　　　　　　　　　　　　　　　　　　　　　124 300

3. 购进免税农产品进项税额的会计核算

自2018年5月1日起，纳税人购进农产品，原适用11%扣除率的，扣除率调整为10%。自2019年4月1日起，纳税人购进农产品，原适用10%扣除率的，扣除率调整为9%。自2019年4月1日起，纳税人购进农产品，按下列规定抵扣进项税额：

① 除后述第②项规定外，纳税人购进农产品，取得一般纳税人开具的增值税专用发票或海关进口增值税专用交款书的，以增值税专用发票或海关进口增值税专用交款书上注明的增值税税额为进项税额；按照简易计税方法依照3%征收率计算交纳增值税的小规模纳税人取得增值税专用发票的，以增值税专用发票上注明的金额和9%的扣除率计算进项税额；取得（开具）农产品销售发票或收购发票的，以农产品销售发票或收购发票上注明的农产品买价和9%的扣除率计算进项税额（买价，是指纳税人购进农产品在农产品收购发票或者销售发票上注明的价款和按照规定交纳的烟叶税）。

② 自2019年4月1日起的营改增试点期间，纳税人购进用于生产销售或委托加工13%税率货物的农产品，按照10%的扣除率计算进项税额。

③ 继续推进农产品增值税进项税额核定扣除试点，纳税人购进农产品进项税额已实行核定扣除的，仍按照《财政部　国家税务总局关于在部分行业试行农产品增值税进项税额核定扣除办法的通知》（财税〔2012〕38号）、《财政部　国家税务总局关于扩大农产品增值税进项税额核定扣除试点行业范围的通知》（财税〔2013〕57号）执行。其中，《农产品增值税进项税额核定扣除试点实施办法》第四条第二项规定的扣除率调整为9%；第三项规定的扣除率调整为按上述第①项、第②项规定执行。

④ 纳税人从批发、零售环节购进适用免征增值税政策的蔬菜、部分鲜活肉蛋而取得的普通发票，不得作为计算抵扣进项税额的凭证。

⑤ 纳税人购进农产品既用于生产销售或委托加工13%税率货物，又用于生产销售其他货物服务的，应当分别核算用于生产销售或委托加工13%税率货物和其他货物服务的农产品

进项税额。未分别核算的，统一以增值税专用发票或海关进口增值税专用交款书上注明的增值税税额为进项税额，或以农产品收购发票或销售发票上注明的农产品买价和9%的扣除率计算进项税额。销售发票，是指农业生产者销售自产农产品适用免征增值税政策而开具的普通发票。

⑥ 农产品增值税进项税额核定扣除试点行业范围以外的一般纳税人购进农产品，按应计入相关成本费用或资产的金额，借记"在途物资"（或"材料采购"）或"原材料""库存商品""生产成本""管理费用"等科目；取得一般纳税人开具的增值税专用发票或海关进口增值税专用交款书的，以增值税专用发票或海关进口增值税专用交款书上注明的增值税税额为进项税额，从按照简易计税方法依照3%征收率计算交纳增值税的小规模纳税人取得增值税专用发票的，以增值税专用发票上注明的金额和9%的扣除率计算进项税额，取得（开具）农产品销售发票或收购发票的，以农产品销售发票或收购发票上注明的农产品买价和9%的扣除率计算进项税额，借记"应交税费——应交增值税（进项税额）"科目；按应付或实际支付的金额，贷记"应付账款""应付票据""银行存款"等科目。

【例2-58】 甲公司为一家食品公司，属于农产品增值税进项税额核定扣除试点行业范围以外的一般纳税人。202×年8月甲公司以现金向农民收购一批免税农产品人，法定收购凭证上注明买价100 000元，并于202×年9月全部领用用于生产增值税税率为13%的饼干。202×年10月甲公司以现金向农民收购一批免税农产品B，法定收购凭证上注明买价200 000元，并于202×年11月将其全部直接对外销售，开具增值税专用发票，注明价款210 000元，增值税18 900元。甲公司原材料成本的核算采用实际成本法。

【要求】 对甲公司上述业务进行账务处理。

【解析】

（1）202×年8月甲公司购入免税农产品A时：

可抵扣的进项税额=100 000×9%=9 000（元）

借：原材料	91 000	
应交税费——应交增值税（进项税额）	9 000	
贷：库存现金		100 000

（2）202×年9月甲公司领用农产品人用于生产增值税税率为13%的饼干时：

加计扣除农产品进项税额=［当期生产领用农产品已按9%税率（扣除率）抵扣税额/

9%］×（10%-9%）

=（9 000/9%）×（10%-9%）

=100 000×1%=1 000（元）

借：生产成本	90 000	
应交税费——应交增值税（进项税额）	1 000	
贷：原材料		91 000

（3）202×年10月甲公司购入免税农产品B时：

可抵扣的进项税额=200 000×9%=18 000（元）

借：库存商品（200 000-18 000）	182 000	
应交税费——应交增值税（进项税额）	18 000	
贷：库存现金		200 000

（4）202×年11月甲公司将农产品B全部直接对外销售时：

借：银行存款 228 900

　　贷：主营业务收入 210 000

　　　　应交税费——应交增值税（销项税额） 18 900

借：主营业务成本 182 000

　　贷：库存商品 182 000

4. 购进（接受）加工修理修配劳务进项税额的会计核算

一般纳税人购进加工修理修配劳务，按应计入相关成本费用或资产的金额，借记"委托加工物资""生产成本""管理费用"等科目，按当月已认证的可抵扣增值税额，借记"应交税费——应交增值税（进项税额）"科目，按当月未认证的可抵扣增值税额，借记"应交税费——待认证进项税额"科目，按应付或实际支付的金额，贷记"应付账款""应付票据""银行存款"等科目。

【例2-59】 甲公司为增值税一般纳税人，202×年5月拨付原材料60 000元，委托外单位配套加工，以转账支票支付加工费，取得受托方开具的增值税专用发票，发票上注明加工费20 000元，增值税税额2 600元，材料加工完毕按实际成本验收入库。甲公司取得的增值税专用发票202×年5月符合抵扣规定。

【要求】 对甲公司上述业务进行账务处理。

【解析】

（1）拨付委托加工材料时：

借：委托加工物资 60 000

　　贷：原材料 60 000

（2）支付加工费时：

借：委托加工物资 20 000

　　应交税费——应交增值税（进项税额） 2 600

　　贷：银行存款 22 600

（3）加工完毕验收入库时：

借：原材料（或库存商品） 80 000

　　贷：委托加工物资 80 000

5. 购进（接受）服务进项税额的会计核算

一般纳税人购进服务，按应计入相关成本费用或资产的金额，借记"在途物资"（或"材料采购"）或"原材料""库存商品""生产成本""销售费用""管理费用"等科目，按当月已认证的可抵扣增值税额，借记"应交税费——应交增值税（进项税额）"科目，按当月未认证的可抵扣增值税额，借记"应交税费——待认证进项税额"科目，按应付或实际支付的金额，贷记"应付账款""应付票据""银行存款"等科目。

【例2-60】 甲公司为增值税一般纳税人，202×年7月就有关经营事宜向某管理咨询公司进行咨询，支付咨询费用价税合计10 600元，取得管理咨询公司开具的增值税专用发票，注明咨询费用10 000元，增值税税额600元。甲公司取得的增值税专用发票202×年7月符合抵扣规定。

【要求】 对甲公司上述业务进行账务处理。

【解析】

借：管理费用 10 000

　　应交税费——应交增值税（进项税额） 600

　　贷：银行存款 10 600

6. 购进无形资产进项税额的会计核算

一般纳税人购进无形资产，按应计入相关成本费用或资产的金额，借记"无形资产"等科目，按当月已认证的可抵扣增值税额，借记"应交税费——应交增值税（进项税额）"科目，按当月未认证的可抵扣增值税额，借记"应交税费——待认证进项税额"科目，按应付或实际支付的金额，贷记"应付账款""应付票据""银行存款"等科目。

【例2-61】甲公司为增值税一般纳税人，202×年7月从乙公司购入一项专利权，取得的增值税专用发票上注明价款80 000元，增值税税额4 800元，共计84 800元。甲公司取得的增值税专用发票202×年7月符合抵扣规定。

【要求】对甲公司上述业务进行账务处理。

【解析】

借：无形资产——专利权 80 000

　　应交税费——应交增值税（进项税额） 4 800

　　贷：银行存款 84 800

7. 购进不动产或不动产在建工程进项税额的会计核算

一般纳税人自2016年5月1日后取得并按固定资产核算的不动产或者2016年5月1日后取得的不动产在建工程，其进项税额按现行增值税制度规定自取得之日起分2年从销项税额中抵扣的，应当按取得成本，借记"固定资产""在建工程"等科目，按当期可抵扣的增值税税额，借记"应交税费——应交增值税（进项税额）"科目，按以后期间可抵扣的增值税税额，借记"应交税费——待抵扣进项税额"科目，按应付或实际支付的金额，贷记"应付账款""应付票据""银行存款"等科目。尚未抵扣的进项税额待以后期间允许抵扣时，按允许抵扣的金额，借记"应交税费——应交增值税（进项税额）"科目，贷记"应交税费——待抵扣进项税额"科目。自2019年4月1日起，上述规定停止执行，即纳税人取得不动产或者不动产在建工程的进项税额不再分2年抵扣。此前按照上述规定尚未抵扣完毕的待抵扣进项税额，可自2019年4月税款所属期起从销项税额中抵扣。

【例2-62】甲公司为增值税一般纳税人，202×年5月购入一栋办公楼，取得的增值税专用发票上注明价款10 000 000元，增值税税额900 000元。当月用银行存款支付了款项，办妥了相关产权转移手续。甲公司取得的增值税专用发票202×年5月符合抵扣规定。

【要求】对甲公司上述业务进行账务处理。

【解析】

借：固定资产——办公楼 10 000 000

　　应交税费——应交增值税（进项税额） 900 000

　　贷：银行存款 10 900 000

8. 货物等已验收入库但尚未取得增值税扣税凭证的会计核算

一般纳税人购进的货物等已到达并验收入库，但尚未收到增值税扣税凭证并未付款或已经预付部分或者全部款项的，应在月末按货物清单或相关合同协议上的价格暂估入账，不需要将增值税的进项税额暂估入账①，借记"原材料""库存商品""固定资产""无形资产"等科目，贷记"应付账款""预付账款"等科目。下月初，用红字冲销原暂估入账金额。待取得相关增值税扣税凭证并经认证后，按应计入相关成本费用或资产的金额，借记"原材料""库存商品""固定资产""无形资产"等科目，按可抵扣的增值税税额，借记"应交税费——应交增值税（进项税额）"科目，按应付金额，贷记"应付账款""预付账款"等科目。

【例2-63】甲公司为增值税一般纳税人，202×年9月1日购入一批原材料，协议规定价格8 000元（不含增值税），材料已于当月验收入库，但尚未取得增值税专用发票，也未付款。甲公司10月20日取得增值税专用发票，发票上注明价款8 000元，增值税税额1 040元，并付款。甲公司取得的增值税专用发票202×年10月符合抵扣规定。

【要求】对甲公司上述业务进行账务处理。

【解析】

（1）9月末按货物清单或相关合同协议上的不包含增值税进项税额的价格暂估入账时：

借：原材料 8 000
　　贷：应付账款 8 000

（2）10月初，用红字冲销原暂估入账金额时：

借：原材料 8 000
　　贷：应付账款 8 000

（3）待取得相关增值税扣税凭证并符合抵扣规定时：

借：原材料 8 000
　　应交税费——应交增值税（进项税额） 1 040
　　贷：银行存款 9 040

（二）视同购进业务进项税额的会计核算

1. 受托代销行为进项税额的会计核算

参见"二、销售等业务增值税的会计核算"中的"（二）视同销售业务增值税的会计核算"中的"1. 将货物交付他人代销和销售代销货物销项税额或应纳增值税额的会计核算"。

2. 将货物在两个机构之间移送进项税额的会计核算

参见"二、销售等业务增值税的会计核算"中的"（二）视同销售业务增值税的会计核算"中的"2. 将货物在两个机构之间移送销项税额或应纳增值税额的会计核算"。

3. 接受投资进项税额的会计核算

一般纳税人接受投资者以货物、加工修理修配劳务、服务、无形资产或不动产的投资时，按应计入相关成本费用或资产的金额，借记"在途物资"（或"材料采购"）或"原材料""库存商品""生产成本""无形资产""固定资产""管理费用"等科目，按当月已认证的可抵扣增值税额，借记"应交税费——应交增值税（进项税额）"科目，按当月未认证的可抵扣增值税额，借记"应交税费——待认证进项税额"科目，按接受实物投资总额，贷记"实收资本"或"股本""资本公积"等科目。

【例2-64】甲公司为增值税一般纳税人，202×年7月收到乙公司A材料一批作为实物

---

①《财政部关于〈增值税会计处理规定〉有关问题的解读》规定：暂估入账的金额不包含增值税进项税额。一般纳税人购进劳务、服务等但尚未取得增值税扣税凭证的，比照处理。

投资，确认总价值为 339 000 元，同时收到投资方乙公司开具的增值税专用发票，注明价款 300 000 元，增值税税额 39 000 元。甲公司对原材料成本的核算采用实际成本法。甲公司取得的增值税专用发票 202×年 7 月符合抵扣规定。

【要求】对甲公司上述业务进行账务处理。

【解析】

借：原材料——A 材料   300 000

应交税费——应交增值税（进项税额）   39 000

贷：实收资本——乙公司   339 000

4. 接受利润分配进项税额的会计核算

一般纳税人接受被投资者以货物、加工修理修配劳务、服务、无形资产或不动产的利润分配时（接受实物股利时），按应计入相关成本费用或资产的金额，借记"在途物资"（或"材料采购"）或"原材料""库存商品""生产成本""无形资产""固定资产""管理费用"等科目，按当月已认证的可抵扣增值税额，借记"应交税费——应交增值税（进项税额）"科目，按当月未认证的可抵扣增值税额，借记"应交税费——待认证进项税额"科目，按接受实物分配总额，贷记"应收股利"等科目。

【例 2-65】甲公司为增值税一般纳税人，202×年 7 月收到乙公司发放的实物股利 A 产品，确认总价值为 226 000 元，同时收到乙公司开具的增值税专用发票上注明价款 200 000 元，增值税税额 26 000 元。甲公司对原材料成本的核算采用实际成本法。甲公司取得的增值税专用发票 202×年 7 月符合抵扣规定。

【要求】对甲公司上述业务进行账务处理。

【解析】

借：原材料——A 产品   200 000

应交税费——应交增值税（进项税额）   26 000

贷：应收股利——乙公司   226 000

5. 接受无偿捐赠进项税额的会计核算

一般纳税人无偿接受捐赠者以货物、加工修理修配劳务、服务、无形资产或不动产的捐赠时，按应计入相关成本费用或资产的金额，借记"在途物资"（或"材料采购"）或"原材料""库存商品""生产成本""无形资产""固定资产""管理费用"等科目，按当月已认证的可抵扣增值税税额，借记"应交税费——应交增值税（进项税额）"科目，按当月未认证的可抵扣增值税税额，借记"应交税费——待认证进项税额"科目，按接受实物捐赠总额，贷记"营业外收入"等科目。

【例 2-66】甲公司为增值税一般纳税人，202×年 7 月接受国外客户捐赠模具一批，捐赠方提供的发票账单内列明该批模具价值 200 000 元。甲公司以转账支票支付报关进口关税 40 000 元，从海关取得的海关进口增值税专用缴款书上注明增值税税额 31 200 元，税款以银行存款支付。该海关进口增值税专用缴款书 202×年 7 月已经申请稽核比对并且稽核比对结果为相符。

【要求】对甲公司上述业务进行账务处理。

【解析】

借：周转材料——低值易耗品   240 000

应交税费——应交增值税（进项税额）	31 200
贷：银行存款（40 000+31 200）	71 200
营业外收入	200 000

【例2-67】甲公司和乙公司均为增值税一般纳税人，202×年5月甲公司接受乙公司一项商标所有权的无偿转让，该商标所有权市场价格为848 000元（含增值税）。乙公司该商标所有权的原购入成本为1 500 000元，无偿转让时已摊销金额为900 000元，该商标未计提减值准备。款项已存入银行。甲公司取得乙公司开具的增值税专用发票，注明价款800 000元，增值税税额48 000元。甲公司取得的增值税专用发票202×年5月符合抵扣规定。

【要求】对甲公司上述业务进行账务处理。

【解析】

借：无形资产——商标权	800 000
应交税费——应交增值税（进项税额）	48 000
贷：营业外收入	848 000

（三）购进等业务进项税额不得抵扣的会计核算

1. 购进货物、加工修理修配劳务、服务、无形资产或不动产，用于简易计税方法计税项目、免征增值税项目、集体福利或个人消费等进项税额不得抵扣的会计核算

一般纳税人购进货物、加工修理修配劳务、服务、无形资产或不动产，用于简易计税方法计税项目、免征增值税项目、集体福利或个人消费等，其进项税额按照现行增值税制度规定不得从销项税额中抵扣的，取得增值税专用发票时，应借记相关成本费用或资产科目，借记"应交税费——待认证进项税额"科目，贷记"银行存款""应付账款"等科目，经税务机关认证后，根据有关"进项税额""进项税额转出"专栏及"待认证进项税额"明细科目的核算内容，先转入"进项税额"专栏，借记"应交税费——应交增值税（进项税额）"科目，贷记"应交税费——待认证进项税额"科目；按现行增值税制度规定转出时，记入"进项税额转出"专栏，借记相关成本费用或资产科目，贷记"应交税费——应交增值税（进项税额转出）"科目。

【例2-68】甲公司为增值税一般纳税人，202×年7月购入一批笔记本电脑，取得的增值税专用发票上注明价款30 000元，增值税税额为3 900元，用银行存款支付款项。202×年8月甲公司准备将上述笔记本电脑用于行政管理人员福利，并于202×年8月实际发放福利，且甲公司于本年9月初的纳税申报期内，对取得的增值税专用发票通过增值税发票综合服务平台进行了勾选确认。

【要求】对甲公司上述业务进行账务处理。

【解析】

（1）202×年7月购入笔记本电脑时：

借：库存商品	30 000
应交税费——待认证进项税额	3 900
贷：银行存款	33 900

（2）甲公司取得的增值税专用发票202×年8月符合抵扣规定时：

借：应交税费——应交增值税（进项税额）	3 900
贷：应交税费——待认证进项税额	3 900

（3）202×年8月决定发放福利时：

借：管理费用　　　　　　　　　　　　　　　　　　　　　33 900
　　贷：应付职工薪酬——非货币性福利　　　　　　　　　　　　33 900

（4）202×年8月实际发放福利时：

借：库存商品　　　　　　　　　　　　　　　　　　　　　3 900
　　贷：应交税费——应交增值税（进项税额转出）　　　　　　　　3 900

借：应付职工薪酬——非货币性福利　　　　　　　　　　　33 900
　　贷：库存商品　　　　　　　　　　　　　　　　　　　　　33 900

或者合并为一步：

借：应付职工薪酬——非货币性福利　　　　　　　　　　　33 900
　　贷：库存商品　　　　　　　　　　　　　　　　　　　　　30 000
　　　　应交税费——应交增值税（进项税额转出）　　　　　　　　3 900

2. 兼营简易计税方法计税项目、免征增值税项目而无法划分不得抵扣的进项税额的会计核算

适用一般计税方法的纳税人，兼营简易计税方法计税项目、免征增值税项目而无法划分不得抵扣的进项税额，按照下列公式计算不得抵扣的进项税额：

不得抵扣的进项税额＝当期无法划分的全部进项税额×（当期简易计税方法计税项目
销售额＋免征增值税项目销售额）/当期全部销售额

主管税务机关可以按照上述公式依据年度数据对不得抵扣的进项税额进行清算。其会计核算类似于"一般纳税人购进货物、加工修理修配劳务、服务、无形资产或不动产，用于简易计税方法计税项目、免征增值税项目、集体福利或个人消费等进项税额不得抵扣的会计核算"。

【例2-69】甲公司为增值税一般纳税人，202×年8月购入一批材料既用于一般计税项目又用于简易计税方法计税项目和免征增值税项目的生产，价款为100 000元，增值税为13 000元，并且无法划分不得抵扣的进项税额。当月一般计税项目销售额为80 000元，简易计税方法计税项目销售额为70 000元，免征增值税项目销售额为50 000元。

【要求】对甲公司上述业务进行账务处理。

【解析】不得抵扣的进项税额＝当期无法划分的全部进项税额×（当期简易计税方法计税
项目销售额＋免征增值税项目销售额）/当期全部销售额
＝13 000×（70 000+50 000）/（80 000+70 000+50 000）
＝7 800（元）

（1）购入材料时：

借：原材料　　　　　　　　　　　　　　　　　　　　　100 000
　　应交税费——待认证进项税额　　　　　　　　　　　　13 000
　　贷：银行存款　　　　　　　　　　　　　　　　　　　113 000

（2）取得的增值税专用发票符合抵扣规定时：

借：应交税费——应交增值税（进项税额）　　　　　　　13 000
　　贷：应交税费——待认证进项税额　　　　　　　　　　　13 000

（3）进项税额转出时：

借：主营业务成本（或原材料）　　　　　　　　　　　　　　　　7 800
　　贷：应交税费——应交增值税（进项税额转出）　　　　　　　　　7 800

3. 进项税额抵扣情况发生改变的会计核算

因发生非正常损失或改变用途等，原已计入进项税额、待抵扣进项税额或待认证进项税额，但按现行增值税制度规定不得从销项税额中抵扣的，借记"待处理财产损溢""应付职工薪酬""固定资产""无形资产"等科目，贷记"应交税费——应交增值税（进项税额转出）""应交税费——待抵扣进项税额"或"应交税费——待认证进项税额"科目；原不得抵扣且未抵扣进项税额的固定资产、无形资产等，因改变用途等用于允许抵扣进项税额的应税项目的，应按允许抵扣的进项税额，借记"应交税费——应交增值税（进项税额）"科目，贷记"固定资产""无形资产"等科目。固定资产、无形资产等经上述调整后，应按调整后的账面价值在剩余尚可使用寿命内计提折旧或摊销。

1）因发生非正常损失导致进项税额抵扣情况发生改变的会计核算

货物因管理不善发生的非正常损失（如因保管不善而发生货物被盗等），其进项税额不允许抵扣，对于原已计入进项税额、待抵扣进项税额或待认证进项税额，但按现行增值税制度规定不得从销项税额中抵扣的情况，企业应借记"待处理财产损溢"科目，贷记"原材料""库存商品""应交税费——应交增值税（进项税额转出）""应交税费——待抵扣进项税额""应交税费——待认证进项税额"等科目。

货物非因管理不善发生的非正常损失（如自然灾害等），其进项税额可以抵扣，原已计入进项税额、待抵扣进项税额或待认证进项税额的，不需要进项税额转出、对待抵扣进项税额或待认证进项税额进行冲减，企业应按损失货物的成本，借记"待处理财产损溢"科目，贷记"原材料""库存商品"等科目。

按管理权限报经批准后应进行如下会计核算：对于入库的残料价值，借记"原材料"等科目；对于应由保险公司和过失人承担的赔款，借记"其他应收款"科目；扣除残料价值和应由保险公司、过失人赔款后的净损失，属于因管理不善等非正常损失的，借记"管理费用"科目，属于自然灾害等非正常损失的，借记"营业外支出"科目。同时，贷记"待处理财产损溢"科目。

【例2-70】甲公司为增值税一般纳税人，202×年5月由于管理不善，用于生产产品的原材料被盗2吨，账面成本为3 500元/吨，经批准核销。甲公司于202×年5月购入该原材料，并取得增值税专用发票，发票上注明价款7 000元，增值税税额910元。甲公司取得的增值税专用发票202×年5月符合抵扣规定。最终该损失由保险公司和甲公司保管员张某各承担40%，将损失的20%计入管理费用。

【要求】对甲公司上述业务进行账务处理。

【解析】

（1）购入原材料时：

借：原材料　　　　　　　　　　　　　　　　　　　　　　　　　7 000
　　贷：应交税费——应交增值税（进项税额）（3 500×2×13%）　　　910
　　贷：银行存款　　　　　　　　　　　　　　　　　　　　　　　7 910

（2）发生非正常损失时：

借：待处理财产损溢——待处理流动资产损溢 7 910

贷：原材料 7 000

应交税费——应交增值税（进项税额转出）（3 500×2×13%） 910

（3）报经批准核销时：

借：其他应收款——保险公司（7 910×40%） 3 164

——张某（7 910×40%） 3 164

管理费用（7 910×20%） 1 582

贷：待处理财产损溢——待处理流动资产损溢 7 910

2）因改变用途导致进项税额抵扣情况发生改变的会计核算

购入原材料、固定资产、无形资产等因改变用途等原因，原可以抵扣进项税额且已计入进项税额、待抵扣进项税额或待认证进项税额，但按现行增值税制度规定不得从销项税额中抵扣的，借记"应付职工薪酬""原材料""固定资产""无形资产"等科目，贷记"应交税费——应交增值税（进项税额转出）""应交税费——待抵扣进项税额""应交税费——待认证进项税额"科目；原不得抵扣且未抵扣进项税额的原材料、固定资产、无形资产等，因改变用途等用于允许抵扣进项税额的应税项目的，应按允许抵扣的进项税额，借记"应交税费——应交增值税（进项税额）"科目，贷记"原材料""固定资产""无形资产"等科目。

【例2-71】甲食品加工厂为增值税一般纳税人，共有职工200人，其中，生产工人180人，厂部管理人员20人。202×年12月，由于202×年10月购入的食用植物油富余，因此甲厂决定以其外购食用植物油作为福利发放给职工，每人发放2桶，并于当月发放给职工。该植物油系生产用原料，每桶采购成本50元，共计20 000元（不含增值税），购买时取得增值税专用发票，发票上注明价款20 000元，增值税税额1 800元。甲公司取得的增值税专用发票202×年11月符合抵扣规定。

【要求】对甲食品加工厂上述业务进行账务处理。

【解析】

（1）202×年10月购买植物油时：

借：原材料 20 000

应交税费——待认证进项税额 1 800

贷：银行存款 21 800

（2）取得的增值税专用发票202×年11月符合抵扣规定时：

借：应交税费——应交增值税（进项税额） 1 800

贷：应交税费——待认证进项税额 1 800

（3）202×年12月确认应付职工薪酬时：

借：生产成本 19 620

管理费用 2 180

贷：应付职工薪酬——非货币性福利 21 800

（4）202×年12月给职工实际发放植物油时：

借：原材料 1 800

贷：应交税费——应交增值税（进项税额转出） 1 800

借：应付职工薪酬——非货币性福利 21 800
　　贷：原材料 21 800

【例2-72】甲公司为增值税一般纳税人，202×年6月购进办公楼用于办公，取得的增值税专用发票上注明价款10 000万元，增值税税额900万元。甲公司取得的增值税专用发票202×年6月符合抵扣规定。该办公楼折旧方法采用直线法，折旧年限为20年，假设不考虑净残值。202×年12月，将办公楼改造成员工食堂。

【要求】对甲公司上述业务进行账务处理。

【解析】

（1）202×年6月购进办公楼时：

借：固定资产 100 000 000
　　应交税费——应交增值税（进项税额） 9 000 000
　　贷：银行存款 109 000 000

（2）202×年7月起计提折旧：

每月折旧金额=100 000 000/20/12=416 700（元）

202×年7月至202×年12月每月计提折旧时：

借：管理费用 416 700
　　贷：累计折旧 416 700

（3）202×年12月，将办公楼改造成员工食堂。

已抵扣进项税额的不动产，发生非正常损失，或者改变用途，专用于简易计税方法计税项目、免征增值税项目、集体福利或者个人消费的，按照下列公式计算不得抵扣的进用税额，并从当期进项税额中扣减：

不得抵扣的进项税额=已抵扣进项税额×不动产净值率

不动产净值率=不动产净值/不动产原值×100%

不动产净值率=（100 000 000−100 000 000/20/12×6）/100 000 000×100%=97.5%

不得抵扣的进项税额=9 000 000×97.5%=8 775 000（元）

借：固定资产 8 775 000
　　贷：应交税费——应交增值税（进项税额转出） 8 775 000

【例2-73】甲公司为增值税一般纳税人，202×年5月购入不动产A楼用于职工食堂，该不动产购入时价格为1 000万元，增值税税额为90万元。甲公司取得的增值税专用发票202×年7月符合抵扣规定。A楼折旧方法采用直线法，折旧年限为20年，假设不考虑净残值。202×年11月A楼由职工食堂转作办公楼使用。

【要求】对甲公司上述业务进行账务处理。

【解析】

（1）202×年5月取得增值税专用发票但没有认证（扫描认证或者勾选确认认证）时：

借：固定资产——A楼 10 000 000
　　应交税费——待认证进项税额 900 000
　　贷：银行存款 10 900 000

（2）取得的增值税专用发票202×年7月符合抵扣规定时：

借：应交税费——应交增值税（进项税额）   900 000

    贷：应交税费——待认证进项税额   900 000

（3）202×年11月进项税额转出时：

借：固定资产——A楼   900 000

    贷：应交税费——应交增值税（进项税额转出）   900 000

（4）202×年11月转作办公楼使用。

按照规定不得抵扣进项税额的不动产，发生用途改变，用于允许抵扣进项税额项目的，按照下列公式在改变用途的次月计算可抵扣进项税额。

可抵扣进项税额＝增值税扣税凭证注明或计算的进项税额×不动产净值率

不动产净值率＝不动产净值/不动产原值×100%

不动产净值＝10 900 000−10 900 000/20/12×6＝10 627 500（元）

不动产净值率＝（10 627 500/10 900 000）×100%＝97.5%

可抵扣进项税额＝增值税扣税凭证注明或计算的进项税额×不动产净值率

               ＝900 000×97.5%＝877 500（元）

202×年12月（为改变用途的次月）可抵扣进项税额从销项税额中抵扣时：

借：应交税费——应交增值税（进项税额）   877 500

    贷：固定资产——A楼   877 500

3）购货过程中发生短缺或毁损的情况下进项税额的会计核算

由于材料短缺或毁损的原因不同，其损失的承担者不同，短缺或毁损材料损失中所含的进项税额的会计处理也不同。

购进货物在运输途中的合理损耗，其进项税额应予以抵扣。对于运输途中的合理损耗部分的金额，计入采购货物的成本。

销货方造成的短缺或毁损，若销货方决定近期内予以补货，则短缺材料的进项税额暂不得抵扣，需待补材料验收入库后，方可再予以抵扣；若销货方决定退赔货款，应视不同情况比照销货退回或折让进行处理。

购进货物在运输途中因管理不善发生的非正常损失（如因保管不善而发生货物被盗等），原已计入进项税额、待抵扣进项税额或待认证进项税额，但按现行增值税制度规定不得从销项税额中抵扣的，借记"待处理财产损溢"科目，贷记"在途物资"（或"材料采购"）"原材料""库存商品""应交税费——应交增值税（进项税额转出）""应交税费——待抵扣进项税额""应交税费——待认证进项税额"等科目。

购进货物途中不是因管理不善发生的非正常损失（如自然灾害等），其进项税额可以抵扣，不需做进项税额转出。应当按损失货物的成本，借记"待处理财产损溢"科目，贷记"在途物资"（或"材料采购"）"原材料""库存商品"等科目。

在按管理权限报经批准后应进行如下会计核算：对于入库的残料价值，借记"原材料"等科目；对于应由保险公司和过失人承担的赔款，借记"其他应收款"科目；扣除残料价值和应由保险公司、过失人赔款后的净损失，属于因管理不善等非正常损失的，借记"管理费用"科目，属于自然灾害等非正常损失的，借记"营业外支出"科目。同时，贷记"待处理财产损溢"科目。

【例2-74】甲公司为增值税一般纳税人，202×年5月从外地购进一批材料，取得的增值

税专用发票上注明价款 50 000 元，增值税税额 6 500 元。甲公司取得的增值税专用发票 202×
年 5 月符合抵扣规定。上述款项以银行存款支付。202×年 6 月货物验收入库时发现丢失 20%，
经查因业务员张某管理不善造成。按管理权限报经批准，损失的 20% 由张某赔偿，损失的
80% 计入管理费用。甲公司原材料成本的核算采用实际成本法。

【要求】对甲公司上述业务进行账务处理。

【解析】

（1）购入材料时：

借：在途物资　　　　　　　　　　　　　　　　　　　　　　　　　　　　50 000
　　　应交税费——应交增值税（进项税额）　　　　　　　　　　　　　　　6 500
　　　贷：银行存款　　　　　　　　　　　　　　　　　　　　　　　　　　　56 500

（2）材料验收入库时：

丢失的材料是由于管理不善造成的，应当做进项税额转出处理。

借：库存商品　　　　　　　　　　　　　　　　　　　　　　　　　　　　40 000
　　　待处理财产损溢——待处理流动资产损溢　　　　　　　　　　　　　11 300
　　　贷：在途物资　　　　　　　　　　　　　　　　　　　　　　　　　　　50 000
　　　　　应交税费——应交增值税（进项税额转出）（50 000×20%×13%）　1 300

或者分成两个会计分录：

借：库存商品　　　　　　　　　　　　　　　　　　　　　　　　　　　　40 000
　　　待处理财产损溢——待处理流动资产损溢　　　　　　　　　　　　　10 000
　　　贷：在途物资　　　　　　　　　　　　　　　　　　　　　　　　　　　50 000
借：待处理财产损溢——待处理流动资产损溢　　　　　　　　　　　　　　1 300
　　　贷：应交税费——应交增值税（进项税额转出）　　　　　　　　　　　　1 300

（3）报经批准时：

借：其他应收款——张某（11 300×20%）　　　　　　　　　　　　　　　　2 260
　　管理费用（11 300×80%）　　　　　　　　　　　　　　　　　　　　　9 040
　　　贷：待处理财产损溢——待处理流动资产损溢　　　　　　　　　　　　11 300

（四）小规模纳税人采购等业务增值税的会计核算

小规模纳税人购买货物、加工修理修配劳务、服务、无形资产或不动产，取得增值税专
用发票或者增值税普通发票上注明的增值税应计入相关成本费用或资产，不通过"应交税
费——应交增值税"科目核算。

【例 2-75】甲公司为增值税小规模纳税人，202×年 7 月购入原材料，销售材料方为增值
税一般纳税人，开具给甲公司的增值税专用发票上注明价款 10 000 元，增值税税额 1 300 元。
款项未付。

【要求】对甲公司上述业务进行账务处理。

【解析】

借：原材料　　　　　　　　　　　　　　　　　　　　　　　　　　　　　11 300
　　　贷：应付账款　　　　　　　　　　　　　　　　　　　　　　　　　　　11 300

四、差额征税的会计核算

（一）企业发生相关成本费用允许扣减销售额增值税的会计核算

按现行增值税制度规定企业发生相关成本费用允许扣减销售额的，发生成本费用时，按应付或实际支付的金额，借记"主营业务成本""存货""合同履约成本"等科目，贷记"应付账款""应付票据""银行存款"等科目。待取得合规增值税扣税凭证且纳税义务发生时，按照允许抵减的税额，借记"应交税费——应交增值税（销项税额抵减）"或"应交税费——简易计税"科目（小规模纳税人借记"应交税费——应交增值税"科目），贷记"主营业务成本""存货""合同履约成本"等科目。

【例2-76】甲房地产公司为增值税一般纳税人，202×年5月获取一块土地进行开发，房地产项目可供销售建筑面积为100万平方米，支付土地出让金10 000万元。A小区于202×年9月1日达到预售条件并取得预售许可证，202×年9月、10月、11月甲公司陆续与客户签订商品房预售合同并收到客户支付的预售款共计98 100万元（假设每个月各收到预售款32 700万元）。202×年支付给建安企业的含增值税工程价款共43 600万元，取得建安企业开具的增值税专用发票，注明价款40 000万元，增值税税额3 600万元。甲公司取得的增值税专用发票202×年均符合抵扣规定。202×年12月，A小区竣工，甲公司办理已预售房屋的交房手续，并与客户签订正式的商品房销售合同，且给业主开具了增值税普通发票。截至202×年12月，累计销售建筑面积为45万平方米，累计预收房款98 100万元，累计共预交增值税2 700万元，期初留抵进项税额1 000万元，其他支出项目不考虑。甲公司对该房地产项目选择一般计税方法计税。

【要求】对甲公司上述业务进行账务处理。

【解析】

（1）202×年5月甲公司取得土地，支付土地出让金时：

借：开发成本——土地出让金	100 000 000
贷：银行存款	100 000 000

（2）202×年9月收到房屋预售款时：

借：银行存款	327 000 000
贷：合同负债	327 000 000

202×年10月申报期内对9月的房屋预售款预交增值税时：

借：应交税费——预交增值税〔［327 000 000/（1+9%）］×3%〕	9 000 000
贷：银行存款	9 000 000

（3）202×年10月收到房屋预售款时：

借：银行存款	327 000 000
贷：合同负债	327 000 000

202×年11月申报期内对10月的房屋预售款预交增值税时：

借：应交税费——预交增值税〔［327 000 000/（1+9%）］×3%〕	9 000 000
贷：银行存款	9 000 000

（4）202×年11月收到房屋预售款时：

借：银行存款 327 000 000

　　贷：合同负债 327 000 000

202×年12月申报期内对11月的房屋预售款预交增值税时：

借：应交税费——预交增值税〔[327 000 000/（1+9%）]×3%〕 9 000 000

　　贷：银行存款 9 000 000

（5）202×年甲公司支付工程价款，取得建安企业增值税专用发票并抵扣进项税额时（本会计分录为多笔业务合并的，实务中需要分别编制会计分录）：

借：开发成本——建筑安装费 400 000 000

　　应交税费——应交增值税（进项税额） 36 000 000

　　贷：银行存款 436 000 000

（6）202×年12月确认收入和结转成本时：

房地产开发企业中的一般纳税人销售自行开发的房地产项目，适用一般计税方法计税，按照取得的全部价款和价外费用，扣除当期销售房地产项目对应的土地价款后的余额计算销售额。

销售额＝（全部价款和价外费用−当期允许扣除的土地价款）/（1+9%）

当期允许扣除的土地价款＝（当期销售房地产项目建筑面积/房地产项目可供销售建筑面积）×支付的土地价款

允许扣除的土地价款＝45/100×100 000 000＝45 000 000（元）

土地价款所对应的税额＝45 000 000/（1+9%）×9%＝3 715 600（元）

应纳增值税＝[（全部价款和价外费用−当期允许扣除的土地价款）/（1+9%）]×9%

　　　　　＝[全部价款和价外费用/（1+9%）]×9%−[当期允许扣除的土地价款/
　　　　　　（1+9%）]×9%

　　　　　＝[981 000 000/（1+9%）]×9%−[45 000 000/（1+9%）]×9%

　　　　　＝81 000 000−3 715 600

　　　　　＝77 284 400（元）

借：合同负债 981 000 000

　　贷：主营业务收入 900 000 000

　　　　应交税费——应交增值税（销项税额） 81 000 000

借：应交税费——应交增值税（销项税额抵减） 3 715 600

　　贷：主营业务成本 3 715 600

借：开发产品 500 000 000

　　贷：开发成本——土地出让金 100 000 000

　　　　　　　　——建筑安装费 400 000 000

借：主营业务成本 500 000 000

　　贷：开发产品 500 000 000

（7）202×年12月底结转预交税金时：

借：应交税费——未交增值税（9 000 000+9 000 000+9 000 000） 27 000 000

　　贷：应交税费——预交增值税 27 000 000

（8）202×年12月底转出应交未交增值税时：

转出应交未交增值税=81 000 000-3 715 600-36 000 000-10 000 000=31 284 400（元）

借：应交税费——应交增值税（转出未交增值税）   31 284 400

    贷：应交税费——未交增值税   31 284 400

（9）次年1月申报期内申报交纳增值税时：

借：应交税费——未交增值税（31 284 400-27 000 000）   4 284 400

    贷：银行存款   4 284 400

【例2-77】 甲建筑公司（简称"甲公司"）为一般纳税人，202×年7月提供某项建筑服务（不跨年度），采用简易计税方法。工程完工后办理结算并收取业主全部工程款900 000元，自建部分成本为130 000元，支付给乙公司（乙公司与甲公司在同一县）分包款600 000元。甲建筑公司向业主开具了增值税专用发票。

【要求】 对甲公司上述业务进行账务处理。

【解析】 甲公司按差额计算的应纳增值税=[（900 000-600 000）/（1+3%）]×3%

=8 737.86（元）

甲公司按全额向业主开具建筑服务增值税发票，发票价款（不含增值税）、增值税税额计算：

价款=900 000/（1+3%）=873 786.41（元）

增值税税额=[900 000/（1+3%）]×3%=26 213.59（元）

建筑业差额纳税属于可以全额开具增值税专用发票的情况，不通过新系统差额纳税功能开具。业主（若为一般纳税人）取得的增值税专用发票符合抵扣规定时，可以抵扣进项税额26 213.59元。

（1）自建发生合同成本时：

借：合同履约成本   130 000

    贷：原材料、应付职工薪酬等   130 000

（2）支付乙公司分包款时：

借：合同履约成本   600 000

    贷：银行存款   600 000

（3）取得乙公司开具的分包发票且纳税义务发生时：

允许抵减的税额=[600 000/（1+3%）]×3%=17 475.73（元）

借：应交税费——简易计税   17 475.73

    贷：合同履约成本   17 475.73

（4）确认收入并结转成本时：

合同总收入=900 000/（1+3%）=873 786.41（元）

合同总成本=130 000+（600 000-17 475.73）=712 524.27（元）

借：合同结算——收入结转   873 786.41

    贷：主营业务收入   873 786.41

借：主营业务成本   712 524.27

    贷：合同履约成本   712 524.27

（5）结算并实际收到合同价款时：

借：银行存款   900 000

    贷：合同结算——价款结算   873 786.41

　　　　应交税费——简易计税　　　　　　　　　　　　　　　　　　26 213.59
　（6）应纳增值税=26 213.59−17 475.73=8 737.86（元）
下月初申报期内交纳增值税时：
　借：应交税费——简易计税　　　　　　　　　　　　　　　　　8 737.86
　　　贷：银行存款　　　　　　　　　　　　　　　　　　　　　　　　8 737.86
若在"简易计税"明细科目下设置"计提""扣减""预交""交纳"专栏，则进行以下账务处理：
　（1）自建发生合同成本时：
　借：合同履约成本　　　　　　　　　　　　　　　　　　　　　130 000
　　　贷：原材料等　　　　　　　　　　　　　　　　　　　　　　　130 000
　（2）支付乙公司分包款时：
　借：合同履约成本　　　　　　　　　　　　　　　　　　　　　600 000
　　　贷：银行存款　　　　　　　　　　　　　　　　　　　　　　　600 000
　（3）取得乙公司开具的分包发票且纳税义务发生时：
允许抵减的税额=[600 000/（1+3%）]×3%=17 475.73（元）
　借：应交税费——简易计税（扣减）　　　　　　　　　　　　　17 475.73
　　　贷：合同履约成本　　　　　　　　　　　　　　　　　　　　　17 475.73
　（4）确认收入并结转成本时：
合同总收入=900 000/（1+3%）=873 786.41（元）
合同总成本=130 000+（600 000−17 475.73）=712 524.27（元）
　借：合同结算——收入结转　　　　　　　　　　　　　　　　873 786.41
　　　贷：主营业务收入　　　　　　　　　　　　　　　　　　　　873 786.41
　借：主营业务成本　　　　　　　　　　　　　　　　　　　　712 524.27
　　　贷：合同履约成本　　　　　　　　　　　　　　　　　　　　712 524.27
　（5）结算并实际收到合同价款时：
　借：银行存款　　　　　　　　　　　　　　　　　　　　　　900 000
　　　贷：合同结算——价款结算　　　　　　　　　　　　　　　　873 786.41
　　　　　应交税费——简易计税（计提）　　　　　　　　　　　　26 213.59
　（6）将"应交税费——简易计税"各专栏对冲时：
应纳增值税=26 213.59−17 475.73=8 737.86（元）
　借：应交税费——简易计税（计提）　　　　　　　　　　　　　26 213.59
　　　贷：应交税费——简易计税（交纳）　　　　　　　　　　　　　8 737.86
　　　　　　　——简易计税（扣减）　　　　　　　　　　　　　17 475.73
　（7）下月初申报期内交纳增值税时：
　借：应交税费——简易计税（交纳）　　　　　　　　　　　　　8 737.86
　　　贷：银行存款　　　　　　　　　　　　　　　　　　　　　　8 737.86

（二）金融商品转让增值税的会计核算
　　金融商品实际转让月末，如产生转让收益，则按应纳税额借记"投资收益"等科目，贷记"应交税费——转让金融商品应交增值税"科目；如产生转让损失，则按可结转下月抵减税额，借记"应交税费——转让金融商品应交增值税"科目，贷记"投资收益"等科目。

交纳增值税时，应借记"应交税费——转让金融商品应交增值税"科目，贷记"银行存款"科目。年末，本科目如有借方余额，则借记"投资收益"等科目，贷记"应交税费——转让金融商品应交增值税"科目。

【例2-78】甲公司于202×年5月30日在公开市场购入乙公司股票10万股，每股成本价8元，12月31日全部销售，每股售价16元，假设不考虑其他因素。

丙公司于202×年8月30日在公开市场购入丁公司股票10万股，每股成本价16元，12月31日全部销售，每股售价8元，假设不考虑其他因素。

【要求】

（1）对甲公司上述业务进行账务处理。

（2）对丙公司上述业务进行账务处理。

【解析】

（1）甲公司的账务处理如下：

① 202×年12月31日转让乙公司股票时：

转让乙公司股票应纳增值税=[（16×10-8×10）/（1+6%）]×6%

$\qquad$ =[（160-80）/（1+6%）]×6%=4.53（万元）

借：其他货币资金——存出投资款 $\qquad$ 1 600 000

$\qquad$ 贷：交易性金融资产 $\qquad$ 800 000

$\qquad\qquad$ 投资收益 $\qquad$ 800 000

借：投资收益 $\qquad$ 45 300

$\qquad$ 贷：应交税费——转让金融商品应交增值税 $\qquad$ 45 300

② 次年1月申报期内交纳增值税时：

借：应交税费——转让金融商品应交增值税 $\qquad$ 45 300

$\qquad$ 贷：银行存款 $\qquad$ 45 300

（2）丙公司的账务处理如下：

① 202×年12月31日转让丁公司股票时：

转让丁公司股票可抵减增值税=[（16×10-8×10）/（1+6%）]×6%

$\qquad$ =[（160-80）/（1+6%）]×6%=45 300（元）

借：其他货币资金——存出投资款 $\qquad$ 800 000

$\qquad$ 投资收益 $\qquad$ 800 000

$\qquad$ 贷：交易性金融资产 $\qquad$ 1 600 000

借：应交税费——转让金融商品应交增值税 $\qquad$ 45 300

$\qquad$ 贷：投资收益 $\qquad$ 45 300

② 202×年12月31日转出"应交税费——转让金融商品应交增值税"科目借方余额时：

由于"应交税费——转让金融商品应交增值税"科目借方余额4.53万元到年末还挂在账上，则全额转入投资收益。

借：投资收益 $\qquad$ 45 300

$\qquad$ 贷：应交税费——转让金融商品应交增值税 $\qquad$ 45 300

五、出口退税的会计核算

为核算纳税人出口业务应收取的出口退税款，设置"应收出口退税款"科目。"应收出口退税款"科目可以设置"应收出口退税款——增值税""应收出口退税款——消费税"两个明细科目。"应收出口退税款——增值税"科目的借方反映销售出口货物、劳务、服务或者无形资产按规定向税务机关申报应退回的增值税额，贷方反映实际收到的出口货物、劳务、服务或者无形资产应退回的增值税额，期末借方余额，反映尚未收到的应退增值税额。"应收出口退税款——消费税"科目的借方反映销售出口应税消费品按规定向税务机关申报应退回的消费税额，贷方反映实际收到的出口应税消费品应退回的消费税额，期末借方余额，反映尚未收到的应退消费税额。

（一）未实行"免、抵、退"办法出口退税的会计核算

未实行"免、抵、退"办法（未实行"免、抵、退"办法，则实行的是"免、退"办法，又称"免退税"办法、"先征后退"办法）的一般纳税人出口业务按规定退税的，按规定计算的应收出口退税额，借记"应收出口退税款——增值税"科目，贷记"应交税费——应交增值税（出口退税）"科目；收到出口退税时，借记"银行存款"科目，贷记"应收出口退税款"科目；退税额低于购进时取得的增值税专用发票上的增值税税额的差额，借记"主营业务成本"科目，贷记"应交税费——应交增值税（进项税额转出）"科目。

【例2-79】甲公司是一家外贸公司，具有进出口经营权，为增值税一般纳税人，202×年6月从某日用化妆品公司购进出口用护发用品1 000箱，取得的增值税专用发票上注明价款100万元，增值税税额13万元，货款已用银行存款支付。当月该批产品已全部出口，售价为每箱180美元（当日汇率为1美元=6.8元人民币），申请退税的单证齐全。该护发用品的增值税退税率为9%。甲公司取得的增值税专用发票202×年6月符合抵扣规定。

【要求】

（1）计算甲公司应退的增值税税额；

（2）对甲公司上述业务进行账务处理。

【解析】

（1）出口货物应退增值税税额=1 000 000×9%=90 000（元）

（2）账务处理如下：

① 购进商品时：

借：库存商品		1 000 000
应交税费——应交增值税（进项税额）		130 000
贷：银行存款		1 130 000

② 出口销售时：

借：应收账款		1 224 000
贷：主营业务收入（180×1 000×6.8）		1 224 000
借：主营业务成本		1 000 000
贷：库存商品		1 000 000

③ 申报退税时：

借：应收出口退税款——增值税　　　　　　　　　　　　　　　　　90 000
　　贷：应交税费——应交增值税（出口退税）　　　　　　　　　　　　90 000

④ 收到退税款时：

借：银行存款　　　　　　　　　　　　　　　　　　　　　　　　　　90 000
　　贷：应收出口退税款——增值税　　　　　　　　　　　　　　　　　90 000

⑤ 不予退还的部分作进项税额转出时：

增值税进项税额转出=130 000－90 000=40 000（元）

借：主营业务成本　　　　　　　　　　　　　　　　　　　　　　　　40 000
　　贷：应交税费——应交增值税（进项税额转出）　　　　　　　　　　40 000

【例 2-80】 甲公司是一家外贸公司，具有进出口经营权，为增值税一般纳税人，202×年7 月外购国内乙设计公司服务 95 400 元，取得乙设计公司开具的增值税专用发票上注明价款90 000 元，增值税税额 5 400 元，然后甲公司以 100 000 元的价格出口给日本丙公司。甲公司取得的增值税专用发票 202×年 7 月符合抵扣规定。

【要求】

（1）计算甲公司应退的增值税税额；

（2）对甲公司上述业务进行账务处理。

【解析】

（1）出口服务应退增值税=90 000×6%=5 400（元）

（2）账务处理如下：

① 申报退税时：

借：应收出口退税款——增值税　　　　　　　　　　　　　　　　　　5 400
　　贷：应交税费——应交增值税（出口退税）　　　　　　　　　　　　5 400

② 收到退税款时：

借：银行存款　　　　　　　　　　　　　　　　　　　　　　　　　　5 400
　　贷：应收出口退税款——增值税　　　　　　　　　　　　　　　　　5 400

（二）实行"免、抵、退"办法出口退税的会计核算

以出口货物为例，实行"免、抵、退"办法的一般纳税人出口货物，在货物出口销售后结转产品销售成本时，按规定计算的退税额低于购进时取得的增值税专用发票上的增值税税额的差额，借记"主营业务成本"科目，贷记"应交税费——应交增值税（进项税额转出）"科目；按规定计算的当期出口货物的进项税抵减内销产品的应纳税额，借记"应交税费——应交增值税（出口抵减内销产品应纳税额）"科目，贷记"应交税费——应交增值税（出口退税）"科目。在规定期限内，内销产品的应纳税额不足以抵减出口货物的进项税额，不足部分按有关税法规定给予退税的，应在实际收到退税款时，借记"银行存款"科目，贷记"应交税费——应交增值税（出口退税）"科目。

【例 2-81】 甲公司是一家具有进出口经营权的生产企业，为增值税一般纳税人，对自产货物进行出口销售及国内销售。甲公司 202×年 5 月购进所需原材料，取得的增值税专用发票上注明价款 300 000 元，增值税税额 39 000 元，货款已用银行存款支付。内销产品销售额200 000 元（不含增值税），内销产品成本为 100 000 元；出口货物离岸价折合人民币 2 400 000元，出口产品成本为 800 000 元；上期留抵税款为 6 000 元，增值税税率为 13%，退税率为

12%。甲公司取得的增值税专用发票202×年5月符合抵扣规定。

【要求】 对甲公司上述业务进行账务处理。

【解析】

（1）购进原材料（出口）时：

借：原材料　　　　　　　　　　　　　　　　　　　　　　　　300 000

　　应交税费——应交增值税（进项税额）　　　　　　　　　　39 000

　　　贷：银行存款　　　　　　　　　　　　　　　　　　　　　　339 000

（2）产品外销（出口）时：

借：应收账款　　　　　　　　　　　　　　　　　　　　　　2 400 000

　　　贷：主营业务收入　　　　　　　　　　　　　　　　　　　2 400 000

借：主营业务成本　　　　　　　　　　　　　　　　　　　　　800 000

　　　贷：库存商品　　　　　　　　　　　　　　　　　　　　　　800 000

（3）产品内销时：

借：银行存款　　　　　　　　　　　　　　　　　　　　　　　226 000

　　　贷：主营业务收入　　　　　　　　　　　　　　　　　　　　200 000

　　　　　应交税费——应交增值税（销项税额）　　　　　　　　26 000

借：主营业务成本　　　　　　　　　　　　　　　　　　　　　100 000

　　　贷：库存商品　　　　　　　　　　　　　　　　　　　　　　100 000

（4）计算月末当期免抵退税不得免征和抵扣税额，做进税额转出时：

当期免抵退税不得免征和抵扣税额＝当期出口货物离岸价×人民币外汇牌价×（出口货物征税率－出口货物退税率）－当期免抵退税不得免征和抵扣税额抵减额

$$=2\ 400\ 000×（13\%-12\%）-0=24\ 000（元）$$

借：主营业务成本　　　　　　　　　　　　　　　　　　　　　424 000

　　　贷：应交税费——应交增值税（进项税额转出）　　　　　　24 000

（5）计算应纳税额。

本月应纳税额＝当期内销货物的销项税额－（当期全部进项税额－当期免抵退税不得免征和抵扣税额）－上期留抵税额

$$=26\ 000-（39\ 000-24\ 000）-6\ 000=5\ 000（元）$$

月末转出未交增值税时：

借：应交税费——应交增值税（转出未交增值税）　　　　　　　5 000

　　　贷：应交税费——未交增值税　　　　　　　　　　　　　　5 000

（6）下月申报期内实际交纳时：

借：应交税费——未交增值税　　　　　　　　　　　　　　　　5 000

　　　贷：银行存款　　　　　　　　　　　　　　　　　　　　　　5 000

六、月末转出多交增值税和未交增值税的会计核算

月度终了，一般纳税人企业应当将当月应交未交或多交的增值税从"应交增值税"明细科目转入"未交增值税"明细科目。对于当月应交未交的增值税，借记"应交税费——应交

增值税（转出未交增值税）"科目，贷记"应交税费——未交增值税"科目；对于当月多交的增值税，借记"应交税费——未交增值税"科目，贷记"应交税费——应交增值税（转出多交增值税）"科目。

【例2-82】 甲公司为增值税一般纳税人，202×年5月申报期内交纳4月应交纳的增值税后，"应交税费——应交增值税"科目无余额，202×年5月发生允许抵扣的进项税额合计200 000元，销项税额合计为210 000元，其他增值税明细科目无发生额，当月未交纳当月应交纳的增值税；乙公司202×年5月申报期内交纳4月应交纳的增值税后，"应交税费——应交增值税"科目无余额，202×年5月发生允许抵扣的进项税额合计200 000元，销项税额合计为210 000元，当月交纳当月应交纳的增值税30 000元。

【要求】

（1）对甲公司期末结转增值税业务进行账务处理；

（2）对乙公司当月应交纳的增值税以及期末结转增值税业务进行账务处理。

【解析】

（1）甲公司5月应纳增值税=210 000-200 000=10 000（元）

当月未交纳当月应交纳的增值税：月末应纳增值税=10 000元

月末需转出应交未交增值税。

借：应交税费——应交增值税（转出未交增值税）　　　　　10 000

　　贷：应交税费——未交增值税　　　　　　　　　　　　　　10 000

（2）乙公司5月应纳增值税=210 000-200 000=10 000（元）

当月交纳当月应交纳的增值税=30 000元

当月多交增值税额=30 000-10 000=20 000（元）

月末需转出多交增值税。

乙公司5月交纳5月应交纳的增值税时：

借：应交税费——应交增值税（已交税金）　　　　　　　　30 000

　　贷：银行存款　　　　　　　　　　　　　　　　　　　　　30 000

转出5月多交的增值税时：

借：应交税费——未交增值税　　　　　　　　　　　　　　20 000

　　贷：应交税费——应交增值税（转出多交增值税）　　　　　20 000

七、交纳增值税的会计核算

（一）交纳当月应交纳的增值税的会计核算

一般纳税人企业采用一般计税方法交纳当月应交纳的增值税，借记"应交税费——应交增值税（已交税金）"科目，一般纳税人企业采用简易计税方法交纳当月应交纳的增值税，借记"应交税费——简易计税"科目（小规模纳税人应借记"应交税费——应交增值税"科目），贷记"银行存款"科目。

【例2-83】 甲公司为增值税一般纳税人，采用一般计税方法计税，税务机关将其纳税期限核定为15日。202×年9月1日销售一批货物，开具增值税专用发票，发票上注明价款50 000元，增值税税额6 500元，假设当期没有进项税额可以抵扣。202×年9月18日预交税款6 500元。

【要求】对甲公司上述业务进行账务处理。

【解析】

（1）202×年9月1日销售一批货物时：

借：应收账款　　　　　　　　　　　　　　　　　56 500

　　贷：主营业务收入　　　　　　　　　　　　　50 000

　　　　应交税费——应交增值税（销项税额）　　6 500

（2）202×年9月18日预交税款时：

借：应交税费——应交增值税（已交税金）　　　　6 500

　　贷：银行存款　　　　　　　　　　　　　　　6 500

（二）交纳以前期间未交增值税的会计核算

一般纳税人企业适用一般计税方法的，交纳以前期间未交的增值税，借记"应交税费——未交增值税"科目，贷记"银行存款"科目；一般纳税人企业适用简易计税方法的，交纳以前期间未交的增值税，借记"应交税费——简易计税"科目，贷记"银行存款"科目；小规模纳税人企业交纳以前期间未交的增值税，借记"应交税费——应交增值税"科目，贷记"银行存款"科目。

【例2-84】甲公司为增值税一般纳税人，采用一般计税方法计税，202×年5月外购货物，发生允许抵扣的进项税额合计200 000元，本月初无留抵进项税额，本月对外销售货物，取得销项税额合计为310 000元。202×年6月12日，甲公司依法申报交纳5月应交未交的增值税。

【要求】对甲公司上述业务进行账务处理。

【解析】本月应交纳增值税=310 000-200 000=110 000（元）

202×年5月31日，甲公司转出本月应交而未交增值税时：

借：应交税费——应交增值税（转出未交增值税）　　110 000

　　贷：应交税费——未交增值税　　　　　　　　　　110 000

202×年6月12日，甲公司申报交纳上月应交未交的增值税时：

借：应交税费——未交增值税　　　　　　　　　　　110 000

　　贷：银行存款　　　　　　　　　　　　　　　　110 000

（三）预交增值税的会计核算

一般纳税人企业适用一般计税方法的，预交增值税时，借记"应交税费——预交增值税"科目，贷记"银行存款"科目。月末，企业应将"预交增值税"明细科目余额转入"未交增值税"明细科目，借记"应交税费——未交增值税"科目，贷记"应交税费——预交增值税"科目。房地产开发企业等在预交增值税后，应直至纳税义务发生时方可从"应交税费——预交增值税"科目结转至"应交税费——未交增值税"科目。一般纳税人企业适用简易计税方法的，通过"应交税费——简易计税"科目核算预交的增值税。小规模纳税人企业通过"应交税费——应交增值税"科目核算预交的增值税。

【例2-85】甲房地产开发公司注册地位于北京市朝阳区，为增值税一般纳税人，目前共有A、B两个开发项目，均适用一般计税方法。A项目位于北京市朝阳区，尚处于在建阶段，已取得预售许可证，202×年10月预售款收入3 270万元（含增值税）。B项目位于北京市昌平区，为现房，建筑面积10万平方米，202×年10月共销售210套，建筑面积2万平方米，取得预售收入 8 720 万元（含增值税）。A、B 项目均未成立独立的项目公司，立项等手续均由甲公司办理。假设不考虑附加税费。

【要求】对甲公司上述业务进行账务处理。

【解析】202×年 11 月申报期内 A 项目应向朝阳区主管税务机关预交增值税=［3 270/（1+9%）］×3%=90（万元）

本年 11 月申报期内 B 项目应向昌平区主管税务机关预交增值税=［8 720/（1+9%）］×3%=240（万元）

预交增值税时：

借：应交税费——预交增值税（900 000+2 400 000）   3 300 000
　　贷：银行存款   3 300 000

八、减免增值税的会计核算

（一）直接减免增值税的会计核算

一般纳税人适用一般计税方法的，对于当期直接减免的增值税，借记"应交税费——应交增值税（减免税款）"科目，贷记损益类（"其他收益"或"营业外收入"）相关科目。一般纳税人适用简易计税方法的，通过"应交税费——简易计税"科目核算减免的增值税。小规模纳税人通过"应交税费——应交增值税"科目核算减免的增值税。

【例 2-86】甲公司是一家生产销售避孕药品的企业，为增值税一般纳税人，202×年 6 月共取得收入 113 万元，避孕药品若不免税则适用税率为 13%。根据规定，避孕药品免征增值税。

【要求】对甲公司上述业务进行账务处理。

【解析】

借：银行存款   1 130 000
　　贷：主营业务收入   1 000 000
　　　　应交税费——应交增值税（销项税额）   130 000
借：应交税费——应交增值税（减免税款）   130 000
　　贷：其他收益   130 000

（二）先征后返、先征后退和即征即退增值税的会计核算

1. 先征后返增值税的会计核算

企业销售货物时应正常计税，即借记"银行存款""应收账款"等科目，贷记"主营业务收入""应交税费——应交增值税（销项税额）"或"应交税费——简易计税"等科目（小规模纳税人贷记"应交税费——应交增值税"科目）；并按规定的纳税期限正常交税，即若本月交纳本月应交纳的增值税，则借记"应交税费——应交增值税（已交税金）"或"应交税费——简易计税"科目（小规模纳税人借记"应交税费——应交增值税"科目），贷记"银行存款"科目；若本月交纳以前期间应交未交的增值税，则借记"应交税费——未交增值税"或"应交税费——简易计税"科目（小规模纳税人借记"应交税费——应交增值税"科目），贷记"银行存款"科目；在确认先征后返增值税时，借记"其他应收款"科目，贷记"其他收益"科目；日后收到退税款时，借记"银行存款"科目，贷记"其他应收款"科目。

2. 先征后退增值税的会计核算

同"先征后返增值税的会计核算"。

3. 即征即退增值税的会计核算

企业销售货物时应正常计税，即借记"银行存款""应收账款"等科目，贷记"主营业务收入""应交税费——应交增值税（销项税额）"或"应交税费——简易计税"等科目（小规模纳税人贷记"应交税费——应交增值税"科目）；并按规定的纳税期限正常交税，即若本月交纳本月应交纳的增值税，则借记"应交税费——应交增值税（已交税金）"或"应交税费——简易计税"科目（小规模纳税人借记"应交税费——应交增值税"科目），贷记"银行存款"科目；若本月交纳以前期间应交未交的增值税，则借记"应交税费——未交增值税"或"应交税费——简易计税"科目（小规模纳税人借记"应交税费——应交增值税"科目）。贷记"银行存款"科目；在收到退税款时，借记"银行存款"科目，贷记"其他收益"科目①。

【例2-87】甲公司是一家软件开发企业，为增值税一般纳税人，202×年6月销售自行开发的软件产品，取得销售额60 000元（不含增值税），开具增值税专用发票。本月开发软件产品的可抵扣增值税进项税额为1 000元，本月无其他增值税事项。

【要求】对甲公司上述业务进行账务处理。

【解析】增值税一般纳税人销售自行开发的软件产品，按13%税率征收增值税后，对其增值税实际税负超过3%的部分实行即征即退。

应纳增值税=60 000×13%-1 000=6 800（元）

实际增值税税负=6 800/60 000×100%=11.33%>3%

应退增值税=6 800-60 000×3%=5 000（元）

（1）销售软件时：

借：银行存款 67 800

  贷：主营业务收入 60 000

    应交税费——应交增值税（销项税额） 7 800

（2）月末转出未交增值税时：

借：应交税费——应交增值税（转出未交增值税） 6 800

  贷：应交税费——未交增值税 6 800

（3）下月初交纳增值税时：

借：应交税费——未交增值税 6 800

  贷：银行存款 6 800

（4）收到即征即退应退税款时：

借：银行存款 5 000

  贷：其他收益 5 000

（三）生产、生活性服务业纳税人抵减应纳税额的会计核算

自2019年4月1日至2021年12月31日，允许生产、生活性服务业纳税人按照当期可抵扣进项税额加计10%，抵减应纳税额。2019年10月1日至2021年12月31日，允许生活性服务业纳税人按照当期可抵扣进项税额加计15%，抵减应纳税额。生产、生活性服务业纳

---

① 最后一步会计处理也可分为两步：在确认即征即退增值税时，借记"其他应收款"科目，贷记"其他收益"科目；日后收到退税款时，借记"银行存款"科目，贷记"其他应收款"科目。

税人取得资产或接受劳务时，应当按照《增值税会计处理规定》的相关规定对增值税相关业务进行会计处理；实际交纳增值税时，按应纳税额，借记"应交税费——未交增值税"等科目，按实际纳税金额，贷记"银行存款"科目，按加计抵减的金额，贷记"其他收益"科目。

【例 2-88】 甲公司是一家生活性服务企业，为增值税一般纳税人，202×年 10 月销项税额为 150 000 元，进项税额为 100 000 元。

【要求】 对甲公司上述业务进行账务处理。

【解析】 加计抵减税额=100 000×15%=15 000（元）

10 月 30 日，甲公司转出本月应交而未交增值税时：

借：应交税费——应交增值税（转出未交增值税）（150 000－100 000） 50 000
　　贷：应交税费——未交增值税 50 000

11 月申报期内，甲公司申报交纳上月应交而未交的增值税时：

借：应交税费——未交增值税 50 000
　　贷：银行存款（50 000－15 000） 35 000
　　　　其他收益 15 000

九、增值税期末留抵税额的会计核算

纳入营改增试点当月月初，原增值税一般纳税人应按不得从销售服务、无形资产或不动产的销项税额中抵扣的增值税留抵税额，借记"应交税费——增值税留抵税额"科目，贷记"应交税费——应交增值税（进项税额转出）"科目。待以后期间允许抵扣时，按允许抵扣的金额，借记"应交税费——应交增值税（进项税额）"科目，贷记"应交税费——增值税留抵税额"科目。

【例 2-89】 甲公司为增值税一般纳税人，于 2016 年 5 月营改增，2016 年 4 月期末留抵税额 200 万元，假设 2016 年 5 月至 10 月没有发生业务，2016 年 11 月销售货物及劳务产生销项税额 600 万元，销售营改增试点服务、无形资产或不动产产生销项税额 400 万元，当月新增可抵扣的进项税额总计 900 万元。

【要求】 对甲公司上述业务进行账务处理。

【解析】 原增值税一般纳税人兼有销售服务、无形资产或不动产的，截止纳入营改增试点之日前的增值税期末留抵税额，不得从销售服务、无形资产或不动产的销项税额中抵扣。也就是说，这部分留抵税额只能从以后的原增值税业务的销项税额中继续抵扣，具体来说，即按照一般货物及劳务销项税额比例来计算可抵扣税额及应纳税额。

2016 年 4 月 30 日结转不得从销售服务、无形资产或不动产的销项税额中抵扣的增值税留抵税额时：

借：应交税费——增值税留抵税额 2 000 000
　　贷：应交税费——应交增值税（进项税额转出） 2 000 000

2016 年 11 月不考虑留抵税额时的应纳税额=（6 000 000+4 000 000）－9 000 000
=1 000 000（元）

按照 2016 年 11 月销项税额的比例，将 2016 年 11 月不考虑前期留抵的增值税应纳税额（1 000 000 元）

划分为两部分：

属于不考虑留抵税额时销售货物及劳务的应纳税额=1 000 000×6 000 000/（6 000 000+4 000 000）=600 000（元）

属于不考虑留抵税额时销售服务、无形资产或不动产的应纳税额=1 000 000×4 000 000/（6 000 000+4 000 000）=400 000（元）

甲公司需要从上月增值税留抵税额2 000 000元中拿出600 000元从当期销售货物及劳务的应纳税额（600 000元）中抵扣，其余的1 400 000元（2 000 000-600 000）继续挂账留抵。

按2016年12月1日前的纳税申报规则，计算甲公司11月销售货物及劳务的应纳税额为0（600 000-600 000），销售服务、无形资产或不动产的应纳税额为400 000元，"期末留抵税额"本年累计余额为1 400 000元。

根据《国家税务总局关于调整增值税一般纳税人留抵税额申报口径的公告》（国家税务总局公告2016年第75号）的规定，2016年12月1日，"期末留抵税额"1 400 000元可一次性转入进项税额。

借：应交税费——应交增值税（进项税额）　　　　　　　　　　　　　1 400 000
　　贷：应交税费——增值税留抵税额　　　　　　　　　　　　　　　　　1 400 000

十、增值税税控系统专用设备和技术维护费用抵减增值税额的会计核算

按现行增值税制度规定，企业初次购买增值税税控系统专用设备支付的费用以及交纳的技术维护费允许在增值税应纳税额中全额抵减的，按规定抵减的增值税应纳税额，借记"应交税费——应交增值税（减免税款）"或"应交税费——简易计税"科目（小规模纳税人借记"应交税费——应交增值税"科目），贷记"管理费用"等科目。

【例2-90】甲公司为一家新设公司，为增值税一般纳税人，采用一般计税方法计税，202×年5月用银行存款支付初次购买增值税税控系统专用设备的费用以及技术维护费，取得的增值税专用发票上注明价税合计1 050元。

【要求】对甲公司上述业务进行账务处理。

【解析】

（1）支付初次购买增值税税控系统专用设备支付的费用以及交纳的技术维护费时：

借：管理费用　　　　　　　　　　　　　　　　　　　　　　　　　　　1 050
　　贷：银行存款　　　　　　　　　　　　　　　　　　　　　　　　　　　1 050

（2）取得的增值税专用发票价税合计1 050元抵减增值税应纳税额时：

借：应交税费——应交增值税（减免税款）　　　　　　　　　　　　　　1 050
　　贷：管理费用　　　　　　　　　　　　　　　　　　　　　　　　　　　1 050

【例2-91】甲公司为一家新设公司，为增值税小规模纳税人，202×年5月用银行存款支付初次购买增值税税控系统专用设备的费用以及技术维护费，取得的增值税专用发票上注明价税合计1 050元。

【要求】对甲公司上述业务进行账务处理。

【解析】

（1）支付初次购买增值税税控系统专用设备的费用以及技术维护费时：

借：管理费用   1 050

  贷：银行存款   1 050

（2）取得增值税专用发票价税合计 1 050 元抵减增值税应纳税额时：

借：应交税费——应交增值税   1 050

  贷：管理费用   1 050

十一、小微企业免征增值税的会计核算

小微企业在取得销售收入时，应当按照税法的规定计算应交纳的增值税，并确认为应交税费，在达到增值税制度规定的免征增值税条件时，将有关应交纳的增值税转入当期损益（"其他收益"科目）。

【例 2-92】甲公司为增值税小规模纳税人，选择以 1 个月为纳税期限，202×年 5 月销售产品，共取得含增值税收入 90 900 元。甲公司减按 1% 征收率征收增值税。

【要求】对甲公司上述业务进行账务处理。

【解析】自 2021 年 4 月 1 日至 2022 年 12 月 31 日，对月销售额 15 万元以下（含本数）的增值税小规模纳税人，免征增值税。具体来说，小规模纳税人发生增值税应税销售行为，合计月销售额未超过 15 万元（以 1 个季度为 1 个纳税期的，季度销售额未超过 45 万元，下同）的，免征增值税。小规模纳税人发生增值税应税销售行为，合计月销售超过 15 万元，但扣除本期发生的销售不动产的销售额后未超过 15 万元的，其销售货物、劳务、服务、无形资产取得的销售额免征增值税。适用增值税差额征税政策的小规模纳税人，以差额后的销售额确定是否可以享受上述规定的免征增值税政策。按固定期限纳税的小规模纳税人可以选择以 1 个月或 1 个季度为纳税期限，一经选择，一个会计年度内不得变更。

借：银行存款   90 900

  贷：主营业务收入〔90 900/（1+1%）〕   90 000

    应交税费——应交增值税〔〔90 900/（1+1%）〕×1%〕 900

借：应交税费——应交增值税   900

  贷：其他收益   900

十二、增值税账务调整的会计核算

按照 1998 年 3 月 26 日发布的《国家税务总局关于印发〈增值税日常稽查办法〉的通知》（国税发〔1998〕44 号）的规定，增值税一般纳税人在税务机关对其增值税纳税情况进行检查后，凡涉及应交增值税账务调整的，应设立"应交税费——增值税检查调整"专门科目。凡检查后应调减账面进项税额或调增销项税额和进项税额转出的数额，借记有关科目，贷记本科目；凡检查后应调增账面进项税额或调减销项税额和进项税额转出的数额，借记本科目，贷记有关科目；全部调账事项入账后，应结出本账户的余额，并对该余额进行处理：

① 若本账户余额在借方，全部视同留抵进项税额，按借方余额数，借记"应交税费——应交增值税（进项税额）"科目，贷记本科目。

② 若本账户余额在贷方，且"应交税费——应交增值税"账户无余额，按贷方余额数，借记本科目，贷记"应交税费——未交增值税"科目。

③ 若本账户余额在贷方，"应交税费——应交增值税"账户有借方余额且等于或大于这个贷方余额，按贷方余额数，借记本科目，贷记"应交税费——应交增值税"科目。

④ 若本账户余额在贷方，"应交税费——应交增值税"账户有借方余额但小于这个贷方余额，应将这两个账户的余额冲出，其差额贷记"应交税费——未交增值税"科目。

上述账务调整应按纳税逐期进行。

【例 2-93】 甲公司为一家工业企业，为增值税一般纳税人。202×年 1 月，市税务局稽查局对甲公司上年度交纳增值税的情况进行检查时发现：上年 12 月，甲公司存货因管理不善发生非正常损失，全部记入"管理费用"科目，但相应的增值税进项税额 1 200 元并未转出；将自产产品作为福利发放给企业管理人员，未按视同销售进行税务处理，少计算增值税销项税额 480 元。甲公司上年 12 月底"应交税费——未交增值税"科目为借方余额 800 元。据此，稽查局作出补交增值税 880 元（1 200+480-800）、加收滞纳金和罚款 2 100 元的决定。甲公司当即交纳了上述税款、滞纳金和罚款。

【要求】 对甲公司上述业务进行账务处理。

【解析】

（1）市税务局稽查局对甲公司上年度交纳增值税的情况进行检查前，转出多交增值税时：

借：应交税费——未交增值税	800
贷：应交税费——应交增值税（转出多交增值税）	800

（2）检查后，发出非正常损失的存货对应的增值税进项税额转出时：

借：以前年度损益调整	1 200
贷：应交税费——增值税检查调整	1 200

（3）检查后，补提视同销售的增值税销项税额时：

借：以前年度损益调整	480
贷：应付职工薪酬	480
借：应付职工薪酬	480
贷：应交税费——增值税检查调整	480

（4）检查后，交纳查补的增值税、滞纳金和罚款时：

此时，"应交税费——增值税检查调整"明细科目的贷方余额为 1 680 元，上年 12 月末"应交税费——未交增值税"科目的期末借方余额为 800 元，将"应交税费——增值税检查调整"科目余额冲销"应交税费——未交增值税"科目借方余额：

借：应交税费——增值税检查调整（1 200+480）	1 680
贷：应交税费——未交增值税	1 680
借：应交税费——未交增值税（1 680-800）	880
营业外支出——税收罚款和滞纳金	2 100
贷：银行存款	2 980

十三、"应交税费"科目下的各明细科目在财务报表相关项目中的列示

"应交税费"科目下的"应交增值税""未交增值税""待抵扣进项税额""待认证进项税额""增值税留抵税额"等明细科目期末借方余额应根据情况，在资产负债表中的"其他流动资产"或"其他非流动资产"项目列示；"应交税费——待转销项税额"等科目期末贷方余额

应根据情况，在资产负债表中的"其他流动负债"或"其他非流动负债"项目列示；"应交税费"科目下的"未交增值税""简易计税""转让金融商品应交增值税""代扣代缴增值税"等科目期末贷方余额应在资产负债表中的"应交税费"项目列示。

任务三 增值税的纳税申报

一、一般纳税人增值税的纳税申报

（一）申报及交纳程序

一般纳税人办理纳税申报，需要经过抄报税、发票认证、纳税申报、税款交纳、清卡解锁等工作。

1. 抄报税

抄税是指开票纳税人在次月的纳税申报期内将防伪税控系统中本月开具的增值税发票的信息读入纳税人开发票使用的金税盘中；报税是指纳税人将金税盘中的开票信息报送给税务机关。纳税人在征期内登入开票软件，通过"报税处理"功能中的"网上抄报"系统自动实现抄报税功能，将纳税人的开票信息联网上报给税务机关。实务中，税务会计人员在次月的纳税申报期内将税控盘插入电脑的 USB 孔打开后，便自动进行抄报税。

2. 发票认证

增值税一般纳税人本期申报抵扣的增值税专用发票必须先进行认证，纳税人可以持增值税专用发票的抵扣联在办税服务厅认证窗口认证，或进行远程认证（指的是网上增值税专用发票认证，包括扫描认证、勾选确认认证两种）。未经认证的，不得申报抵扣。自 2019 年 3 月 1 日起，将取消增值税发票认证（指的是扫描认证）的纳税人范围扩大至全部一般纳税人。一般纳税人取得增值税发票（包括增值税专用发票、机动车销售统一发票、收费公路通行费增值税电子普通发票，下同）后，可以自愿使用增值税发票综合服务平台查询、选择用于申报抵扣、出口退税或者代办退税的增值税发票信息（一般称发票勾选确认认证）。纳税人取得增值税发票，通过增值税发票综合服务平台未查询到对应发票信息的，仍可进行扫描认证。扫描专用发票认证是在本月末进行，而通过增值税发票综合服务平台进行发票勾选确认认证一般是在次月纳税申报期之内进行。

3. 纳税申报

纳税申报主要是指提交纳税申报表等资料，而广义的纳税申报包括抄报税。纳税申报工作可分为上门申报和网上申报。纳税人在次月 1 日起 15 日内，不论有无销售额，均应按主管税务机关核定的纳税期限按期向当地税务机关申报。

上门申报是指纳税人到办税服务大厅纳税申报窗口请购，或到税务局网站下载、打印整套"增值税纳税申报表（一般纳税人适用）"，依填报说明，填写一式两份纸质报表或在税务局网站上直接填写申报表。纳税人携带填写好的"增值税纳税申报表（一般纳税人适用）"和相关资料到办税服务厅纳税窗口进行纳税申报。

网上申报是指纳税人通过网络，填写增值税纳税申报相关表格，并向主管税务机关提交纳税申报表等资料的一种纳税申报方法。目前，我国绝大多数地区已经实行网上申报。

4．税款交纳

对于实行税库银联网的纳税人，税务机关将纳税申报表单据送到纳税人的开户银行，由银行进行自动转账处理；而对于未实行税库银联网的纳税人应当到税务机关指定的银行进行现金交纳或通过微信、支付宝扫描申报网页中的收款二维码进行直接交纳。

5．清卡解锁

网上申报成功后，纳税人需要再次登入开票软件，执行"清卡解锁"操作，本步操作是将开票信息进行整理，纳税人可以转入下期进行开票处理。如果企业在征期内没有按期进行纳税申报或执行"清卡解锁"操作，金税盘将自动锁死，纳税人将无法进行下期的购买发票和开票处理。

（二）纳税申报时需提交的资料

增值税一般纳税人（以下简称纳税人）纳税申报，必须实行电子信息采集。使用防伪税控系统开具增值税专用发票的纳税人必须在抄报税成功后，方可向所在地税务局办税服务厅进行纳税申报。如表2-4增值税及附加税费申报表（一般纳税人适用）

表2-4　增值税及附加税费申报表

（一般纳税人适用）

根据国家税收法律法规及增值税相关规定制定本表。纳税人不论有无销售额，均应按税务机关核定的纳税期限填写本表，并向当地税务机关申报。

税款所属时间：自　　年　　月　　日至　　年　　月　　日　　　　填表日期：　年　月　日

金额单位：元（列至角分）

纳税人识别号（统一社会信用代码）：□□□□□□□□□□□□□□□□□□　所属行业：

纳税人名称：		法定代表人姓名		注册地址		生产经营地址	
开户银行及账号		登记注册类型				电话号码	

项　　目		栏次	一般项目		即征即退项目	
			本月数	本年累计	本月数	本年累计
销售额	（一）按适用税率计税销售额	1				
	其中：应税货物销售额	2				
	应税劳务销售额	3				
	纳税检查调整的销售额	4				
	（二）按简易办法计税销售额	5				
	其中：纳税检查调整的销售额	6				
	（三）免、抵、退办法出口销售额	7			—	—
	（四）免税销售额	8			—	—
	其中：免税货物销售额	9			—	—
	免税劳务销售额	10			—	—
税款计算	销项税额	11				
	进项税额	12				
	上期留抵税额	13				
	进项税额转出	14				
	免、抵、退应退税额	15				

续表

项 目		栏次	一般项目		即征即退项目	
			本月数	本年累计	本月数	本年累计
税款计算	按适用税率计算的纳税检查应补交税额	16			—	—
	应抵扣税额合计	17＝12＋13－14－15＋16			—	—
	实际抵扣税额	18（如17<11，则为17，否则为11）				
	应纳税额	19＝11－18				
	期末留抵税额	20＝17－18				—
	简易计税办法计算的应纳税额	21				
	按简易计税办法计算的纳税检查应补交税额	22				
	应纳税额减征额	23				
	应纳税额合计	24＝19＋21－23				
税款交纳	期初未交税额（多交为负数）	25				
	实收出口开具专用交款书退税额	26			—	—
	本期已交税额	27＝28＋29＋30＋31				
	① 分次预交税额	28			—	—
	② 出口开具专用交款书预交税额	29			—	—
	③ 本期交纳上期应纳税额	30				
	④ 本期交纳欠交税额	31				
	期末未交税额（多交为负数）	32＝24＋25＋26－27				
	其中：欠交税额（≥0）	33＝25＋26－27			—	—
	本期应补（退）税额	34＝24－28－29				
	即征即退实际退税额	35	—		—	
	期初未交查补税额	36			—	—
	本期入库查补税额	37			—	—
	期末未交查补税额	38＝16＋22＋36－37			—	—
附加税费	城市维护建设税本期应补（退）税额	39			—	—
	教育费附加本期应补（退）费额	40			—	—
	地方教育附加本期应补（退）费额	41			—	—

声明：此表是根据国家税收法律法规及相关规定填写的，本人（单位）对填报内容（及附带资料）的真实性、可靠性、完整性负责。

纳税人（签章）：　　　年　　月　　日

经办人：

经办人身份证号：

代理机构签章：

代理机构统一社会信用代码：

受理人：

受理税务机关（章）：

受理日期：　　　年　　月　　日

二、小规模纳税人增值税的纳税申报

小规模纳税人对增值税进行纳税申报时，应填报"增值税及附加税费预交表附列资料（附加税费情况表）"（略），以及"增值税及附加税费预交表"（略）；"增值税及附加税费申报表（服务、不动产和无形资产扣除项目明细）（小规模纳税人适用）附列资料（一）"（略）。

练 习 题

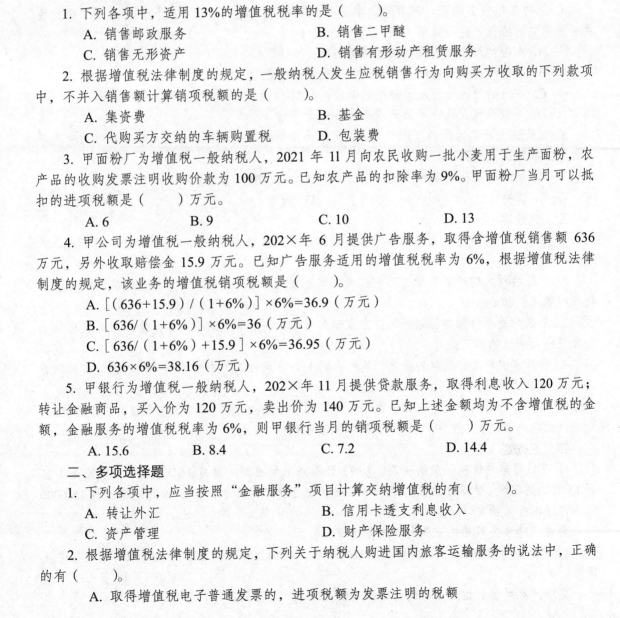

一、单项选择题

1. 下列各项中，适用 13%的增值税税率的是（　　）。

    A. 销售邮政服务 　　　　　　　　B. 销售二甲醚

    C. 销售无形资产 　　　　　　　　D. 销售有形动产租赁服务

2. 根据增值税法律制度的规定，一般纳税人发生应税销售行为向购买方收取的下列款项中，不并入销售额计算销项税额的是（　　）。

    A. 集资费 　　　　　　　　　　　B. 基金

    C. 代购买方交纳的车辆购置税 　　D. 包装费

3. 甲面粉厂为增值税一般纳税人，2021 年 11 月向农民收购一批小麦用于生产面粉，农产品的收购发票注明收购价款为 100 万元。已知农产品的扣除率为 9%。甲面粉厂当月可以抵扣的进项税额是（　　）万元。

    A. 6 　　　　　B. 9 　　　　　C. 10 　　　　　D. 13

4. 甲公司为增值税一般纳税人，202×年 6 月提供广告服务，取得含增值税销售额 636 万元，另外收取赔偿金 15.9 万元。已知广告服务适用的增值税税率为 6%，根据增值税法律制度的规定，该业务的增值税销项税额是（　　）。

    A. [（636+15.9）/（1+6%）]×6%=36.9（万元）

    B. [636/（1+6%）]×6%=36（万元）

    C. [636/（1+6%）+15.9]×6%=36.95（万元）

    D. 636×6%=38.16（万元）

5. 甲银行为增值税一般纳税人，202×年 11 月提供贷款服务，取得利息收入 120 万元；转让金融商品，买入价为 120 万元，卖出价为 140 万元。已知上述金额均为不含增值税的金额，金融服务的增值税税率为 6%，则甲银行当月的销项税额是（　　）万元。

    A. 15.6 　　　　　B. 8.4 　　　　　C. 7.2 　　　　　D. 14.4

二、多项选择题

1. 下列各项中，应当按照"金融服务"项目计算交纳增值税的有（　　）。

    A. 转让外汇 　　　　　　　　　　B. 信用卡透支利息收入

    C. 资产管理 　　　　　　　　　　D. 财产保险服务

2. 根据增值税法律制度的规定，下列关于纳税人购进国内旅客运输服务的说法中，正确的有（　　）。

    A. 取得增值税电子普通发票的，进项税额为发票注明的税额

B. 取得注明旅客身份信息的航空运输电子客票行程单的，进项税额=［票价/（1+9%）］×9%

C. 取得注明旅客身份信息的铁路车票的，进项税额=［票面金额/（1+9%）］×9%

D. 取得注明旅客身份信息的水路客票的，进项税额=［票面金额/（1+3%）］×3%

3. 下列关于增值税纳税义务发生时间的说法中，不正确的有（　　　）。

A. 纳税人发生视同销售货物行为的，其增值税纳税义务发生时间为货物移送的当天

B. 采取预收货款方式销售货物的，其增值税纳税义务发生时间为收到预收款的当天

C. 采取托收承付和委托银行收款方式销售货物的，其增值税纳税义务发生时间为收到银行款项的当天

D. 采取直接收款方式销售货物的，不论货物是否发出，其增值税纳税义务发生时间均为收到销售款或者取得索取销售款凭据的当天

4. 下列各项业务的会计核算中，其进项税额准予从销项税额中抵扣，且通过"应交税费——应交增值税（进项税额）"科目核算的有（　　　）。

A. 一般纳税人购进货物用于交际应酬

B. 一般纳税人购进服务用于简易计税方法计税项目

C. 一般纳税人购进无形资产用于股东分配

D. 一般纳税人购进不动产用于对外无偿捐赠

5. 以购进农产品为原料生产销售（　　　）的增值税一般纳税人，纳入农产品增值税进项税额核定扣除试点范围。

A. 液体乳及乳制品　　　　　　　　B. 酒及酒精

C. 植物油　　　　　　　　　　　　D. 酱油

三、判断题

1. 增值税小规模纳税人的标准为年应征增值税销售额 500 万元以下（不含 500 万元）。
（　　　）

2. 一般纳税人购进货物管理不善造成霉烂变质的，该购进货物的增值税进项税额可以从销项税额中抵扣。
（　　　）

3. 采取托收承付和委托银行收款方式销售货物的，增值税纳税义务发生时间为发出货物并办妥托收手续的当天。
（　　　）

4. 根据增值税法律制度的规定，纳税人以 1 个月或者 1 个季度为一个纳税期的，自期满之日起 10 日内申报纳税。
（　　　）

5. 增值税一般纳税人"应交税费"科目下的"应交增值税"明细账内设置的"已交税金"专栏，记录一般纳税人当月已交纳的应交增值税额。
（　　　）

四、业务题

1. 甲公司为增值税一般纳税人，以 15 日为一个纳税期。每月 16 日至 20 日需预交 1 日至 15 日的增值税。甲公司 202×年 3 月 18 日预交 202×年 3 月 1 日至 15 日的增值税 150 000 元，通过银行存款支付。

要求：对甲公司相关业务进行账务处理。

2. 甲公司为增值税一般纳税人，202×年 5 月交纳技术维护费 500 元，取得增值税专用发票。

要求：对甲公司相关业务进行账务处理。

3. 甲公司是一家房地产开发企业，为增值税一般纳税人，采用一般计税方法计算交纳增税。202×年1月10日开工建设一个住宅项目，202×年10月15日全部竣工决算。甲公司开发成本明细账中土地价款为10 900万元（能提供财政部门监制的财政票据），土地面积为15 000平方米，可供销售的建筑面积为40 000平方米。202×年11月甲公司的销售收入为30 000万元，销售建筑面积为18 000平方米。

要求：对甲公司相关业务进行账务处理。

4. 甲公司为增值税一般纳税人，202×年3月"应交税费——应交增值税"科目贷方的销项税额为200 000元，借方的进项税额为120 000元，期初无留抵税额。

要求：对甲公司相关业务进行账务处理。

5. 甲公司为增值税一般纳税人，202×年3月"应交增值税"明细账户贷方销项税额为120 000元，借方进项税额为100 000元，借方已交税金为30 000元。

要求：对甲公司相关业务进行账务处理。

项目三
消费税会计实务

▶ **职业能力目标**

（1）能根据相关业务资料计算消费税。

（2）能设置消费税的会计科目，能根据相关业务资料对消费税进行会计核算。

（3）能根据相关业务资料填写消费税及附加税费申报表以及相关申报表，并能进行消费税的纳税申报。

任务一　消费税的认知

一、消费税的概念

消费税是对在我国境内从事生产、委托加工、进口、批发或者零售应税消费品的单位和个人征收的一种流转税，是对特定的消费品和消费行为在特定的环节征收的一种流转税。

二、消费税的纳税环节

（一）生产应税消费品

生产应税消费品在生产销售环节征税。纳税人将生产的应税消费品换取生产资料、消费资料、投资入股、偿还债务，以及用于连续生产应税消费品以外的其他方面都应交纳消费税。

★ 生产销售环节是消费税征收的主要环节。

（二）委托加工应税消费品

委托加工应税消费品是指委托方提供原料和主要材料，受托方只收取加工费和代垫部分辅助材料加工的应税消费品。由受托方提供原材料或其他情形的一律不能视同委托加工应税消费品。

委托加工的应税消费品，除受托方为个人外，由受托方向委托方交货时代收代缴税款；委托个人加工的应税消费品，由委托方收回后交纳消费税。

（三）进口应税消费品

单位和个人进口应税消费品，于报关进口时由海关代征消费税。

（四）批发应税消费品

卷烟消费税在生产和批发两个环节征收。自2009年5月1日起，在卷烟批发环节加征一道从价税，在我国境内从事卷烟批发业务的单位和个人，批发销售的所有牌号规格的卷烟，按其销售额（不含增值税）征收5%的消费税。纳税人应将卷烟销售额与其他商品销售额分开核算，未分开核算的，一并征收消费税。纳税人销售给纳税人以外的单位和个人的卷烟于销售时纳税。纳税人之间销售的卷烟不交纳消费税。卷烟批发企业的机构所在地，总机构与分支机构不在同一地区的，由总机构申报纳税。自2015年5月10日起，将卷烟批发环节从价税税率由5%提高至11%，并按0.005元/支加征从量税。纳税人兼营卷烟批发和零售业务的，应当分别核算批发和零售环节的销售额、销售数量；未分别核算批发和零售环节销售额、销售数量的，按照全部销售额、销售数量计征批发环节消费税。

消费税属于价内税，一般情况下只征收一次，只有"卷烟"和"超豪华小汽车"例外。其中，卷烟在生产环节、批发环节征收两次消费税，但这两个环节一般不是同一个纳税人，卷烟生产企业是生产环节的纳税人，批发企业是批发环节的纳税人。其中，生产环节实行从价定率和从量定额相结合的复合计征方法，自2015年5月10日起批发环节也复合计征。

（五）零售应税消费品

经国务院批准，自1995年1月1日起，金银首饰消费税由生产销售环节征收改为零售环节征收。改在零售环节征收消费税的金银首饰仅限于金基、银基合金首饰以及金、银和金基、银基合金的镶嵌首饰，在零售环节适用的税率为5%，在纳税人销售金银首饰、钻石及钻石饰品时征收。其计税依据是不含增值税的销售额。

对既销售金银首饰又销售非金银首饰的生产、经营单位，应将两类商品划分清楚，分别核算销售额。凡划分不清楚或不能分别核算的：在生产环节销售的，一律从高适用税率征收消费税；在零售环节销售的，一律按金银首饰征收消费税。金银首饰与其他产品组成成套消费品销售的，应按销售额全额征收消费税。

金银首饰连同包装物一起销售的，无论包装物是否单独计价，也无论会计上如何核算，均应并入金银首饰的销售额，计征消费税。

带料加工的金银首饰，应按受托方销售的同类金银首饰的销售价格确定计税依据征收消费税。没有同类金银首饰销售价格的，按照组成计税价格计算纳税。

纳税人采用以旧换新（含翻新改制）方式销售的金银首饰，应按实际收取的不含增值税的全部价款确定计税依据征收消费税。

另外，自2016年12月1日起，"小汽车"税目下增设"超豪华小汽车"子税目。征收范围为每辆零售价格130万元（不含增值税）及以上的乘用车和中轻型商用客车，即乘用车和中轻型商用客车子税目中的超豪华小汽车。对超豪华小汽车，在生产（进口）环节按现行税率征收消费税的基础上，在零售环节加征消费税，税率为10%。将超豪华小汽车销售给消费者的单位和个人为超豪华小汽车零售环节的纳税人。

三、消费税的纳税人

消费税纳税人是指在中华人民共和国境内（起运地或者所在地在境内）生产、委托加工和进口《中华人民共和国消费税暂行条例》（简称《消费税暂行条例》）规定的应税消费品的单位和个人，以及国务院确定的销售《消费税暂行条例》规定的某些应税消费品的其他单位和个人。

四、消费税的税目和税率

（一）消费税的税目

我国消费税的税目共有 15 个，分别是：① 烟；② 酒；③ 高档化妆品；④ 贵重首饰及珠宝玉石；⑤ 鞭炮、焰火；⑥ 成品油；⑦ 摩托车；⑧ 小汽车；⑨ 高尔夫球及球具；⑩ 高档手表；⑪ 游艇；⑫ 木制一次性筷子；⑬ 实木地板；⑭ 电池；⑮ 涂料。其中，有些税目还包括若干子目。

（二）消费税的税率

消费税的税率包括比例税率和定额税率两类。另外，应征消费税的白酒（含粮食白酒和薯类白酒）和卷烟实行的是比例税率和定额税率相结合的征收方式。消费品税目税率见表 3−1。

表 3−1　消费税税目税率表

税　　目	税率
一、烟	
1. 卷烟	
（1）甲类卷烟（生产环节）	56%加 0.003 元/支（生产环节）
（2）乙类卷烟（生产环节）	36%加 0.003 元/支（生产环节）
（3）甲类卷烟和乙类卷烟（批发环节）	11%加 0.005 元/支（批发环节）
2. 雪茄烟（生产环节）	36%（生产环节）
3. 烟丝（生产环节）	30%（生产环节）
二、酒	
1. 白酒（含粮食白酒和薯类白酒）	20%加 0.5 元/500 克（或者 500 毫升）
2. 黄酒	240 元/吨
3. 啤酒	
（1）甲类啤酒	250 元/吨
（2）乙类啤酒	220 元/吨
4. 其他酒	10%
三、高档化妆品	15%
四、贵重首饰及珠宝玉石	
1. 金银首饰、铂金首饰和钻石及钻石饰品（零售环节）	5%（零售环节）
2. 其他贵重首饰和珠宝玉石	10%

税　　目	税率
五、鞭炮、焰火	15%
六、成品油	
1. 汽油	1.52 元/升
2. 柴油	1.20 元/升
3. 航空煤油（暂缓征收）	1.20 元/升
4. 石脑油	1.52 元/升
5. 溶剂油	1.52 元/升
6. 润滑油	1.52 元/升
7. 燃料油	1.20 元/升
七、摩托车	
1. 气缸容量（排气量，下同）为 250 毫升的	3%
2. 气缸容量为 250 毫升以上的	10%
八、小汽车	
1. 乘用车	
（1）气缸容量（排气量，下同）在 1.0 升（含 1.0 升）以下的	1%
（2）气缸容量在 1.0 升以上至 1.5 升（含 1.5 升）的	3%
（3）气缸容量在 1.5 升以上至 2.0 升（含 2.0 升）的	5%
（4）气缸容量在 2.0 升以上至 2.5 升（含 2.5 升）的	9%
（5）气缸容量在 2.5 升以上至 3.0 升（含 3.0 升）的	12%
（6）气缸容量在 3.0 升以上至 4.0 升（含 4.0 升）的	25%
（7）气缸容量在 4.0 升以上的	40%
2. 中轻型商用客车	5%
3. 超豪华小汽车（零售环节）	10%（零售环节），生产环节同乘用车和中轻型商用客车
九、高尔夫球及球具	10%
十、高档手表	20%
十一、游艇	10%
十二、木制一次性筷子	5%
十三、实木地板	5%
十四、电池	4%
十五、涂料	4%

五、消费税应纳税额的计算

（一）从价定率征收应纳税额的计算

从价定率征收，即根据不同的应税消费品确定不同的比例税率。

$$应纳消费税税额 = 应税消费品的销售额 \times 比例税率$$

公式中的"应税消费品的销售额"是指纳税人销售应税消费品向购买方收取的全部价款和价外费用，不包括应向购买方收取的增值税税额。价外费用，是指价外向购买方收取的手续费、补贴、基金、集资费、返还利润、奖励费、违约金、滞纳金、延期付款利息、赔偿金、代收款项、代垫款项、包装费、包装物租金、储备费、优质费、运输装卸费及其他各种性质的价外收费。但下列项目不包括在销售额内。

（1）同时符合以下条件的代垫运输费用：承运部门的运输费用发票开具给购买方的；纳税人将该项发票转交给购买方的。

（2）同时符合以下条件代为收取的政府性基金或者行政事业性收费：由国务院或者财政部批准设立的政府性基金，由国务院或者省级人民政府及其财政、价格主管部门批准设立的行政事业性收费；收取时开具省级以上财政部门印制的财政票据；所收款项全额上交财政。

应税消费品在交纳消费税的同时，与一般货物一样，还要交纳增值税。因此，按照《中华人民共和国消费税暂行条例实施细则》（简称《消费税暂行条例实施细则》）的明确规定，应税消费品的销售额，不包括应向购买方收取的增值税税额。如果纳税人应税消费品的销售额中未扣除增值税税额或者因不得开具增值税专用发票而发生价款和增值税税额合并收取的，在计算消费税时，应当将含增值税的销售额换算为不含增值税的销售额。其换算公式为：

$$应税消费品的销售额 = 含增值税的销售额 / （1 + 增值税税率或征收率）$$

【例3-1】甲实木地板厂为增值税一般纳税人。202×年6月1日，向当地一家大型装修批发商场销售一批实木地板，开具增值税专用发票一张，发票上注明不含增值税销售额20万元，增值税税额2.6万元。实木地板的消费税税率为5%。

【要求】计算甲实木地板厂上述业务的应纳消费税。

【解析】应纳消费税200 000×5%=10 000（元）

（二）从量定额征收应纳税额的计算

从量定额征收，即根据不同的应税消费品确定不同的单位税额。

$$应纳消费税税额 = 应税消费品的销售数量 \times 单位税额$$

公式中的"应税消费品的销售数量"是指纳税人生产、委托加工或进口应税消费品的数量。具体规定如下：

① 销售应税消费品的，销售数量为应税消费品的销售数量。

② 自产自用应税消费品的，销售数量为应税消费品的移送使用数量。

③ 委托加工应税消费品的，销售数量为纳税人收回的应税消费品的数量。

④ 进口的应税消费品，销售数量为海关核定的应税消费品的进口征税数量。

【例3-2】甲啤酒厂自产啤酒40吨，无偿提供给某啤酒节，已知每吨成本为1 500元，无同类产品售价。税务机关核定的消费税单位税额为250元/吨。

【要求】计算甲啤酒厂上述业务的应纳消费税。

【解析】应纳消费税=250×40=10 000（元）

（三）从价定率和从量定额复合征收应纳税额的计算

从价定率和从量定额复合征收，即以两种方法计算的应纳税额之和为该应税消费品的应纳税额。我国目前只对卷烟和白酒采用复合征收方法。

$$应纳消费税税额=应税消费品的销售额×比例税率+应税消费品的销售数量×单位定额税率$$

销售额为纳税人生产销售卷烟、白酒向购买方收取的全部价款和价外费用。销售数量为纳税人生产销售、进口、委托加工、自产自用卷烟或白酒的实际销售数量，海关核定的进口征税数量，委托方收回数量和移送使用数量。

【例3-3】甲公司是一家白酒生产企业，为增值税一般纳税人，202×年5月销售粮食白酒10吨，取得不含增值税的销售额为60万元；销售薯类白酒20吨，取得不含增值税的销售额为80万元。白酒消费税的比例税率为20%，定额税率为0.5元/500克。

【要求】计算甲公司本月的应纳消费税。

【解析】从价定率应纳消费税=（600 000+800 000）×20%=280 000（元）

从量定额应纳消费税=（100 000+200 000）×1 000×2×0.5/10 000=30 000（元）

应纳消费税合计=280 000+30 000=310 000（元）

（四）应税消费品已纳税款的扣除

（1）由于某些应税消费品是用外购已交纳消费税的应税消费品连续生产出来的，在对这些连续生产出来的应税消费品计算征税时，税法规定应当按照当期生产领用数量计算准予扣除的外购应税消费品已交纳的消费税税款。扣除范围包括以下内容：

① 外购已税烟丝生产的卷烟。

② 外购已税高档化妆品生产的高档化妆品。

③ 外购已税珠宝玉石生产的贵重首饰及珠宝玉石。

④ 外购已税鞭炮、焰火生产的鞭炮、焰火。

⑤ 外购已税杆头、杆身和握把为原料生产的高尔夫球杆。

⑥ 外购已税木制一次性筷子为原料生产的木制一次性筷子。

⑦ 外购已税实木地板为原料生产的实木地板。

⑧ 外购已税汽油、柴油、石脑油、燃料油、润滑油生产的应税成品油。

【例3-4】甲卷烟厂为增值税一般纳税人，202×年5月从乙公司购进烟丝，取得增值税专用发票，注明不含税价款70万元，其中，60%用于生产A牌卷烟（甲类卷烟）；本月销售A牌卷烟80箱（标准箱），取得不含税销售额700万元。甲类卷烟消费税从价税率为56%，从量税率为150元/标准箱；烟丝消费税税率为30%。

【要求】计算甲卷烟厂上述业务的应纳消费税。

【解析】卷烟的消费税实行复合计征，外购已税烟丝连续生产卷烟的，已纳消费税可以扣除。

应纳消费税=7 000 000×56%+150×80-700 000×30%×60%=3 806 000（元）

（2）委托加工的应税消费品，委托方用于连续生产应税消费品的，所纳税款准予按规定抵扣；直接出售的，不再交纳消费税。委托方将收回的应税消费品，以不高于受托方的计税价格出售的，委托加工的应税消费品收回后直接出售的，不再交纳消费税；委托方以高于受托方的计税价格出售的，不属于直接出售，需要按照规定申报交纳消费税，在计税时准予扣除受托方已代收代缴的消费税。委托个人加工的应税消费品，由受托方收回后交纳消费税。

委托加工的应税消费品因为已由受托方代收代缴消费税，因此，委托方收回货物后用于连续生产应税消费品的，其已纳税款准予按照规定从连续生产的应税消费品应纳税额中扣除。扣除范围包括以下内容：

① 以委托加工收回的已税烟丝为原料生产的卷烟。

② 以委托加工收回的已税高档化妆品为原料生产的高档化妆品。

③ 以委托加工收回的已税珠宝玉石为原料生产的贵重首饰及珠宝玉石。

④ 以委托加工收回的已税鞭炮、焰火为原料生产的鞭炮、焰火。

⑤ 以委托加工收回的已税杆头、杆身和握把为原料生产的高尔夫球杆。

⑥ 以委托加工收回的已税木制一次性筷子为原料生产的木制一次性筷子。

⑦ 以委托加工收回的已税实木地板为原料生产的实木地板。

⑧ 以委托加工收回的已税汽油、柴油、石脑油、燃料油、润滑油为原料生产的应税成品油。

【例3-5】 A厂（增值税一般纳税人）202×年5月购进原材料一批，取得的增值税专用发票上注明的不含税价款为32万元，全部将其提供给B厂（增值税一般纳税人）加工成高档化妆品。

提货时，支付的加工费及增值税共2.26万元，取得了B厂开具的增值税专用发票，同时B厂代收代缴了消费税（无同类商品售价）。

A厂将收回高档化妆品的2/3用于连续加工生产高档化妆品。

本月出售自产高档化妆品，取得不含税收入80万元。高档化妆品消费税税率为15%。

【要求】

（1）计算B厂应代收代缴的消费税。

（2）计算B厂的增值税销项税额。

（3）计算A厂的应纳消费税。

（4）计算A厂的应纳增值税。

【实施】

（1）B厂应代收代缴的消费税＝{[32＋2.26/（1＋13%）]/（1－15%）}×15%＝6（万元）

（2）B厂的增值税销项税额＝[2.26/（1＋13%）]×13%＝0.26（万元）

（3）A厂应纳消费税＝80×15%－（6/3）×2＝8（万元）

（4）A厂应纳增值税＝80×13%－32×13%－[2.26/（1＋13%）]×13%＝5.98（万元）

（五）自产自用应税消费品应纳税额的计算

纳税人自产自用应税消费品用于连续生产应税消费品的，不纳税；凡用于其他方面的，一律于移送使用时，按视同销售依法交纳消费税。若为从量征收，则应按照自产自用应税消费品的移送使用数量计算纳税；若为从价征收，则应按照纳税人生产的同类消费品的销售价格计算纳税，没有同类消费品销售价格的，按照组成计税价格计算纳税。

上述所称用于其他方面是指包括用于本企业连续生产非应税消费品、在建工程、管理部门、非生产机构、提供劳务、馈赠、赞助、集资、广告、样品、职工福利、奖励等方面。

（1）实行从价定率办法计算纳税的自产自用应税消费品应纳税额的计算公式：

$$应纳税额＝同类应税消费品销售价格或者组成计税价格×比例税率$$

其中：组成计税价格＝（成本＋利润）/（1−比例税率）

$$＝［成本×（1＋成本利润率）］/（1−比例税率）$$

（2）实行从量定额办法计算纳税的自产自用应税消费品应纳税额的计算公式：

$$应纳税额＝自产自用数量×定额税率$$

（3）实行复合计税办法计算纳税的自产自用应税消费品应纳税额的计算公式：

$$应纳税额＝同类应税消费品销售价格或者组成计税价格×比例税率＋$$
$$自产自用数量×定额税率$$

其中：组成计税价格＝（成本＋利润＋自产自用数量×定额税率）/（1−比例税率）

$$＝［成本×（1＋成本利润率）＋自产自用数量×定额税率］/$$
$$（1−比例税率）$$

【例3−6】甲酒厂202×年1月将一批自产的葡萄酒用作职工福利，葡萄酒的成本为12 000元。该葡萄酒无同类产品市场销售价格，其成本利润率为5%，消费税税率为10%。

【要求】计算甲酒厂上述业务的应纳消费税。

【解析】

（1）组成计税价格＝成本×（1＋成本利润率）/（1−比例税率）

$$＝12 000×（1＋5%）/（1−10%）＝12 600/0.9＝14 000（元）$$

（2）应纳消费税＝14 000×10%＝1 400（元）

（六）委托加工应税消费品应纳税额的计算

委托加工的应税消费品，按照受托方的同类消费品的销售价格计算纳税；没有同类消费品销售价格的，按照组成计税价格计算纳税。

（1）实行从价定率办法计算纳税的委托加工应税消费品应纳税额的计算公式：

$$应纳税额＝同类应税消费品销售价格或者组成计税价格×比例税率$$

其中：组成计税价格＝（材料成本＋加工费）/（1−比例税率）

（2）实行从量定额办法计算纳税的委托加工应税消费品应纳税额的计算公式：

$$应纳税额＝委托加工数量×定额税率$$

（3）实行复合计税办法计算纳税的委托加工应税消费品应纳税额的计算公式：

$$应纳税额＝同类应税消费品销售价格或者组成计税价格×比例税率＋$$
$$委托加工数量×定额税率$$

其中：组成计税价格＝（材料成本＋加工费＋委托加工数量×定额税率）/（1−比例税率）

【例3−7】甲酒厂为增值税一般纳税人，202×年5月将成本为61 600元的粮食直接运往异地的乙酒厂（增值税一般纳税人）全部用于生产加工白酒。202×年5月白酒加工完毕，甲酒厂收回白酒8吨，取得乙酒厂开具的防伪税控增值税专用发票，注明加工费为10 000元，代垫辅料价值为 5 000 元,加工的白酒当地无同类产品市场价格。白酒消费税比例税率为 20%,定额税率为 0.5 元/500 克。

【要求】

(1)计算乙酒厂应代收代缴的消费税。

(2)计算乙酒厂的增值税销项税额。

【解析】

(1)乙酒厂应代收代缴的消费税 = [61 600 + (10 000 + 5 000) + 8×1 000×2×0.5] / (1-20%)×20% + 8×1 000×2×0.5 = 29 150(元)

(2)乙酒厂的增值税销项税额 = (10 000 + 5 000)×13% = 1 950(元)

(七)进口应税消费品应纳税额的计算

进口的应税消费品按照组成计税价格或进口数量和规定的税率计算纳税。

(1)实行从价定率办法计算纳税的进口应税消费品应纳税额的计算公式:

$$应纳税额 = 组成计税价格 \times 比例税率$$

其中:组成计税价格 = (关税完税价格 + 关税) / (1-比例税率)

(2)实行从量定额办法计算纳税的进口应税消费品应纳税额的计算公式:

$$应纳税额 = 海关核定的应税消费品的进口数量 \times 定额税率$$

(3)实行复合计税办法计算纳税的进口应税消费品应纳税额的计算公式:

$$应纳税额 = 组成计税价格 \times 比例税率 + 海关核定的应税消费品的进口数量 \times 定额税率$$

其中:组成计税价格 = (关税完税价格 + 关税 + 海关核定的应税消费品的进口数量×定额税率) / (1-比例税率)

六、消费税的征收管理

(一)消费税的纳税义务发生时间

消费税的纳税义务发生时间根据应纳税行为和结算方式的不同而有所不同。

(1)纳税人销售应税消费品的,按不同的销售结算方式,其纳税义务发生时间分别为:

① 采取赊销和分期收款结算方式的,为书面合同约定的收款日期的当天,书面合同没有约定收款日期或者无书面合同的,为发出应税消费品的当天。

② 采取预收货款结算方式的,为发出应税消费品的当天。

③ 采取托收承付和委托银行收款方式的,为发出应税消费品并办妥托收手续的当天。

④ 采取其他结算方式的,为收讫销售款或者取得索取销售款凭据的当天。

(2)纳税人自产自用应税消费品的,其纳税义务发生时间为移送使用的当天。

(3)纳税人委托加工应税消费品的,其纳税义务发生时间为纳税人提货的当天。

(4)纳税人进口应税消费品的,其纳税义务发生时间为报关进口的当天。

(二)消费税的纳税期限

消费税纳税期限分别为 1 日、3 日、5 日、10 日、15 日、1 个月或者 1 个季度。纳税人的具体纳税期限,由主管税务机关根据纳税人应纳税额的大小分别核定,不能按照固定期限纳税的,可以按次纳税。

纳税人以 1 个月或者 1 个季度为一个纳税期的，自期满之日起 15 日内申报纳税；纳税人以 1 日、3 日、5 日、10 日、15 日为一个纳税期的，自期满之日起 5 日内预交税款，于次月 1 日起 15 日内申报纳税并结清上月应纳税款。

（三）消费税的纳税地点

（1）纳税人销售的应税消费品，以及自产自用的应税消费品，除国务院财政、税务主管部门另有规定外，应当向纳税人机构所在地或者居住地的主管税务机关申报纳税。

（2）委托加工的应税消费品，除受托方为个人外，由受托方向所在地主管税务机关代收代缴消费税税款；委托个人加工的应税消费品，由委托方向其机构所在地或者居住地主管税务机关申报纳税。

（3）进口的应税消费品，由进口人或者其代理人向报关地海关申报纳税。

（4）纳税人到外县（市）销售或者委托外县（市）代销自产应税消费品的，于应税消费品销售后，向其机构所在地或者居住地主管税务机关申报纳税。

（5）纳税人销售的应税消费品，如果因质量等原因，由购买者退回时，经由机构所在地主管税务机关审核批准后，可退还已征收的消费税税款，但不能自行直接抵减应纳税税款。

任务二　消费税的会计核算

一、消费税会计科目的设置

为了正确反映和核算消费税有关纳税事项，纳税人应在"应交税费"科目下设置"应交消费税"明细科目。该科目的借方反映纳税人实际交纳的消费税税额和待抵扣的消费税税额；贷方反映按规定应交纳的消费税税额。期末贷方余额，反映尚未交纳的消费税税额；期末借方余额，反映多交或待抵扣的消费税税额。

对于委托加工业务代收代缴的消费税税额，为了更加明确地对其进行核算，借鉴增值税的会计科目设置，受托方可以增设"代收代缴消费税"明细科目。该科目的借方反映受托方实际交纳代收代缴的消费税税额，贷方反映受托方从委托方收取代收代缴的消费税税额。

对于待抵扣的消费税，为了更加明确地对其进行核算，借鉴增值税的会计科目设置，可以增设"待抵扣消费税额"明细科目。该科目的借方反映待抵扣的消费税税额，贷方反映实际抵扣了的消费税税额。如果纳税人不设置"应交税费——待抵扣消费税额"科目，则通过"应交税费——应交消费税"科目核算，但如果通过"应交税费——应交消费税"科目核算"待抵扣消费税额"，则在未全部领用可以抵扣消费税的应税消费品时，就存在一定的难处，不易清楚核算。

消费税属于价内税，即销售额中含有应负担的消费税税额，在计算（计提）消费税时，还应设置与之相应的会计科目，如"税金及附加""在建工程""在途物资""原材料""库存商品""固定资产""资产处置损益""营业外支出""长期股权投资""应付职工薪酬"等科目。

二、消费税的会计核算实务

（一）直接销售应税消费品的会计核算

纳税人将生产的应税消费品直接对外销售，在计算应交纳的消费税税额时，通过"税金及附加"科目进行核算。纳税人计提应交纳的消费税税额时，借记"税金及附加"科目，贷记"应交税费——应交消费税"科目；同时，还要进行与收入和增值税有关的会计处理。实际交纳消费税时，借记"应交税费——应交消费税"科目，贷记"银行存款"科目。发生销货退回及退税时，做相反的会计分录。

【例 3-8】 甲公司为增值税一般纳税人，202×年 6 月销售一批其自产的鞭炮，其成本为 22 000 元，不含增值税售价为 40 000 元，增值税税率为 13%，消费税税率为 15%。货款尚未收到。

【要求】 对甲公司上述业务进行账务处理。

【解析】

应纳增值税=40 000×13%=5 200（元）

应纳消费税=40 000×15%=6 000（元）

① 确认收入时：

借：应收账款		45 200
贷：主营业务收入		40 000
应交税费——应交增值税（销项税额）		5 200

② 结转成本时：

借：主营业务成本		22 000
贷：库存商品		22 000

③ 计提消费税时：

借：税金及附加		6 000
贷：应交税费——应交消费税		6 000

④ 202×年 7 月申报期内实际交纳消费税时：

借：应交税费——应交消费税		6 000
贷：银行存款		6 000

【例 3-9】 甲公司是一家生产金银首饰的厂家，为增值税一般纳税人，202×年 5 月销售给乙金店一批其自产的金银首饰，成本为 20 000 元，不含增值税售价为 32 000 元。乙金店是一家零售金银首饰的商家，为增值税一般纳税人。乙金店 202×年 5 月从甲公司购进的金银首饰取得了增值税专用发票。乙金店取得的增值税专用发票 202×年 5 月符合抵扣规定。乙金店 202×年 6 月零售给消费者该批金银首饰，不含增值税售价为 40 000 元。乙金店采用进价核算制进行核算。以上款项均已收到。

【要求】

（1）对甲公司上述业务进行账务处理。

（2）对乙金店上述业务进行账务处理。

【解析】 自 1995 年 1 月 1 日起，金银首饰消费税由生产销售环节征收改为零售环节征收。改在零售环节征收消费税的金银首饰仅限于金基、银基合金首饰以及金、银和金基、银基合金的镶嵌首饰。从 2002 年 1 月 1 日起，钻石及钻石饰品消费税改为零售环节征收。从 2003 年 5 月 1 日起，铂金首饰消费税改为零售环节征收。金银首饰适用的消费税税率为 5%，在纳税人销售金银首饰、铂金首饰、钻石及钻石饰品时征收。其计税依据是不含增值税的销售额。

（1）甲公司的账务处理如下：

甲公司 202× 年 5 月销售给乙金店一批其自产的金银首饰时：

应纳增值税=32 000×13%=4 160（元）

借：银行存款　　　　　　　　　　　　　　　　　　　　　　　　36 160

　　贷：主营业务收入　　　　　　　　　　　　　　　　　　　　32 000

　　　　应交税费——应交增值税（销项税额）　　　　　　　　　4 160

借：主营业务成本　　　　　　　　　　　　　　　　　　　　　　20 000

　　贷：库存商品　　　　　　　　　　　　　　　　　　　　　　20 000

（2）乙金店的账务处理如下：

① 乙金店 202× 年 5 月从甲公司购进金银首饰时：

借：库存商品　　　　　　　　　　　　　　　　　　　　　　　　32 000

　　应交税费——应交增值税（进项税额）　　　　　　　　　　　4 160

　　贷：银行存款　　　　　　　　　　　　　　　　　　　　　　36 160

② 乙金店 202× 年 6 月零售给消费者该批金银首饰时：

应纳增值税税额=40 000×13%=5 200（元）

应纳消费税税额=40 000×5%=2 000（元）

借：库存现金　　　　　　　　　　　　　　　　　　　　　　　　45 200

　　贷：主营业务收入　　　　　　　　　　　　　　　　　　　　40 000

　　　　应交税费——应交增值税（销项税额）　　　　　　　　　5 200

借：主营业务成本　　　　　　　　　　　　　　　　　　　　　　32 000

　　贷：库存商品　　　　　　　　　　　　　　　　　　　　　　32 000

借：税金及附加　　　　　　　　　　　　　　　　　　　　　　　2 000

　　贷：应交税费——应交消费税　　　　　　　　　　　　　　　2 000

（二）自产自用应税消费品的会计核算

（1）纳税人将自产的应税消费品用于本单位连续生产非应税消费品、在建工程、管理部门、非生产机构、提供劳务、馈赠、赞助、集资、广告、样品、职工福利、奖励等方面消费税的会计核算。

纳税人将自产的应税消费品用于本单位连续生产非应税消费品、在建工程、管理部门、非生产机构、提供劳务、馈赠、赞助、集资、广告、样品、职工福利、奖励等方面，一律视同销售处理，在移送使用时按同类消费品价格或组成计税价格计算增值税（若不属于增值税视同销售行为，则不需计算交纳增值税）和消费税。纳税人在按规定计提应交纳的消费税时，借记"生产成本""制造费用""在建工程""固定资产""管理费用""销售费用""资产处置损益""营业外支出""应付职工薪酬""税金及附加"等科目，贷记"应交税费——应交消费税"等科目。

【例 3-10】甲汽车制造厂为增值税一般纳税人，202× 年 1 月将自产的一辆乘用车（气缸容量 2.0 升）用于管理部门。同类汽车不含增值税销售价格为 200 000 元，该汽车的成本为

120 000 元，适用的消费税税率为 5%。

【要求】

（1）计算甲汽车制造厂的应纳消费税。

（2）对甲汽车制造厂的上述业务进行账务处理。

【解析】 将自产的应税消费品用于管理部门，增值税不视同销售，消费税视同销售。

应纳消费税=200 000×5%=10 000（元）

借：固定资产	130 000
贷：库存商品	120 000
应交税费——应交消费税	10 000

【例 3-11】 甲化妆品公司为增值税一般纳税人，202×年 5 月将自产的一批高档化妆品发放给职工。同类高档化妆品不含增值税平均销售价格为 200 000 元，该批高档化妆品的成本为 120 000 元，适用的消费税税率为 15%。

【要求】

（1）计算甲化妆品公司的应纳增值税和消费税。

（2）对甲化妆品公司的上述业务进行账务处理。

【解析】 将应税消费品用于个人消费，增值税和消费税均视同销售。

应纳增值税=200 000×13%=26 000（元）

应纳消费税=200 000×15%=30 000（元）

借：应付职工薪酬——非货币性福利	226 000
贷：主营业务收入	200 000
应交税费——应交增值税（销项税额）	26 000
借：主营业务成本	120 000
贷：库存商品	120 000
借：税金及附加	30 000
贷：应交税费——应交消费税	30 000

（2）纳税人用于换取生产资料和消费资料、投资入股和抵偿债务等方面的应税消费品消费税的会计核算。

纳税人用于换取生产资料和消费资料、投资入股和抵偿债务等方面的应税消费品，应当以纳税人同类应税消费品的最高销售价格作为计税依据计算消费税，按同类应税消费品的平均销售价格作为计税依据计算增值税。纳税人在计提应交纳的消费税时，借记"原材料""管理费用""长期股权投资""应付账款""税金及附加"等科目，贷记"应交税费——应交消费税"等科目。

【例 3-12】 甲汽车制造公司为增值税一般纳税人，202×年 5 月用自产的乘用车 20 辆投资于某客运公司。同类乘用车平均销售价格为 130 000 元/辆（不含增值税，下同），最高销售价格为 150 000 元/辆，实际成本为 100 000 元/辆。该乘用车适用的消费税税率为 5%。

【要求】 对甲汽车制造公司上述业务进行账务处理。

【解析】 应纳增值税=130 000×20×13%=338 000（元）

应纳消费税=150 000×20×5%=150 000（元）

借：长期股权投资（2 600 000+338 000）	2 938 000

  贷：主营业务收入（130 000×20）   2 600 000

    应交税费——应交增值税（销项税额）   338 000

借：主营业务成本（100 000×20）   2 000 000

  贷：库存商品   2 000 000

借：税金及附加   150 000

  贷：应交税费——应交消费税   150 000

有观点认为应当做如下账务处理：

借：长期股权投资（2 600 000+338 000+150 000）   3 088 000

  贷：主营业务收入（130 000×20）   2 600 000

    应交税费——应交增值税（销项税额）   338 000

      ——应交消费税   150 000

借：主营业务成本（100 000×20）   2 000 000

  贷：库存商品   2 000 000

（三）外购应税消费品已纳消费税税款扣除的会计核算

  用外购已税消费品连续生产的应税消费品对外销售时，可在税法规定的扣税范围内按当期生产领用数量计算准予扣除外购应税消费品已纳的消费税税款。对于准予扣除外购应税消费品已纳的消费税税款，有两种账务处理方式：一种是外购应税消费品时，将外购应税消费品已纳的消费税税款记入"原材料"的成本中，借记"原材料"等科目，贷记"银行存款"等科目；纳税人将外购已税消费品用于连续生产应税消费品时，应先按照当期生产领用应税消费品的买价（或数量）计算准予扣除外购的应税消费品已纳的消费税税款，然后应当按照根据规定计算（计提）的消费税税款扣除按照当期生产领用应税消费品的买价（或数量）计算准予扣除外购的应税消费品已纳的消费税税款后的余额，借记"税金及附加"科目，贷记"应交税费——应交消费税"科目。另一种是将外购应税消费品已纳的消费税税款单独记入"应交税费——待抵扣消费税额"科目的借方（如果纳税人不设置"应交税费——待抵扣消费税额"科目，则记入"应交税费——应交消费税"科目的借方），借记"应交税费——待抵扣消费税额"等科目，贷记"银行存款"等科目；纳税人将外购已税消费品用于连续生产应税消费品时，应按照当期生产领用应税消费品的买价（或数量）计算准予扣除外购的应税消费品已纳的消费税税款，借记"应交税费——应交消费税"科目，贷记"应交税费——待抵扣消费税额"科目[①]，同时按照根据规定计算（计提）的消费税额，借记"税金及附加"科目，贷记"应交税费——应交消费税"科目；交纳消费税时，按照根据规定计算（计提）的消费税税款扣除按照当期生产领用应税消费品的买价（或数量）计算准予扣除外购的应税消费品已纳的消费税税款后的余额，借记"应交税费——应交消费税"科目，贷记"银行存款"科目。

  【例3-13】甲化妆品生产企业为增值税一般纳税人，202×年5月从另一化妆品生产企业

---

  ① 如果纳税人不设置"应交税费——待抵扣消费税额"科目，则不做该笔会计分录。如果纳税人不设置"应交税费——待抵扣消费税额"科目，而通过"应交税费——应交消费税"科目核算"待抵扣消费税额"，则在未全部领用可以抵扣消费税的应税消费品时，就存在一定的难处，不易清楚核算。此时只能在会计分录中核算计提的消费税，无法核算抵扣的消费税，需要由税务会计人员在账外记录本期可以抵扣的消费税和尚未抵扣的消费税，详见例3-13。

购进高档保湿精华一批（外购的高档保湿精华期初库存为0），取得增值税专用发票，注明不含增值税价款为300万元，甲化妆品生产企业取得的增值税专用发票202×年5月符合抵扣规定；当月领用其中的60%（期末库存的外购高档保湿精华为40%）用于生产高档保湿粉底液并全部销售，款项以银行存款收讫，并向购买方开具增值税专用发票，注明不含增值税价款为1 500万元。该批高档保湿粉底液的成本共计1 000万元。高档化妆品的消费税税率为15%。

【要求】对甲化妆品生产企业上述业务进行账务处理。

【解析】

（1）购进高档保湿精华时：

借：原材料 3 000 000
　　应交税费——应交增值税（进项税额）（3 000 000×13%） 390 000
　　　贷：银行存款 3 390 000

（2）销售高档保湿粉底液时：

甲化妆品生产企业当期准予扣除的外购应税消费品已纳税款＝

当期准予扣除的外购应税消费品买价×外购应税消费品适用税率＝

（起初库存的外购应税消费品买价＋当期购进的外购应税消费品买价−期末库存的外购应税消费品买价）×外购应税消费品适用税率

应纳消费税＝15 000 000×15%−3 000 000×60%×15%＝1 980 000（元）

应纳增值税＝15 000 000×13%−3 000 000×13%＝1 560 000（元）

① 确认收入时：

借：银行存款 16 950 000
　　贷：主营业务收入 15 000 000
　　　应交税费——应交增值税（销项税额）（15 000 000×13%） 1 950 000

② 结转成本时：

借：主营业务成本 10 000 000
　　贷：库存商品 10 000 000

③ 计提消费税时：

借：税金及附加 1 980 000
　　贷：应交税费——应交消费税 1 980 000

④ 次月申报期内实际交纳消费税时：

借：应交税费——应交消费税 1 980 000
　　贷：银行存款 1 980 000

【例3-14】乙化妆品生产企业为增值税一般纳税人，202×年5月从另一化妆品生产企业购进高档保湿精华一批（外购的高档保湿精华期初库存为0），取得增值税专用发票，注明不含增值税价款为260万元，乙化妆品生产企业取得的增值税专用发票202×年5月符合抵扣规定；当月将其全部销售，向购买方开具增值税专用发票，注明不含增值税价款为299万元。高档化妆品的消费税税率为15%。

【要求】对乙化妆品生产企业上述业务进行账务处理。

【解析】对外购已税消费品直接出售的，除了卷烟的批发环节、超豪华小汽车的零售环节还需要加征消费税外，出售时不再交纳消费税，相应地，外购应税消费品已纳消费税税款也就不能扣除。

借：库存商品　　　　　　　　　　　　　　　　　　　　　　　　　　2 600 000
　　应交税费——应交增值税（进项税额）（2 600 000×13%）　　　338 000
　　贷：银行存款　　　　　　　　　　　　　　　　　　　　　　　　2 938 000
借：银行存款　　　　　　　　　　　　　　　　　　　　　　　　　　3 378 700
　　贷：主营业务收入　　　　　　　　　　　　　　　　　　　　　　2 990 000
　　　　应交税费——应交增值税（销项税额）（2 990 000×13%）　388 700
借：主营业务成本　　　　　　　　　　　　　　　　　　　　　　　　2 600 000
　　贷：库存商品　　　　　　　　　　　　　　　　　　　　　　　　2 600 000

（四）应税消费品包装物及包装物押金的会计核算

1. 随同产品出售单独计价的包装物消费税的会计核算

随同产品出售单独计价的包装物，纳税人应借记"银行存款"等科目，按其收入贷记"其他业务收入"科目，按应计提的增值税销项税额（或采用简易计税方法计算的应纳增值税额），贷记"应交税费——应交增值税（销项税额）"或"应交税费——简易计税"科目（小规模纳税人贷记"应交税费——应交增值税"科目），按应交纳的消费税税额，借记"税金及附加"科目，贷记"应交税费——应交消费税"科目，同时结转包装物的成本。

【例3-15】甲酒厂为增值税一般纳税人，202×年5月异地销售粮食白酒500斤（1斤=500克），出厂价格共计10 000元（不含增值税），成本为5 000元。包装物单独计价，收取包装物价款700元（不含增值税），包装物成本为500元。以上款项均未收。粮食白酒的消费税税率：从价税率为20%，从量税率为0.5元/500克。

【要求】对甲酒厂上述业务进行账务处理。

【解析】应纳消费税=10 000×20%+500×0.5+700×20%=2 390（元）
　　　　　应纳增值税=10 000×13%+700×13%=1 391（元）

借：应收账款　　　　　　　　　　　　　　　　　　　　　　　　　　12 091
　　贷：主营业务收入　　　　　　　　　　　　　　　　　　　　　　10 000
　　　　其他业务收入　　　　　　　　　　　　　　　　　　　　　　700
　　　　应交税费——应交增值税（销项税额）　　　　　　　　　　　1 391
借：主营业务成本　　　　　　　　　　　　　　　　　　　　　　　　5 000
　　贷：库存商品　　　　　　　　　　　　　　　　　　　　　　　　5 000
借：其他业务成本　　　　　　　　　　　　　　　　　　　　　　　　500
　　贷：周转材料——包装物　　　　　　　　　　　　　　　　　　　500
借：税金及附加　　　　　　　　　　　　　　　　　　　　　　　　　2 390
　　贷：应交税费——应交消费税　　　　　　　　　　　　　　　　　2 390

2. 随同产品出售不单独计价的包装物消费税的会计核算

随同产品出售且不单独计价的包装物，其包装物收入随同所出售的产品一同计入产品销售收入中。因此，出售包装物应交纳的消费税与出售产品应交纳的消费税一同记入"税金及附加"科目。

3. 出租、出借包装物逾期未收回而没收的押金消费税的会计核算

一般情况下，纳税人出租、出借的包装物收取的押金，借记"银行存款"科目，贷记"其他应付款"科目;纳税人出租、出借包装物逾期未收回而没收的押金,应借记"其他应付款"科目,贷记"其他业务收入"科目,并按应交纳的消费税税额,借记"税金及附加"科目,贷记"应交税费——应交消费税"科目。

【例3—16】甲公司为增值税一般纳税人,202×年5月销售鞭炮一批,不含增值税价格为10 000元,收取包装物押金1 130元,产品成本为6 000元,包装物成本为500元。鞭炮的消费税税率为15%。

【要求】对甲公司上述业务进行账务处理。

【解析】

(1)销售产品时:

借:银行存款	12 430
贷:主营业务收入	10 000
应交税费——应交增值税(销项税额)	1 300
其他应付款——存入保证金	1 130
借:主营业务成本	6 000
贷:库存商品	6 000

(2)计提消费税时:

借:税金及附加(10 000×15%)	1 500
贷:应交税费——应交消费税	1 500

(3)退还或者没收包装物押金时:

① 若购买方到期前返还包装物,甲公司退还包装物押金。

借:其他应付款——存入保证金	1 130
贷:银行存款	1 130

② 若购买方逾期未返还包装物,甲公司没收包装物押金。

借:其他应付款——存入保证金	1 130
贷:其他业务收入〔1 130/(1+13%)〕	1 000
应交税费——应交增值税(销项税额)(1 000×13%)	130
借:税金及附加	150
贷:应交税费——应交消费税(1 000×15%)	150
借:其他业务成本	500
贷:周转材料——包装物	500

【例3—17】甲公司是一家粮食白酒、啤酒生产销售企业,为增值税一般纳税人,在销售白酒和啤酒的同时收取包装物押金,202×年5月销售白酒、啤酒给乙公司的情况如下:

(1)销售白酒40万斤(1斤=500克),不含增值税销售收入为1 000 000元,该白酒的成本为500 000元,另外收取包装物押金11 300元,约定3个月后返还包装物,若202×年8月乙公司未能返还包装物,则甲公司没收包装物押金,该包装物的成本为8 000元。白酒适用的消费税比率:比例税率为20%,定额税率为0.5元/500克。

(2)销售啤酒100吨,取得不含增值税销售收入260 000元,该啤酒的成本为180 000元。取得随同产品出售但单独计价的包装物不含增值税销售收入100 000元,该单独计价的包装物的成本为80 000元;另外,还有一部分包装物约定3个月后返还,收取包装物押金11 300

元，其成本为 7 000 元。若 202×年 8 月乙公司未能返还包装物，则甲公司没收包装物押金11 300 元。每吨啤酒出厂价格（含包装物及包装物押金）在 3 000 元（不含 3 000 元，不含增值税）以下的，单位税额为 220 元/吨。每吨啤酒出厂价格在 3 000 元（含 3 000 元，不含增值税）以上的，单位税额为 250 元/吨。

【要求】对甲公司上述业务进行账务处理。

【解析】《国家税务总局关于印发〈增值税若干具体问题的规定〉的通知》（国税发〔1993〕154 号）规定：纳税人为销售货物而出租、出借包装物收取的押金，单独记账核算的，不并入销售额征税；但对因逾期未收回包装物不再退还的押金，应按所包装货物的适用税率计算销项税额。

《国家税务总局关于加强增值税征收管理若干问题的通知》（国税发〔1995〕192 号）规定：从 1995 年 6 月 1 日起，对除销售啤酒、黄酒外的其他酒类产品而收取的包装物押金，无论是否返还以及会计上如何核算，均应并入当期销售额征收增值税。

《财政部　国家税务总局关于酒类产品包装物押金征税问题的通知》（财税字〔1995〕53 号）规定：从 1995 年 6 月 1 日起，对酒类产品生产企业销售酒类产品而收取的包装物押金，无论如何核算均需并入酒类产品销售额中，依酒类产品的适用税率征收消费税。

需要注意的是：① 黄酒、啤酒从量征收消费税，因此对于黄酒、啤酒的包装物押金无论是否逾期都无法征收消费税。② 酒厂销售除啤酒、黄酒以外的其他酒类产品而收取的包装物押金，无论是否返还以及会计上如何核算，均应交纳增值税和消费税。③ 销售啤酒、黄酒收取的包装物押金，没有单独记账核算的，应当并入销售额计算销项税额；单独记账核算的，不并入销售额征税，但对因逾期未收回包装物不再退还的押金，应按所包装货物的适用税率计算销项税额。

（1）销售白酒的账务处理。

① 202×年 5 月销售白酒时：

借：银行存款	1 141 300
贷：主营业务收入	1 000 000
应交税费——应交增值税（销项税额）	130 000
其他应付款——存入保证金	11 300
借：主营业务成本	500 000
贷：库存商品	500 000

② 40 万斤（1 斤＝500 克）白酒应纳消费税＝1 000 000×20%＋400 000×0.5＝400 000（元）

借：税金及附加	400 000
贷：应交税费——应交消费税	400 000

③ 包装物押金应纳增值税＝11 300/（1＋13%）×13%＝1 300（元）

包装物押金应纳消费税＝11 300/（1＋13%）×20%＝2 000（元）

借：销售费用	3 300
贷：应交税费——应交增值税（销项税额）	1 300
——应交消费税	2 000

或者：

借：销售费用	1 300

贷：应交税费——应交增值税（销项税额）　　　　　　　　　　1 300

借：税金及附加　　　　　　　　　　　　　　　　　　　　　　　2 000

　　　贷：应交税费——应交消费税　　　　　　　　　　　　　　　　2 000

④ 202×年8月包装物到期时：

若乙公司返还包装物：

借：其他应付款——存入保证金　　　　　　　　　　　　　　　　11 300

　　　贷：银行存款　　　　　　　　　　　　　　　　　　　　　　　11 300

若乙公司未能返还包装物，甲公司没收包装物押金时：

借：其他应付款——存入保证金　　　　　　　　　　　　　　　　11 300

　　　贷：其他业务收入　　　　　　　　　　　　　　　　　　　　　10 000

　　　　　销售费用　　　　　　　　　　　　　　　　　　　　　　　1 300

借：其他业务成本　　　　　　　　　　　　　　　　　　　　　　8 000

　　　贷：周转材料——包装物　　　　　　　　　　　　　　　　　　8 000

（2）销售啤酒的账务处理。

① 202×年5月销售啤酒时：

借：银行存款　　　　　　　　　　　　　　　　　　　　　　　293 800

　　　贷：主营业务收入　　　　　　　　　　　　　　　　　　　　260 000

　　　　　应交税费——应交增值税（销项税额）（260 000×13%）　33 800

借：主营业务成本　　　　　　　　　　　　　　　　　　　　　180 000

　　　贷：库存商品　　　　　　　　　　　　　　　　　　　　　　180 000

包装物随同产品出售但单独计价：

借：银行存款　　　　　　　　　　　　　　　　　　　　　　　113 000

　　　贷：其他业务收入　　　　　　　　　　　　　　　　　　　　100 000

　　　　　应交税费——应交增值税（销项税额）　　　　　　　　　13 000

借：其他业务成本　　　　　　　　　　　　　　　　　　　　　80 000

　　　贷：周转材料——包装物　　　　　　　　　　　　　　　　　80 000

收取包装物押金时：

借：银行存款　　　　　　　　　　　　　　　　　　　　　　　11 300

　　　贷：其他应付款——存入保证金　　　　　　　　　　　　　　11 300

② 每吨啤酒出厂价格（含包装物及包装物押金）＝［260 000＋100 000＋11 300/（1＋13%）］/100＝3 700（元）＞3 000元，因此消费税单位税额为250元/吨。

啤酒应纳消费税＝100×250＝25 000（元）

借：税金及附加　　　　　　　　　　　　　　　　　　　　　　25 000

　　　贷：应交税费——应交消费税　　　　　　　　　　　　　　　25 000

③ 202×年8月包装物到期时：

若乙公司返还包装物：

借：其他应付款——存入保证金　　　　　　　　　　　　　　　　11 300

　　　贷：银行存款　　　　　　　　　　　　　　　　　　　　　　　11 300

若乙公司未能返还包装物，甲公司没收包装物押金时：

借：其他应付款——存入保证金　　　　　　　　　　　　　　11 300
　　贷：其他业务收入　　　　　　　　　　　　　　　　　　10 000
　　　　应交税费——应交增值税（销项税额）　　　　　　　 1 300
借：其他业务成本　　　　　　　　　　　　　　　　　　　　 7 000
　　贷：周转材料——包装物　　　　　　　　　　　　　　　 7 000

（五）委托加工应税消费品的会计核算

纳税人委托加工的应税消费品由受托方在向委托方交货时代收代缴消费税。

委托方收回应税消费品后，如果直接用于销售，且销售价格不高于受托方计税价格，则在销售时不再交纳消费税。委托方在委托加工后提货时，应将受托方代收代缴的消费税随同应支付的加工费一并计入委托加工的应税消费品成本之中，借记"委托加工物资"等科目，贷记"银行存款"等科目。直接用于销售且销售价格不高于受托方计税价格时，不再交纳消费税，此时不需要对消费税进行账务处理。

委托方收回应税消费品后，如果直接用于销售，但销售价格高于受托方计税价格，根据最新规定，不属于直接销售，需要按照规定申报消费税，在计税时准予扣除受托方代收代缴的消费税。委托方在委托加工后提货时，有两种账务处理方式：一种方式是将受托方代收代缴的消费税随同应支付的加工费一并计入委托加工的应税消费品成本之中，借记"委托加工物资"等科目，贷记"银行存款"等科目；直接用于销售但销售价格高于受托方计税价格时，按照根据规定计算（计提）的消费税扣除受托方代收代缴的消费税税额后的金额，借记"税金及附加"科目，贷记"应交税费——应交消费税"科目。另一种方式是将受托方代收代缴的消费税税额单独记入"应交税费——待抵扣消费税额"科目的借方（如果纳税人不设置"应交税费——待抵扣消费税额"科目，则记入"应交税费——应交消费税"科目的借方），借记"应交税费——待抵扣消费税额"等科目，贷记"银行存款"等科目（如果纳税人不设置"应交税费——待抵扣消费税额"科目，而通过"应交税费——应交消费税"科目核算"待抵扣消费税额"，则借记"应交税费——应交消费税"等科目，贷记"银行存款"等科目）；直接用于销售但销售价格高于受托方计税价格时，按之前支付给受托方代收代缴的消费税税额，借记"应交税费——应交消费税"科目，贷记"应交税费——待抵扣消费税额"科目（如果纳税人不设置"应交税费——待抵扣消费税额"科目，则不做该笔会计分录。如果纳税人不设置"应交税费——待抵扣消费税额"科目，而通过"应交税费——应交消费税"科目核算"待抵扣消费税额"，在未全部销售该应税消费品时，就存在一定的难度，不易清楚核算。此时只能在会计分录中核算计提的消费税，无法核算抵扣的消费税，需要由税务会计人员在账外记录本期可以抵扣的消费税和尚未抵扣的消费税，道理与例3-13类似），同时按照根据规定计算（计提）的消费税税额，借记"税金及附加"科目，贷记"应交税费——应交消费税"科目；交纳消费税时，按照根据规定计算（计提）的消费税扣除受托方代收代缴的消费税税额后的金额，借记"应交税费——应交消费税"科目，贷记"银行存款"科目。

委托方收回应税消费品后，如果用于连续生产应税消费品的，其已纳消费税税款准予按照规定从连续生产的应税消费品应纳消费税税额中抵扣，委托方应按受托方代收代缴的消费税税额，借记"应交税费——待抵扣消费税额"科目，贷记"银行存款"等科目（如果纳税人不设置"应交税费——待抵扣消费税额"科目，而通过"应交税费——应交消费税"科目核算

"待抵扣消费税额"，则借记"应交税费——应交消费税"等科目，贷记"银行存款"等科目）。

纳税人将委托加工后收回的已税消费品用于连续生产应税消费品时，应按照当期生产领用应税消费品的金额（或数量）计算准予扣除委托加工后收回的应税消费品已纳的消费税税款，借记"应交税费——应交消费税"科目，贷记"应交税费——待抵扣消费税额"科目（如果纳税人不设置"应交税费——待抵扣消费税额"科目，则不做该笔会计分录。如果纳税人不设置"应交税费——待抵扣消费税额"科目，而通过"应交税费——应交消费税"科目核算"待抵扣消费税额"，在未全部领用委托加工后收回的可以抵扣消费税的应税消费品时，就存在一定的难度，不易清楚核算。此时只能在会计分录中核算计提的消费税，无法核算抵扣的消费税，需要由税务会计人员在账外记录本期可以抵扣的消费税和尚未抵扣的消费税，道理与例3-13类似），同时按照根据规定计算（计提）的消费税额，借记"税金及附加"科目，贷记"应交税费——应交消费税"科目；交纳消费税时，按照根据规定计算（计提）的消费税税款扣除按照当期生产领用应税消费品的金额（或数量）计算准予扣除委托加工后收回的应税消费品已纳的消费税税款的余额，借记"应交税费——应交消费税"科目，贷记"银行存款"科目。

【例3-18】甲酒厂为增值税一般纳税人，202×年5月将库存半成品酒发出，委托外协单位乙酒厂加工调和成葡萄酒收回后直接对外出售。发出半成品的账面成本为770 000元，支付加工费242 000元（不含增值税），取得乙酒厂开具的增值税专用发票。甲酒厂取得的增值税专用发票202×年5月符合抵扣规定。外协单位乙酒厂（受托方）同类消费品计税销售额为1 430 000元（不含增值税）。加工完毕，甲酒厂将葡萄酒验收入库待售。次月，甲酒厂将全部葡萄酒以1 320 000元的价格（不含增值税）对外销售。葡萄酒的消费税税率为10%。

【要求】

（1）计算甲酒厂的增值税进项税额。

（2）计算由乙酒厂代收代缴的消费税。

（3）对委托方甲酒厂上述业务进行账务处理

（4）对受托方乙酒厂上述业务进行账务处理。

【解析】

（1）甲酒厂增值税进项税额=242 000×13%=31 460（元）

（2）由乙酒厂（受托方）代收代缴的消费税=1 430 000×10%=143 000（元）

（3）委托方甲酒厂的账务处理如下：

① 发出半成品时：

借：委托加工物资　　　　　　　　　　　　　　　　　　　　　　770 000

　　贷：原材料　　　　　　　　　　　　　　　　　　　　　　　　770 000

② 支付加工费及相关税金（包括委托加工费、委托加工环节由受托方代收代缴的消费税、委托加工环节的增值税）时：

借：委托加工物资（242 000+143 000）　　　　　　　　　　　　385 000

　　应交税费——应交增值税（进项税额）　　　　　　　　　　　　31 460

　　贷：银行存款　　　　　　　　　　　　　　　　　　　　　　　416 460

③ 加工完毕，收回入库时：

借：库存商品（770 000+385 000）　　　　　　　　　　　　　1 155 000

　　贷：委托加工物资　　　　　　　　　　　　　　　　　　　　1 155 000

④ 次月将全部葡萄酒以 1 320 000 元的价格（不含增值税）对外销售，不高于受托方葡萄酒的计税价格 1 430 000 元，只计算增值税，不再计算交纳消费税。

应纳增值税=1 320 000×13%=171 600（元）

借：银行存款　　　　　　　　　　　　　　　　　　　　　　　1 491 600
　　贷：主营业务收入　　　　　　　　　　　　　　　　　　　　　1 320 000
　　　　应交税费——应交增值税（销项税额）　　　　　　　　　　　171 600
借：主营业务成本　　　　　　　　　　　　　　　　　　　　　　1 155 000
　　贷：库存商品　　　　　　　　　　　　　　　　　　　　　　　1 155 000

（4）受托方乙酒厂的账务处理如下：

① 收取加工费时：

借：银行存款　　　　　　　　　　　　　　　　　　　　　　　　273 460
　　贷：其他业务收入　　　　　　　　　　　　　　　　　　　　　　242 000
　　　　应交税费——应交增值税（销项税额）　　　　　　　　　　　　31 460

② 收取代收的消费税时：

借：银行存款　　　　　　　　　　　　　　　　　　　　　　　　143 000
　　贷：应交税费——应交消费税（或"应交税费——代收代缴消费税"）　143 000

③ 交纳代收的消费税时：

借：应交税费——应交消费税（或"应交税费——代收代缴消费税"）　143 000
　　贷：银行存款　　　　　　　　　　　　　　　　　　　　　　　　143 000

【例3-19】甲酒厂为增值税一般纳税人，202×年5月将库存半成品酒发出，委托外协单位乙酒厂加工调和成葡萄酒收回后直接对外出售。发出半成品的账面成本为 770 000 元，支付加工费 242 000 元（不含增值税），取得乙酒厂开具的增值税专用发票。甲酒厂取得的增值税专用发票 202×年5月符合抵扣规定。外协单位乙酒厂（受托方）同类消费品计税销售额为 1 430 000 元（不含增值税）。加工完毕，甲酒厂将葡萄酒验收入库待售。次月，甲酒厂将全部葡萄酒以 1 500 000 元的价格（不含增值税）对外销售。葡萄酒的消费税税率为10%。

【要求】

（1）计算甲酒厂的增值税进项税额。

（2）计算由乙酒厂代收代缴的消费税。

（3）对委托方甲酒厂上述业务进行账务处理。

（4）对受托方乙酒厂上述业务进行账务处理。

【解析】

（1）甲酒厂增值税进项税额=242 000×13%=31 460（元）

（2）由乙酒厂（受托方）代收代缴的消费税=1 430 000×10%=143 000（元）

（3）委托方甲酒厂的账务处理如下：

① 发出半成品时：

借：委托加工物资　　　　　　　　　　　　　　　　　　　　　　770 000
　　贷：原材料　　　　　　　　　　　　　　　　　　　　　　　　770 000

② 支付加工费及相关税金（包括委托加工费、委托加工环节由受托方代收代缴的消费税、委托加工环节的增值税）时：

借：委托加工物资（242 000+143 000）   385 000

    应交税费——应交增值税（进项税额）   31 460

    贷：银行存款   416 460

③ 加工完毕，收回入库时：

借：库存商品（770 000+385 000）   1 155 000

    贷：委托加工物资   1 155 000

④ 将全部葡萄酒以 1 500 000 元的价格（不含增值税）对外销售，高于受托方葡萄酒的计税价格 1 430 000 元，既要计算增值税，又要按照差额计算交纳消费税。

应纳增值税=1 500 000×13%=195 000（元）

应纳消费税=1 500 000×10%-143 000=7 000（元）

确认收入时：

借：银行存款   1 695 000

    贷：主营业务收入   1 500 000

    应交税费——应交增值税（销项税额）   195 000

结转成本时：

借：主营业务成本   1 155 000

    贷：库存商品   1 155 000

计提消费税时：

借：税金及附加   7 000

    贷：应交税费——应交消费税   7 000

次月申报期内实际交纳消费税时：

借：应交税费——应交消费税   7 000

    贷：银行存款   7 000

（4）受托方乙酒厂的账务处理如下：

① 收取加工费时：

借：银行存款   273 460

    贷：其他业务收入   242 000

    应交税费——应交增值税（销项税额）   31 460

② 收取代收的消费税时：

借：银行存款   143 000

    贷：应交税费——应交消费税（或"应交税费——代收代缴消费税"）   143 000

③ 交纳代收的消费税时：

借：应交税费——应交消费税（或"应交税费——代收代缴消费税"）   143 000

    贷：银行存款   143 000

【例3-20】甲卷烟厂为增值税一般纳税人，202×年5月委托乙厂加工烟丝，卷烟厂提供烟叶的价款为 84 000 元，支付加工费 31 500 元（不含增值税），取得乙厂开具的增值税专用发票。甲卷烟厂取得的增值税专用发票 202×年5月符合抵扣规定。乙厂无同类产品销售价格。增值税税率为13%，烟丝的消费税税率为30%。甲卷烟厂本月收回烟丝后全部继续加工成甲类卷烟销售。当月销售60标准箱，每标准条调拨价为75元（每标准箱的卷烟数量为50 000

支，换算为 250 标准条。该卷烟适用的比例税率为 56%，定额税率为每标准箱 150 元）。当月销售卷烟的成本为 30 000 元。甲卷烟厂期初库存委托加工收回的烟丝已纳消费税为 20 000 元，期末库存委托加工烟丝已纳消费税为 20 000 元。

【要求】

（1）计算甲卷烟厂销售卷烟的销售收入。

（2）计算甲卷烟厂销售卷烟的应纳增值税。

（3）计算受托方乙厂代收代缴的消费税及当月甲卷烟厂销售卷烟实际应纳的消费税。

（4）对委托方甲卷烟厂上述业务进行账务处理。

（5）对受托方乙厂上述业务进行账务处理。

【解析】

（1）甲卷烟厂销售收入=75×250×60=1 125 000（元）

（2）甲卷烟厂销售卷烟的应纳增值税=1 125 000×13%=146 250（元）

（3）由受托方乙厂代收代缴的消费税=（84 000+31 500）/（1-30%）×30%=49 500（元）

甲卷烟厂销售卷烟的应纳消费税=1 125 000×56%+150×60=639 000（元）

甲卷烟厂当月销售卷烟实际应纳的消费税=639 000-49 500=589 500（元）

（4）委托方甲卷烟厂的账务处理如下：

① 发出委托加工材料时：

借：委托加工物资　　　　　　　　　　　　　　　　　　　　　　　　84 000

　　　贷：原材料　　　　　　　　　　　　　　　　　　　　　　　　　　84 000

② 支付委托加工费时：

借：委托加工物资　　　　　　　　　　　　　　　　　　　　　　　　31 500

　　应交税费——应交增值税（进项税额）（31 500×13%）　　　　　 4 095

　　　贷：银行存款　　　　　　　　　　　　　　　　　　　　　　　　　35 595

③ 支付受托方代收代缴的消费税时：

借：应交税费——待抵扣消费税额　　　　　　　　　　　　　　　　　49 500

　　　贷：银行存款　　　　　　　　　　　　　　　　　　　　　　　　　49 500

如果纳税人不设置"应交税费——待抵扣消费税额"科目，则：

借：应交税费——应交消费税　　　　　　　　　　　　　　　　　　　49 500

　　　贷：银行存款　　　　　　　　　　　　　　　　　　　　　　　　　49 500

④ 加工的烟丝收回入库时：

借：原材料（84 000+31 500）　　　　　　　　　　　　　　　　　 115 500

　　　贷：委托加工物资　　　　　　　　　　　　　　　　　　　　　　 115 500

⑤ 销售卷烟取得收入并结转成本时：

借：银行存款　　　　　　　　　　　　　　　　　　　　　　　　 1 271 250

　　　贷：主营业务收入　　　　　　　　　　　　　　　　　　　　　 1 125 000

　　　　　应交税费——应交增值税（销项税费）　　　　　　　　　　 146 250

借：主营业务成本　　　　　　　　　　　　　　　　　　　　　　　 300 000

　　　贷：库存商品　　　　　　　　　　　　　　　　　　　　　　　　 300 000

⑥ 计提消费税时：

借：税金及附加   639 000

  贷：应交税费——应交消费税   639 000

⑦ 抵扣消费税时：

当月准予抵扣的消费税税额＝20 000＋49 500－20 000＝49 500（元）

借：应交税费——应交消费税   49 500

  贷：应交税费——待抵扣消费税额   49 500

（如果纳税人不设置"应交税费——待抵扣消费税额"科目，则不做该笔会计分录）

⑧ 下月初实际交纳消费税时：

借：应交税费——应交消费税（639 000－49 500）   589 500

  贷：银行存款   589 500

（5）受托方乙厂的账务处理如下：

① 收取加工费时：

借：银行存款   35 595

  贷：其他业务收入   31 500

    应交税费——应交增值税（销项税额）   4 095

② 收取代收的消费税时：

借：银行存款   49 500

  贷：应交税费——应交消费税（或"应交税费——代收代缴消费税"） 49 500

③ 交纳代收的消费税时：

借：应交税费——应交消费税（或"应交税费——代收代缴消费税"） 49 500

  贷：银行存款   49 500

（六）进口应税消费品的会计核算

进口应税消费品时，进口单位交纳的消费税应计入应税消费品的成本中。按进口成本连同应纳关税、消费税，借记"固定资产""原材料""在途物资""库存商品"等科目，由于进口货物向海关交税与提货联系在一起，即交税后方能提货，为简化核算，关税、消费税可以不通过"应交税费"科目核算，直接贷记"银行存款""应付账款"等科目。若情况特殊，先提货，后交税时，也可以通过"应交税费"科目核算。

【例3-21】甲公司为增值税一般纳税人，202×年5月从国外进口一辆小汽车，其关税完税价格为60 000美元，海关征收关税税率为50%，款项已开出支票支付。按照税法规定，该小汽车适用从价定率办法计算征收消费税，其消费税税率为3%，当月1日美元汇率为1美元兑6.20元人民币。甲公司从海关取得了海关进口增值税专用交款书，该海关进口增值税专用交款书202×年5月已经申请稽核比对，并且稽核比对结果为相符。

【要求】

（1）计算甲公司进口应税消费品的组成计税价格。

（2）计算甲公司的应纳增值税及消费税。

（3）对甲公司上述业务进行账务处理。

【解析】

（1）消费税组成计税价格＝（60 000×6.20＋60 000×6.20×50%）／（1－3%）

          ＝558 000／（1－3%）＝575 257.73（元）

（2）应纳消费税=575 257.73×3%=17 257.73（元）

应纳增值税=（60 000×6.20+60 000×6.20×50%+17 257.73）×13%=74 783.50（元）

（3）甲公司的账务处理如下：

① 支付外商货款及交纳进口关税时：

借：在途物资　　　　　　　　　　　　　　　　　　　　558 000

　　贷：银行存款　　　　　　　　　　　　　　　　　　　　558 000

② 计提消费税时：

借：在途物资　　　　　　　　　　　　　　　　　　　　17 257.73

　　贷：应交税费——应交消费税　　　　　　　　　　　　　17 257.73

③ 交纳进口消费税时：

借：应交税费——应交消费税　　　　　　　　　　　　　17 257.73

　　贷：银行存款　　　　　　　　　　　　　　　　　　　　17 257.73

④ 交纳进口增值税时：

借：应交税费——应交增值税（进项税额）　　　　　　　74 783.50

　　贷：银行存款　　　　　　　　　　　　　　　　　　　　74 783.50

或上述分录合并为：

借：在途物资（60 000×6.20+60 000×6.20×50%+17 257.73）　575 257.73

　　应交税费——应交增值税（进项税额）　　　　　　　　74 783.50

　　　贷：银行存款　　　　　　　　　　　　　　　　　　　　650 041.23

（七）消费税出口退（免）税的会计核算

生产企业直接出口或者委托外贸企业出口自产应税消费品时，按规定予以直接免税，不计算交纳消费税；免税后发生退货或退关的，也可以暂不办理补税，待其转为国内销售时，再申报交纳消费税。

外贸企业从生产企业购入应税消费品自营出口的，按先征后退办法进行核算，即外贸企业从生产企业购入应税消费品时，先由生产企业交纳消费税，在产品报关出口后，再申请出口退税；退税后若发生退货或退关，应及时补交消费税。生产企业销售给外贸企业应税消费品时，生产企业按应交纳的消费税税额，借记"税金及附加"科目，贷记"应交税费——应交消费税"科目；外贸企业申请退税时，借记"应收出口退税款——消费税"科目，贷记"主营业务成本"科目；实际收到退款时，借记"银行存款"科目，贷记"应收出口退税款——消费税"科目。

【例3-22】甲外贸公司为增值税一般纳税人，202×年5月从乙化妆品厂购入高档化妆品一批（乙化妆品厂该批高档化妆品的成本为200万元），取得的增值税专用发票注明的价款为300万元，增值税为39万元。甲外贸公司取得的增值税专用发票202×年5月符合抵扣规定。甲外贸公司202×年6月将该批高档化妆品销往国外，离岸价为100万美元（当日外汇牌价为1美元兑6.30元人民币），并按规定申报办理消费税退税。高档化妆品的消费税税率和退税率均为15%，增值税退税率为9%。上述款项均已收付。

【要求】

（1）计算甲外贸公司应退的消费税和增值税。

（2）对乙化妆品厂上述业务进行账务处理。

（3）对甲外贸公司上述业务进行账务处理。

【解析】

（1）甲外贸公司应退税款为：

应退消费税＝3 000 000×15%＝450 000（元）

应退增值税＝3 000 000×9%＝270 000（元）

（2）乙化妆品厂的账务处理如下：

① 确认收入时：

借：银行存款	3 390 000
贷：主营业务收入	3 000 000
应交税费——应交增值税（销项税额）	390 000

② 结转成本时：

借：主营业务成本	2 000 000
贷：库存商品	2 000 000

③ 计提消费税时：

借：税金及附加（3 000 000×15%）	450 000
贷：应交税费——应交消费税	450 000

（3）甲外贸公司的账务处理如下：

① 购入高档化妆品时：

借：库存商品	3 000 000
应交税费——应交增值税（进项税额）	390 000
贷：银行存款	3 390 000

② 高档化妆品报关出口时：

借：银行存款（1 000 000×6.30）	6 300 000
贷：主营业务收入	6 300 000

③ 结转销售成本时：

借：主营业务成本	3 000 000
贷：库存商品	3 000 000

④ 不予退还的增值税做进项税额转出时：

借：主营业务成本〔3 000 000×（13%－9%）〕	120 000
贷：应交税费——应交增值税（进项税额转出）	120 000

⑤ 申请退税时：

借：应收出口退税款——增值税	270 000
——消费税	450 000
贷：应交税费——应交增值税（出口退税）	270 000
主营业务成本	450 000

⑥ 收到出口退税时：

借：银行存款	720 000
贷：应收出口退税款——增值税	270 000
——消费税	450 000

（八）交纳消费税的会计核算

纳税人交纳消费税通过"应交税费——应交消费税"以及"银行存款"两个科目来核算。纳税人按照应交纳的消费税税额，借记"应交税费——应交消费税"科目，同时贷记"银行存款"科目。

交纳消费税的会计核算在前面的例题中已经多次举例，这里不再赘述。

（九）减免消费税的会计核算

1. 直接减免消费税的会计核算

纳税人对法定直接减免的消费税，国家未指定特定用途的，可以不进行会计处理。但严谨起见，应当先借记"税金及附加"等科目，贷记"应交税费——应交消费税"科目，然后借记"应交税费——应交消费税"科目，贷记"其他收益"或"营业外收入"或"税金及附加"等科目。

纳税人对法定直接减免的消费税，国家指定特定用途的，应当先借记"税金及附加"等科目，贷记"应交税费——应交消费税"科目，再借记"应交税费——应交消费税"科目，贷记"实收资本"等科目。

2. 先征后返、先征后退和即征即退消费税的会计核算

纳税人对实行先征后返、先征后退和即征即退消费税的减免方式，应当先按正常计税要求计算交纳消费税，并进行相应的会计核算。本月交纳以前期间应交未交的消费税，则借记"应交税费——应交消费税"科目，贷记"银行存款"科目；在收到退税款时，借记"银行存款"科目，贷记"其他收益"科目（最后一步账务处理也可分为两步：在确认先征后返、先征后退或即征即退消费税时，借记"其他应收款"科目，贷记"其他收益"科目；日后收到退税款时，借记"银行存款"科目，贷记"其他应收款"科目）。

"先征后返、先征后退和即征即退消费税的会计核算"与项目二中"先征后返，先征后退和即征即退增值税的会计核算"类似，这里不再赘述。

练 习 题

一、单项选择题

1. 下列各项中，不属于消费税征税范围的是（　　）。

　　A. 珠宝玉石　　　　B. 电动汽车　　　　C. 啤酒　　　　D. 粮食白酒

2. 下列各项中，实行从价定率和从量定额相结合的复合计征办法征收消费税的是（　　）。

　　A. 黄酒　　　　B. 柴油　　　　C. 白酒　　　　D. 游艇

3. 202×年10月甲手表厂将一批自产的新型高档手表奖励给优秀员工，该批高档手表生产成本为32 000元，无同类高档手表销售价格。已知高档手表消费税税率为20%，成本利润率为20%。下列甲手表厂当月该笔业务应交纳消费税税额的计算中，正确的是（　　）。

　　　　A. ［32 000×（1+20%）/（1-20%）］×20%=9 600（元）

　　　　B. ［32 000/（1-20%）］×20%=8 000（元）

　　　　C. 32 000×20%=6 400（元）

D. 32 000×（1+20%）×20%=7 680（元）

4.202×年12月甲公司进口一批药酒，海关审定的关税完税价格为135万元，关税为18万元，已知药酒消费税税率为10%，下列甲公司当月进口药酒应交纳消费税税额的计算中，正确的是（　　）。

　　A.（135+18）×10%=15.3（万元）

　　B.［（135+18）/（1−10%）］×10%=17（万元）

　　C. 135×10%=13.5（万元）

　　D. 135/（1−10%）×10%=15（万元）

5. 下列各项中，不可以按当期生产领用数量计算准予扣除的外购应税消费品已纳消费税税款的是（　　）。

　　A. 外购已税高档化妆品原料生产的高档化妆品

　　B. 外购已税杆头、杆身和握把为原料生产的高尔夫球杆

　　C. 外购已税航空煤油为原料生产的成品油

　　D. 外购已税汽油、柴油为原料生产的汽油、柴油

二、多项选择题

1. 下列各项中，应当征收消费税的有（　　）。

　　A. 调味料酒　　　　　　　　　　B. 溶剂油

　　C. 卡丁车　　　　　　　　　　　D. 木质一次性筷子

2. 下列各项中，在零售环节征收消费税的有（　　）。

　　A. 金银首饰　　　　　　　　　　B. 珊瑚

　　C. 超豪华小汽车　　　　　　　　D. 摩托车

3. 下列各项中，实行从量定额办法计征消费税的有（　　）。

　　A. 啤酒　　　　　B. 石脑油　　　　　C. 果木酒　　　　　D. 白酒

4. 下列各项中，既征收增值税又征收消费税的有（　　）。

　　A. 从国外进口的原油　　　　　　B. 从国外进口的啤酒

　　C. 生产环节销售的超豪华小汽车　D. 生产环节销售的金银首饰

5. 下列各项中，委托加工收回的应税消费品可以抵扣已交纳的消费税的有（　　）。

　　A. 以委托加工收回的已税鞭炮、焰火为原料生产的鞭炮、焰火

　　B. 以委托加工收回的已税摩托车为原料生产的摩托车

　　C. 以委托加工收回的已税珠宝、玉石为原料生产的金银首饰

　　D. 以委托加工收回的已税实木地板为原料生产的实木地板

三、判断题

1. 纳税人自产自用的应税消费品，用于连续生产应税消费品的，交纳消费税。（　　）

2. 委托方将收回的应税消费品出售的，无论售价高低，均不再交纳消费税。（　　）

3. 应当交纳消费税的高档手表是指销售价格（含增值税）每只在10 000元（含）以上的各类手表。　　　　　　　　　　　　　　　　　　　　　　　　　　　　　　　　（　　）

4. 薯类白酒采用从价定率办法计算消费税。　　　　　　　　　　　　　　　（　　）

5. 实行从价计征办法征收消费税的应税消费品连同包装销售的，无论包装物是否单独计价以及在会计上如何核算，均应并入应税消费品的销售额中交纳消费税。　　（　　）

　　四、业务题

　　1. 甲公司是一家汽车制造厂，为增值税一般纳税人，202×年 3 月销售 10 辆 M 款小汽车，出厂价为每辆 150 000 元（不含税），成本为 110 000 元/辆。甲公司 202×年 3 月用 2 辆 N 款小汽车抵偿欠乙公司的货款 600 000 元，N 款小汽车的平均售价为 190 000 元/辆（不含税），最高售价为 200 000 元/辆（不含税），成本为 150 000 元/辆。上述 M 款、N 款小汽车的气缸容量均为 2.5 升，消费税税率均为 9%。

　　要求：

　　（1）计算销售 10 辆 M 款小汽车的应纳增值税和应纳消费税。

　　（2）计算 2 辆 N 款小汽车抵债的应纳增值税和应纳消费税。

　　（3）对甲公司销售 10 辆 M 款小汽车的相关业务进行账务处理。

　　（4）对甲公司用 2 辆 N 款小汽车抵债的相关业务进行账务处理。

　　2. 甲公司是一家珠宝店，为增值税一般纳税人，202×年 3 月，以旧换新销售金项链一条，售价为 20 000 元（含增值税），旧项链作价 8 000 元，实际收到价款 12 000 元。消费税税率为 5%。

　　要求：对甲公司相关业务进行账务处理。

　　3. 甲珠宝店为增值税一般纳税人，自产金项链等产品对外零售。202×年 3 月将自产的金项链 100 克奖励给业绩优秀的管理人员，该金项链的成本为 45 000 元，当月同样金项链的零售价格为 56 500 元。

　　要求：对甲珠宝店相关业务进行账务处理。

　　4. 甲公司为增值税一般纳税人，本年 1 月将自产的实木地板用于管理部门的办公室装修，202×年 2 月装修完成。同类实木地板不含增值税销售价格为 200 000 元，该实木地板的成本为 160 000 元，消费税税率为 5%。

　　要求：

　　（1）计算甲公司的应纳消费税。

　　（2）对甲公司相关业务进行账务处理。

　　5. 甲公司为增值税一般纳税人，202×年 1 月销售高档化妆品一批，不含增值税的价格为 40 000 元，收取包装物押金 2 260 元，产品成本为 30 000 元，包装物成本为 1 600 元。该批高档化妆品已经发出，款项以银行存款收讫。高档化妆品的消费税税率为 15%。

　　要求：

　　（1）对甲公司销售高档化妆品及计提消费税进行账务处理。

　　（2）若购买方到期前退还包装物，甲公司退还包装物押金，对甲公司相关业务进行账务处理。

　　（3）若购买方逾期未退还包装物，甲公司没收包装物押金，对甲公司相关业务进行账务处理。

项目四
企业所得税的会计实务

（1）能根据相关业务资料计算企业所得税。

（2）能设置企业所得税的会计科目，能根据相关业务资料对企业所得税进行会计核算。

（3）能根据相关业务资料填写企业所得税预交纳税申报表和年度纳税申报表，并能进行企业所得税的预交纳税申报和年度汇算清交纳税申报。

任务一　企业所得税的认知

一、企业所得税的概念

企业所得税是对中华人民共和国境内的企业和其他取得收入的组织的生产经营所得和其他所得征收的一种税。

二、企业所得税的纳税人

企业分为居民企业和非居民企业。居民企业是指依法在中国境内成立，或者依照外国（地区）法律成立但实际管理机构在中国境内的企业。非居民企业是指依照外国（地区）法律成立且实际管理机构不在中国境内，但在中国境内设立机构、场所的，或者在中国境内未设立机构、场所，但有来源于中国境内所得的企业。

三、企业所得税的征税对象

居民企业应就来源于中国境内、境外的所得交纳企业所得税。

非居民企业在中国境内未设立机构、场所的，应当就其所设机构、场所取得的来源于中国境内的所得，以及发生在中国境外但与其所设机构、场所有实际联系的所得，交纳企业所得税。

非居民企业在中国境内未设立机构、场所的，或者虽设立机构、场所但取得的所得与其所设机构、场所没有实际联系的，应当就其来源于中国境内的所得交纳企业所得税。

四、企业所得税的税率

（一）基本税率

企业所得税的基本税率为25%，适用于居民企业和在中国境内设有机构、场所且取得的所得与其所设机构、场所有实际联系的非居民企业。

（二）优惠税率

（1）对符合条件的小型微利企业，减按20%的税率征收企业所得税。

★ 自2019年1月1日至2021年12月31日，对小型微利企业年应纳税所得额不超过100万元的部分，减按25%计入应纳税所得额，按20%的税率交纳企业所得税；对年应纳税所得额超过100万元但不超过300万元的部分，减按50%计入应纳税所得额，按20%的税率交纳企业所得税。上述小型微利企业是指从事国家非限制和禁止行业，且同时符合年度应纳税所得额不超过300万元、从业人数不超过300人、资产总额不超过5 000万元等三个条件的企业。自2021年1月1日至2022年12月31日，对小型微利企业年应纳税所得额不超过100万元的部分，在上述优惠政策基础上，再减半征收企业所得税，即减按12.5%计入应纳税所得额，按20%的税率交纳企业所得税。

（2）对国家需要重点扶持的高新技术企业，减按15%的税率征收企业所得税。

（3）非居民企业在中国境内未设立机构、场所的，或者虽设立机构、场所但取得的所得与其所设机构、场所没有实际联系的所得，适用税率为20%，但实际征税时减按10%的税率征收企业所得税，以支付人为扣缴义务人。

五、企业所得税应纳税所得额和应纳税额的计算

企业所得税应纳税所得额是企业所得税的计税依据。按照《中华人民共和国企业所得税法》的规定，应纳税所得额为企业每一个纳税年度的收入总额减去不征税收入额、免税收入额、各项扣除额，以及准予弥补的以前年度亏损额之后的余额。企业的应纳税额取决于应纳税所得额和适用税率两个因素。

企业应纳税所得额有以下两种计算方法。

直接计算法下的计算公式为：

$$应纳税所得额=收入总额-不征税收入额-免税收入额-各项扣除额-$$
$$准予弥补的以前年度亏损额$$

间接计算法下的计算公式为：

$$应纳税所得额=利润总额\pm纳税调整项目金额$$

企业所得税应纳税额的计算公式为：

$$应纳税额=应纳税所得额\times适用税率-减免税额-抵免税额$$

减免税额和抵免税额，是指依照《中华人民共和国企业所得税法》和国务院的税收优惠规定减征、免征和准予抵免的应纳税额。

（一）收入总额

企业以货币形式和非货币形式从各种来源取得的收入，为收入总额，包括销售货物收入，

提供劳务收入，转让财产收入，股息、红利等权益性投资收益，利息收入，租金收入，特许权使用费收入，接受捐赠收入，其他收入。

（二）不征税收入

收入总额中的下列收入为不征税收入：

（1）财政拨款，是指各级人民政府对纳入预算管理的事业单位、社会团体等组织拨付的财政资金，但国务院和国务院财政、税务主管部门另有规定的除外。

（2）依法收取并纳入财政管理的行政事业性收费、政府性基金。行政事业性收费，是指依照法律法规等有关规定，按照国务院规定程序批准，在实施社会公共管理，以及在向公民、法人或者其他组织提供特定公共服务过程中，向特定对象收取并纳入财政管理的费用。政府性基金，是指企业依照法律、行政法规等有关规定，代政府收取的具有专项用途的财政资金。

（3）国务院规定的其他不征税收入，是指企业取得的，由国务院财政、税务主管部门规定专项用途并经国务院批准的财政性资金。

财政性资金，是指企业取得的来源于政府及其有关部门的财政补助、补贴、贷款贴息，以及其他各类财政专项资金，包括直接减免的增值税和即征即退、先征后退、先征后返的各种税收，但不包括企业按规定取得的出口退税款。

（三）免税收入

免税收入是指属于企业的应税所得但按照税法规定免予征收企业所得税的收入。

企业的下列收入为免税收入：

（1）国债利息收入。

（2）符合条件的居民企业之间的股息、红利等权益性投资收益（该收益是指居民企业直接投资于其他居民企业取得的投资收益，且该收益不包括连续持有居民企业公开发行并上市流通的股票不足 12 个月取得的投资收益）。

（3）在中国境内设立机构、场所的非居民企业从居民企业取得与该机构、场所有实际联系的股息、红利等权益性投资收益（该收益不包括连续持有居民企业公开发行并上市流通的股票不足 12 个月取得的投资收益）。

（4）符合条件的非营利组织的收入。

（5）非营利组织其他免税收入。其具体包括：接受其他单位或者个人捐赠的收入；除《中华人民共和国企业所得税法》（简称《企业所得税法》）第七条规定的财政拨款以外的其他政府补助收入，但不包括因政府购买服务取得的收入；按照省级以上民政、财政部门局规定收取的会费；不征税收入和免税收入孳生的银行存款利息收入；财政部、国家税务总局规定的其他收入。

（四）准予扣除项目

准予扣除项目包括成本、费用、税金、损失和其他支出。

（1）成本，是指企业销售商品（产品、材料废料等）、提供劳务、转让无形资产和固定资产的成本。

（2）费用，是指企业在生产经营活动中发生的销售费用、管理费用和财务费用，已经计入成本的有关费用除外。

（3）税金，是指企业发生的除企业所得税和允许抵扣的增值税以外的各项税金及其附加。

（4）损失，是指企业在生产经营活动中发生的固定资产和存货的盘亏、毁损、报废损失，转让财产损失，呆账损失，坏账损失，自然灾害等不可抗力因素造成的损失以及其他损失。企业发生的损失，减除责任人赔偿和保险赔款后的余额，依照国务院财政、税务主管部门的规定扣除。企业已经作为损失处理的资产，在以后纳税年度又全部收回或者部分收回时，应当计入当期收入。

（5）其他支出，是指除成本、费用、税金、损失外，企业在生产经营活动中发生的与生产经营活动有关的、合理的支出，以及国务院财政、税务主管部门规定的其他支出。

（五）不得扣除项目

不得扣除项目包括以下几项：

（1）向投资者支付的股息、红利等权益性投资收益款项；

（2）企业所得税税款；

（3）税收滞纳金；

（4）罚金、罚款和被没收财物的损失；

（5）企业发生的公益性捐赠支出以外的捐赠支出；

（6）赞助支出，是指企业发生的与生产经营活动无关的各种非广告性支出；

（7）未经核准的准备金支出，是指企业未经国务院财政、税务主管部核定而提取的各项资产减值准备、风险准备等准备金；

（8）企业之间支付的管理费、企业内营业机构之间支付的租金和特许权使用费，以及非银行企业内营业机构之间支付的利息；

（9）与取得收入无关的其他支出。

（六）准予限额扣除项目

准予限额扣除项目包括但不限于以下内容：

（1）工资、薪金。企业发生的合理的工资、薪金支出，准予扣除。

（2）社会保险费和住房公积金。

① 企业依照国务院有关主管部门或者省级人民政府规定的范围和标准为职工交纳的"五险一金"，即基本养老保险费、基本医疗保险费、失业保险费、工伤保险费、生育保险费等基本社会保险费和住房公积金，准予扣除。

② 企业为投资者或者职工支付的补充养老保险费、补充医疗保险费，在国务院财政、税务主管部门规定的范围和标准内，准予扣除。企业依照国家有关规定为特殊工种职工支付的人身安全保险费和符合国务院财政、税务主管部门规定可以扣除的商业保险费准予扣除。

③ 企业参加财产保险，按照规定交纳的保险费，准予扣除，企业为投资者或者职工支付的商业保险费，不得扣除。

（3）职工福利费、工会经费、职工教育经费。企业发生的职工福利费支出，不超过工资、薪金总额14%的部分，准予扣除。企业拨交的工会经费，不超过工资、薪金总额2%的部分，准予扣除。除国务院财政、税务主管部门或者省级人民政府另有规定外，企业发生的职工教育经费支出，不超过工资、薪金总额2.5%的部分，准予扣除；超过部分，准予结转以后纳税年度扣除。自2018年1月1日起，将一般企业的职工教育经费税前扣除限额与高新技术企业的限额统一，从2.5%提高至8%。

【例4-1】甲公司为一家居民企业，本年实际发生工资支出300万元，职工福利费50万元，工会经费5万元，职工教育经费36万元。

【要求】计算甲公司本年计算应纳税所得额时，应调增的应纳税所得额。

【解析】

（1）职工福利费不超过工资、薪金总额14%的部分，准予扣除。

工资、薪金总额的14%为：300×14%=42（万元）

职工福利费应调增所得额=50-42=8（万元）

（2）工会经费不超过工资、薪金总额2%的部分，准予扣除。

工资、薪金总额的2%为：300×2%=6（万元）

工会经费的发生额为5万元，未超支，不需要纳税调整。

（3）职工教育经费不超过工资、薪金总额8%的部分，准予扣除。

工资薪金总额的8%为：300×8%=24（万元）

职工教育经费应调增应纳税所得额=36-24=12（万元）

合计应调增应纳税所得额=8+12=20（万元）

（4）业务招待费。企业发生的与生产经营活动有关的业务招待费支出，按照发生额的60%扣除，但最高不得超过当年销售（营业）收入的5‰。

【例4-2】甲公司为一家居民企业，本年实现销售货物收入2 800万元，让渡专利使用权收入600万元，包装物出租收入100万元，视同销售货物收入200万元，转让商标所有权收入280万元，接受捐赠收入60万元，债务重组收益30万元，发生业务招待费70万元。

【要求】计算甲公司本年可在企业所得税税前列支的业务招待费金额。

【解析】转让商标所有权收入、接受捐赠收入、债务重组收益均属于企业所得税税收法律制度中的营业外收入范畴，不能作为计算业务招待费扣除限额的基数。可在企业所得税税前列支的业务招待费的扣除基数，即当年销售（营业）收入=2 800+600+100+200=3 700（万元）。

第一标准为发生额的60%为：70×60%=42（万元）

第二标准为当年销售（营业）收入的5‰为：3 700×5‰=18.5（万元）

由于18.5万元<42万元，因此本年可在企业所得税税前列支的业务招待费金额为18.5万元。

（5）广告费和业务宣传费。

企业发生的符合条件的广告费和业务宣传费支出，除国务院财政、税务主管部门另有规定外，不超过当年销售（营业）收入15%的部分，准予扣除；超过部分，准予结转以后纳税年度扣除。

【例4-3】甲公司为一家居民企业，202×年实现商品销售收入1 800万元，发生现金折扣60万元，接受捐赠收入70万元，转让无形资产所有权收入30万元。该公司当年实际发生业务招待费35万元，广告费230万元，业务宣传费90万元。

【要求】计算甲公司202×年可税前扣除的业务招待费、广告费、业务宣传费的合计额。

【解析】销售商品涉及现金折扣，应按照扣除现金折扣前的金额确定销售收入。接受捐赠收入、转让无形资产所有权收入属于营业外收入范畴，不能作为计算业务招待费、广告费、业务宣传费扣除限额的基数。

业务招待费按发生额的60%扣除，但不得超过当年销售收入的5‰，可扣除业务招待费9万元（1 800×5‰）<21万元（35万元×60%）。

广告费和业务宣传费不超过当年销售收入15%的部分准予扣除，可扣除广告费、业务宣传费 270 万元（1 800×15%）＜320 万元（230+90）。

合计可扣除金额=9+270=279（万元）

（6）利息费用。

企业在生产经营活动中发生的下列利息支出，准予扣除：① 非金融企业向金融企业借款的利息支出、金融企业的各项存款利息支出和同业拆借利息支出、企业经批准发行债券的利息支出；② 非金融企业向非金融企业借款的利息支出，不超过按照金融企业同期同类贷款利率计算的数额的部分。

（7）借款费用。

企业在生产、经营活动中发生的合理的不需要资本化的借款费用，准予扣除。企业为购置、建造固定资产、无形资产和经过 12 个月以上的建造才能达到预定可销售状态的存货发生借款的，在有关资产购置、建造期间发生的合理的借款费用，应当予以资本化，作为资本性支出计入有关资产的成本，并依照税法的规定扣除；有关资产交付使用后发生的借款利息，可在发生当期扣除。

（8）公益性捐赠支出。

企业发生的公益性捐赠支出，不超过年度利润总额 12%的部分，准予在计算应纳税所得额时扣除；超过年度利润总额 12%的部分，准予结转以后 3 年内在计算应纳税所得额时扣除。

（9）依照法律、法规规定的准予扣除的其他项目。

（七）亏损弥补

纳税人发生年度亏损的，可以用下一纳税年度的所得弥补；下一纳税年度的所得不足弥补的，可以逐年延续弥补，但是延续弥补期最长不得超过 5 年。5 年内不管是盈利还是亏损，都作为实际弥补期限。税法所指亏损的概念，不是企业财务会计报告中反映的亏损额，而是企业财务会计报告中的亏损额经税务机关按税法规定核实调整后的金额。自 2018 年 1 月 1 日起，当年具备高新技术企业或科技型中小企业资格（以下统称资格）的企业，其具备资格年度之前 5 个年度发生的尚未弥补完的亏损，准予结转以后年度弥补，最长结转年限由 5 年延长至 10 年。

【例 4-4】甲公司为一家居民企业，不符合小型微利企业的条件，经税务机关审定的连续 7 年应纳税所得额（未弥补亏损）情况见表 4-1，假设该公司一直执行 5 年亏损弥补规定。

表 4-1　经税务机关审定的连续 7 年应纳税所得额（未弥补亏损）情况

年度	2013	2014	2015	2016	2017	2018	2019
应纳税所得额/万元	−120	20	−50	40	30	20	200

【要求】计算甲公司 7 年间的应纳企业所得税。

【解析】关于 2013 年的亏损，要用 2014—2018 年的应纳税所得额弥补，尽管其间 2015 年亏损，也要占用 5 年抵亏期的一个抵扣年度，且先亏先补，2015 年的亏损需在 2013 年的亏损问题解决之后才能考虑。到了 2018 年，2013 年的亏损未弥补完但已到 5 年抵亏期满，还有 10 万元亏损不得在企业所得税税前弥补。

2015 年之后的 2016—2018 年的应纳税所得额，已被用于弥补 2013 年的亏损，2015 年的亏损只能用 2019 年的应纳税所得额弥补，在弥补 2015 年亏损后，2019 年还有应纳税所得额

150 万元（200−50）要计算交纳企业所得税。

甲公司应纳企业所得税=150×25%=37.5（万元）

【例 4−5】 甲公司为一家居民企业，本年发生经营业务如下：

（1）取得产品销售收入 3 500 万元。

（2）发生产品销售成本 2 100 万元。

（3）发生销售费用 500 万元（其中广告费 400 万元），管理费用 380 万元（其中业务招待费 30 万元），财务费用 70 万元。

（4）发生销售税金 130 万元（含增值税 80 万元）。

（5）取得营业外收入 60 万元，营业外支出 50 万元（含通过公益性社会团体向贫困山区捐款 35 万元，支付税收滞纳金 5 万元）。

（6）计入成本、费用中的实发工资总额 160 万元，拨交职工工会经费 4 万元，发生职工福利费 25 万元，发生职工教育经费 15 万元。

【要求】 计算甲公司本年的应纳企业所得税。

【解析】

（1）会计利润总额=3 500+60−2 100−500−380−70−（130−80）−50=410（万元）

（2）广告费和业务宣传费扣除限额=3 500×15%=525（万元）>400 万元，因此可全额扣除，无须纳税调整。

（3）由于 17.5 万元（3 500×5‰）<18 万元（30×60%），因此业务招待费应调增应纳税所得额=30−17.5=12.5（万元）。

（4）捐赠支出扣除限额=410×12%=49.2（万元）>35 万元，因此可全额扣除，无须纳税调整。

（5）税收滞纳金不得税前扣除，应调增应纳税所得额 5 万元。

（6）工会经费应调增应纳税所得额=4−160×2%=0.8（万元）

（7）职工福利费应调增应纳税所得额=25−160×14%=2.6（万元）

（8）职工教育经费应调增应纳税所得额=15−160×8%=2.2（万元）

（9）应纳税所得额=410+12.5+5+0.8+2.6+2.2=433.1（万元）

（10）本年应纳企业所得税=433.1×25%=108.275（万元）

六、企业所得税的征收管理

（一）企业所得税的纳税期限

企业所得税实行按年计征，分月或分季预交，年终汇算清交，多退少补的征纳方法。纳税年度自公历 1 月 1 日起至 12 月 31 日止。

按月或按季预交的，应当自月份或者季度终了之日起 15 日内，向税务机关报送预交企业所得税纳税申报表，预交税款。

企业应当自年度终了之日起 5 个月内，向税务机关报送年度企业所得税纳税申报表，并汇算清交，结清应交税款或应退税款。

企业在一个纳税年度中间开业，或者终止经营活动，使该纳税年度的实际经营期不足 12 个月的，应当以其实际经营期为 1 个纳税年度。企业依法清算时，应当以清算期间作为 1 个纳税年度。

企业在年度中间终止经营活动的，应当自实际经营终止之日起 60 日内，向税务机关办理当期企业所得税汇算清交。

（二）企业所得税的纳税地点

除税收法律、行政法规另有规定外，居民企业一般以企业登记注册地为纳税地点，但登记注册地在境外的，以企业实际管理机构所在地为纳税地点。

居民企业在中国境内设立不具有法人资格的分支机构或者营业机构的，应当由该居民企业汇总计算并交纳企业所得税。企业汇总计算并交纳企业所得税时，应当统一核算应纳税所得额。

非居民企业在中国境内设立机构、场所的，应当就其所设机构、场所取得的来源于中国境内的所得，以及发生在中国境外但与其所设机构、场所有实际联系的所得，以机构、场所所在地为纳税地点。

非居民企业在中国境内设立两个或者两个以上的机构、场所的，经税务机关审核批准，可以选择由其主要机构、场所汇总交纳企业所得税。

非居民企业在中国境内未设立机构、场所的，或者虽设立机构、场所但取得的所得与其所设机构、场所没有实际联系的所得，以扣缴义务人所在地为纳税地点。

除国务院另有规定外，企业之间不得合并交纳企业所得税。

任务二　企业所得税的会计核算

一、企业所得税会计的认知

在我国，企业所得税会计简称为所得税会计。我国所得税会计采用资产负债表债务法核算，要求企业从资产负债表出发，比较资产负债表上列示的资产、负债按照企业会计准则的规定确定的账面价值与按照税法的规定确定的计税基础，对于两者之间的差异分别应纳税暂时性差异与可抵扣暂时性差异，确认相关的递延所得税负债与递延所得税资产，并在此基础上确定每一会计期间利润表中的所得税费用。

（一）企业所得税会计的差异分析

企业会计准则与税法计算基础不尽相同。在企业会计准则与税法计算基础不同的情况下，所得税会计通常会产生两种差异，即永久性差异和暂时性差异。

1. 永久性差异

永久性差异是指由于企业会计准则与税法对收入或费用等支出项目的计算口径不同而形成的、不能在以后各期转回的差异。由于企业会计准则与税法的计算口径不同，收入或费用项目在计算税前会计利润时包括在内，而在计算应纳税所得额时不包括在内，或者相反，因此形成了差异，若该差异在以后期间不能转回，则为永久性差异。例如，企业购买的国债获得的利息收入，按企业会计准则的要求应确认为投资收益，因而包括在税前会计利润（利润总额）中，而税法为了鼓励企业投资国债，规定国债利息收入免征企业所得税，因而不包括在应纳税所得额中。这就体现了企业会计准则与税法在收入确认方面的永久性差异。

2. 暂时性差异

暂时性差异是指资产、负债的账面价值与其计税基础不同产生的差异。因资产、负债的账面价值与其计税基础不同，产生了在未来收回资产或清偿负债的期间内，应纳税所得额增加或减少并导致未来期间应交纳的企业所得税增加或减少的情况，形成企业的负债或资产，在有关暂时性差异发生当期，符合确认条件的情况下，应当确认相关的递延所得税负债或递延所得税资产。

暂时性差异根据其对未来期间应纳税所得额的影响，分为应纳税暂时性差异和可抵扣暂时性差异。

除因资产、负债的账面价值与其计税基础不同产生的暂时性差异以外，按照税法规定可以结转以后年度的未弥补亏损和税款抵减，也视同可抵扣暂时性差异处理。

1）应纳税暂时性差异

应纳税暂时性差异，是指在确定未来收回资产或清偿负债期间的应纳税所得额时，将导致产生应税金额的暂时性差异，即在未来期间不考虑该事项影响的应纳税所得额的基础上，由于该暂时性差异的转回，会进一步增加转回期间的应纳税所得额和应交纳的企业所得税，在其产生当期，应确认相关的递延所得税负债。

应纳税暂时性差异通常产生于以下情况。

（1）资产的账面价值大于其计税基础。

资产的账面价值代表的是企业在持续使用或最终出售该项资产时将取得的经济利益的总额。

资产的计税基础，是指在企业收回资产账面价值过程中，计算应纳税所得额时按照税法规定可以自应税经济利益中抵扣的金额，即某一项资产在未来期间计税时可以税前扣除的金额。从税收的角度考虑，资产的计税基础是假定企业按照税法规定进行核算所提供的资产负债表中资产的应有金额。

资产的账面价值大于其计税基础，该项资产未来期间产生的经济利益不能全部税前抵扣，两者之间的差额需要交税，产生应纳税暂时性差异，应确认相关的递延所得税负债。例如，一项资产的账面价值为500万元，计税基础为375万元，两者之间的差额会造成未来期间应纳税所得额和应交纳的企业所得税的增加，在其产生当期，应确认相关的递延所得税负债。

（2）负债的账面价值小于其计税基础。

负债的账面价值为企业预计在未来期间清偿该项负债时的经济利益流出。

负债的计税基础，是指负债的账面价值减去未来期间按照税法规定可予税前扣除的金额。用公式表示为：

$$负债的计税基础 = 账面价值 - 未来期间按照税法规定可予税前扣除的金额$$

负债的账面价值与其计税基础不同产生的暂时性差异，实质上是未来期间按照税法规定可予税前扣除的金额（与该项负债相关的费用支出在未来期间可予税前扣除的金额）。用公式表示为：

$$负债产生的暂时性差异 = 账面价值 - 计税基础$$
$$= 账面价值 - （账面价值 - 未来期间按照税法规定可予税前扣除的金额）$$
$$= 未来期间按照税法规定可予税前扣除的金额$$

负债的账面价值小于其计税基础，则意味着就该项负债"未来期间按照税法规定可予税前扣除的金额"为负数，即应在未来期间应纳税所得额的基础上调增，增加未来期间的应纳税所得额和应交纳的企业所得税，产生应纳税暂时性差异，应确认相关的递延所得税负债。例如，一项负债的账面价值为 200 万元，计税基础为 300 万元，两者之间的差额会造成未来期间应纳税所得额和应交纳的企业所得税的增加，在其产生当期，应确认相关的递延所得税负债。

2）可抵扣暂时性差异

可抵扣暂时性差异，是指在确定未来收回资产或清偿负债期间的应纳税所得额时，将导致产生可抵扣金额的暂时性差异。该差异在未来期间转回时会减少转回期间的应纳税所得额，减少未来期间应交纳的企业所得税。在可抵扣暂时性差异产生当期，符合确认条件时，应当确认相关的递延所得税资产。

可抵扣暂时性差异通常产生于以下情况：

（1）资产的账面价值小于其计税基础。

资产的账面价值小于其计税基础，意味着资产在未来期间产生的经济利益少，按照税法规定允许税前扣除的金额多，两者之间的差额可以减少企业在未来期间的应纳税所得额并减少应交纳的企业所得税。符合有关条件时，应当确认相关的递延所得税资产。例如，一项资产的账面价值为 500 万元，计税基础为 650 万元，则企业在未来期间就该项资产可以在其自身取得经济利益的基础上多扣除 150 万元，未来期间应纳税所得额会减少，应交纳的企业所得税也会减少，形成可抵扣暂时性差异，在其产生当期，应确认相关的递延所得税资产。

（2）负债的账面价值大于其计税基础。

前文所述，负债的账面价值与其计税基础不同产生的暂时性差异，实质上是未来期间按照税法规定可予税前扣除的金额（与该项负债相关的费用支出在未来期间可予税前扣除的金额）。

负债的账面价值大于其计税基础，意味着未来期间按照税法规定与负债相关的全部或部分支出可以自未来应税经济利益中扣除，减少未来期间的应纳税所得额和应交纳的企业所得税。符合有关确认条件时，应确认相关的递延所得税资产。例如，一项负债的账面价值为 500 万元，计税基础为 300 万元，两者之间的差额会造成未来期间应纳税所得额和应交纳的企业所得税的减少，在其产生当期，符合确认条件时，应确认相关的递延所得税资产。

3）特殊项目产生的暂时性差异

（1）未作为资产、负债确认的项目产生的暂时性差异。

某些交易或事项发生以后，因为不符合资产、负债确认条件而未体现为资产负债表中的资产或负债，但按照税法规定能够确定其计税基础的，其账面价值零与计税基础之间的差异也构成暂时性差异。如企业发生的符合条件的广告费和业务宣传费支出，除另有规定外，不超过当年销售收入 15% 的部分准予扣除；超过部分准予在以后纳税年度结转扣除。该类费用在发生时按照企业会计准则的规定计入当期损益，不形成资产负债表中的资产，但按照税法规定可以确定其计税基础，两者之间的差异也形成暂时性差异。

【例4-6】甲公司 202× 年发生了 1 400 万元广告费和业务宣传费支出，发生时已作为销售费用计入当期损益。税法规定，企业发生的符合条件的广告费和业务宣传费支出，除另有规定外，不超过当年销售收入 15% 的部分准予扣除；超过部分准予在以后纳税年度结转扣除。

甲公司当年实现销售收入 8 000 万元。

【要求】

（1）确定甲公司广告费和业务宣传费支出于 202×年 12 月 31 日的账面价值。

（2）确定甲公司广告费和业务宣传费支出于 202×年 12 月 31 日的计税基础。

（3）对甲公司广告费和业务宣传费支出的账面价值与计税基础的差异进行分析。

【解析】该广告费和业务宣传费支出因按照企业会计准则的规定在发生时已计入当期损益，不体现为期末资产负债表中的资产，如果将其视为资产，其账面价值为 0。

因按照税法规定广告费和业务宣传费支出税前列支有一定的标准限制，根据当期甲公司销售收入 15%计算，当期可予税前扣除 1 200 万元（8 000×15%），当期未予税前扣除的 200 万元（1 400-1 200）可以向以后年度结转，其计税基础为 200 万元。

该项资产的账面价值 0 小于其计税基础 200 万元的差额 200 万元，将于未来期间减少企业的应纳税所得额，为可抵扣暂时性差异，符合确认条件时，应确认相关的递延所得税资产。

（2）可抵扣亏损及税款抵减产生的暂时性差异。

按照税法规定可以结转以后年度的未弥补亏损及税款抵减，虽不是因资产、负债的账面价值与计税基础不同产生的，但与可抵扣暂时性差异具有同样的作用，均能够减少未来期间的应纳税所得额，进而减少未来期间应交纳的企业所得税，会计处理上视同可抵扣暂时性差异，在符合条件的情况下，应确认与其相关的递延所得税资产。

【例 4-7】甲公司本年因政策性原因首次发生经营亏损 800 万元，经税务机关审定的应纳税所得额为-800 万元。按照税法规定，该亏损 800 万元可用于抵减以后 5 个年度的应纳税所得额。该公司预计其于未来 5 年期间能够产生足够的应纳税所得额弥补该亏损。

【要求】分析甲公司亏损产生的暂时性差异。

【解析】该经营亏损 800 万元不是资产、负债的账面价值与其计税基础不同产生的，但从性质上可以减少未来期间企业的应纳税所得额和应交纳的企业所得税，属于可抵扣暂时性差异。企业预计未来期间能够产生足够的应纳税所得额利用该可抵扣亏损时，应确认相关的递延所得税资产。

（二）企业所得税会计核算的一般程序

按照企业会计准则的规定，企业应于资产负债表日采用资产负债表债务法核算企业所得税。发生特殊交易或事项时，如企业合并，在确认因交易或事项产生资产、负债时即应确认相关的所得税影响。

1. 确定资产和负债的账面价值

按照企业会计准则的规定，确定资产负债表中除递延所得税资产和递延所得税负债以外的其他资产和负债的账面价值。

2. 确定资产和负债的计税基础

按照企业会计准则中对于资产和负债计税基础的确定方法，以《企业所得税法》等税收法规为基础，确定资产负债表中有关资产和负债的计税基础。

3. 确认递延所得税（递延所得税费用）

比较资产、负债的账面价值与其计税基础，对于两者之间存在差异的，分析其性质，除企业会计准则中规定的特殊情况外，分别应纳税暂时性差异与可抵扣暂时性差异，确定资产负债表日递延所得税负债和递延所得税资产的应有金额，并与期初递延所得税资产和递延所得税负债的余额相比，确定当期应予进一步确认的递延所得税资产和递延所得税负债金额或应予转销（转回）的金额，作为当期利润表中所得税费用中的递延所得税费用。

递延所得税费用的计算公式如下：

$$递延所得税费用＝（递延所得税负债的期末余额－递延所得税负债的期初余额）－$$
$$（递延所得税资产的期末余额－递延所得税资产的期初余额）$$

4. 确认当期所得税（当期所得税费用）

就企业当期发生的交易或事项，按照适用的税法规定计算确定当期应纳税所得额，将应纳税所得额与适用的企业所得税税率计算的结果确认为当期应交纳的企业所得税，作为当期利润表中所得税费用中的当期所得税费用。

当期所得税费用的计算公式如下：

$$当期所得税费用＝应纳税所得额×当期适用税率$$

5. 确认利润表中的所得税费用

利润表中的所得税费用包括当期所得税费用和递延所得税费用两部分。当期所得税费用是当期应纳税所得额与当期适用企业所得税税率相乘的结果；递延所得税费用是当期确认的递延所得税资产和递延所得税负债的当期发生金额或予以转销的金额的综合结果，但不包括计入所有者权益的交易或事项的所得税影响。

所得税费用的计算公式如下：

$$所得税费用＝当期所得税费用＋递延所得税费用$$

二、企业所得税会计科目的设置

（一）"递延所得税资产"科目

"递延所得税资产"科目核算企业根据所得税准则确认的可抵扣暂时性差异产生的所得税资产。根据税法的规定可用以后年度税前利润弥补的亏损产生的所得税资产，也在本科目核算。本科目应当按照可抵扣暂时性差异等项目进行明细核算。

资产负债表日，若企业初次确认递延所得税资产，借记"递延所得税资产"科目，贷记"所得税费用——递延所得税费用"等科目。以后各期的资产负债表日递延所得税资产的应有余额大于其账面余额的，应按其差额确认，借记"递延所得税资产"科目，贷记"所得税费用——递延所得税费用"等科目；资产负债表日递延所得税资产的应有余额小于其账面余额的，做相反的会计分录。

企业合并中取得资产、负债的入账价值与其计税基础不同形成可抵扣暂时性差异的，应于购买日确认递延所得税资产，借记"递延所得税资产"科目，贷记"商誉"等科目。

与直接计入所有者权益的交易或事项相关的递延所得税资产，借记"递延所得税资产"科目，贷记"资本公积——其他资本公积"科目。

资产负债表日，预计未来期间很可能无法获得足够的应纳税所得额用于抵扣可抵扣暂时性差异的，按原已确认的递延所得税资产中应减记的金额，借记"所得税费用——递延所得税费用""资本公积——其他资本公积"等科目，贷记"递延所得税资产"科目。

本科目期末余额在借方，反映企业已确认的递延所得税资产的余额。

（二）"递延所得税负债"科目

"递延所得税负债"科目核算企业根据所得税准则确认的应纳税暂时性差异产生的所得税负债。本科目应当按照应纳税暂时性差异项目进行明细核算。

资产负债表日，若企业初次确认递延所得税负债，借记"所得税费用——递延所得税费用"等科目，贷记"递延所得税负债"科目。以后各期的资产负债表日递延所得税负债的应有余额大于其账面余额的，应按其差额确认，借记"所得税费用——递延所得税费用"等科目，贷记"递延所得税负债"科目；资产负债表日递延所得税负债的应有余额小于其账面余额的，做相反的会计分录。

企业合并中取得资产、负债的入账价值与其计税基础不同形成应纳税暂时性差异的，应于购买日确认递延所得税负债，同时调整商誉，借记"商誉"等科目，贷记"递延所得税负债"科目。

与直接计入所有者权益的交易或事项相关的递延所得税负债，借记"资本公积——其他资本公积"科目，贷记"递延所得税负债"科目。

本科目期末余额在贷方，反映企业已确认的递延所得税负债的余额。

（三）"所得税费用"科目

"所得税费用"科目核算企业确认的应从当期利润总额中扣除的所得税费用。本科目可按"当期所得税费用""递延所得税费用"进行明细核算。期末，应将本科目的余额转入"本年利润"科目，结转后本科目无余额。

企业所得税纳税期限的期末，企业按照税法的规定计算确定的当期应交纳的企业所得税，借记"所得税费用——当期所得税费用"科目，贷记"应交税费——应交所得税"科目。

资产负债表日，根据递延所得税资产的应有余额大于"递延所得税资产"科目余额的差额（若初次确认递延所得税资产，则按初次确认的递延所得税资产金额），借记"递延所得税资产"科目，贷记"所得税费用——递延所得税费用""资本公积——其他资本公积"等科目；递延所得税资产的应有余额小于"递延所得税资产"科目余额的差额，做相反的会计分录。

资产负债表日，根据递延所得税负债的应有余额大于"递延所得税负债"科目余额的差额（若初次确认递延所得税负债，则按初次确认的递延所得税负债金额），借记"所得税费用——递延所得税费用""资本公积——其他资本公积"等科目，贷记"递延所得税负债"科目；递延所得税负债的应有余额小于"递延所得税负债"科目余额的差额，做相反的会计分录。

（四）"应交税费——应交所得税"科目

"应交税费——应交所得税"科目反映企业所得税的当期应交、实际交纳和退补情况。本科目的贷方反映当期应交和应补交的企业所得税，借方反映实际交纳和补交的企业所得税；贷方余额反映当期应交未交的企业所得税，借方余额反映多交的企业所得税。纳税人在当期期末，应当按照当期应交纳的企业所得税，借记"所得税费用——当期所得税费用"科目，贷记本科目。实际交纳时，借记本科目，贷记"银行存款"科目。

三、递延所得税负债和递延所得税资产的确认和计量

企业在计算确定了应纳税暂时性差异与可抵扣暂时性差异以后，应当按照所得税会计准则规定的原则确认相关的递延所得税负债及递延所得税资产。

（一）递延所得税负债的确认和计量

应纳税暂时性差异在转回期间将增加未来期间的应纳税所得额和应交纳的企业所得税，导致企业经济利益的流出，从其发生当期看，构成企业应交纳税金的义务，应作为负债确认。

除所得税准则中明确规定可不确认递延所得税负债的情况以外，企业对于所有的应纳税暂时性差异均应确认相关的递延所得税负债。确认应纳税暂时性差异产生的递延所得税负债时，交易或事项发生时影响到会计利润或应纳税所得额的，相关的所得税影响应作为利润表中所得税费用的组成部分；与直接计入所有者权益的交易或事项相关的，相关的所得税影响应相应增加或减少所有者权益；企业合并产生的，相关的所得税影响应相应地调整购买日应确认的商誉或是计入当期损益的金额。

1. 递延所得税负债的确认

（1）递延所得税负债的计算。

递延所得税负债的计算公式为：

$$递延所得税负债 = 应纳税暂时性差异 \times 预计税率$$

（2）递延所得税负债确认的一般原则。

递延所得税负债产生于应纳税暂时性差异。除企业会计准则中明确规定可不确认递延所得税负债的情况以外，企业对于所有的应纳税暂时性差异均应确认相关的递延所得税负债。除直接计入所有者权益的交易或事项以及企业合并中取得资产、负债相关的以外，在确认递延所得税负债的同时，应增加利润表中的所得税费用。

【例4-8】 甲公司202×年1月1日开始计提折旧的某设备，取得成本为840 000元，采用年限平均法计提折旧，预计使用年限为10年，假设净残值为0。假定计税时允许按缩短年限法将折旧年限缩短为6年计提折旧，假设净残值为0。甲公司适用的企业所得税税率一直为25%。假定该公司不存在其他会计与税收处理的差异。202×年12月31日甲公司估计该项固定资产的可收回金额为756 000元。

【要求】 计算甲公司应确认的递延所得税负债。

【解析】

（1）202×年12月31日，该固定资产的账面净值=固定资产原价-累计折旧=840 000-840 000/10=756 000（元）。由于202×年12月31日甲公司估计该项固定资产的可收回金额为756 000元，因此没有发生减值，不需要计提固定资产减值准备。固定资产的账面价值=固定资产的原价-累计折旧-减值准备=840 000-840 000/10-0=756 000（元）。

（2）202×年12月31日，该固定资产的计税基础=840 000-840 000/6=700 000（元）。

（3）该固定资产的账面价值756 000元大于其计税基础700 000元的差额56 000元，将于未来期间增加企业的应纳税所得额，为应纳税暂时性差异，应确认相关的递延所得税负债14 000元（56 000×25%）。

（3）不确认递延所得税负债的特殊情况。

有些情况下，虽然资产、负债的账面价值与其计税基础不同，产生了应纳税暂时性差异，但出于各方面考虑，企业会计准则规定不确认相关的递延所得税负债，主要包括以下几种：

① 商誉的初始确认。非同一控制下的企业合并中，企业合并成本大于合并中取得的被购买方可辨认净资产公允价值份额的差额，按照会计准则规定应确认为商誉。因会计与税法的

划分标准不同，会计上作为非同一控制下的企业合并，但如果按照税法规定计税时作为免税合并的情况下，商誉的计税基础为零，其账面价值与计税基础形成应纳税暂时性差异，所得税准则中规定不确认与其相关的递延所得税负债。

【例 4-9】甲公司以增发市场价值为 30 000 000 元的本公司普通股为对价购入乙公司 100%的净资产，以此对乙公司进行吸收合并，并且在合并之前甲公司和乙公司之间不存在任何关联关系。假定该项企业合并符合税法规定的免税合并条件，且甲公司和乙公司选择进行免税处理。甲公司和乙公司适用的企业所得税税率均为 25%，且预期在未来期间不会发生变化。购买日乙公司各项可辨认资产、负债的公允价值及其计税基础见表 4-2。

表 4-2　购买日乙公司各项可辨认资产、负债的公允价值及其计税基础　　单位：元

项目	公允价值（账面价值）	计税基础	暂时性差异
固定资产	13 500 000	7 750 000	5 750 000
应收账款	10 500 000	10 500 000	0
存货	8 700 000	6 200 000	2 500 000
其他应收款	（1 500 000）	0	（1 500 000）
应付账款	（6 000 000）	（6 000 000）	0
不包括递延所得税的可辨认资产、负债的公允价值	25 200 000	18 450 000	6 750 000

【要求】计算甲公司上述交易中应确认的递延所得税负债及商誉金额。

【解析】该项交易中应确认递延所得税负债及商誉的金额计算如下：

企业合并成本＝30 000 000 元

可辨认净资产的公允价值（可辨认资产、负债的公允价值）＝25 200 000 元

递延所得税资产＝1 500 000×25%＝375 000（元）

递延所得税负债＝（5 750 000+2 500 000）×25%＝8 250 000×25%＝2 062 500（元）

考虑递延所得税后可辨认净资产的公允价值（可辨认资产、负债的公允价值）＝25 200 000+375 000−2 062 500＝23 512 500（元）

商誉＝30 000 000−23 512 500＝6 487 500（元）

所确认的商誉金额 6 487 500 元与其计税基础 0 之间产生的应纳税暂时性差异，不再进一步确认相关的递延所得税影响。

② 除企业合并以外的其他交易或事项中，如果该项交易或事项发生时既不影响会计利润，也不影响应纳税所得额，则所产生的资产、负债的初始确认金额与其计税基础不同，形成应纳税暂时性差异的，交易或事项发生时不确认相应的递延所得税负债。该规定主要是考虑到由于交易发生时既不影响会计利润，也不影响应纳税所得额，确认递延所得税负债的直接结果是增加有关资产的账面价值或是降低所确认负债的账面价值，使得资产、负债在初始确认时，违背历史成本原则，影响会计信息的可靠性。

③ 与子公司、联营企业、合营企业投资等相关的应纳税暂时性差异，一般应确认递延所得税负债，但同时满足以下两个条件的除外：一是投资企业能够控制暂时性差异转回的时间；

二是该暂时性差异在可预见的未来很可能不会转回。满足上述条件时，投资企业可以运用自身的影响力决定暂时性差异的转回，如果不希望其转回，则在可预见的未来该项暂时性差异不会转回，从而无须确认相关的递延所得税负债。

对于采用权益法核算的长期股权投资，其账面价值与计税基础产生的有关暂时性差异是否应确认相关的所得税影响，应当考虑该项投资的持有意图：如果企业拟长期持有，则因初始投资成本的调整产生的暂时性差异预计未来期间不会转回，对未来期间没有所得税影响；因确认投资损益产生的暂时性差异，如果在未来期间逐期分回现金股利或利润时免税（我国税法规定，符合条件的居民企业之间的股息、红利等权益性投资收益免征企业所得税），也不存在对未来期间的所得税影响；因确认应享有被投资单位其他权益变动而产生的暂时性差异，在长期持有的情况下预计未来期间也不会转回。因此，在准备长期持有的情况下，对于采用权益法核算的长期股权投资账面价值与计税基础之间的差异，投资企业一般不确认相关的所得税影响。

如果投资企业改变持有意图拟对外出售的情况下，按照税法规定，企业在转让或者处置投资资产时，投资资产的成本准予扣除。在持有意图由长期持有转变为拟近期出售的情况下，因长期股权投资的账面价值与计税基础不同产生的有关暂时性差异，均应确认相关的所得税影响。

2. 递延所得税负债的计量

递延所得税负债应以相关应纳税暂时性差异转回期间适用的企业所得税税率计量。在我国，除享受优惠政策的情况以外，企业适用的企业所得税税率在不同年度之间一般不会发生变化，企业在确认递延所得税负债时，可以现行适用企业所得税税率为基础计算确定。对于享受优惠政策的企业，如国家需要重点扶持的高新技术企业，享受一定时期的税率优惠，则所产生的暂时性差异应以预计其转回期间的适用企业所得税税率为基础计量。另外，无论应纳税暂时性差异的转回期间如何，递延所得税负债均不要求折现。

（二）递延所得税资产的确认和计量

1. 递延所得税资产的确认

（1）递延所得税资产的计算公式：

$$递延所得税资产 = 可抵扣暂时性差异 \times 预计税率$$

（2）递延所得税资产确认的一般原则。

递延所得税资产产生于可抵扣暂时性差异。确认因可抵扣暂时性差异产生的递延所得税资产应以未来期间可能取得的应纳税所得额为限。在可抵扣暂时性差异转回的未来期间内，企业无法产生足够的应纳税所得额用以利用可抵扣暂时性差异的影响，使得与可抵扣暂时性差异相关的经济利益无法实现的，不应确认递延所得税资产；企业有明确的证据表明其于可抵扣暂时性差异转回的未来期间能够产生足够的应纳税所得额，进而利用可抵扣暂时性差异的，则应以可能取得的应纳税所得额为限，确认相关的递延所得税资产。

在判断企业于可抵扣暂时性差异转回的未来期间是否能够产生足够的应纳税所得额时，应考虑企业在未来期间通过正常的生产经营活动能够实现的应纳税所得额以及以前期间产生的应纳税暂时性差异在未来期间转回时将增加的应纳税所得额。

另外，对于递延所得税资产的确认还应注意以下两个问题：

① 对与子公司、联营企业、合营企业的投资相关的可抵扣暂时性差异，同时满足下列条件的，应当确认相关的递延所得税资产：一是暂时性差异在可预见的未来很可能转回；二是未来很可能获得用来抵扣可抵扣暂时性差异的应纳税所得额。

对联营企业和合营企业等的投资产生的可抵扣暂时性差异，主要产生于权益法下被投资单位发生亏损时，投资企业按照持股比例确认应予承担的部分相应减少长期股权投资的账面价值，但税法规定长期股权投资的成本在持有期间不发生变化，造成长期股权投资的账面价值小于其计税基础，产生可抵扣暂时性差异。

在投资企业对有关投资计提减值准备的情况下，也会产生可抵扣暂时性差异。

② 对于按照税法规定可以结转以后年度的未弥补亏损和税款抵减，应视同可抵扣暂时性差异处理。在有关的亏损或税款抵减金额得到税务部门的认可或预计能够得到税务部门的认可且预计可利用未弥补亏损或税款抵减的未来期间内能够取得足够的应纳税所得额时，除准则中规定不予确认的情况外，应当以未来很可能取得的应纳税所得额为限，确认相应的递延所得税资产，同时减少确认当期的所得税费用。

【例4-10】甲公司202×年1月1日开始计提折旧的某项固定资产，原价为1 600 000元，在会计核算时估计其使用寿命为5年，采用年限平均法计提折旧，假设预计净残值为0。税法规定类似固定资产按照10年计算确定可税前扣除的折旧额，假设预计净残值为0。202×年12月31日，甲公司估计该项固定资产的可收回金额为1 280 000元。

【要求】计算甲公司应确认的递延所得税资产。

【解析】

（1）202×年12月31日，该固定资产的账面价值=固定资产原价−累计折旧=1 600 000−1 600 000/5=1 280 000（元），由于202×年12月31日，甲公司估计该项固定资产的可收回金额为1 280 000元，因此没有发生减值，不需要计提固定资产减值准备。固定资产的账面价值=固定资产原价−累计折旧−减值准备=1 600 000−1 600 000/5=1 280 000（元）。

（2）202×年12月31日，该固定资产的计税基础=1 600 000−1 600 000/10=1 440 000（元）。

（3）该固定资产的账面价值1 280 000元小于其计税基础1 440 000元的差额160 000元，将于未来期间减少企业的应纳税所得额，为可抵扣暂时性差异，符合确认条件时，应确认相关的递延所得税资产为40 000元（160 000×25%）。

（3）不确认递延所得税资产的情况。

在某些情况下，企业发生的某项交易或事项不属于企业合并，并且交易发生时既不影响会计利润也不影响应纳税所得额，且该项交易中产生的资产、负债的初始确认金额与其计税基础不同，产生可抵扣暂时性差异的，所得税准则中规定在交易或事项发生时不确认相应的递延所得税资产。

【例4-11】甲公司进行内部研究开发所形成的无形资产成本为200 000元，因为按照税法规定可于未来期间税前扣除的金额为3 500 000元，所以其计税基础为3 500 000元。

【要求】计算甲公司上述事项中应确认的递延所得税资产。

【解析】该项无形资产并非产生于企业合并，同时在初始确认时既不影响会计利润也不影响应纳税所得额，确认其账面价值与计税基础之间产生暂时性差异的所得税影响需要调整该项资产的历史成本，所得税准则规定该种情况下不确认相关的递延所得税资产。

2. 递延所得税资产的计量

与递延所得税负债的计量原则相一致，确认递延所得税资产时，应当以预期收回该资产期间的适用企业所得税税率为基础计算确定。无论相关的可抵扣暂时性差异转回期间如何，递延所得税资产均不要求折现。

企业在确认了递延所得税资产以后，资产负债表日应当对递延所得税资产的账面价值进行复核。如果未来期间很可能无法取得足够的应纳税所得额用以利用可抵扣暂时性差异带来的利益，应当减记递延所得税资产的账面价值。减记的递延所得税资产，除原确认时计入所有者权益的，其减记金额也应计入所有者权益外，其他的情况均应增加所得税费用。

因无法取得足够的应纳税所得额利用可抵扣暂时性差异减记递延所得税资产账面价值内，以后期间根据新的环境和情况判断能够产生足够的应纳税所得额利用可抵扣暂时性差异，使得递延所得税资产包含的经济利益能够实现的，应相应恢复递延所得税资产的账面价值。

另外，无论是递延所得税资产还是递延所得税负债的计量，均应考虑资产负债表日企业预期收回资产或清偿负债方式的所得税影响，在计量递延所得税资产和递延所得税负债时，应当采用与收回资产或清偿债务的预期方式相一致的税率和计税基础。例如，企业持有的某项固定资产，一般情况下是为企业的正常生产经营活动提供必要的生产条件，但在某一时点上，企业决定将该固定资产对外出售，实现其为企业带来的未来经济利益，且假定税法规定长期资产处置时适用的企业所得税税率与一般情况不同的，则企业在计量因该资产产生的应纳税暂时性差异或可抵扣暂时性差异的所得税影响时，应考虑该资产带来的经济利益预期实现方式的影响。

（三）特殊交易或事项中涉及递延所得税的确认

1. 与直接计入所有者权益的交易或事项相关的递延所得税

与当期及以前期间直接计入所有者权益的交易或事项相关的当期所得税及递延所得税应当计入所有者权益。直接计入所有者权益的交易或事项主要有：会计政策变更采用追溯调整法或对前期差错更正采用追溯重述法调整期初留存收益、以公允价值计量且其变动计入其他综合收益的金融资产公允价值的变动金额、同时包含负债及权益成分的金融工具在初始确认时计入所有者权益、自用房地产转为采用公允价值模式计量的投资性房地产时公允价值大于原账面价值的差额计入其他综合收益等。

2. 与企业合并相关的递延所得税

在企业合并中，购买方取得的可抵扣暂时性差异，比如，购买日取得的被购买方在以前期间发生的未弥补亏损等可抵扣暂时性差异，按照税法规定可以用于抵减以后年度应纳税所得额，但在购买日不符合递延所得税资产确认条件而不予以确认。购买日后 12 个月内，如取得新的或进一步的信息表明购买日的相关情况已经存在，预期被购买方在购买日可抵扣暂时性差异带来的经济利益能够实现的，应当确认相关的递延所得税资产，同时减少商誉，商誉不足冲减的，差额部分确认为当期损益；除上述情况以外，确认与企业合并相关的递延所得税资产，应当计入当期损益。

3. 与股份支付相关的当期及递延所得税

与股份支付相关的支出在按照会计准则规定确认为成本费用时，其相关的所得税影响应区别于税法的规定进行处理：如果税法规定与股份支付相关的支出不允许税前扣除，则不形成暂时性差异；如果税法规定与股份支付相关的支出允许税前扣除，在按照会计准则规定确认成本费用的期间内，企业应当根据会计期末取得的信息估计可税前扣除的金额计算确定其计税基础及由此产生的暂时性差异，符合确认条件的情况下，应当确认相关的递延所得税。

（四）适用税率变化对已确认递延所得税资产和递延所得税负债的影响

因税收法规的变化，导致企业在某一会计期间适用的企业所得税税率发生变化的，企业应对已确认的递延所得税资产和递延所得税负债按照新的税率进行重新计量。递延所得税资产和递延所得税负债的金额代表的是有关可抵扣暂时性差异或应纳税暂时性差异于未来期间转回时，导致企业应交纳的企业所得税金额的减少或增加的情况。在适用税率变动的情况下，应对原已确认的递延所得税资产及递延所得税负债的金额进行调整，反映税率变化带来的影响。

除直接计入所有者权益的交易或事项产生的递延所得税资产及递延所得税负债，相关的调整金额应计入所有者权益以外，其他情况下因税率变化产生的调整金额应确认或冲减税率变化当期的所得税费用（或收益）。

四、所得税费用的确认和计量

所得税会计的主要目的之一是确定当期应交纳的企业所得税以及利润表中的所得税费用。在按照资产负债表债务法核算企业所得税的情况下，利润表中的所得税费用包括当期所得税费用和递延所得税费用两个部分。

（一）当期所得税

当期所得税是当期所得税费用的简称，是指企业按照税法规定计算确定的针对当期发生的交易和事项，应交纳给税务机关的企业所得税。

企业在确定当期所得税时，对于当期发生的交易或事项，会计处理与税法处理不同的，应在会计利润的基础上，按照适用税收法规的规定进行调整，计算出当期应纳税所得额，按照应纳税所得额与适用企业所得税税率计算确定当期所得税。一般情况下，应纳税所得额可在会计利润的基础上，考虑会计与税收法规之间的差异，按照以下公式计算确定：

应纳税所得额＝会计利润＋按照企业会计准则规定计入利润表但计税时不允许税前扣除
的费用±计入利润表的费用与按照税法规定可予税前抵扣的金额之间
的差额±计入利润表的收入与按照税法规定应计入应纳税所得额的收
入之间的差额－税法规定的不征税收入±其他需要调整的因素

当期所得税费用＝应纳税所得额×当期适用税率

（二）递延所得税

递延所得税是递延所得税费用的简称，是指按照所得税准则规定当期应予确认的递延所得税资产和递延所得税负债的金额，即递延所得税资产及递延所得税负债当期发生金额或予以转销的金额的综合结果，但不包括计入所有者权益的交易或事项的所得税影响。用公式表示为：

递延所得税费用＝（递延所得税负债的期末余额－递延所得税负债的初期余额）－
（递延所得税资产的期末余额－递延所得税资产的初期余额）

应当说明的是，企业因确认递延所得税资产和递延所得税负债产生的递延所得税，一般应当计入所得税费用，但以下两种情况除外：

（1）与直接计入所有者权益的交易或事项相关的递延所得税。

某项交易或事项按照企业会计准则规定应计入所有者权益的，由该交易或事项产生的递延所得税资产或递延所得税负债及其变化也应计入所有者权益，不构成利润表中的递延所得税费用（或收益）。

【例 4-12】 甲公司持有的某项以公允价值计量且其变动计入其他综合收益的其他债权投资，成本为 200 万元，会计期末，其公允价值为 260 万元，该公司适用的企业所得税税率为 25%。除该事项外，该公司不存在其他会计与税收法规规定之间的差异，且递延所得税资产和递延所得税负债不存在期初余额。

【要求】 对甲公司上述企业所得税相关业务进行账务处理。

【解析】

（1）会计期末，在确认 60 万元（260-200）的公允价值变动时：

借：其他债权投资 　　　　　　　　　　　　　　　　　　　　600 000
　　贷：其他综合收益 　　　　　　　　　　　　　　　　　　　　600 000

（2）确认应纳税暂时性差异所得税的影响时：

借：其他综合收益 　　　　　　　　　　　　　　　　　　　　150 000
　　贷：递延所得税负债 　　　　　　　　　　　　　　　　　　　150 000

（2）与企业合并相关的递延所得税。

企业合并中取得的资产、负债，其账面价值与计税基础不同，应确认相关递延所得税的，该递延所得税的确认影响合并中产生的商誉或是计入当期损益的金额，不影响所得税费用。

【例 4-13】 甲公司 202×年 1 月 1 日购买乙公司 80%的股权，形成非同一控制下企业合并。因企业会计准则规定与适用税法规定的处理方法不同，在购买日产生可抵扣暂时性差异 300 万元。假定购买日及未来期间企业适用的企业所得税税率为 25%购买日，因预计未来期间无法取得足够的应纳税所得额，未确认与可抵扣暂时性差异相关的递延所得税资产 75 万元。购买日确认的商誉为 50 万元。

（1）假定在购买日后 6 个月，甲公司预计能够产生足够的应纳税所得额用以抵扣企业合并时产生的可抵扣暂时性差异 300 万元，且该事实于购买日已经存在。

（2）假定在购买日后 6 个月，甲公司根据新的事实预计能够产生足够的应纳税所得额用以抵扣企业合并时产生的可抵扣暂时性差异 300 万元，且该新的事实于购买日并不存在。

【要求】 对甲公司上述企业所得税相关业务进行账务处理。

【解析】

（1）第一种情况，假定在购买日后 6 个月，甲公司预计能够产生足够的应纳税所得额用以抵扣企业合并时产生的可抵扣暂时性差异 300 万元，且该事实于购买日已经存在，则甲公司应做如下账务处理：

借：递延所得税资产（3 000 000×25%） 　　　　　　　　　　750 000
　　贷：商誉 　　　　　　　　　　　　　　　　　　　　　　　500 000
　　　　所得税费用——递延所得税费用 　　　　　　　　　　　250 000

（2）第二种情况，假定在购买日后 6 个月，甲公司根据新的事实预计能够产生足够的应纳税所得额用以抵扣企业合并时产生的可抵扣暂时性差异 300 万元，且该新的事实于购买日并不存在，则甲公司应做如下账务处理：

借：递延所得税资产   750 000

  贷：所得税费用——递延所得税费用   750 000

（三）所得税费用

计算确定了当期所得税费用及递延所得税费用以后，利润表中应予确认的所得税费用为两者之和，即：

$$所得税费用 = 当期所得税费用 + 递延所得税费用$$

【例4-14】 甲公司2018年度利润表中的利润总额为3 000万元，适用的企业所得税税率为25%。递延所得税资产及递延所得税负债不存在期初余额。在2018年发生的有关交易和事项中，会计处理与税法处理存在差别的有：

（1）2018年1月开始计提折旧的一项固定资产，成本为1 500万元，使用年限为10年，假设净残值为0，会计处理按双倍余额递减法计提折旧，税收处理按直线法计提折旧。假定税法规定的使用年限及净残值与会计规定相同。

（2）向关联企业直接捐赠现金500万元。按照税法规定，企业向关联方的直接捐赠支出不得税前扣除。

（3）当期取得作为交易性金融资产核算的股票投资的成本为800万元，2018年12月31日的公允价值为1 200万元。税法规定，以公允价值计量的金融资产持有期间的市价变动不计入应纳税所得额。

（4）因违反环保法的规定，支付罚款250万元。税法规定，罚金、罚款和被没收财物的损失不得税前扣除。

（5）存货原账面价值为2 075万元，经测试发生减值75万元，期末对持有的存货计提了75万元的存货跌价准备。税法规定，未经核定的准备金支出不得税前扣除。

甲公司上述交易或事项均按照企业会计准则的规定进行了处理。甲公司有确凿证据表明未来期间有足够的应纳税所得额用来抵扣可抵扣暂时性差异。假设除上述事项外，没有其他影响所得税核算的因素。

【要求】

（1）计算甲公司2018年度的当期应纳企业所得税。

（2）计算甲公司2018年度的递延所得税费用。

（3）计算甲公司2018年度利润表中应确认的所得税费用。

（4）对甲公司确认的所得税费用进行账务处理。

【解析】 甲公司2018年资产负债表相关资产、负债项目账面价值与计税基础见表4-3。

表4-3 2018年资产负债表相关资产、负债项目账面价值与计税基础   单位：万元

项目	账面价值	计税基础	差异	
			应纳税暂时性差异	可抵扣暂时性差异
存货	2 000	2 075		75
固定资产				
固定资产原价	1 500	1 500		

续表

| 项目 | 账面价值 | 计税基础 | 差异 | |
			应纳税暂时性差异	可抵扣暂时性差异
减：累计折旧	300	150		
固定资产减值准备	0	0		
固定资产账面价值	1 200	1 350		150
以公允价值计量且其变动计入当期损益的金融资产（交易性金融资产）	1 200	800	400	
其他应付款	250	250		
总计			400	225

（1）确定 2018 年 12 月 31 日资产和负债的账面价值，见表 4-3。

（2）确定 2018 年 12 月 31 日资产和负债的计税基础，见表 4-3。

（3）确认 2018 年度的递延所得税（递延所得税费用）。

2018 年 12 月 31 日资产的账面价值小于计税基础的差额＝（2 075-2 000）+（1 350-1 200）=75+150=225（万元），为可抵扣暂时性差异，应确认相关的递延所得税资产 56.25 万元（225×25%）。

2018 年 12 月 31 日资产的账面价值大于计税基础的差额＝1 200-800=400（万元），为应纳税暂时性差异，应确认相关的递延所得税负债 100 万元（400×25%）。

2018 年度递延所得税费用＝（递延所得税负债的期末余额-递延所得税负债的期初余额）-

（递延所得税资产的期末余额-递延所得税资产的期初余额）

＝（100-0）-（56.25-0）=43.75（万元）

（4）确认 2018 年度当期所得税（当期所得税费用）。

2018 年度应纳税所得额＝3 000+150+500-400+250+75=3 575（万元）

2018 年度当期所得税费用（应纳企业所得税）=应纳税所得额×当期适用税率

=3 575×25%=893.75（万元）

（5）确认 2018 年度利润表中的所得税费用。

2018 年度所得税费用=当期所得税费用+递延所得税费用=893.75+43.75=937.5（万元）

确认所得税费用的账务处理如下：

借：所得税费用——当期所得税费用　　　　　　　　　　　　　　　8 937 500

　　　　　　　　——递延所得税费用　　　　　　　　　　　　　　437 500

　　递延所得税资产　　　　　　　　　　　　　　　　　　　　　　562 500

　　贷：应交税费——应交所得税　　　　　　　　　　　　　　　　8 937 500

　　　　递延所得税负债　　　　　　　　　　　　　　　　　　　1 000 000

或分为两个分录：

借：所得税费用——当期所得税费用　　　　　　　　　　　　　　　8 937 500

　　贷：应交税费——应交所得税　　　　　　　　　　　　　　　　8 937 500

借：所得税费用——递延所得税费用   437 500

    递延所得税资产   562 500

    贷：递延所得税负债   1 000 000

【例4-15】沿用例4-14中有关资料，假定甲公司2019年当期应纳税所得额为4 620万元。资产负债表中相关资产、负债的账面价值与计税基础相关资料见表4-4，除所列项目外，其他资产、负债项目不存在会计和税收法规规定之间的差异。

表4-4   2019年资产负债表相关资产、负债项目账面价值与计税基础   单位：万元

项目	账面价值	计税基础	差异	
			应纳税暂时性差异	可抵扣暂时性差异
存货	4 000	4 200		200
固定资产				
固定资产原价	1 500	1 500		
减：累计折旧	540	300		
固定资产减值准备	50	0		
固定资产账面价值	910	1 200		290
以公允价值计量且其变动计入当期损益的金融资产（交易性金融资产）	1 675	1 000	675	
其他应付款	250	0		250
总计			675	740

【要求】

（1）计算甲公司2019年度递延所得税费用。

（2）计算甲公司2019年度应确认的所得税费用。

（3）对甲公司确认的所得税费用进行账务处理。

【解析】

（1）确定2019年12月31日资产和负债的账面价值，见表4-4。

（2）确定2019年12月31日资产和负债的计税基础，见表4-4。

（3）确认2019年度递延所得税（递延所得税费用）。

2019年12月31日资产的账面价值小于计税基础的差额以及负债的账面价值大于计税基础的差额=（4 200-4 000）+（1 200-910）+（250-0）=200+290+250=740（万元），为累计应确认的可抵扣暂时性差异，2019年期末递延所得税资产余额=740×25%=185（万元），2019年期初递延所得税资产余额为56.25元，应确认递延所得税资产（递延所得税资产增加额）=185-56.25=128.75（万元）。

2019年12月31日资产的账面价值大于计税基础的差额=1 675-1 000=675（万元），为累计应确认的应纳税暂时性差异，2019年期末递延所得税负债余额=675×25%=168.75（万元），2019年期初递延所得税负债余额为100万元，应确认递延所得税负债（递延所得税负

债增加额）＝168.75－100＝68.75（万元）。

2019年度递延所得税费用＝（递延所得税负债期末余额－递延所得税负债的初期余额）－

（递延所得税资产的期末余额－递延所得税资产的初期余额）

＝（168.75－100）－（185－56.25）＝68.75－128.75

＝－60（万元）（负数代表收益）

（4）确认2019年度当期所得税（当期所得税费用）。

2019年度应纳税所得额＝4 620万元

2019年度当期所得税费用（应纳企业所得税）＝应纳税所得额×当期适用税率

＝4 620×25%＝1 155（万元）

（5）确认2019年度利润表中的所得税费用。

2019年度所得税费用＝当期所得税费用＋递延所得税费用＝1 155＋（－60）＝1 095（万元）

确认所得税费用的账务处理如下：

借：所得税费用——当期所得税费用 11 550 000

递延所得税资产 1 287 500

贷：所得税费用——递延所得税费用 600 000

应交税费——应交所得税 11 550 000

递延所得税负债 687 500

或分为两个分录：

借：所得税费用——当期所得税费用 11 550 000

贷：应交税费——应交所得税 11 550 000

借：递延所得税资产 1 287 500

贷：所得税费用——递延所得税费用 600 000

递延所得税负债 687 500

（四）合并财务报表中因抵销未实现内部销售损益产生的递延所得税

企业在编制合并财务报表时，因抵销未实现内部销售损益导致合并资产负债表中资产、负债的账面价值与其在纳入合并范围的企业按照适用税法规定确定的计税基础之间产生暂时性差异的，在合并资产负债表中应当确认递延所得税资产或递延所得税负债，同时调整合并利润表中的所得税费用，但与直接计入所有者权益的交易或事项及企业合并相关的递延所得税除外。

企业在编制合并财务报表时，按照合并报表的编制原则，应将纳入合并范围的企业之间发生的未实现内部交易损益予以抵销，因此对于所涉及的资产负债项目在合并资产负债表中列示的价值与其所属的企业个别资产负债表中的价值会不同，并进而可能产生与有关资产、负债所属个别纳税主体计税基础的不同，从合并财务报表作为一个完整经济主体的角度，应当确认该暂时性差异的所得税影响。

【例4-16】甲公司拥有乙公司80%表决权股份，能够控制乙公司的生产经营决策。202×年9月甲公司以50万元的价格将一批自产产品销售给乙公司，该批产品在甲公司的生产成本为30万元。至202×年12月31日，乙公司尚未对外销售该批商品。假定涉及商品未发生减值。甲、乙公司适用的企业所得税税率均为25%，且在未来期间预计不会发生变化。税法规定，企业的存货以历史成本作为计税基础。

【要求】 对甲公司上述企业所得税相关业务进行账务处理。

【解析】

（1）甲公司在编制合并财务报表时，对于与乙公司发生的内部交易应进行以下抵销处理：

借：营业收入   500 000

 贷：营业成本   300 000

   存货   200 000

（2）经过上述抵销处理后，该项内部交易中涉及的存货在合并资产负债表中体现的价值为 30 万元（50-20），即在未发生减值的情况下，为出售方的成本，而其计税基础为 50 万元，两者之间产生了 20 万元的可抵扣暂时性差异，与该暂时性差异相关的递延所得税在乙公司并未确认，为此在合并财务报表中应进行以下处理：

借：递延所得税资产（200 000×25%）   50 000

 贷：所得税费用   50 000

五、企业所得税的会计核算实务

会计准则与税法计算基础不尽相同。在会计准则与税法计算基础相同的情况下，企业所得税会计不产生差异，不需要进行纳税调整；在会计准则与税法计算基础不同的情况下，企业所得税会计通常会产生两种差异，即永久性差异和暂时性差异，此时需要进行纳税调整。其中，对于暂时性差异需要确认相关的递延所得税影响。企业所得税的会计核算实务的内容非常多，以下仅就部分业务进行说明。

（一）与资产相关的企业所得税会计核算

1. 固定资产的企业所得税会计核算

1）固定资产折旧的企业所得税会计核算

（1）固定资产折旧方法的不同会产生差异。

企业会计准则规定，企业可以根据固定资产经济利益的预期实现方式合理选择折旧方法，如可以按照年限平均法计提折旧，也可以按照双倍余额递减法、年数总和法等计提折旧，前提是有关的方法能够反映固定资产为企业带来经济利益的实现情况。而税法规定，除某些按规定可以加速折旧的情况外，一般情况下，可以税前扣除的是按照直线法（年限平均法）计提的折旧。这样会产生固定资产账面价值与计税基础之间的差异，需要确认相关的递延所得税影响。

（2）固定资产折旧年限的不同会产生差异。

税法一般规定每一类固定资产的最低折旧年限，而在会计处理时，按照企业会计准则的规定是由企业按照固定资产能够为企业带来经济利益的期限估计确定的。因而折旧年限的不同，也会产生固定资产账面价值与计税基础之间的差异，需要确认相关的递延所得税影响。

【例 4-17】 2019 年 12 月 25 日，甲公司购入一辆由管理部门专门使用的汽车，取得的增值税专用发票上注明的价款为 40 000 元，进项税额为 5 200 元。甲公司取得的增值税专用发票 2019 年 12 月符合抵扣规定。该汽车预计使用期限为 4 年，会计上采用直线法按照 4 年计提折旧（假设不考虑残值），税法上采用年数总和法按照 4 年计提折旧（假设不考虑残值）。假定甲公司每年的利润总额均为 500 000 元。甲公司未对该汽车计提减值准备。假设无其他纳税调整项目，且每年企业所得税税率均为 25%。

【要求】对甲公司上述企业所得税相关业务进行账务处理。

【解析】

（1）2019年12月25日购入该汽车时：

借：固定资产——汽车   40 000

    应交税费——应交增值税（进项税额）   5 200

        贷：银行存款   45 200

（2）计算2020年度利润表中的所得税费用。

① 确定2020年12月31日资产的账面价值。

2020年，会计上计提折旧10 000元（40 000/4）。

2020年12月31日固定资产的账面价值=固定资产成本（原值）-固定资产累计折旧-

固定资产减值准备

=40 000-10 000-0=30 000（元）

借：管理费用   10 000

    贷：累计折旧   10 000

② 确定2020年12月31日资产的计税基础。

2020年，按税法规定计提折旧16 000元（40 000×4/（1+2+3+4））。

2020年12月31日固定资产的计税基础=固定资产成本（原值）-按照税法规定计算

确定的累计折旧

=40 000-16 000=24 000（元）

③ 确认2020年度递延所得税（递延所得税费用）。

2020年12月31日固定资产的账面价值30 000元大于计税基础24 000元的差额6 000元（30 000-24 000），将于未来期间增加企业的应纳税所得额，为应纳税暂时性差异。2020年期末应确认相关的递延所得税负债1 500元（6 000×25%）。

2020年度递延所得税费用=（递延所得税负债期末余额-递延所得税负债的初期余额）-

（递延所得税资产的期末余额-递延所得税资产的初期余额）

=（1 500-0）-（0-0）=1 500（元）

④ 确认2020年度当期所得税（当期所得税费用）。

2020年度当期所得税费用=应纳税所得额×当期适用税率

=（500 000+10 000-16 000）×25%=123 500（元）

⑤ 确认2020年度利润表中的所得税费用。

2020年度所得税费用=当期所得税费用+递延所得税费用

=123 500+1 500=125 000（元）

确认所得税费用的账务处理如下：

借：所得税费用——当期所得税费用   123 500

        ——递延所得税费用   1 500

    贷：应交税费——应交所得税   123 500

        递延所得税负债   1 500

（3）计算2021年度利润表中的所得税费用。

① 确定2021年12月31日资产的账面价值。

2021 年，会计上计提折旧 10 000 元（40 000/4）。

2021 年 12 月 31 日固定资产的账面价值＝固定资产成本（原值）－固定资产累计折旧－
固定资产减值准备
＝40 000－（10 000+10 000）－0＝20 000（元）

借：管理费用　　　　　　　　　　　　　　　　　　　　　　　　　10 000
　　贷：累计折旧　　　　　　　　　　　　　　　　　　　　　　　　　　　10 000

② 确定 2021 年 12 月 31 日资产的计税基础。

2021 年，按税法规定计提折旧 12 000 元（40 000×3/（1+2+3+4））。

2021 年 12 月 31 日固定资产的计税基础＝固定资产成本（原值）－按照税法规定计算
确定的累计折旧
＝40 000－（16 000+12 000）＝12 000（元）

③ 确认 2021 年度递延所得税（递延所得税费用）。

2021 年 12 月 31 日固定资产的账面价值 20 000 元大于计税基础 12 000 元的差额 8 000
元（20 000－12 000），为累计应确认的应纳税暂时性差异。2021 年期末递延所得税负债余
额＝8 000×25%＝2 000（元），由于 2021 年期初递延所得税负债余额为 1 500 元，因此 2021
年期末应进一步确认的递延所得税负债（递延所得税负债增加额）为 500 元（2 000－1 500）。

2021 年度递延所得税费用＝（递延所得税负债的期末余额－递延所得税负债的期初余额）－
（递延所得税资产的期末余额－递延所得税资产的期初余额）
＝（2 000－1 500）－（0－0）＝500（元）

④ 确认 2021 年度当期所得税（当期所得税费用）。

2021 年度当期所得税费用＝应纳税所得额×当期适用税率
＝（500 000+10 000－12 000）×25%
＝124 500（元）

⑤ 确认 2021 年度利润表中的所得税费用。

2021 年度所得税费用＝当期所得税费用+递延所得税费用
＝124 500+500＝125 000（元）

借：所得税费用——当期所得税费用　　　　　　　　　　　　　　　　124 500
　　　　　　　　——递延所得税费用　　　　　　　　　　　　　　　　　　500
　　贷：应交税费——应交所得税　　　　　　　　　　　　　　　　　　　124 500
　　　　递延所得税负债　　　　　　　　　　　　　　　　　　　　　　　　　500

（4）计算 2022 年度利润表中的所得税费用。

① 确定 2022 年 12 月 31 日资产的账面价值。

2022 年，会计上计提折旧 10 000 元（40 000/4）。

2022 年 12 月 31 日固定资产的账面价值＝固定资产成本（原值）－固定资产累计折旧－
固定资产减值准备
＝40 000－（10 000+10 000+10 000）－0
＝10 000（元）

借：管理费用　　　　　　　　　　　　　　　　　　　　　　　　　10 000
　　贷：累计折旧　　　　　　　　　　　　　　　　　　　　　　　　　　　10 000

② 确定 2022 年 12 月 31 日资产的计税基础。

2022 年，按税法规定计提折旧 8 000 元〔40 000×2/（1+2+3+4）〕。

2022 年 12 月 31 日固定资产的计税基础＝固定资产成本（原值）－按照税法规定计算
确定的累计折旧

$$=40\ 000-（16\ 000+12\ 000+8\ 000）=4\ 000（元）$$

③ 确认 2022 年度递延所得税（递延所得税费用）。

2022 年 12 月 31 日固定资产的账面价值 10 000 元大于计税基础 4 000 元的差额 6 000 元
（10 000－4 000），为累计应确认的应纳税暂时性差异。2022 年期末递延所得税负债余
额＝6 000×25%＝1 500（元），由于 2022 年期初递延所得税负债余额为 2 000 元。因此 2022
年期末应转回的递延所得税负债（递延所得税负债减少额）为 500 元（2 000－1 500）。

2022 年度递延所得税费用＝（递延所得税负债的期末余额－递延所得税负债的期初余额）－
（递延所得税资产的期末余额－递延所得税资产的期初余额）

$$=（1\ 500-2\ 000）-（0-0）=-500（元）（负数代表收益）$$

④ 确认 2022 年度当期所得税（当期所得税费用）。

2022 年度当期所得税费用＝应纳税所得额×当期适用税率

$$=（500\ 000+10\ 000-8\ 000）×25%=125\ 500（元）$$

⑤ 确认 2022 年度利润表中的所得税费用。

2022 年度所得税费用＝当期所得税费用＋递延所得税费用

$$=125\ 500+（-500）=125\ 000（元）$$

借：所得税费用——当期所得税费用　　　　　　　　　　125 500
　　递延所得税负债　　　　　　　　　　　　　　　　　　500
　　贷：应交税费——应交所得税　　　　　　　　　　　　125 500
　　　　所得税费用——递延所得税费用　　　　　　　　　　500

（5）计算 2023 年度利润表中的所得税费用。

① 确定 2023 年 12 月 31 日资产的账面价值。

2023 年，会计上计提折旧 10 000 元（40 000/4）。

2023 年 12 月 31 日固定资产的账面价值＝固定资产成本（原值）－固定资产累计折旧－
固定资产减值准备

$$=40\ 000-（10\ 000+10\ 000+10\ 000）-0=0$$

借：管理费用　　　　　　　　　　　　　　　　　　　　10 000
　　贷：累计折旧　　　　　　　　　　　　　　　　　　　10 000

② 确定 2023 年 12 月 31 日资产的计税基础。

2023 年，按税法规定计提折旧 4 000 元〔40 000×1/（1+2+3+4）〕。

2023 年 12 月 31 日固定资产的计税基础＝固定资产成本（原值）－按照税法规定计算
确定的累计折旧

$$=40\ 000-（16\ 000+12\ 000+8\ 000+4\ 000）=0$$

③ 确认 2023 年度递延所得税（递延所得税费用）。

2023 年 12 月 31 日固定资产的账面价值与计税基础均为 0，两者之间不存在暂时性差异，
前期已经确认的与该固定资产相关的递延所得税负债应予全额转回。2023 年期末递延所得税

负债余额为 0，由于 2023 年期初递延所得税负债余额为 1 500 元，因此 2023 年期末应转回的递延所得税负债（递延所得税负债减少额）为 1 500 元（1 500−0）。

2023 年度递延所得税费用 =（递延所得税负债的期末余额−递延所得税负债的期初余额）−

（递延所得税资产的期末余额−递延所得税资产的期初余额）

=（0−1 500）−（0−0）=−1 500（元）（负数代表收益）

④ 确认 2023 年度当期所得税（当期所得税费用）。

2023 年度当期所得税费用 = 应纳税所得额 × 当期适用税率

=（500 000+10 000−4 000）×25%=126 500（元）

⑤ 确认 2023 年度利润表中的所得税费用。

2023 年度所得税费用 = 当期所得税费用 + 递延所得税费用

=126 500+（−1 500）=125 000（元）

借：所得税费用——当期所得税费用　　　　　　　　　　　　126 500

递延所得税负债　　　　　　　　　　　　　　　　　　 1 500

贷：应交税费——应交所得税　　　　　　　　　　　　126 500

所得税费用——递延所得税费用　　　　　　　　　　 1 500

2）固定资产减值的企业所得税会计核算

① 计提固定资产减值准备会产生差异。

在持有固定资产的期间内，会计上可能对固定资产计提了减值准备，但因会计上所计提的减值准备税法上规定在计提当期不允许税前扣除，也会造成固定资产的账面价值与计税基础的差异，需要确认相关的递延所得税影响。在计算当期应纳税所得额时，企业应在会计利润总额的基础上，加上按照税法规定不允许从当期应纳税所得额中扣除的同期计提的资产减值准备金额，调整为当期应纳税所得额。

② 计提固定资产减值准备后固定资产的折旧会进一步产生差异。

对固定资产而言，会计上计提减值准备后，应按计提减值准备后的账面价值及尚可使用寿命或尚可使用年限（含预计净残值等的变更）重新计算每期的折旧率、折旧额，重新计算的金额与税法上可在应纳税所得额中抵扣的折旧额的差额，应从当期利润总额中减去后，计算出企业当期的应纳税所得额。

【例 4-18】甲公司 2019 年 12 月购入一台管理用电子设备，取得增值税专用发票，发票上注明价款 27 万元，增值税 3.51 万元。甲公司取得的增值税专用发票 2019 年 12 月符合抵扣规定。该设备预计使用 3 年，假设预计净残值为 0，采用年限平均法计提折旧。假定其使用年限、折旧方法、净残值与税法规定一致。2020 年 12 月 31 日，会计上认定该设备可能发生减值，估计现行销售净价为 15 万元。假设 2020 年的会计利润为 150 万元。2021 年 12 月 31 日，会计上认定该设备未再发生减值，2021 年的会计利润为 150 万元。2022 年 12 月 31 日，会计上认定该设备未再发生减值，2022 年的会计利润为 150 万元。甲公司有确凿证据表明未来期间有足够的应纳税所得额用来抵扣可抵扣暂时性差异。假设无其他纳税调整项目，且每年企业所得税税率均为 25%。

【要求】对甲公司上述企业所得税相关业务进行账务处理。

【解析】

（1）2019 年 12 月购入设备时：

借：固定资产 270 000

应交税费——应交增值税（进项税额） 35 100

贷：银行贷款 305 100

（2）计算 2020 年度利润表中的所得税费用。

① 确定 2020 年 12 月 31 日资产的账面价值。

2020 年，会计上计提折旧 90 000 元（270 000/3）。

2020 年 12 月 31 日固定资产的账面价值为 150 000 元，会计上需要计提固定资产减值准备 30 000 元（270 000−90 000−150 000）。

借：管理费用 90 000

贷：累计折旧 90 000

借：资产减值损失 30 000

贷：固定资产减值准备 30 000

② 确定 2020 年 12 月 31 日资产的计税基础。

2020 年，按税法规定计提折旧 90 000 元（270 000/3）

2020 年 12 月 31 日固定资产的计税基础 = 固定资产成本（原值）− 按照规定计算确定原累计折旧

= 270 000 − 90 000 = 180 000（元）

③ 确认 2020 年度递延所得税（递延所得税费用）。

2020 年 12 月 31 日固定资产的账面价值 150 000 元小于计税基础 180 000 元的差额 30 000 元（180 000−150 000），为应确认的可抵扣暂时性差异，符合确认条件时，应确认相关的递延所得税资产 7 500 元（30 000×25%）。

2020 年度递延所得税费用 =（递延所得税负债的期末余额−递延所得税负债的期初余额）−

（递延所得税资产的期末余额−递延所得税资产的期初余额）

=（0−0）−（7 500−0）= −7 500（元）（负数代表收益）

④ 确认 2020 年度当期所得税（当期所得税费用）。

2020 年度当期所得税费用 = 应纳税所得额×当期适用税率

=（1 500 000+30 000）×25% = 382 500（元）

⑤ 确认 2020 年度利润表中的所得税费用。

2020 年度所得税费用 = 当期所得税费用+递延所得税费用

= 382 500+（−7 500）= 37 500（元）

借：所得税费用——当期所得税费用 382 500

递延所得资产 7 500

贷：应交税费——应交所得税 382 500

所得税费用——递延所得税费用 7 500

（3）计算 2021 年度利润表中的所得税费用。

① 确定 2021 年 12 月 31 日资产的账面价值。

2021 年，会计上计提折旧 75 000 元（150 000/2）。

2021 年 12 月 31 日固定资产的账面价值 = 固定资产成本（原值）−固定资产累计折旧−

固定资产减值准备

= 270 000−（90 000+90 000）= 90 000

借：管理费用   75 000

    贷：累计折旧   75 000

② 确定 2021 年 12 月 31 日资产的计税基础。

2021 年，按税法规定计提折旧 90 000 元（270 000/3）

2021 年 12 月 31 日固定资产的计税基础 = 固定资产成本（原值）- 按照税法规定计算

确定的累计折旧

= 270 000 - （90 000 + 90 000）= 90 000（元）

③ 确认 2021 年度递延所得税（递延所得税费用）。

2021 年 12 月 31 日固定资产的账面价值 75 000 元小于计税基础 90 000 元的差额 15 000 元（90 000 - 75 000），为累计应确认的可抵扣暂时性差异。2021 年期末递延所得税资产余额 = 15 000 × 25% = 3 750（元），由于 2021 年期初递延所得税资产余额为 7 500 元，因此 2021 年期末应转回的递延所得税资产（递延所得税资产减少额）为 3 750 元（7 500 - 3 750）。

2021 年度递延所得税费用 =（递延所得税负债的期末余额 - 递延所得税负债的期初余额）-

（递延所得税资产的期末余额 - 递延所得税资产的期初余额）

=（0 - 0）-（3 750 - 7 500）= 3 750（元）

④ 确认 2021 年度当期所得税（当期所得税费用）。

2021 年度当期所得税费用 = 应纳税所得额 × 当期适用税率

=（1 500 000 + 75 000 - 90 000）× 25% = 371 250（元）

⑤ 确认 2021 年度利润表中的所得税费用。

2021 年度所得税费用 = 当期所得税费用 + 递延所得税费用

= 371 250 + 3 750 = 37 500（元）

借：所得税费用——当期所得税费用   371 250

          ——递延所得税费用   3 750

    贷：应交税费——应交所得税   371 250

        递延所得税资产   3 750

（4）计算 2022 年度利润表中的所得税费用。

① 确定 2022 年 12 月 31 日资产的账面价值。

2022 年，会计上计提折旧 75 000 元（15 000/2）。

2022 年 12 月 31 日固定资产的账面价值 = 固定资产成本（原值）- 固定资产累计折旧 -

固定资产减值准备

= 270 000 - （90 000 + 75 000 + 75 000）- 30 000 = 0

借：管理费用   75 000

    贷：累计折旧   75 000

② 确定 2022 年 12 月 31 日资产的计税基础。

2022 年，按税法规定计提折旧 90 000 元（270 000/3）。

2022 年 12 月 31 日固定资产的计税基础 = 固定资产成本（原值）- 按照税法规定计算

确定的累计折旧

= 270 000 - （90 000 + 90 000 + 90 000）= 0

③ 确认 2022 年度递延所得税（递延所得税费）。

2022 年 12 月 31 日固定资产的账面价值与计税基础均为 0，两者之间不存在暂时性差异，前期已经确认的与该固定资产相关的递延所得税资产应予全额转回。2022 年期末递延所得税资产余额应为 0，由于 2022 年期初递延所得税资产余额为 3 750 元，因此 2022 年期末应转回的递延所得税资产（递延所得税资产减少额）为 3 750 元（3 750-0）。

2022 年度递延所得税费用=（递延所得税负债的期末余额-递延所得税负债的期初余额）-

（递延所得税资产的期末余额-递延所得税资产的期初余额）

=（0-0）-（0-3 750）=3 750（元）

④ 确认 2022 年度当期所得税（当期所得税费用）。

2022 年度当期所得税费用=应纳税所得额×当期适用税率

=（1 500 000+75 000-90 000）×25%=371 250（元）

⑤ 确认 2022 年度利润表中的所得税费用。

2022 年度所得税费用=当期所得税费用+递延所得税费用

=371 250+3 750=375 000（元）

借：所得税费用——当期所得税费用   371 250

        ——递延所得税费用   3 750

  贷：应交税费——应交所得税   371 250

    递延所得税资产   3 750

2. 无形资产的企业所得税会计核算

1）内部研究开发形成的无形资产的企业所得税会计核算

除内部研究开发形成的无形资产以外，其他方式取得的无形资产，初始确认时按照会计准则规定确定的入账价值与按照税法规定确定的计税基础之间一般不存在差异。内部研究开发形成的无形资产，会计准则规定其成本为开发阶段符合资本化条件以后至达到预定用途前发生的支出，除此之外，研究开发过程中发生的其他支出应予费用化计入损益。税法规定，自行开发的无形资产，以开发过程中该资产符合资本化条件后至达到预定用途前发生的支出为计税基础。对于研究开发费用的加计扣除，税法中规定企业为开发新技术、新产品、新工艺发生的研究开发费用，未形成无形资产计入当期损益的，在按照规定据实扣除的基础上，按照研究开发费用的 50%加计扣除；形成无形资产的，按照无形资产成本的 150%摊销（企业开展研发活动中实际发生的研发费用，未形成无形资产计入当期损益的，在按规定据实扣除的基础上，在 2018 年 1 月 1 日至 2023 年 12 月 31 日期间，再按照实际发生额的 75%在税前加计扣除；形成无形资产的，在上述期间按照无形资产成本的 175%在税前摊销。制造业企业开展研发活动中实际发生的研发费用，未形成无形资产计入当期损益的，在按规定据实扣除的基础上，自 2021 年 1 月 1 日起，再按照实际发生额的 100%在税前加计扣除；形成无形资产的，自 2021 年 1 月 1 日起，按照无形资产成本的 200%在税前摊销）。对于内部研究开发形成的无形资产，一般情况下，初始确认时按照会计准则规定确定的成本与其计税基础应当是相同的。对于享受税收优惠无形资产的研究开发支出，在形成无形资产时，按照会计准则规定确定无形资产的成本为研究开发过程中符合资本化条件后至达到预定用途前发生的支出，而因税法规定按照上述无形资产成本的 150%（在 2018 年 1 月 1 日至 2023 年 12 月 31 日期间，为 175%；制造业企业自 2021 年 1 月 1 日起，为 200%）摊销，则其计税基础应在会计入账价值的基础上加计 50%（在 2018 年 1 月 1 日至 2023 年 12 月 31 日期间，为 75%；

制造业企业自 2021 年 1 月 1 日起，为 100%），因而产生账面价值与计税基础在初始确认时的差异，但如果该无形资产的确认（初始确认）不是产生于企业合并交易，同时在确认（初始确认）时既不影响会计利润也不影响应纳税所得额，按照所得税会计准则的规定，不确认该暂时性差异的所得税影响。

【例 4-19】甲公司（不属于制造业企业）自 2019 年 1 月 1 日起自行研究开发一项新专利技术。甲公司各年实现的利润总额均为 5 000 万元。税法规定，研究开发支出未形成无形资产计入当期损益的，按照研究开发费用的 50%（在 2018 年 1 月 1 日至 2023 年 12 月 31 日期间，为 75%）加计扣除；形成无形资产的，按照无形资产成本的 150%（在 2018 年 1 月 1 日至 2023 年 12 月 31 日期间，为 175%）摊销。2019 年度研发支出为 750 万元，其中费用化支出为 250 万元，资本化支出为 500 万元。至 2019 年 12 月 31 日尚未达到预定可使用状态。2020 年发生资本化支出 700 万元，2020 年 7 月 1 日该项专利技术获得成功并取得专利权。甲公司预计该项专利权的使用年限为 10 年，采用直线法进行摊销，均与税法规定相同。假设无其他纳税调整项目，且每年企业所得税税率均为 25%。

【要求】对甲公司上述企业所得税相关业务进行账务处理。

【解析】

（1）2019 年 12 月 31 日所得税会计处理如下：

2019 年 12 月 31 日研发支出账面价值=500 万元

2019 年 12 月 31 日研发支出计税基础=500×175%=875（万元）

2019 年 12 月 31 日可抵扣暂时性差异=875-500=375（万元）

自行研究的无形资产确认时，既不影响应纳税所得额也不影响会计利润，因此不确认该暂时性差异的所得税影响，即不确认相关的递延所得税资产。因此，递延所得税费为 0，但应调减应纳税所得额 187.5 万元（250×75%）。

2019 年度应交所得税（当期所得税费用）=应纳税所得额×当期适用税率
$$=（5\,000-250×75\%）×25\%$$
$$=（5\,000-187.5）×25\%=1\,203.125（万元）$$

借：所得税费用——当期所得税费用　　　　　　　12 031 250
　　贷：应交税费——应交所得税　　　　　　　　　　　　12 031 250

（2）2020 年 12 月 31 日所得税会计处理如下：

2020 年 12 月 31 日无形资产账面价值=（500+700）-{[（500+700）/10]/12}×6=1 200-60
$$=1\,140（万元）$$

2020 年 12 月 31 日无形资产计税基础=（500+700）×175%-{[（500+700）×175%/10]/12}×6
$$=1\,995（万元）$$

2020 年 12 月 31 日累计可抵扣暂时性差异=1 995-1 140=855（万元）

自行研发的无形资产确认时，既不影响应纳税所得额也不影响会计利润，因此不确认相关的递延所得税资产，即递延所得税费用 0，但应调减应纳税所得额 45 万元 {[（500+700）×175%/10] /12}×6-{[（500+700）/10]/12}×6}。

2020 年度应交所得税（当期所得税费）=（5 000+{[（500+700）/10]/12}×6-{[（500+700）×175%/10]/12}×6）×25%
$$=（5\,000-45）×25\%$$
$$=1\,238.75（万元）$$

借：所得税费用——当期所得税费用   12 387 500

    贷：应交税费——应交所得税   12 387 500

2）无形资产后续计量的企业所得税会计核算

无形资产在后续计量时，会计与税收的差异主要产生于对无形资产摊销年限或方法的确定、是否需要摊销以及无形资产减值准备的计提。

（1）无形资产摊销年限或方法的不同会产生差异。

企业会计准则规定，源自合同性权利或其他法定权利取得的无形资产，其使用寿命通常不应超过合同性权利或其他法定权利的期限。但如果企业使用资产的预期期限短于合同性权利或其他法定权利规定的期限的，则应当按照企业预期使用的期限来确定其使用寿命。如果合同性权利或其他法定权利能够在到期时因续约等延续，则仅当有证据表明企业续约不需要付出重大成本时，续约期才能够包括在使用寿命的估计中。没有明确的合同或法律规定无形资产的使用寿命的，企业应当综合各方面因素判断。无形资产摊销方法包括直线法、产量法等。企业选择的无形资产摊销方法，应当能够反映与该项无形资产有关的经济利益的预期实现方式，并一致地运用于不同会计期间；无法可靠确定其预期实现方式的，应当采用直线法进行摊销。税法规定，无形资产按照直线法计算的摊销费用，准予扣除。无形资产的摊销年限不得低于 10 年。作为投资或者受让的无形资产，有关法律规定或者合同约定了使用年限的，可以按照规定或者约定的使用年限分期摊销。当税法规定的摊销年限、摊销方法与会计确定的使用寿命及摊销方法不一致时，会造成该类无形资产账面价值与计税基础的差异，需要确认相关的递延所得税影响。

（2）无形资产是否需要摊销会产生差异。

企业会计准则规定，应根据无形资产使用寿命情况，区分为使用寿命有限的无形资产和使用寿命不确定的无形资产。对于使用寿命不确定的无形资产，不要求摊销，在会计期末应进行减值测试。税法规定，企业取得无形资产的成本（外购商誉除外），应在一定期限内摊销，有关摊销额允许税前扣除。对于使用寿命不确定的无形资产，会计处理时不予摊销，但计税时按照税法规定确定的摊销额允许税前扣除，这会造成该类无形资产账面价值与计税基础的差异，需要确认相关的递延所得税影响。

（3）无形资产减值准备的计提会产生差异。

在对无形资产计提减值准备的情况下，因所计提的减值准备不允许税前扣除，也会造成其账面价值与计税基础的差异，需要确认相关的递延所得税影响。这和前文中计提固定资产减值准备产生差异在原理上是一样的。

【例 4-20】甲公司 202× 年 1 月 1 日取得某项无形资产，成本为 800 000 元。公司根据各方面情况判断，无法合理预计其带来未来经济利益的期限，将其作为使用寿命不确定的无形资产。202× 年 12 月 31 日，对该项无形资产进行减值测试表明其未发生减值。公司在计税时，对该项无形资产按照 10 年的期限摊销，有关摊销额允许税前扣除。假设无其他纳税调整项目，且每年企业所得税税率均为 25%。本年度甲公司的利润总额为 600 000 元。

【要求】对甲公司上述企业所得税相关业务进行账务处理。

【解析】

（1）确定本年 12 月 31 日资产的账面价值。

会计上将该无形资产作为使用寿命不确定的无形资产，在未发生减值的情况下，202× 年

12 月 31 日其账面价值为取得成本 800 000 元。

（2）确定 202×年 12 月 31 日资产的计税基础。

该无形资产在 202×年 12 月 31 日的计税基础＝800 000－800 000/10

$$＝800 000－80 000＝720 000（元）$$

（3）确认 202×年度递延所得税（递延所得税费用）。

202×年 12 月 31 日该无形资产的账面价值 800 000 元大于计税基础 720 000 元的差额 80 000 元（800 000－720 000），将于未来期间增加企业的应纳税所得额，为应纳税暂时性差异，应确认相关的递延所得税负债 20 000 元（80 000×25%）。

本年度递延所得税费用＝（递延所得税负债的期末余额－递延所得税负债的期初余额）－

（递延所得税资产的期末余额－递延所得税资产的期初余额）

$$＝（20 000－0）－（0－0）＝20 000（元）$$

（4）确认本年度当期所得税（当期所得税费用）。

本年度当期所得税费用＝应纳税所得额×当期适用税率

$$＝（600 000－80 000）×25%＝130 000（元）$$

（5）确认本年度利润表中的所得税费用。

本年度所得税费用＝当期所得税费用＋递延所得税费用

$$＝130 000＋20 000＝150 000（元）$$

借：所得税费用——当期所得税费用　　　　　　　　　　　　　　130 000

　　　　　　　——递延所得税费用　　　　　　　　　　　　　　 20 000

　　贷：应交税费——应交所得税　　　　　　　　　　　　　　　130 000

　　　　递延所得税负债　　　　　　　　　　　　　　　　　　　 20 000

3. 存货的企业所得税会计核算

企业会计准则规定，资产负债表日，存货应当按照成本与可变现净值孰低计量。当存货成本低于可变现净值时，存货按成本计量，当存货成本高于可变现净值时，存货按可变现净值计量，同时按照成本高于可变现净值的差额计提存货跌价准备，计入当期损益。而税法规定，存货计提的跌价准备不计入应纳税所得额，这会造成该类资产账面价值与计税基础的差异，需要确认相关的递延所得税影响。

【例 4-21】 甲公司为增值税一般纳税人。2018 年 12 月 31 日，甲公司 A 商品的账面成本为 200 万元，但由于 A 商品的市场价格下跌，预计可变现净值为 160 万元。2018 年的利润总额为 200 万元。2019 年 12 月 31 日，A 商品的市场价格有所上升，使得 A 商品的预计可变现净值变为 184 万元。2019 年的利润总额为 200 万元。2020 年 3 月 10 日，将 A 商品售出，取得销售收入 200 万元（不含增值税）。2020 年的利润总额为 200 万元。甲公司有确凿证据表明未来期间有足够的应纳税所得额用来抵扣可抵扣暂时性差异。假设无其他纳税调整项目，且每年企业所得税税率均为 25%。

【要求】 对甲公司上述企业所得税相关业务进行账务处理。

【解析】

（1）2018 年 12 月 31 日，由于可变现净值小于账面价值，应计提存货跌价准备 40 万元（200－160）。

借：资产减值损失——存货减值损失 400 000

　　贷：存货跌价准备 400 000

2018年12月31日A商品的账面价值为160万元，计税基础为200万元。

2018年12月31日，A商品的账面价值160万元小于计税基础200万元的差额40万元（200－160），为可抵扣暂时性差异，符合确认条件时，应确认相关的递延所得税资产10万元（40×25%）。

2018年度递延所得税费用=（递延所得税负债的期末余额－递延所得税负债的期初余额）－

　　　　　　　　　　　　（递延所得税资产的期末余额－递延所得税资产的期初余额）

　　　　　　　　　　=（0－0）－（10－0）=－10（万元）（负数代表收益）

2018年度当期所得税费用=应纳税所得额×当期适用税率=（200+40）×25%=60（万元）

2018年度所得税费用=当期所得税费用+递延所得税费用=60+（－10）=50（万元）

借：所得税费用——当期所得税费用 600 000

　　　递延所得税用 100 000

　　贷：应交税费——应交所得税 600 000

　　　　所得税费用——递延所得税费用 100 000

（2）2019年12月31日，由于A商品的市场价格上升，A商品的可变现净值有所恢复，累计应计提的存货跌价准备为16万元（200－184），由于已经计提的存货跌价准备为40万元，因此当期应冲减已计提的存货跌价准备24万元（40－16）。

借：存货跌价准备 240 000

　　贷：资产减值损失——存货减值损失 240 000

2019年12月31日A商品的账面价值为184万元，计税基础为200万元。

2019年12月31日，A商品的账面价值184万元小于计税基础200万元的差额为16万元（200－184），为累计应确认的可抵扣暂时性差异。2019年期末递延所得税资产余额=16×25%=4（万元），由于2019年期初递延所得税资产余额为10万元，因此2019年期末应转回递延所得税资产（递延所得税资产减少额）=10－4=6（万元）。

2019年度递延所得税（递延所得税费用）=（递延所得税负债的期末余额－递延所得税负

　　　　　　　　　　　　　　　　债的期初余额）－（递延所得税资产的期末余

　　　　　　　　　　　　　　　　额－递延所得税资产的期初余额）

　　　　　　　　　　　　　　=（0－0）－（4－10）=6（万元）

2019年度当期所得税费用=应纳税所得额×当期适用税率=（200－24）×25%=44（万元）

2019年度所得税费用=当期所得税费用+递延所得税费用=44+6=50（万元）

借：所得税费用——当期所得税费用 440 000

　　　　　　　——递延所得税费用 60 000

　　贷：应交税费——应交所得税 440 000

　　　　递延所得税资产 60 000

（3）2020年3月10日，商品售出。

借：银行存款 2 260 000

　　贷：主营业务收入 2 000 000

　　　　应交税费——应交增值税（销项税额） 260 000

借：主营业务成本   1 840 000

  存货跌价准备   160 000

  贷：库存商品   2 000 000

2020 年 12 月 31 日，甲商品的账面价值与计税基础均为 0，两者之间不存在暂时性差异，前期已经确认的与该存货相关的递延所得税资产应予全额转回。2020 年期末递延所得税资产余额应为 0，由于 2020 年期初递延所得税资产余额为 4 万元，因此 2020 年期末应转回的递延所得税资产（递延所得税资产减少额）为 4 万元（4-0）。

2020 年度递延所得税费用 =（递延所得税负债的期末余额 - 递延所得税负债的期初余额）-

           （递延所得税资产的期末余额 - 递延所得税资产的期初余额）

           =（0-0）-（0-4）=4（万元）

2020 年度当期所得税费用 = 应纳税所得额 × 当期适用税率 =（200-16）×25%=46（万元）

2020 年度所得税费用 = 当期所得税费用 + 递延所得税费用 =46+4=50（万元）

借：所得税费用——当期所得税费用   460 000

    ——递延所得税费用   40 000

  贷：应交税费——应交所得税   460 000

    递延所得税资产   40 000

（二）与负债相关的企业所得税会计核算

1. 预计负债的企业所得税会计核算

或有事项准则规定，与或有事项相关的义务同时满足下列条件的，应当确认为预计负债：① 该义务是企业承担的现时义务；② 履行该义务很可能导致经济利益流出企业；③ 该义务的金额能够可靠地计量。预计负债应当按照履行相关现时义务所需支出的最佳估计数进行初始计量。所需支出存在一个连续范围，且该范围内各种结果发生的可能性相同的，最佳估计数应当按照该范围内的中间值确定。税法规定，有关的支出应于实际发生时税前扣除，因该类事项产生的预计负债在期末的计税基础为其账面价值与未来期间可税前扣除的金额之间的差额，在这种情况下，计税基础为零。一般情况下，上述预计负债会形成可抵扣暂时性差异，符合确认条件时，应确认相关的递延所得税资产；在某些特殊情况下，因有些事项确认的预计负债，如果税法规定其支出无论是否实际发生均不允许税前扣除，即未来期间按照税法规定可予抵扣的金额为零，则其账面价值与计税基础相同，这种情况下不产生暂时性差异。

【例 4-22】甲公司是一家上市公司，为增值税一般纳税人，企业所得税税率为 25%，2018 年的财务会计报告于 2019 年 4 月 30 日经批准对外报出（资产负债表日后事项涵盖期间为 2019 年 1 月 1 日至 2019 年 4 月 30 日）。2018 年度企业所得税汇算清交于 2019 年 3 月 25 日完成。甲公司按净利润的 10% 提取法定盈余公积，提取法定盈余公积之后，不再进行其他分配。甲公司 2018 年 12 月 31 日涉及一项未决诉讼，甲公司估计败诉的可能性为 80%，如果败诉很可能向乙公司赔偿 100 万元。该案件的起因系甲公司与乙公司签订一项购销合同，约定甲公司在 2018 年 10 月供应给乙公司一批物资。由于甲公司未能按照合同发货，致使乙公司发生重大经济损失，乙公司通过法律程序要求甲公司赔偿经济损失 180 万元，该诉讼案件在 2018 年 12 月 31 日尚未判决。甲公司 2018 年度会计利润为 10 000 万元。税法规定，上述预计负债产生的损失仅允许在实际支出时予以税前扣除。2019 年 3 月 6 日，经法院一审判决，甲公司需要偿付乙公司经济损失 130 万元，甲公司与乙公司均不再上诉，赔款已经支付。

【要求】

（1）对甲公司上述企业所得税相关业务进行账务处理。

（2）对乙公司上述企业所得税相关业务进行账务处理。

【解析】甲公司的账务处理如下：

（1）2018年12月31日甲公司确认预计负债时：

借：营业外支出　　　　　　　　　　　　　　　　　　　　　　1 000 000

　　贷：预计负债　　　　　　　　　　　　　　　　　　　　　　　1 000 000

（2）2018年12月31日甲公司确认所得税费用时：

借：所得税费用——当期所得税费用　　　　　　　　　　　　25 250 000

　　递延所得税资产（1 000 000×25%）　　　　　　　　　　　250 000

　　贷：应交税费——应交所得税〔（100 000 000+1 000 000）×25%〕　25 250 000

　　　　所得税费用——递延所得税费用　　　　　　　　　　　　250 000

（3）2019年3月6日，经法院一审判决，甲公司需要偿付乙公司经济损失130万元，甲公司与乙公司不再上诉，赔款已经支付。甲公司对2018年资产负债表日后事项进行处理时：

① 记录应当支付的赔偿款时：

借：以前年度损益调整——调整营业外支出　　　　　　　　　　300 000

　　预计负债　　　　　　　　　　　　　　　　　　　　　　1 000 000

　　贷：其他应付款　　　　　　　　　　　　　　　　　　　　　1 300 000

② 支付赔偿款时（注意：该业务为2019年的业务）：

借：其他应付款　　　　　　　　　　　　　　　　　　　　　1 300 000

　　贷：银行存款　　　　　　　　　　　　　　　　　　　　　　1 300 000

注意：这里只是通过"其他应付款"科目进行过渡，不能直接在第1笔分录中贷记"银行存款"科目。企业会计准则规定，对于调整事项，不能调整报告年度资产负债表中的"货币资金"项目以及现金流量表（正表）。

③ 此诉讼案件结案发生在报告年度企业所得税汇算清交之前，应调整报告年度的企业所得税。

借：应交税费——应交所得税（1 300 000×25%）　　　　　　　325 000

　　贷：以前年度损益调整——调整所得税费用　　　　　　　　　325 000

④ 转回预计负债产生的递延所得税资产时：

借：以前年度损益调整——调整所得税费用　　　　　　　　　　250 000

　　贷：递延所得税资产（1 000 000×25%）　　　　　　　　　　250 000

⑤ 将"以前年度损益调整"科目余额转入利润分配时：

借：利润分配——未分配利润〔（300 000×75%）或（300 000−75 000）〕225 000

　　以前年度损益调整——调整所得税费用（325 000−250 000）　75 000

　　贷：以前年度损益调整——调整营业外支出　　　　　　　　　300 000

⑥ 因净利润变动调整盈余公积时：

借：盈余公积　　　　　　　　　　　　　　　　　　　　　　　22 500

　　贷：利润分配——未分配利润（225 000×10%）　　　　　　　22 500

（4）调整报告年度2018年会计报表相关项目的数字（财务报表略）。

① 资产负债表项目的调整:

调减递延所得税资产 25 万元,调减应交税费 32.5 万元,调增其他应付款 130 万元,调减预计负债 100 万元;调减盈余公积 2.25 万元;调减未分配利润 20.25 万元(22.5-2.25)。

② 利润表项目的调整:

调增营业外支出 30 万元,调减所得税费用 7.5 万元(32.5-25)。

③ 所有者权益变动表项目的调整:

调减净利润 22.5 万元;调减提取盈余公积项目中盈余公积一栏 2.25 万元,调减未分配利润一栏 20.25 万元。

(5)调整 2019 年 2 月资产负债表相关项目的年初数(略)。

乙公司的账务处理如下:

① 2018 年年末乙公司不编制会计分录,但是需要披露。

② 2019 年 3 月 6 日,经法院一审判决,甲公司需要偿付乙公司经济损失 130 万元,甲公司与乙公司均不再上诉,赔款已经支付。乙公司对 2018 年资产负债表日后事项进行处理时:

a)记录应当收到的赔偿款:

借:其他应收款 1 300 000

　　贷:以前年度损益调整——调整营业外收入 1 300 000

b)收到赔偿款(注意:该业务为 2019 年的业务):

借:银行存款 1 300 000

　　贷:其他应收款 1 300 000

注意:这里只是通过"其他应收款"科目进行过渡,不能直接在第 a)笔分录中借记"银行存款"科目。企业会计准则规定,对于调整事项,不能调整报告年度资产负债表中的"货币资金"项目以及现金流量表(正表)。

c)此诉讼案件结案发生在报告年度企业所得税汇算清交之前,应调整报告年度的企业所得税。

借:以前年度损益调整——调整所得税费用 325 000

　　贷:应交税费——应交所得税(1 300 000×25%) 325 000

d)将"以前年度损益调整"科目余额转入利润分配时:

借:以前年度损益调整——调整营业外收入 1 300 000

　　贷:利润分配——未分配利润(1 300 000-325 000) 975 000

　　　　以前年度损益调整——调整所得税费用 325 000

e)因净利润变动调整盈余公积时:

借:利润分配——未分配利润 97 500

　　贷:盈余公积(975 000×10%) 97 500

2. 应付职工薪酬的企业所得税会计核算

企业会计准则规定,企业为获得职工提供的服务给予的各种形式的报酬以及其他相关支出均应作为企业的成本、费用,在未支付之前确认为负债。税法规定,企业发生的合理的工资、薪金支出准予据实扣除;企业发生的职工福利费支出,不超过工资、薪金总额 14%的部分准予扣除;企业拨交的工会经费,不超过工资、薪金总额 2%的部分准予扣除;除国务院财政、税务主管部门另有规定外,企业发生的职工教育经费支出,不超过工资、薪金总额 8%

的部分准予扣除，超过部分准予在以后纳税年度结转扣除。对于不合理的工资、薪金支出部分不予扣除，属于永久性差异，不确认递延所得税；对于职工福利费支出，超支部分不予扣除，属于永久性差异，不确认递延所得税；对于工会经费，超支部分不予扣除，属于永久性差异，不确认递延所得税；对于职工教育经费，超支部分本年度不予扣除，准予在以后纳税年度结转扣除，这会造成应付职工薪酬账面价值与计税基础的差异，需要确认相关的递延所得税资产。

【例4-23】甲公司2019年度应付职工薪酬为335万元，其中：工资、薪金250万元（为合理的工资、薪金），职工福利费50万元，工会经费6.25万元，职工教育经费28.75万元。甲公司2020年度应付职工薪酬为320万元，其中：工资、薪金250万元（为合理的工资、薪金），职工福利费62.5万元，工会经费6.25万元，职工教育经费1.25万元。甲公司2019年度和2020年度税前会计利润均为1 250万元，假设无其他纳税调整项目，且每年企业所得税税率均为25%。

【要求】对甲公司上述企业所得税相关业务进行账务处理。

【解析】

（1）计算2019年度利润表中的所得税费用。

① 确定2019年12月31日负债的账面价值。

借：生产成本等科目　　　　　　　　　　　　　　　　　3 350 000
　　贷：应付职工薪酬——工资　　　　　　　　　　　　　　2 500 000
　　　　　　　　　　——职工福利费　　　　　　　　　　　 500 000
　　　　　　　　　　——工会经费　　　　　　　　　　　　　62 500
　　　　　　　　　　——职工教育经费　　　　　　　　　　 287 500

2019年12月31日应付职工薪酬的账面价值为3 350 000元。

② 确定2019年12月31日负债的计税基础。

职工福利费超支额=500 000-2 500 000×14%=150 000（元），本年度不能扣除，以后纳税年度也不能扣除，属于永久性差异。

工会经费超支额=62 500-2 500 000×2%=12 500（元），本年度不能扣除，以后纳税年度也不能扣除，属于永久性差异。

职工教育经费超支额=287 500-2 500 000×8%=87 500（元），本年度不能扣除，但准予在以后纳税年度结转扣除，形成暂时性差异。

因此，2019年12月31日应付职工薪酬的计税基础=账面价值-未来期间按照税法规定可予税前扣除的金额=3 350 000-（287 500-2 500 000×8%）=3 350 000-87 500=3 262 500（元）。

③ 确认2019年度递延所得税（递延所得税费用）。

2019年12月31日应付职工薪酬的账面价值3 350 000元大于其计税基础3 262 500元的差额87 500元，将于未来期间减少企业的应纳税所得额，为可抵扣暂时性差异，符合确认条件时，应确认相关的递延所得税资产21 875元（87 500×25%）。

2019年度递延所得税费用=（递延所得税负债的期末余额-递延所得税负债的期初余额）-
　　　　　　　　　　　　（递延所得税资产的期末余额-递延所得税资产的期初余额）
　　　　　　　　　　=（0-0）-（21 875-0）=-21 875（元）（负数代表收益）

④ 确认 2019 年度当期所得税（当期所得税费用）。

2019 年度当期所得税费用=应纳税所得额×当期适用税率

$$= [12\,500\,000+（500\,000-2\,500\,000×14\%）+（62\,500-$$
$$2\,500\,000×2\%）+（287\,500-2\,500\,000×8\%）] ×25\%$$
$$=3\,187\,500（元）$$

⑤ 确认 2019 年度利润表中的所得税费用。

2019 年度所得税费用=当期所得税费用+递延所得税费用

$$=3\,187\,500+（-21\,875）=3\,165\,625（元）$$

借：所得税费用——当期所得税费用   3 187 500
  递延所得税资产   21 875
 贷：应交税费——应交所得税   3 187 500
   所得税费用——递延所得税费用   21 875

（2）计算 2020 年度利润表中的所得税费用。

① 确定 2020 年 12 月 31 日负债的账面价值。

借：生产成本等科目   3 200 000
 贷：应付职工薪酬——工资   2 500 000
     ——职工福利费   625 000
     ——工会经费   62 500
     ——职工教育经费   12 500

2020 年 12 月 31 日应付职工薪酬的账面价值为 3 200 000 元。

② 确定 2020 年 12 月 31 日负债的计税基础。

职工福利费超支额=625 000-2 500 000×14%=275 000（元），本年度不能扣除，以后纳税年度也不能扣除，属于永久性差异。

工会经费超支额=62 500-2 500 000×2%=12 500（元），本年度不能扣除，以后纳税年度也不能扣除，属于永久性差异。

职工教育经费扣除限额=2 500 000×8%=200 000（元），本年度实际发生额为 12 500 元，上年度结转扣除额为 87 500 元，由于 12 500+87 500=100 000（元）＜200 000 元，因此本年度实际发生额 12 500 元和上年度结转扣除额 87 500 元，均可于本年度扣除。

因此，2020 年 12 月 31 日应付职工薪酬的计税基础=账面价值-未来期间按照税法规定可予税前扣除的金额=3 200 000-0=3 200 000（元）。

③ 确认 2020 年度递延所得税（递延所得税费用）。

2020 年 12 月 31 日应付职工薪酬的账面价值 3 200 000 元等于其计税基础 3 200 000 元，两者之间不存在暂时性差异，前期已经确认的与应付职工薪酬相关的递延所得税资产应予全额转回。2020 年期末递延所得税资产余额应为 0，由于 2020 年期初递延所得税资产余额为 21 875 元，因此 2020 年期末应转回递延所得税资产（递延所得税资产减少额）=21 875-0=21 875（元）。

2020 年度递延所得税费用=（递延所得税负债的期末余额-递延所得税负债的期初余额）-

$$（递延所得税资产的期末余额-递延所得税资产的期初余额）$$
$$=（0-0）-（0-21\,875）=21\,875（元）$$

④ 确认 2020 年度当期所得税（当期所得税费用）。

2020 年度当期所得税费用=应纳税所得额×当期适用税率

$$= [\,12\,500\,000 + (\,625\,000 - 2\,500\,000 \times 14\%\,) + (\,62\,500 - 2\,500\,000 \times 2\%\,) - 87\,500\,] \times 25\%$$

$$= 3\,175\,000\,(元)$$

⑤ 确认 2020 年度利润表中的所得税费用。

2020 年度所得税费用=当期所得税费用+递延所得税费用=3 175 000+21 875

$$= 3\,196\,875\,(元)$$

借：所得税费用——当期所得税费用　　　　　　　　　　　　3 175 000

　　　　　　——递延所得税费用　　　　　　　　　　　　　21 875

　　贷：应交税费——应交所得税　　　　　　　　　　　　　3 175 000

　　　　递延所得税资产　　　　　　　　　　　　　　　　　21 875

3. 应交纳的税收滞纳金和罚款等的企业所得税会计核算

企业应交纳的税收滞纳金和罚款等，在尚未支付之前按照会计准则的规定确认为费用，同时作为负债反映。税法规定，税收滞纳金、行政性的罚金、罚款和被没收财物的损失，不能税前扣除，企业应交纳的税收滞纳金和罚款等的计税基础为账面价值减去未来期间按照税法规定可予税前扣除的金额（零）之间的差额，即计税基础等于账面价值，不产生暂时性差异。

【例 4-24】 甲公司 202×年 12 月接到下列处罚书面通知书：（1）因违反当地有关环保法规的规定，接到环保部门的处罚通知，要求其支付罚款 20 万元，至 202×年 12 月 31 日该项罚款尚未支付。（2）因违反税收法规的规定，接到税务部门的处罚通知，要求其支付罚款 10 万元。至本年 12 月 31 日，该项罚款尚未支付。甲公司本年度税前会计利润为 120 万元，假设无其他纳税调整项目，企业所得税税率为 25%。税法规定，企业因违反国家有关法律法规支付的罚款和滞纳金，计算应纳税所得额时不允许税前扣除。

【要求】 对甲公司上述企业所得税相关业务进行账务处理。

【解析】

借：营业外支出——环保罚款　　　　　　　　　　　　　　200 000

　　　　　　——税收滞纳金　　　　　　　　　　　　　　100 000

　　贷：其他应付款——环保部门　　　　　　　　　　　　200 000

　　　　　　　　——税务部门　　　　　　　　　　　　　100 000

202×年 12 月 31 日其他应付款的账面价值=200 000+100 000=300 000（元）

202×年 12 月 31 日其他应付款的计税基础=300 000-0=300 000（元）

202×年 12 月 31 日其他应付款的账面价值 300 000 元等于其计税基础 300 000 元，不形成暂时性差异。

本年度当期所得税费用=应纳税所得额×当期适用税率

$$= (\,1\,200\,000 + 300\,000\,) \times 25\% = 375\,000\,(元)$$

借：所得税费用——当期所得税费用　　　　　　　　　　　375 000

　　贷：应交税费——应交所得税　　　　　　　　　　　　375 000

（三）特殊项目产生暂时性差异的企业所得税会计核算

1. 未作为资产、负债确认的项目产生暂时性差异的企业所得税会计核算

某些交易或事项发生以后，因为不符合资产、负债确认条件而未体现为资产负债表中的资产或负债，但按照税法规定能够确定其计税基础的，其账面价值零与计税基础之间的差异也构成暂时性差异。例如，企业发生的符合条件的广告费和业务宣传费支出，除另有规定外，不超过当年销售收入15%的部分，准予扣除；超过部分准予在以后纳税年度结转扣除。该类费用在发生时按照会计准则的规定即计当期损益，不形成资产负债表中的资产，但按照税法规定可以确定其计税基础的，两者之间的差异也形成暂时性差异。

【例4-25】甲公司2019年发生1 020万元广告费和业务宣传费支出，款项已经通过银行存款支付，发生时已作为销售费用计入当期损益。税法规定，该类支出不超过当年销售收入15%的部分允许当期税前扣除，超过部分允许向以后年度结转税前扣除。甲公司2020年发生600万元广告费和业务宣传费支出，发生时已作为销售费用计入当期损益。甲公司2019年和2020年实现的销售收入均为6 000万元。甲公司2019年度和2020年度税前会计利润均为600万元。甲公司有确凿证据表明未来期间有足够的应纳税所得额用来抵扣可抵扣暂时性差异。假设无其他纳税调整项目，且每年企业所得税税率均为25%。

【要求】对甲公司上述企业所得税相关业务进行账务处理。

【解析】

（1）计算2019年度利润表中的所得税费用。

① 确定2019年12月31日资产的账面价值。

广告费和业务宣传费在发生时按照企业会计准则规定即计入当期损益，不形成资产负债表中的资产。

2019年12月31日资产的账面价值=0

② 确定2019年12月31日资产的计税基础。

2019年广告费和业务宣传费扣除限额=60 000 000×15%=9 000 000（元）

2019年广告费和业务宣传费实际发生额=10 200 000元

2019年广告费和业务宣传费超支额=10 200 000-9 000 000=1 200 000（元），广告费和业务宣传费超支额1 200 000元本年度需要进行纳税调增，但准予在以后纳税年度结转扣除。

2019年12月31日资产的计税基础=10 200 000-60 000 000×15%=1 200 000（元）

③ 确认2019年度递延所得税（递延所得税费用）。

2019年12月31日资产的账面价值0小于计税基础1 200 000元的差额1 200 000元（1 200 000-0），为可抵扣暂时性差异，符合确认条件时，应确认相关的递延所得税资产300 000元（1 200 000×25%）。

2019年度递延所得税费用=（递延所得税负债的期末余额-递延所得税负债的期初余额）-（递延所得税资产的期末余额-递延所得税资产的期初余额）

=（0-0）-（300 000-0）=-300 000（元）（负数代表收益）

④ 确认2019年度当期所得税（当期所得税费用）。

2019年度当期所得税费用=应纳税所得额×当期适用税率

=（6 000 000+1 200 000）×25%=1 800 000（元）

⑤ 确认2019年度利润表中的所得税费用。

2019 年度所得税费用＝当期所得税费用＋递延所得税费用

$$＝1\ 800\ 000＋（－300\ 000）＝1\ 500\ 000（元）$$

借：所得税费用——当期所得税费用　　　　　　　　　　　　1 800 000

　　递延所得税资产　　　　　　　　　　　　　　　　　　　300 000

　　　贷：应交税费——应交所得税　　　　　　　　　　　　　　　　1 800 000

　　　　　所得税费用——递延所得税费用　　　　　　　　　　　　　　300 000

（2）计算 2020 年度利润表中的所得税费用。

① 确定 2020 年 12 月 31 日资产的账面价值。

广告费和业务宣传费在发生时按照企业会计准则的规定即计入当期损益，不形成资产负债表中的资产。

2020 年 12 月 31 日资产的账面价值＝0

② 确定 2020 年 12 月 31 日资产的计税基础。

2020 年广告费和业务宣传费扣除限额＝60 000 000×15%＝9 000 000（元）

2020 年广告费和业务宣传费实际发生额＝6 000 000 元

2019 年准予结转以后年度扣除的广告费和业务宣传费＝1 200 000 元

由于 6 000 000＋1 200 000＝7 200 000（元）<9 000 000 元，因此 2020 年广告费和业务宣传费实际发生额 6 000 000 元和 2019 年准予结转以后年度扣除的广告费和业务宣传费 1 200 000 元，在 2020 年均可以全部扣除，2020 年度应进行纳税调减 1 200 000 元。

2020 年 12 月 31 日资产的计税基础＝0

③ 确认 2020 年度递延所得税（递延所得税费用）。

2020 年 12 月 31 日，甲公司资产的账面价值与计税基础均为 0，两者之间不存在暂时性差异，前期已经确认的与该资产相关的递延所得税资产应予全额转回。2020 年期末递延所得税资产余额应为 0，由于 2020 年期初递延所得税资产余额为 300 000 元，因此 2020 年期末应转回递延所得税资产（递延所得税资产减少额）＝300 000－0＝300 000（元）。

2020 年度递延所得税费用＝（递延所得税负债的期末余额－递延所得税负债的期初余额）－

$$（递延所得税资产的期末余额－递延所得税资产的期初余额）$$

$$＝（0－0）－（0－300\ 000）＝300\ 000（元）$$

④ 确认 2020 年度当期所得税（当期所得税费用）。

2020 年度当期所得税费用＝应纳税所得额×当期适用税率

$$＝（6\ 000\ 000－1\ 200\ 000）×25\%＝1\ 200\ 000（元）$$

⑤ 确认 2020 年度利润表中的所得税费用。

2020 年度所得税费用＝当期所得税费用＋递延所得税费用＝1 200 000＋300 000

$$＝1\ 500\ 000（元）$$

借：所得税费用——当期所得税费用　　　　　　　　　　　　1 200 000

　　　　　　　——递延所得税费用　　　　　　　　　　　　　300 000

　　　贷：应交税费——应交所得税　　　　　　　　　　　　　　　　1 200 000

　　　　　递延所得税资产　　　　　　　　　　　　　　　　　　　　300 000

2. 可抵扣亏损及税款抵减产生暂时性差异的企业所得税会计核算

税法规定，企业某一纳税年度发生的亏损可以用下一年度的所得弥补，下一年度的所得不足以弥补的，可以逐年延续弥补，但最长不得超过 5 年。企业会计准则规定，企业预计在未来期间能够产生足够的应纳税所得额来抵扣亏损时，应确认相应的递延所得税资即将亏损视为可抵扣暂时性差异。对因亏损弥补而产生的暂时性差异要在以后亏损抵扣期内持续反映，进行相关计算并作相应的会计核算。

【例 4-26】甲公司执行企业会计准则，企业所得税税率为 25%，能够持续经营。如果发生亏损，预计未来连续 5 年内能够产生足够的应纳税所得额来弥补亏损。假定在相关业务中不存在永久性差异，此前也没有产生过暂时性差异。2016 年度发生亏损 48 万元，没有产生其他暂时性差异；2017 年度预计实现利润总额 30 万元，本年没有产生除 2016 年度结转亏损之外的其他暂时性差异；2018 年度预计实现利润总额 3.6 万元，计提 12 万元的坏账准备，除此以外本年没有产生除 2016 年度结转亏损之外的其他暂时性差异；2019 年度预计实现利润总额 60 万元，转回 2018 年已计提的坏账准备 12 万元，除此以外本年没有产生除 2016 年度结转亏损之外的其他暂时性差异。

【要求】对甲公司上述企业所得税相关业务进行账务处理。

【解析】

（1）2016 年，按照所得税会计准则的规定，年末对因发生亏损所确认的递延所得税资产按照预期弥补该亏损期间适用的企业所得税税率进行计量。预计未来期间公司能够产生足够的应纳税所得额可以抵扣亏损，应确认相关的递延所得税资产=48×25%=12（万元）。

2016 年度递延所得税费用=（递延所得税负债的期末余额−递延所得税负债的期初余额）−（递延所得税资产的期末余额−递延所得税资产的期初余额）

=（0−0）−（12−0）=−12（万元）（负数代表收益）

由于 2016 年度发生亏损 48 万元，因此 2016 年度当期所得税费用为 0。

2016 年度所得税费用=当期所得税费用+递延所得税费用=0+（−12）=−12（万元）

借：递延所得税资产——2016 年亏损　　　　　　　　　　　　120 000
　　贷：所得税费用——递延所得税费用　　　　　　　　　　　　　　120 000

（2）2017 年，本年度的应纳税所得额为本年度的会计利润总额 30 万元，全部用于弥补上年度结转的亏损 30 万元后，尚有 18 万元（48−30）的亏损待以后年度继续弥补。预计未来期间公司能够产生足够的应纳税所得额可以抵扣亏损，应确认相关的递延所得税资产。2017 年期末递延所得税资产余额=18×25%=4.5（万元），由于 2017 年期初递延所得税产余额为 12 万元，因此 2017 年期末应转回递延所得税资产（递延所得税资产减少额）=12−4.5（或=30×25%）=7.5（万元）。

2017 年度递延所得税费用=（递延所得税负债的期末余额−递延所得税负债的期初余额）−（递延所得税资产的期末余额−递延所得税资产的期初余额）

=（0−0）−（4.5−12）=7.5（万元）

由于 2017 年度仍有 18 万元亏损待弥补，因此 2017 年度当期所得税费用为 0。

2017 年度所得税费用=当期所得税费用+递延所得税费用=0+7.5=7.5（万元）

借：所得税费用——递延所得税费用　　　　　　　　　　　　　75 000
　　贷：递延所得税资产——2016 年亏损　　　　　　　　　　　　　　75 000

（3）2018 年，按税法规定，企业计提的资产减值损失不得在税前扣除。2018 年度应纳税所得额=会计利润总额+计提的资产减值损失=3.6+12=15.6（万元），全部用于弥补 2016 年度结转的未弥补完的亏损 15.6 万元后，尚有 2.4 万元（18−15.6）的亏损待以后年度继续弥补。预计未来期间公司能够产生足够的应纳税所得额可以抵扣亏损，应确认相关的递延所得税资产。2018 年期末与亏损相关的递延所得税资产余额=2.4×25%=0.6（万元），由于 2018 年期初与亏损相关的递延所得税资产余额为 4.5 万元，因此 2018 年期末应转回与亏损相关的递延所得税资产（递延所得税资产减少额）=4.5−0.6（或 15.6×25%）=3.9（万元）。

同时，因坏账准备而产生的差异为可抵扣暂时性差异，符合确认条件时，应确认与坏账准备相关的递延所得税资产=12×25%=3（万元）。

2018 年度递延所得税费用=（递延所得税负债的期末余额−递延所得税负债的期初余额）−

（递延所得税资产的期末余额−递延所得税资产的期初余额）

= (0−0) − [(3+0.6) − (0+4.5)] = (0−0) − [(3−0) + (0.6−4.5)]

=−3+3.9=0.9（万元）

由于 2018 年度仍有 2.4 万元亏损待弥补，因此 2018 年度当期所得税费用为 0。

2018 年度所得税费用=当期所得税费用+递延所得税费用=0+（−3+3.9）=0.9（万元）

借：所得税费用——递延所得税费用　　　　　　　　　　　　9 000

　　递延所得税资产——2018 年坏账准备　　　　　　　　30 000

　　贷：递延所得税资产——2016 年亏损　　　　　　　　　　　39 000

（4）2019 年，本年度弥补 2016 年度结转亏损后的应纳税所得额=2016 年亏损+2017 年应纳税所得额+2018 年应纳税所得额+2019 年应纳税所得额=−48+30+15.6+（60−12）=45.6（万元）。由于 2019 年度亏损全部弥补完毕，2019 年期末与亏损相关的递延所得税资产余额=0，由于 2019 年期初与亏损相关的递延所得税资产余额为 0.6 万元，因此 2019 年期末应转回与亏损相关的递延所得税资产（递延所得税资产减少额）=0.6−0=0.6（万元）。

同时，由于 2019 年全部转回坏账准备，因此 2019 年与坏账准备相关的期末递延所得税资产余额=0，由于 2019 年期初与坏账准备相关的递延所得税资产余额为 3 万元，因此应转回与坏账准备相关的递延所得税资产（递延所得税资产减少额）=3−0=3（万元）。

2019 年度递延所得税费用=（递延所得税负债的期末余额−递延所得税负债的期初余额）−

（递延所得税资产的期末余额−递延所得税资产的期初余额）

= (0−0) − [(0+0) − (0.6+3)] = (0−0) − [(0−0.6) − (0−3)]

=0.6+3=3.6（万元）

由于 2019 年度应纳税所得额=45.6 万元，因此 2019 年度当期所得税费用=45.6×25%=11.4（万元）

2019 年度所得税费用=当期所得税费用+递延所得税费用=11.4+（0.6+3）=11.4+3.6=15（万元）

借：所得税费用——当期所得税费用　　　　　　　　　　　114 000

　　　　　　　——递延所得税费用　　　　　　　　　　　　36 000

　　贷：应交税费——应交所得税　　　　　　　　　　　　　114 000

　　　　递延所得税资产——2016 年亏损　　　　　　　　　　　6 000

　　　　　　　　　　——2018 年坏账准备　　　　　　　　　30 000

（四）特定业务与特殊业务企业所得税的会计核算

1. 处置资产业务的企业所得税会计核算

根据《中华人民共和国企业所得税法实施条例》等税收法律规定，企业发生非货币性资产交换，以及将货物、财产、劳务用于捐赠、偿债、赞助、集资、广告、样品、职工福利或利润分配等用途的，应当视同销售货物、转让财产或者提供劳务，但国务院财政、税务主管部门另有规定的除外。

企业发生下列情形的处置资产，除将资产转移至境外以外，由于资产所有权属在形式和实质上均不发生改变，可作为内部处置资产，不视同销售确认收入，相关资产的计税基础延续计算：① 将资产用于生产、制造、加工另一产品。② 改变资产形状、结构或性能。③ 改变资产用途（如自建商品房转为自用或经营）。④ 将资产在总机构及其分支机构之间转移。⑤ 上述两种或两种以上情形的混合。⑥ 其他不改变资产所有权属的用途。

企业将资产移送他人的下列情形，因资产所有权属已发生改变而不属于内部处置资产，应按规定视同销售确定收入（除另有规定外，应按照被移送资产的公允价值确定销售收入）：① 用于市场推广或销售。② 用于交际应酬。③ 用于职工奖励或福利。④ 用于股息分配。⑤ 用于对外捐赠。⑥ 其他改变资产所有权属的用途。

视同销售业务下会计、增值税和企业所得税的处理比较表见表 4-5。

表 4-5　视同销售业务下会计、增值税和企业所得税的处理比较表

项目		会计是否确认收入	增值税是否视同销售	企业所得税是否视同销售
将货物交付其他单位或者个人代销		√	√	√
销售代销货物（针对代销行为本身）	收取手续费	×	√	×
	视同买断	√	√	√
设有两个以上机构并实行统一核算的纳税人，将货物从一个机构移送至其他机构用于销售	相关机构未设在同一县（市）	×	√	×
	相关机构设在同一县（市）	×	×	×
将货物用于在建工程等内部处置	自产、委托加工	×	×	×
	外购	×	×（进项税额可以抵扣）	×
将货物用于集体福利（食堂、浴室）	自产、委托加工	√（另一种观点认为×）	√	√
	外购	×	×（进项税额可以抵扣）	√
将货物用于个人消费（给个人）	自产、委托加工	√	√	√
	外购	×	×（进项税额可以抵扣）	√
将货物用于投资（自产、委托加工、外购）		根据不同情况√或×	√	√

项目		会计是否 确认收入	增值税 是否视同销售	企业所得 税是否视同销售
将货物用于分配（自产、委托加工、外购）		√	√	√
将货物用于无偿赠送（自产、委托加工、外购）		×	√	√
将货物用于交际应酬	自产、委托加工	×	√	√
	外购	×	×	√
将货物用于市场推广、广告样品	自产、委托加工	×	√	√
	外购	×	×	√

对于作为内部处置资产，企业所得税不视同销售，不影响当期应纳税所得额及应纳企业所得税。而对于不属于内部处置资产的情况（对外处置资产的情况），企业所得税视同销售，这便影响当期应纳税所得额及应纳企业所得税。

1）将资产[①]用于在建工程的企业所得税会计核算

将自产、委托加工的货物用于在建工程，在 2016 年 5 月 1 日起全面"营改增"后，增值税不视同销售；将外购的货物用于在建工程，在 2016 年 5 月 1 日起全面"营改增"后，外购货物的进项税额可以抵扣，即对于已经抵扣的进项税额不需要作进项税额转出处理。

将自产、委托加工或者购买的货物用于在建工程，由于资产所有权属在形式和实质上均不发生改变，因此属于内部处置资产，企业所得税不视同销售，这样不影响当期应纳税所得额及应纳企业所得税。

将自产、委托加工或者购买的货物用于在建工程，根据《企业会计准则第 14 号——收入》（以下简称收入准则）不符合会计收入确认的条件，会计上不确认收入。

会计与企业所得税处理一致，不需要进行纳税调整。

【例 4-27】甲公司 202× 年 12 月领用本公司自产产品 20 件用于建造厂房，该产品每件成本为 1 000 元，市场价格（不含税）每件售价为 2 200 元，增值税税率为 13%。202× 年度的利润总额为 800 000 元，假设没有其他纳税调整项目。

【要求】对甲公司上述企业所得税相关业务进行账务处理。

【解析】

借：在建工程　　　　　　　　　　　　　　　　　　　　　　　20 000

　　贷：库存商品（1 000×20）　　　　　　　　　　　　　　　　　20 000

借：所得税费用——当期所得税费用　　　　　　　　　　　　　　200 000

　　贷：应交税费——应交所得税（800 000×25%）　　　　　　　　200 000

会计与企业所得税的处理一致，不需要进行纳税调整。

2）将资产用于职工福利的企业所得税会计核算

职工福利包括集体福利和个人消费两部分。

---

① 含货物、财产、劳务等，本部分相关讲解主要以货物为例，下同。

① 将自产、委托加工的货物用于集体福利或个人消费，增值税视同销售确认收入；将外购的货物用于集体福利或个人消费，外购货物的进项税额不能抵扣，对于已经抵扣的进项税额需要做进项税额转出处理。

② 将自产、委托加工或者购买的货物用于集体福利，国家税务总局对此回复认为不属于内部处置资产，企业所得税视同销售确认收入。将自产、委托加工或者购买的货物用于个人消费，不属于内部处置资产，企业所得税视同销售确认收入。

③ 将自产、委托加工的货物用于集体福利或个人消费，根据收入准则符合会计收入确认的条件，会计上确认收入。将购买的货物用于集体福利或个人消费，根据收入准则不符合会计收入确认的条件，会计上不确认收入。

④ 将自产、委托加工的货物用于集体福利或个人消费，会计与企业所得税处理一致，不需要进行纳税调整。将购买的货物用于集体福利或个人消费，企业所得税应按购买的货物的公允价值确定销售收入（实际上视同销售收入＝视同销售成本＝被移送资产的公允价值即购入价格），会计上不确认收入，会计与企业所得税处理不一致，需要进行纳税调整。

【例4-28】甲公司202×年12月领用本公司自产产品20件发放给生产工人作为职工福利（个人消费），该产品每件成本为1 000元，市场价格（不含税）每件售价为2 200元，增值税税率为13%。年终假设未考虑该笔业务之前的利润总额为800 000元，假设没有其他纳税调整项目。

【要求】对甲公司上述企业所得税相关业务进行账务处理。

【解析】

借：生产成本 　　　　　　　　　　　　　　　　　　49 720
　　贷：应付职工薪酬——非货币性福利〔20×2 200×（1+13%）〕　49 720
借：应付职工薪酬——非货币性福利 　　　　　　　　49 720
　　贷：主营业务收入（20×2 200） 　　　　　　　　44 000
　　　　应交税费——应交增值税（销项税额）（44 000×13%）　5 720
借：主营业务成本 　　　　　　　　　　　　　　　　20 000
　　贷：库存商品（20×1 000） 　　　　　　　　　　20 000

本年度应纳税所得额＝800 000＋（44 000－20 000）＝824 000（元）

应纳企业所得税＝824 000×25%＝206 000（元）

借：所得税费用——当期所得税费 　　　　　　　　206 000
　　贷：应交税费——应交所得税 　　　　　　　　　206 000

将自产、委托加工的货物用于个人消费，会计与企业所得税的处理一致，不需要进行纳税调整。也就是说，由于甲公司在进行账务处理时已经确认了会计收入，因此税法上无须在纳税申报表中填写视同销售收入和视同销售成本的信息。

【例4-29】甲公司202×年12月将购入的产品50件发放给生产工人作为职工福利（个人消费），该产品每件不含增值税买价为2 000元，取得增值税专用发票，增值税税率为13%。年终假设未考虑该笔业务之前的利润总额为120 000元，假设没有其他纳税调整项目。

【要求】对甲公司上述企业所得税相关业务进行账务处理。

【解析】

（1）购入产品时：

借：库存商品（50×2 000）　　　　　　　　　　　　　　　　　100 000

　　应交税费——待认证进项税额（100 000×13%）　　　　　　13 000

　　贷：银行存款　　　　　　　　　　　　　　　　　　　　　113 000

（2）取得的增值税专用发票符合抵扣规定时：

借：应交税费——应交增值税（进项税额）　　　　　　　　　　13 000

　　贷：应交税费——待认证进项税额　　　　　　　　　　　　13 000

（3）决定发放福利时：

借：生产成本

　　贷：应付职工薪酬——非货币性福利　　　　　　　　　　　113 000

（4）实际发放福利时：

借：应付职工薪酬——非货币性福利　　　　　　　　　　　　　113 000

　　贷：库存商品　　　　　　　　　　　　　　　　　　　　　100 000

　　　　应交税费——应交增值税（进项税额转出）　　　　　　13 000

本年度应纳税所得额＝120 000＋（100 000－100 000）＝120 000（元）

应纳企业所得税＝120 000×25%＝30 000（元）

借：所得税费用——当期所得税费用　　　　　　　　　　　　　30 000

　　贷：应交税费——应交所得税　　　　　　　　　　　　　　30 000

　　将购买的货物用于个人消费，企业所得税应按购买的货物的公允价值确定销售收入（实际上视同销售收入＝视同销售成本＝被移送资产的公允价值即购入价格），会计上不确认收入，会计与企业所得税处理不一致，需要进行纳税调整。甲公司在年终企业所得税汇算清交时，应按照购入价格100 000元确认视同销售收入，同时按照购入价格100 000元确认视同销售成本。

　　3）将资产用于对外捐赠的企业所得税会计核算

　　将自产、委托加工或者购买的货物用于对外捐赠，增值税视同销售确认收入。

　　将自产、委托加工或者购买的货物用于对外捐赠，因资产所属权已发生改变而不属于内部处置资产，企业所得税视同销售确认收入。

　　将自产、委托加工或者购买的货物用于对外捐赠，由于不符合收入准则中会计收入确认条件中的"企业因向客户转让商品而有权取得的对价很可能收回"这一条，因此会计上不确认收入。

　　会计与企业所得税的处理不一致，需要进行纳税调整。

　　另外，纳税人发生的公益性捐赠支出，在年度利润总额12%以内的部分，准予在计算应纳税所得额时扣除；超过年度利润总额12%的部分，准予结转以后3年内在计算应纳税所得额时扣除。纳税人将自产、委托加工或购买的原材料、固定资产、无形资产和有价证券等用于捐赠，应分解为按公允价值视同对外销售和捐赠两项业务进行所得税处理，即税法规定纳税人对外捐赠资产应视同销售计算交纳流转税及企业所得税。

　　纳税人捐赠资产是其非日常活动产生的经济利益的流出，在会计处理上该支出不分公益性与非公益性捐赠，一律在"营业外支出"科目核算，即不论税法如何界定，会计处理都作为企业的支出在当年会计利润中扣除。

　　会计处理上按捐赠全额及相关税费记入"营业外支出"科目，而税法规定了符合条件的捐赠税前扣除的比例限制等因素的影响，因此，对于公益性捐赠，若公益性捐赠支出额超支，准予结转以后3年内在计算应纳税所得额时扣除，则形成了可抵扣暂时性差异，符合确认条件时，应确认相关的递延所得税资产；而对于非公益性捐赠（直接捐赠），由于税前不能扣除，因此形成了永久性差异，应当按直接捐赠额直接调增捐赠当年的应纳税所得额。

【例4-30】甲公司202×年将成本30 000元、售价40 000元的自产A产品直接向贫困灾区捐赠；将成本80 000元、售价90 000元的自产B产品通过民政部门向地震灾区捐赠。甲公司本年会计利润总额为600 000元，企业所得税税率为25%，销售自产的A产品和B产品的增值税税率均为13%，无其他纳税调整事项。

【要求】对甲公司上述企业所得税相关业务进行账务处理。

【解析】

（1）对外捐赠自产的A产品时：

借：营业外支出　　　　　　　　　　　　　　　　　　　　　　　　　35 200

　　贷：库存商品——A产品　　　　　　　　　　　　　　　　　　　30 000

　　　　应交税费——应交增值税（销项税额）（40 000×13%）　　　　5 200

因对外捐赠企业所得税视同销售确认收入，而会计上不确认收入产生的差异需要进行的纳税调增额＝40 000－30 000＝10 000（元）。

税法允许税前扣除的非公益性捐赠金额＝0

非公益性捐赠纳税调增额＝35 200元

（2）对外捐赠自产的B产品时：

借：营业外支出　　　　　　　　　　　　　　　　　　　　　　　　　91 700

　　贷：库存商品——B产品　　　　　　　　　　　　　　　　　　　80 000

　　　　应交税费——应交增值税（销项税额）（90 000×13%）　　　　11 700

因对外捐赠企业所得税视同销售确认收入，而会计上不确认收入产生的差异需要进行的纳税调增额＝90 000－80 000＝10 000（元）。

税法允许税前扣除的公益性捐赠金额＝600 000×12%＝72 000（元）

公益性捐赠纳税调增额＝91 700－72 000＝19 700（元）

（3）确认所得税费用时：

对于19 700元的公益性捐赠超支额，形成了可抵扣暂时性差异，符合确认条件时，即有确凿证据表明以后3年内有足够的应纳税所得额用来抵扣可抵扣暂时性差异，则应确认相关的递延所得税资产＝19 700×25%＝4 925（元）。

本年度递延所得税＝（递延所得税负债的期末余额－递延所得税负债的期初余额）－

　　　　　　　　　（递延所得税资产的期末余额－递延所得税资产的期初余额）

　　　　　　　　＝（0－0）－（4 925－0）＝－4 925（元）（负数代表收益）

本年度当期所得税费用＝应纳税所得额×当期适用税率

　　　　　　　　　　＝（600 000＋10 000＋35 200＋10 000＋19 700）×25%

　　　　　　　　　　＝168 725（元）

本年度所得税费用＝当期所得税费用＋递延所得税费用＝168 725＋（－4 925）

　　　　　　　　＝163 800（元）

借：所得税费用——当期所得税费用　　　　　　　　　　　　　168 725

　　　递延所得税资产　　　　　　　　　　　　　　　　　　　　 4 925

　　贷：应交税费——应交所得税　　　　　　　　　　　　　　168 725

　　　　所得税费用——递延所得税费用　　　　　　　　　　　　 4 925

4）将货物用于非货币性资产交换和对外投资的企业所得税会计核算

将自产、委托加工或者购买的货物用于对外投资，增值税视同销售确认收入。

将自产、委托加工或者购买的货物用于对外投资，因资产所有权属已发生改变而不属于内部处置资产，企业所得税视同销售确认收入。企业以非货币性资产对外投资时，将其分解为按公允价值销售有关非货币性资产和投资两项业务进行处理，并按规定计算资产转让所得或损失。

大多数非货币性资产交换适用《企业会计准则第 7 号——非货币性资产交换》，但下列各项适用其他相关会计准则：

（1）企业以存货换取客户的非货币性资产的，适用《企业会计准则第 14 号——收入》。

（2）非货币性资产交换中涉及企业合并的，适用《企业会计准则第 20 号——企业合并》《企业会计准则第 2 号——长期股权投资》《企业会计准则第 33 号——合并财务报表》。

（3）非货币性资产交换中涉及由《企业会计准则第 22 号——金融工具确认和计量》规范的金融资产的，金融资产的确认、终止确认和计量适用《企业会计准则第 22 号——金融工具确认和计量》《企业会计准则第 23 号——金融资产转移》。

（4）非货币性资产交换中涉及由《企业会计准则第 21 号——租赁》规范的使用权资产或应收融资租赁款等的，相关资产的确认、终止确认和计量适用《企业会计准则第 21 号——租赁》。

（5）非货币性资产交换的一方直接或间接对另一方持股且以股东身份进行交易的，或者非货币性资产交换的双方均受同一方或相同的多方最终控制，且该非货币性资产交换的交易实质是交换的一方向另一方进行了权益性分配或交换的一方接受了另一方权益性投入的，适用权益性交易的有关会计处理规定。

《企业会计准则第 7 号——非货币性资产交换》规定，非货币性资产交换同时满足下列条件的，应当以公允价值为基础计量：① 该项交换具有商业实质；② 换入资产或换出资产的公允价值能够可靠地计量。不满足上述条件的非货币性资产交换，应当以账面价值为基础计量。

如果非货币资产交换具有商业实质且换入资产或换出资产的公允价值能够可靠地计量，对于换入资产，应当以换出资产的公允价值和应支付的相关税费作为换入资产的成本进行初始计量；对于换出资产，应当在终止确认时，将换出资产的公允价值与其账面价值之间的差额计入当期损益。有确凿证据表明换入资产的公允价值更加可靠的，对于换入资产，应当以换入资产的公允价值和应支付的相关税费作为换入资产的初始计量金额；对于换出资产，应当在终止确认时，将换入资产的公允价值与换出资产账面价值之间的差额计入当期损益。这与企业所得税的处理一致。

如果非货币资产交换不具有商业实质或者换入资产和换出资产的公允价值不能够可靠地计量，对于换入资产，企业应当以换出资产的账面价值和应支付的相关税费作为换入资产的初始计量金额；对于换出资产，终止确认时不确认损益。这与企业所得税的处理产生差异，需纳税调整。

【例4-31】 甲公司本年以本公司生产用设备对外投资，设备的账面原价为150 000元，假设在交换日的累计折旧为45 000元，公允价值为90 000元。甲公司202×年会计利润总额为200 000元，企业所得税税率为25%，销售设备的增值税税率为13%，无其他纳税调整事项。

【要求】 对甲公司上述企业所得税相关业务进行账务处理。

【解析】

（1）如果非货币资产交换具有商业实质且换入资产或换出资产的公允价值能够可靠地计量，则会计处理为：

借：固定资产清理   105 000
    累计折旧   45 000
    贷：固定资产——设备   150 000
借：长期股权投资   90 000
    资产处置损益（105 000+90 000×13%−90 000）   26 700
    贷：固定资产清理   105 000
        应交税费——应交增值税（销项税额）（90 000×13%）   11 700

这种情形的会计处理与企业所得税的处理一致，不需要进行纳税调整。

（2）如果非货币资产交换不具有商业实质或者换入资产和换出资产的公允价值不能够可靠地计量，则会计处理为：

借：固定资产清理   105 000
    累计折旧   45 000
    贷：固定资产——设备   150 000
借：长期股权投资（105 000+90 000×13%）   116 700
    贷：固定资产清理   105 000
        应交税费——应交增值税（销项税额）（90 000×13%）   11 700

因以非货币性资产对外投资时企业所得税视同销售确认收入，而会计上如果非货币资产交换不具有商业实质或者换入资产和换出资产的公允价值不能够可靠地计量，在会计上不确认损益。这种情形的会计处理与企业所得税的处理产生差异，需要进行纳税调整。

一方面应当确认资产处置损益（损失）26 700元；另一方面，202×年年底，甲公司长期股权投资的账面价值为116 700元，计税基础为90 000元。长期股权投资的账面价值116 700元大于其计税基础90 000元的差额26 700元，将于未来期间增加企业的应纳税所得额，为应纳税暂时性差异，应确认相关的递延所得税负债6 675元（26 700×25%）。

本年度递延所得税=（递延所得税负债的期末余额−递延所得税负债的期初余额）−
                （递延所得税资产的期末余额−递延所得税资产的期初余额）
                =（6 675−0）−（0−0）=6 675（元）

本年度当期所得税费用=应纳税所得额×当期适用税率=（200 000−26 700）×25%
                =43 325（元）

本年度所得税费用=当期所得税费用+递延所得税费用=43 325+6 675=50 000（元）

借：所得税费用——当期所得税费用　　　　　　　　　　　　　43 325
　　　　　　　——递延所得税费用　　　　　　　　　　　　　 6 675
　　贷：应交税费——应交所得税　　　　　　　　　　　　　　43 325
　　　　递延所得税负债　　　　　　　　　　　　　　　　　　 6 675

5）将货物用于利润分配的企业所得税会计核算

将自产、委托加工或者购买的货物用于利润分配，增值税视同销售确认收入。

将自产、委托加工或者购买的货物用于利润分配，因资产所有权属已发生改变而不属于内部处置资产，企业所得税视同销售确认收入。

将自产、委托加工或者购买的货物用于利润分配，根据收入准则符合会计收入确认的条件，会计上确认收入。

因此，将货物用于利润分配，会计与企业所得税的处理一致，不需要进行纳税调整。

【例4-32】与甲公司为增值税一般纳税人，202×年12月将生产的一批A产品作为股利分配给股东。A产品的市场售价为200 000元，实际成本为160 000元。企业所得税税率为25%，A产品的增值税税率为13%，无其他纳税调整事项。

【要求】对甲公司上述企业所得税相关业务进行账务处理。

【解析】

（1）用A产品分配股利时：

借：应付股利　　　　　　　　　　　　　　　　　　　　　　226 000
　　贷：主营业务收入　　　　　　　　　　　　　　　　　　200 000
　　　　应交税费——应交增值税（销项税额）　　　　　　　 26 000

（2）结转A产品成本时：

借：主营业务成本　　　　　　　　　　　　　　　　　　　　160 000
　　贷：库存商品——A产品　　　　　　　　　　　　　　　160 000

会计处理与企业所得税的处理一致，不需要进行纳税调整。

2. 债务重组的企业所得税会计核算

企业所得税相关税法规定，以低于债务计税成本的现金、非现金资产以及债务转换为资本的方式偿还债务的，债务人应当将重组债务的计税成本与支付的现金金额或者非现金资产的公允价值（包括与转让非现金资产相关的税费）或者债权人因放弃债权而享有的股权的公允价值的差额，确认为债务重组所得，计入当期应纳税所得额；债权人应当将重组债权的计税成本与收到的现金金额或者非现金资产的公允价值或者享有的股权的公允价值之间的差额，确认为当期的债务重组损失，冲减应纳税所得额。

企业会计准则规定，债务重组采用以资产清偿债务或者将债务转为权益工具方式进行的，债权人应当在受让的相关资产符合其定义和确认条件时予以确认。放弃债权的公允价值与账面价值之间的差额，一般都记入"投资收益"科目。

通常情况下，企业会计准则中的"重组债务的账面价值""重组债权的账面余额"与企业所得税相关税法中的"重组债务的计税成本""重组债权的计税成本"的金额是相同的，但有时也会出现不一致，比如债权人对重组债权计提了坏账准备，这时重组债权的账面余额与计税成本就不相同，需要进行纳税调整。

【例4-33】2018年12月10日，甲公司因购货而欠乙公司200 000元款项。由于甲公司现金流量严重不足，因此未能及时清偿欠款。2019年7月18日，经协商，乙公司同意减免债务本金100 000元，甲公司立即支付余款。假定乙公司2018年年底对该项应收账款已计提坏账准备40 000元，且2018年乙公司的利润总额为100 000元，无其他纳税调整项目。2019年12月31日，乙公司有确凿证据表明未来期间有足够的应税所得额用来抵扣可抵扣暂时性差异，且2019年乙公司的利润总额为200 000元。假设乙公司2018年和2019年均无其他纳税调整项目。

【要求】对乙公司上述企业所得税相关业务进行账务处理。

【解析】

（1）2018年年底，乙公司应收账款的账面价值为160 000元（200 000-40 000），计税基础为200 000元。

应收账款的账面价值160 000元小于其计税基础200 000元的差额40 000元，将于未来期间减少企业的应纳税所得额，为可抵扣暂时性差异，符合确认条件时，应确认相关的递延所得税资产=40 000×25%=10 000（元）。

2018年度递延所得税费用=（递延所得税负债的期末余额-递延所得税负债的期初余额）-
（递延所得税资产的期末余额-递延所得税资产的期初余额）
=（0-0）-（10 000-0）=-10 000（元）（负数代表收益）

税法认为企业计提的坏账准备不允许税前扣除，因此应调增应纳税所得额40 000元。

2018年度当期所得税费用=应纳税所得额×当期适用税率=（100 000+40 000）×25%
=35 000（元）

2018年度所得税费用=当期所得税费用+递延所得税费用=35 000+（-10 000）
=25 000（元）

借：所得税费用——当期所得税费用   35 000
   递延所得税资产   10 000
     贷：应交税费——应交所得税   35 000
       所得税费用——递延所得税费用   10 000

（2）2019年7月18日，甲公司还款时：

借：银行存款   100 000
   坏账准备   40 000
   投资收益   60 000
     贷：应收账款——甲公司   200 000

（3）2019年12月31日应收账款的账面价值与计税基础均为0，两者之间不存在暂时性差异，前期已经确认的与该应收账款相关的递延所得税资产应予全额转回。2019年期末递延所得税资产余额应为0，由于2019年期初递延所得税资产余额为10 000元，因此2019年期末应转回的递延所得税资产（递延所得税资产减少额）为10 000元（10 000-0）。

2019年度递延所得税费用=（递延所得税负债的期末余额-递延所得税负债的期初余额）-
（递延所得税资产的期末余额-递延所得税资产的期初余额）

2019年年底，根据《企业所得税法》规定，对于已经提取坏账准备的应收账款，由于 2018 年度纳税申报时已调增应纳税所得额,因此处置应收账款而冲销的坏账准备应允许企业作相反的纳税调整。因此,2019 年度应调减应纳税所得额 40 000 元。2019 年度当期所得税费用=(200 000－40 000)×25%=40 000(元)。

2019 年度所得税费用=当期所得税费用+递延所得税费用=40 000+10 000=50 000(元)

借:所得税费用——当期所得税费用　　　　　　　　　　　　　　　　　　　40 000

　　　　　　——递延所得税费用　　　　　　　　　　　　　　　　　　　10 000

　　贷:应交税费——应交所得税　　　　　　　　　　　　　　　　　　　　40 000

　　　　递延所得税资产　　　　　　　　　　　　　　　　　　　　　　　　10 000

（五）预提企业所得税代扣代缴的会计核算

非居民企业在中国境内未设立机构、场所的,或者虽设立机构、场所但取得的所得与其所设机构、场所没有实际联系的,其来源于中国境内的所得应交纳的企业所得税,实行源泉扣缴,以支付人为扣缴义务人。税款由扣缴义务人在每次支付或者到期应支付时,从支付或者到期应支付的款项中扣缴。对非居民企业在中国境内取得工程作业和劳务所得应交纳的企业所得税,税务机关可以指定工程价款或者劳务费的支付人为扣缴义务人。扣缴义务人每次代扣的税款,应当自代扣之日起 7 日内交入国库,并向所在地的税务机关报送扣缴企业所得税报告表。

代扣企业所得税时,扣缴义务人应借记"其他应付款"等科目,贷记"应交税费——代扣代缴所得税"科目;实际交纳代扣的企业所得税时,扣缴义务人应借记"应交税费——代扣代缴所得税"科目,贷记"银行存款"科目。

【例 4-34】美国的甲公司在中国境内未设立机构场所,但当年取得来源于中国境内的所得 200 000 元。

【要求】对甲公司上述企业所得税相关业务进行账务处理。

【解析】

（1）代扣企业所得税时:

借:应付账款（或者其他应付款）　　　　　　　　　　　　　　　　　　　200 000

　　贷:应交税费——代扣代缴所得税（200 000×10%）　　　　　　　　　　20 000

　　　　银行存款　　　　　　　　　　　　　　　　　　　　　　　　　180 000

（2）实际代交企业所得税时:

借:应交税费——代扣代缴所得税　　　　　　　　　　　　　　　　　　　20 000

　　贷:银行存款　　　　　　　　　　　　　　　　　　　　　　　　　　20 000

（六）减免企业所得税的会计核算

1. 直接减免企业所得税的会计核算

纳税人对法定直接减免的企业所得税,国家未指定特定用途的,可以不进行账务处理。但严谨起见,应当先借记"所得税费用——当期所得税费用"等科目,贷记"应交税费——应交所得税"科目;然后借记"应交税费——应交所得税"科目,贷记"所得税费用——当期所得税费用"等科目。

纳税人对法定直接减免的企业所得税,国家指定特定用途的,应当先借记"所得税费用——当期所得税费用"等科目,贷记"应交税费——应交所得税"科目,再借记"应交税费——应交所得税"科目,贷记"实收资本"等科目。

2. 先征后返、先征后退和即征即退企业所得税的会计核算

纳税人对实行先征后返、先征后退和即征即退企业所得税的减免方式，应当先按正常计税要求计算交纳企业所得税，并进行相应的会计核算。本月交纳以前期间应交未交的企业所得税，则借记"应交税费——应交所得税"科目，贷记"银行存款"科目；在收到退税款时，借记"银行存款"科目，贷记"其他收益"科目①。

"先征后返、先征后退和即征即退企业所得税的会计核算"与项目二中"先征后返、先征后退和即征即退增值税的会计核算"类似，这里不再赘述。

（七）预交企业所得税和汇算清交企业所得税的会计核算

企业所得税一般是按月或按季预交，应当自月份或者季度终了之日起15日内，向税务机关报送企业所得税预交纳税申报表，预交税款；自年度终了之日起5个月内，向税务机关报送年度企业所得税纳税申报表，并汇算清交，结清应交企业所得税款。

1. 预交企业所得税的会计核算

企业计提应预交的企业所得税时，应借记"所得税费用——当期所得税费用"科目，贷记"应交税费——应交所得税"科目，实际交纳应预交的企业所得税时，应借记"应交税费——应交所得税"科目，贷记"银行存款"科目。

【例4-35】甲公司的企业所得税税率为25%，企业所得税按季预交。202×年第一季度甲公司实现的会计利润总额为40万元，取得国债利息收入2万元，以前年度未弥补亏损为6万元。甲公司"长期借款"账户记载，年初向建设银行借款20万元，年利率为6%；年初向乙公司借款4万元，年利率为10%，上述款项全部用于生产经营；另外甲公司还计提资产减值准备2万元。甲公司本年第二季度实际利润额的累计金额为56万元，第三季度实际利润额的累计金额为-4万元，第四季度实际利润额的累计金额为44万元。假设无其他纳税调整事项。

【要求】对甲公司上述企业所得税相关业务进行账务处理。

【解析】

（1）计算并交纳本年第一季度应预交的企业所得税。

预交企业所得税的基数为实际利润额。

实际利润额=利润总额+特定业务计算的应纳税所得额-不征税收入和税基减免应纳税

所得额-固定资产加速折旧（扣除）调减额-弥补以前年度亏损

=40+0-2-0-6=32（万元）

202×年第一季度应预交企业所得税=32×25%=8（万元）

对于其他永久性差异②，预交时不做纳税调整。

202×年3月末（202×年第一季度末）计提202×年第一季度应预交的企业所得税时：

借：所得税费用——当期所得税费用　　　　　　　　　　　　　　80 000

　　贷：应交税费——应交所得税　　　　　　　　　　　　　　　　80 000

202×年4月初交纳应预交的企业所得税时：

---

① 最后一步会计处理也可分为两步：在确认先征后返、先征后退或即征即退企业所得税时，借记"其他应收款"科目，贷记"其他收益"科目；日后收到退税款时，借记"银行存款"科目，贷记"其他应收款"科目。

② 长期借款利息超支=4×（10%-6%）=0.16（万元））和暂时性差异（资产减值准备2万元）。

借：应交税费——应交所得税　　　　　　　　　　　　　　　80 000

　　贷：银行存款　　　　　　　　　　　　　　　　　　　　　　　80 000

（2）计算并交纳202×年第二季度应预交的企业所得税。

202×年第二季度末计提本年第二季度应预交的企业所得税时：

借：所得税费用　　　　　　　　　　　　　　　　　　　　　　60 000

　　贷：应交税费——应交所得税〔（560 000−320 000）×25%〕　　60 000

202×年7月初交纳本年第二季度应预交的企业所得税时：

借：应交税费——应交所得税　　　　　　　　　　　　　　　60 000

　　贷：银行存款　　　　　　　　　　　　　　　　　　　　　　　60 000

（3）计算并交纳本年第三季度应预交的企业所得税。

202×年第三季度实际利润额的累计金额为亏损，暂不预交企业所得税，也不做会计处理。

（4）计算并交纳本年第四季度应预交的企业所得税。

202×年第四季度实际利润额的累计金额为44万元，由于第四季度实际利润额的累计金额44万元小于以前季度（第二季度）实际利润额的累计金额56万元，因此202×年第四季度暂不预交企业所得税，也不做会计处理。

（5）在例4−35中，假设经税务机关审核，甲公司汇算清交后全年应纳税所得额为48万元，则应纳企业所得税为12万元（48×25%），而企业已经预交企业所得税14万元，按照相关规定，主管税务机关应及时办理退税，或者抵交下一年度应交纳的税款。

2. 汇算清交企业所得税的会计核算

企业汇算清交企业所得税时，若全年应纳企业所得税大于全年已预交的企业所得税，则其差额为应补交的企业所得税，企业应借记"以前年度损益调整"科目，贷记"应交税费——应交所得税"科目；实际交纳应补交的企业所得税时，应借记"应交税费——应交所得税"科目，贷记"银行存款"科目。最后企业应当将"以前年度损益调整"科目余额转入"利润分配"科目，借记"利润分配——未分配利润"科目，贷记"以前年度损益调整——所得税费用"科目；同时还需相应地调整盈余公积，借记"盈余公积"科目，贷记"利润分未分配利润"科目。

企业汇算清交企业所得税时，若全年应纳企业所得税小于全年已预交的企业所得税，则其差额为多交的企业所得税，企业应借记"应交税费——应交所得税"科目，贷记"以前年度损益调整"科目；若经税务机关审核批准退还多交的企业所得税，则企业应借记"银行存款"科目，贷记"应交税费——应交所得税"科目；若多交的企业所得税不办理退税，则可以挂账用以抵交未来应预交的企业所得税。最后企业应当将"以前年度损益调整"科目余额转入"利润分配"科目，借记"以前年度损益调整——所得税费用"科目，贷记"利润分配——未分配利润"科目；同时还需相应地调整盈余公积，借记"利润分配——未分配利润"科目，贷记"盈余公积"科目。

【例4−36】甲公司的企业所得税税率为25%，企业所得税按季预交。2019年第一季度甲公司实现的会计利润总额为40万元，取得国债利息收入2万元，以前年度未弥补亏损6万元。甲公司"长期借款"账户记载，年初向建设银行借款20万元，年利率为6%；年初向乙公司借款12万元，年利率为10%，上述款项全部用于生产经营；另外甲公司还计提资产减值准备

2万元。2019年第二季度实际利润额的累计金额为56万元，第三季度实际利润额的累计金额为72万元，第四季度实际利润额的累计金额为112万元。假设无其他纳税调整事项。甲公司于2020年3月10日进行企业所得税汇算清交。

【要求】对甲公司上述企业所得税相关业务进行账务处理。

【解析】

（1）《企业会计准则第18号——所得税》规定，对于暂时性差异产生的对递延所得税的影响，应该按照"及时性"原则，在产生时立即确认，而非在季末或者年末确认。计提资产减值准备形成的暂时性差异，应该在计提资产减值准备的同时编制以下会计分录：

借：递延所得税资产（20 000×25%）　　　　　　　　　　　　　　　5 000

　　贷：所得税费用——递延所得税费用　　　　　　　　　　　　　　　　　5 000

（2）计算并交纳2019年第一季度应预交的企业所得税。

实际利润额=利润总额+特定业务计算的应纳税所得额−不征税收入和税基减免应纳税
　　　所得额−固定资产加速折旧（扣除）调减额−弥补以前年度亏损
　　　=400 000+0−20 000−0−60 000=320 000（元）

2019年第一季度应预交企业所得税=32 000×25%=80 000（元）

对于其他永久性差异[①]，预交时不做纳税调整。

2019年3月末（2019年第一季度末）计提2019年第一季度应预交的企业所得税时：

借：所得税费用——当期所得税费用　　　　　　　　　　　　　　　80 000

　　贷：应交税费——应交所得税　　　　　　　　　　　　　　　　　　　80 000

2019年4月初交纳应预交的企业所得税时：

借：应交税费——应交所得税　　　　　　　　　　　　　　　　　　80 000

　　贷：银行存款　　　　　　　　　　　　　　　　　　　　　　　　　　80 000

（3）计算并交纳2019年第二季度应预交的企业所得税。

2019年6月末（2019年第二季度末）计提2019年第二季度应预交的企业所得税时：

借：所得税费用　　　　　　　　　　　　　　　　　　　　　　　　60 000

　　贷：应交税费——应交所得税〔（560 000−320 000）×25%〕　　　　60 000

2019年7月初交纳2019年第二季度应预交的企业所得税时：

借：应交税费——应交所得税　　　　　　　　　　　　　　　　　　60 000

　　贷：银行存款　　　　　　　　　　　　　　　　　　　　　　　　　　60 000

（4）计算并交纳2019年第三季度应预交的企业所得税。

2019年9月末（2019年第三季度末）计提2019年第三季度应预交的企业所得税时：

借：所得税费用　　　　　　　　　　　　　　　　　　　　　　　　40 000

　　贷：应交税费——应交所得税〔（720 000−560 000）×25%〕　　　　40 000

2019年10月初交纳2019年第三季度应预交的企业所得税时：

借：应交税费——应交所得税　　　　　　　　　　　　　　　　　　40 000

　　贷：银行存款　　　　　　　　　　　　　　　　　　　　　　　　　　40 000

[①] 长期借款利息超支=120 000×（10%−6%）=4800（元）和暂时性差异（资产减值准备20 000元）。

（5）计算并交纳 2019 年第四季度应预交的企业所得税。

2019 年 12 月末（2019 年第四季度末）计提 2019 年第四季度应预交的企业所得税时：

借：所得税费用　　　　　　　　　　　　　　　　　　　　100 000

　　贷：应交税费——应交所得税〔（1 120 000−720 000）×25%〕　100 000

2020 年 1 月初交纳 2019 年第四季度应预交的企业所得税时：

借：应交税费——应交所得税　　　　　　　　　　　　　　100 000

　　贷：银行存款　　　　　　　　　　　　　　　　　　　　100 000

（6）2020 年 3 月 10 日进行所得税汇算清交时：

2019 年度应纳税所得额=会计利润总额±纳税调整项目金额=1 120 000+120 000×

（10%−6%）+20 000=1 144 800（元）

2019 年度实际应纳所得税额=1 144 800×25%=286 200（元）

汇算清交时应补交企业所得税=286 200−（80 000+60 000+40 000+100 000）

=6 200（元）

① 计提应补交的企业所得税时：

借：以前年度损益调整——所得税费用　　　　　　　　　　6 200

　　贷：应交税费——应交所得税　　　　　　　　　　　　　6 200

② 补交企业所得税时：

借：应交税费——应交所得税　　　　　　　　　　　　　　6 200

　　贷：银行存款　　　　　　　　　　　　　　　　　　　　6 200

③ 将"以前年度损益调整"科目余额转入利润分配时：

借：利润分配——未分配利润　　　　　　　　　　　　　　6 200

　　贷：以前年度损益调整——所得税费用　　　　　　　　　6 200

④ 因净利润变动调整盈余公积时：

借：盈余公积（6 200×10%）　　　　　　　　　　　　　　620

　　贷：利润分配——未分配利润　　　　　　　　　　　　　620

任务三　企业所得税的纳税申报

一、企业所得税的预交纳税申报实务

实行查账征收企业所得税的居民纳税人在月（季）度预交企业所得税时，应填报"中华人民共和国企业所得税月（季）度预交纳税申报表（A 类）"（见表 4−6）以及附表（略）；实行核定征收管理办法交纳企业所得税的纳税人在月（季）度申报交纳企业所得税时，应填报"中华人民共和国企业所得税月（季）度和年度纳税申报表（B 类）"（略）。

表 4-6　中华人民共和国企业所得税月（季）度预交纳税申报表（A 类）

税款所属期间：　　　年　月　日至　　　年　月　日

纳税人识别号（统一社会信用代码）：□□□□□□□□□□□□□□□□□□

纳税人名称：　　　　　　　　　　　　　　　　金额单位：人民币元（列至角分）

优惠及附报事项有关信息									
项目	一季度		二季度		三季度		四季度		季度平均值
	季初	季末	季初	季末	季初	季末	季初	季末	
从业人数									
资产总额（万元）									
国家限制或禁止行业	□是　　□否			小型微利企业					□是 □否
附报事项名称									金额或选项
事项 1	（填写特定事项名称）								
事项 2	（填写特定事项名称）								

	预交税款计算	本年累计
1	营业收入	
2	营业成本	
3	利润总额	
4	加：特定业务计算的应纳税所得额	
5	减：不征税收入	
6	减：资产加速折旧、摊销（扣除）调减额（填写 A201020）	
7	减：免税收入、减计收入、加计扣除（7.1+7.2+…）	
7.1	（填写优惠事项名称）	
7.2	（填写优惠事项名称）	
8	减：所得减免（8.1+8.2+…）	
8.1	（填写优惠事项名称）	
8.2	（填写优惠事项名称）	
9	减：弥补以前年度亏损	
10	实际利润额（3+4−5−6−7−8−9）\ 按照上一纳税年度应纳税所得额平均额确定的应纳税所得额	
11	税率（25%）	
12	应纳所得税额（10×11）	
13	减：减免所得税额（13.1+13.2+…）	
13.1	（填写优惠事项名称）	
13.2	（填写优惠事项名称）	

续表

	预交税款计算	本年累计
14	减：本年实际已交纳所得税额	
15	减：特定业务预交（征）所得税额	
16	本期应补（退）所得税额（12−13−14−15）\ 税务机关确定的本期应纳所得税额	

汇总纳税企业总分机构税款计算

17	总机构	总机构本期分摊应补（退）所得税额（18+19+20）	
18		其中：总机构分摊应补（退）所得税额（16×总机构分摊比例_%）	
19		财政集中分配应补（退）所得税额（16×财政集中分配比例_%）	
20		总机构具有主体生产经营职能的部门分摊所得税额（16×全部分支机构分摊比例____%×总机构具有主体生产经营职能部门分摊比例_%）	
21	分支机构	分支机构本期分摊比例	

二、企业所得税的年度汇算清交纳税申报实务

实行查账征收企业所得税的居民纳税人在年度企业所得税汇算清交时，应填报企业所得税年度纳税申报附表及"企业所得税年度纳税申报表（A类）"（见表4−7）。

表4−7 中华人民共和国企业所得税年度纳税申报表（A类）

行次	类别	项 目	金额
1	利润总额计算	一、营业收入（填写 A101010\101020\103000）	
2		减：营业成本（填写 A102010\102020\103000）	
3		减：税金及附加	
4		减：销售费用（填写 A104000）	
5		减：管理费用（填写 A104000）	
6		减：财务费用（填写 A104000）	
7		减：资产减值损失	
8		加：公允价值变动收益	
9		加：投资收益	
10		二、营业利润（1−2−3−4−5−6−7+8+9）	
11		加：营业外收入（填写 A101010\101020\103000）	
12		减：营业外支出（填写 A102010\102020\103000）	
13		三、利润总额（10+11−12）	

续表

行次	类别	项 目	金额
14		减：境外所得（填写 A108010）	
15		加：纳税调整增加额（填写 A105000）	
16		减：纳税调整减少额（填写 A105000）	
17		减：免税、减计收入及加计扣除（填写 A107010）	
18	应纳税所得额计算	加：境外应税所得抵减境内亏损（填写 A108000）	
19		四、纳税调整后所得（13−14+15−16−17+18）	
20		减：所得减免（填写 A107020）	
21		减：弥补以前年度亏损（填写 A106000）	
22		减：抵扣应纳税所得额（填写 A107030）	
23		五、应纳税所得额（19−20−21−22）	
24		税率（25%）	
25		六、应纳所得税额（23×24）	
26		减：减免所得税额（填写 A107040）	
27		减：抵免所得税额（填写 A107050）	
28		七、应纳税额（25−26−27）	
29		加：境外所得应纳所得税额（填写 A108000）	
30	应纳税额计算	减：境外所得抵免所得税额（填写 A108000）	
31		八、实际应纳所得税额（28+29−30）	
32		减：本年累计实际已交纳的所得税额	
33		九、本年应补（退）所得税额（31−32）	
34		其中：总机构分摊本年应补（退）所得税额（填写 A109000）	
35		财政集中分配本年应补（退）所得税额（填写 A109000）	
36		总机构主体生产经营部门分摊本年应补（退）所得税额（填写 A109000）	

练 习 题

一、单项选择题

1. 根据企业所得税法律制度的规定，下列各项中，属于免税收入的是（　　　）。

　A. 转让财产收入

B. 符合条件的非营利组织的收入

C. 提供劳务收入

D. 依法收取并纳入财政管理的行政事业性收费

2. 下列关于企业所得税税前扣除的说法中，不正确的是（　　　）。

A. 企业按规定计算的固定资产折旧费、无形资产和递延资产的摊销费，准予扣除

B. 企业拨交的工会经费，不超过工资薪金总额 2.5% 的部分，准予扣除

C. 企业依照法律、行政法规有关规定提取的用于环境保护、生态恢复等方面的专项资金，准予扣除

D. 企业依照国务院有关主管部门或者省级人民政府规定的范围和标准为职工交纳的住房公积金，准予扣除

3. 甲公司 202× 年发生合理的工资薪金支出 200 万元、职工福利费支出 30 万元、职工教育经费支出 12 万元，上年度结转未扣除的职工教育经费支出 3 万元。已知企业发生职工福利费支出、职工教育经费支出分别不超过工资薪金总额 14% 和 8% 的部分，准予扣除。计算甲公司本年度企业所得税应纳税所得额时，准予扣除的职工福利费支出和职工教育经费支出合计金额为（　　　）万元。

A. 45　　　　　　　B. 46　　　　　　　C. 43　　　　　　　D. 42

4. 甲空调制造企业为居民企业，202× 年销售产品收入为 4 500 万元，提供修理修配劳务收入为 200 万元，出租办公租金收入为 300 万元，发生与生产经营活动有关的业务招待费支出 60 万元。已知在计算企业所得税应纳税所得额时，业务招待费支出按照发生额的 60% 扣除，但最高不得超过当年销售（营业）收入的 5‰。在计算甲空调制造企业本年度企业所得税应纳税所得额时，准予扣除的业务招待费支出为（　　　）万元。

A. 36　　　　　　　B. 25　　　　　　　C. 22.5　　　　　　　D. 11

5. 下列关于无形资产加计摊销额的说法中，正确的是（　　　）。

A. 内部研究开发形成无形资产的加计摊销额属于暂时性差异，不确认递延所得税资产

B. 内部研究开发形成无形资产的加计摊销额不属于暂时性差异，应确认递延所得税负债

C. 内部研究开发形成无形资产的加计摊销额属于暂时性差异，应确认递延所得税资产

D. 内部研究开发形成无形资产的加计摊销额不属于暂时性差异，不确认递延所得税资产

二、多项选择题

1. 下列各项中，属于企业所得税纳税人的有（　　　）。

A. 个人独资企业　　　　　　　　B. 个体工商户

C. 股份有限公司　　　　　　　　D. 社会团体

2. 下列各项中，准予在企业所得税税前扣除的有（　　　）。

A. 企业所得税　　　　　　　　B. 资源税

C. 关税　　　　　　　　　　　D. 车船税

3. 下列各项中，在计算企业所得税应纳税所得额时，不得扣除的有（　　　）。

A. 企业销售过程中因违约而支付给客户的违约金

B. 企业所得税税款

C. 未经核定的准备金支出

D. 向投资者支付的股息

4. 下列各项关于企业所得税纳税地点的说法中，正确的有（　　　）。

A. 除税收法律、行政法规另有规定外，居民企业以企业登记注册地为纳税地点

B. 居民企业在中国境内设立不具有法人资格的营业机构的，应当分别计算并交纳企业所得税

C. 在中国境内未设立机构、场所的，或者虽设立机构、场所但取得的所得与其所设机构、场所没有实际联系的非居民企业，以扣缴义务人所在地为纳税地点

D. 非居民企业在中国境内设立机构、场所的，以机构、场所所在地为纳税地点

5. 甲公司 2021 年 9 月 1 日发行 100 万份短期融资券，每份面值为 8 元，年利率为 5%。甲公司将该短期融资券指定为以公允价值计量且其变动计入当期损益的金融负债。2021 年 12 月 31 日，该项短期融资券公允价值为 900 万元。不考虑其他因素，下列说法中，正确的有（　　　）。

A. 该项金融负债的初始成本为 800 万元

B. 该项金融负债期末的账面价值为 900 万元

C. 该项金融负债期末的计税基础为 800 万元

D. 该项金融负债期末的账面价值为 800 万元

三、判断题

1. 非居民企业在中国境内未设立机构、场所的，或者虽设立机构、场所但取得的所得与其所设机构、场所没有实际联系的，无须交纳企业所得税。（　　）

2. 企业为促进商品销售，给予购买方的商业折扣，应当按照扣除商业折扣前的金额确定销售收入，计算企业所得税应纳税所得额。（　　）

3. 企业发生的损失减除责任人赔偿和保险赔款后的余额，依照国务院财政、税务主管部门的规定扣除。（　　）

4. 非金融企业向非金融企业借款的利息支出，不超过按照金融企业同期同类贷款利率计算的数额的部分可据实扣除，超过部分不允许扣除。（　　）

5. 企业发生的符合条件的广告费和业务宣传费支出，超过扣除限额部分，不得在以后纳税年度结转扣除。（　　）

四、业务题

1. 甲公司 2020 年 6 月 20 日购入一台机器设备，取得增值税专用发票，发票上注明价款 12 000 000 元、增值税额 1 560 000 元，该增值税专用发票 2020 年 6 月符合抵扣规定。该机器设备于 2020 年 6 月 30 日达到预定可使用状态。甲公司在会计核算时估计其使用寿命为 5 年，而税法规定的最低折旧年限为 10 年。假定会计与税法均按年限平均法计提折旧，净残值均为 0。假定甲公司每年的利润总额均为 50 000 000 元，甲公司未对该机器设备计提减值准备。无其他纳税调整项目，且每年企业所得税税率均为 25%。甲公司预计在未来期间有足够的应纳税所得额用于抵扣可抵扣暂时性差异。

要求：

（1）对甲公司 2020 年 12 月 31 日的企业所得税相关业务进行账务处理。

（2）对甲公司 2021 年 12 月 31 日的企业所得税相关业务进行账务处理。

2. 甲公司 2020 年 1 月 1 日购入一项无形资产，取得增值税专用发票，发票上注明价款 500 000 元、增值税额 65 000 元，该增值税专用发票 2020 年 1 月符合规定。取得该项无形资

产后，甲公司根据各方面情况判断，无法合理预计其使用年限，因此将其作为使用寿命不确定的无形资产。税法规定，对无形资产按照 10 年的期限，摊销金额允许税前扣除。甲公司2020 年的利润总额为 5 000 000 元，无其他纳税调整项目；甲公司 2021 年的利润总额为5 000 000 元，2021 年 12 月 31 日，对该项无形资产进行减值测试，可收回金额为 300 000 元，无其他纳税调整项目。甲公司每年企业所得税税率均为 25%。

要求：

（1）对甲公司 2020 年 12 月 31 日的企业所得税相关业务进行账务处理。

（2）对甲公司 2021 年 12 月 31 日的企业所得税相关业务进行账务处理。

3. 甲公司适用的所得税税率为 25%，2021 年税前会计利润为 20 000 万元（已经扣除预计负债 1 200 万元，未扣除实际支付的保修费用 800 万元）。按照税法规定，与产品售后服务相关的费用在实际发生时允许税前扣除。2020 年末"预计负债"科目余额为 1 000 万元（因计提产品保修费用确认），2020 年末递延所得税资产余额为 250 万元（因计提产品保修费用确认）。甲公司 2021 年实际支付保修费用 800 万元，在 2021 年度利润表中确认了 1 200 万元的销售费用（同时将其确认为预计负债）。

要求：对甲公司 2021 年 12 月 31 日的企业所得税相关业务进行账务处理。

4. 甲公司 2020 年 12 月 20 日收到客户一笔合同预付款，金额为 200 万元，因不符合收入确认条件，将其作为合同负债核算。假定按照税法规定，该款项应计入取得当期应纳税所得额并计算交纳企业所得税，不考虑其他因素。

2020 年和 2021 年甲公司税前会计利润均为 20 000 万元（未考虑该笔合同预付款），企业所得税税率为 25%。2021 年初甲公司在会计上将上述 2020 年 12 月 20 日客户的合同预付款确认收入 200 万元。不考虑其他因素。

要求：

（1）对甲公司 2020 年 12 月 31 日的企业所得税相关业务进行账务处理。

（2）对甲公司 2021 年 12 月 31 日的企业所得税相关业务进行账务处理。

5. 甲公司税前会计利润为 10 000 000 元，适用的企业所得税税率为 25%，假设不考虑其他纳税调整。税法规定，企业因违反国家有关法律法规支付的罚款和滞纳金，计算应纳税所得额时不允许税前扣除。2021 年 12 月，因违反税收法规的规定，接到税务部门的处罚通知，被要求支付罚款 1 000 000 元。至 2021 年 12 月 31 日，该项罚款尚未支付。

要求：对甲公司 2021 年 12 月 31 日的企业所得税相关业务进行账务处理。

项目五
个人所得税的会计实务

（1）能根据相关业务资料计算个人所得税。

（2）能设置个人所得税的会计科目，能根据相关业务资料对个人所得税进行会计核算。

（3）能根据相关业务资料填写个人所得税纳税申报表，并能进行个人所得税的纳税申报。

任务一　个人所得税的认知

一、个人所得税的概念

个人所得税是以个人取得的各项应税所得为征税对象所征收的一种税。

二、个人所得税的纳税义务人

个人所得税的纳税义务人，以住所和居住时间为标准分为居民个人和非居民个人。

（一）居民个人

在中国境内有住所，或者无住所而一个纳税年度内在中国境内居住累计满 183 天的个人，为居民个人。居民个人从中国境内和境外取得的所得，依照个人所得税法的规定交纳个人所得税。

（二）非居民个人

在中国境内无住所又不居住，或者无住所而在一个纳税年度内在中国境内居住累计不满 183 天的个人，为非居民个人。非居民个人从中国境内取得的所得，依照个人所得税法规定交纳个人所得税。

三、个人所得税的应税项目

个人所得税的征税范围包括个人取得的各项应税所得，《中华人民共和国个人所得税法》（以下简称《个人所得税法》）列举了以下 9 项个人应税所得：

（1）工资、薪金所得。工资、薪金所得指个人因任职或者受雇而取得的工资、薪金、奖金、年终加薪、劳动分红、津贴、补贴及与任职或受雇有关的其他所得。

（2）劳务报酬所得。劳务报酬所得，是指个人从事劳务取得的所得，包括从事设计、装潢、安装、制图、化验、测试、医疗、法律、会计、咨询、讲学、翻译、审稿、书画、雕刻、影视、录音、录像、演出、表演、广告、展览、技术服务、介绍服务、经纪服务、代办服务以及其他劳务取得的所得。

上述各项所得一般属于个人独立从事自由职业取得的所得或属于独立个人劳动所得。

（3）稿酬所得。稿酬所得，是指个人因其作品以图书、报刊等形式出版、发表而取得的所得。

（4）特许权使用费所得。特许权使用费所得，是指个人提供专利权、商标权、著作权、非专利技术以及其他特许权的使用权取得的所得。提供著作权的使用权取得的所得，不包括稿酬所得。

（5）经营所得。经营所得，是指：

① 个体工商户从事生产、经营活动取得的所得，个人独资企业投资人、合伙企业的个人合伙人来源于境内注册的个人独资企业、合伙企业生产、经营的所得；

② 个人依法从事办学、医疗、咨询以其他的有偿服务活动取得的所得；

③ 个人对企业、事业单位承包经营、承租经营以及转包、转租取得的所得；

④ 个人从事其他生产、经营活动取得的所得。

（6）财产租赁所得。财产租赁所得，是指个人出租不动产、机器设备、车船以及其他财产取得的所得。

（7）财产转让所得。财产转让所得，是指个人转让有价证券、股权、合伙企业中的财产份额、不动产、机器设备、车船以及其他财产取得的所得。

（8）利息、股息、红利所得。利息、股息、红利所得，是指个人拥有债权、股权等而取得的利息、股息、红利所得。

（9）偶然所得。偶然所得，是指个人得奖、中奖、中彩及其他偶然性质的所得。

四、个人所得税的税率

1. 预扣预交个人所得税的预扣率

1）居民个人工资、薪金所得预扣预交个人所得税的预扣率

居民个人工资、薪金所得预扣预交个人所得税的预扣率表见表 5–1。

表 5–1　居民个人工资、薪金所得预扣预交个人所得税的预扣率表

级数	累计预扣预交应纳税所得额	预扣率/%	速算扣除数/元
1	不超过 36 000 元的部分	3	0
2	超过 36 000 元至 144 000 元	10	2 520
3	超过 144 000 元至 300 000 元	20	16 920
4	超过 300 000 元至 420 000 元	25	31 920
5	超过 420 000 元至 660 000 元	30	52 920
6	超过 660 000 元至 960 000 元	35	85 920
7	超过 960 000 元的部分	45	181 920

2）居民个人劳务报酬所得预扣预交个人所得税的预扣率

居民个人劳务报酬所得预扣预交个人所得税的预扣率表见表5-2。

表5-2　居民个人劳务报酬所得预扣预交个人所得税的预扣率表

级数	累计预扣预交应纳税所得额	预扣率/%	速算扣除数/元
1	不超过20 000元的部分	20	0
2	超过20 000元至50 000元的部分	30	2 000
3	超过50 000元的部分	40	7 000

3）居民个人稿酬所得、特许权使用费所得预扣预交个人所得税的预扣率

居民个人稿酬所得、特许权使用费所得适用20%的比例预扣率。

2. 个人所得税的适用税率（非预扣预交）

1）居民个人综合所得个人所得税的适用税率（按年汇算清交）

工资、薪金所得，劳务报酬所得，稿酬所得，特许权使用费所得统称为综合所得。居民个人综合所得，适用3%～45%的超额累进税率。居民个人综合所得个人所得税的税率表（按年）见表5-3。

表5-3　居民个人综合所得个人所得税的税率表（按年）

级数	累计预扣预交应纳税所得额	预扣率/%	速算扣除数/元
1	不超过36 000元的部分	3	0
2	超过36 000元至144 000元	10	2 520
3	超过144 000元至300 000元	20	16 920
4	超过300 000元至420 000元	25	31 920
5	超过420 000元至660 000元	30	52 920
6	超过660 000元至960 000元	35	85 920
7	超过960 000元的部分	45	181 920

注：表5-3所称的全年应纳税所得额是指依照个人所取得综合所得以每一纳税年度的收入额减除费用6 000元以及专项扣除和依法确定的其他扣除后的余额。

2）非居民个人工资、薪金所得，稿酬所得，特许权使用费所得个人所得税的适用税率

非居民个人工资、薪金所得，稿酬所得，特许权使用费所得个人所得税的适用税率表（与"按月换算后的综合所得税率表"一样）见表5-4（依照表5-3按月换算后）。

表5-4　非居民个人工资、薪金所得，劳务报酬所得，稿酬所得，
特许权使用费所得个人所得税的税率表

级数	累计预扣预交应纳税所得额	预扣率/%	速算扣除数/元
1	不超过 3 000 元的部分	3	0
2	超过 3 000 元至 12 000 元	10	210
3	超过 12 000 元至 25 000 元	20	1 410
4	超过 25 000 元至 35 000 元	25	2 660
5	超过 35 000 元至 55 000 元	30	4 410
6	超过 55 000 元至 80 000 元	35	7 160
7	超过 80 000 元的部分	45	15 160

3）经营所得个人所得税的税率

经营所得，适用5%～35%的超额累进税率。经营所得个人所得税的税率表见表5-5。

表5-5　经营所得个人所得税的税率表

级数	累计预扣预交应纳税所得额	预扣率/%	速算扣除数/元
1	不超过 30 000 元的部分	5	0
2	超过 30 000 元至 90 000 元	10	1 500
3	超过 90 000 元至 300 000 元	20	10 500
4	超过 300 000 元至 500 000 元	30	40 500
5	超过 500 000 元的部分	35	65 500

4）财产租赁所得，财产转让所得，利息、股息、红利所得和偶然所得个人所得税的税率

财产租赁所得，财产转让所得，利息、股息、红利所得和偶然所得，适用比例税率，税率为20%。

五、个人所得税应纳税额的计算

（一）居民个人综合所得应纳税额的计算

1. 居民个人综合所得应纳税额的预扣预交方法

自2019年1月1日起，扣缴义务人向居民个人支付工资、薪金所得，劳务报酬所得，稿酬所得，特许权使用费所得时，按以下方法预扣预交个人所得税，并向主管税务机关报送"个人所得税扣缴申报表"。年度预扣预交税额与年度应纳税额不一致的，由居民个人于次年 3 月 1 日至 6 月 30 日向主管税务机关办理综合所得年度汇算清缴，税款多退少补。

（1）扣缴义务人向居民个人支付工资、薪金所得时，应当按照累计预扣法计算预扣税款，并按月办理全员全额扣缴申报。

具体计算公式如下：

本期应预扣预交税额＝（累计预扣预交应纳税所得额×预扣率－运算扣除数）－累计减免税额－累计已预扣税额

累计预扣预交税额＝累计收入－累计免税收入－累计减除费用－累计专项扣除－累计专项附加－累计依法确定的其他扣除

其中：累计减除费用，按照5 000元/月乘以纳税人当年截至本月在本单位的任职受雇月份数计算。

专项扣除包括居民个人按照国家规定的范围和标准交纳的基本养老保险、基本医疗保险、失业保险等社会保险费和住房公积金等；专项附加扣除包括子女教育、继续教育、大病医疗、住房贷款利息或者住房租金、赡养老人等支出，具体范围、标准和实施步骤由国务院确定，并报全国人民代表大会常务委员会备案。

【例5-1】我国居民个人张某为独生子女，就职于我国的甲公司。202×年每月税前工资、薪金收入为30 000元，每月减除费用5 000元。张某个人每月负担基本养老保险2 400元、基本医疗保险600元。失业保险150元。住房公积金2 400元，"三险一金"合计5 550元。假设赡养老人每月专项附加扣除金额为2 000元。张某没有其他专项附加扣除和依法确定的其他扣除。张某在上一完整纳税年度内全年工资、薪金收入超过6万元。居民个人工资、薪金所得预扣预交个人所得税的预扣率表见表5-1。

【要求】计算张某202×年每月工资、薪金所得应由甲公司预扣预交的个人所得税。

【解析】张某1月工资、薪金所得应由甲公司预扣预交的个人所得税

＝（30 000－5 000－5 550－2 000）×3%

＝17 450×3%

＝523.5（元）

张某2月工资、薪金所得应由甲公司预扣预交的个人所得税

＝（30 000×2－5 000×2－5 550×2－2 000×2）×3%－523.5

＝34 900×3%－523.5

＝1 047－523.5

＝523.5（元）

张某3月工资、薪金所得应由甲公司预扣预交的个人所得税

＝（30 000×3－5 000×3－5 550×3－2 000×3）×10%－2 520－523.5－523.5

＝52 350×10%－2 520－523.5－523.5

＝5 235－2 520－523.5－523.5

＝1 668（元）

张某4月工资、薪金所得应由甲公司预扣预交的个人所得税

＝（30 000×4－5 000×4－5 550×4－2 000×4）×10%－2 520－523.5－523.5－1 668

＝69 800×10%－2 520－523.5－523.5－1 668

＝1 745（元）

张某5月工资、薪金所得应由甲公司预扣预交的个人所得税

＝（30 000×5－5 000×5－5 550×5－2 000×5）×10%－2 520－523.5－523.5－1 668－1 745

＝87 250×10%－2 520－523.5－523.5－1 668－1 745

＝1 745（元）

张某 6 月工资、薪金所得应由甲公司预扣预交的个人所得税

=（30 000×6−5 000×6−5 550×6−2 000×6）×10%−2 520−523.5−523.5−

1 668−1 745−1 745

=104 700×10%−2 520−523.5−523.5−1 668−1 745−1 745

=1 745（元）

张某 7 月工资、薪金所得应由甲公司预扣预交的个人所得税

=（30 000×7−5 000×7−5 550×7−2 000×7）×10%−2 520−523.5−523.5−1 668−

1 745−1 745−1 745

=122 150×10%−2 520−523.5−523.5−1 668−1 745−1 745−1 745

=1 745（元）

张某 8 月工资、薪金所得应由甲公司预扣预交的个人所得税

=（30 000×8−5 000×8−5 550×8−2 000×8）×10%−2 520−523.5−523.5−1 668−

1 745−1 745−1 745−1 745

=139 600×10%−2 520−523.5−523.5−1 668−1 745−1 745−1 745−1 745

=1 745（元）

张某 9 月工资、薪金所得应由甲公司预扣预交的个人所得税

=（30 000×9−5 000×9−5 550×9−2 000×9）×20%−16 920−523.5−523.5−

1 668−1 745−1 745−1 745−1 745−1 745

=157 050×20%−16 920−523.5−523.5−1 668−1 745−1 745−1 745−1 745−1 745

=3 050（元）

张某 10 月工资、薪金所得应由甲公司预扣预交的个人所得税

=（30 000×10−5 000×10−5 550×10−2 000×10）×20%−16 920−523.5−523.5−

1 668−1 745−1 745−1 745−1 745−1 745−3 050

=174 500×20%−16 920−523.5−523.5−1 668−1 745−1 745−1 745−1 745−

1 745−3 050

=3 490（元）

张某 11 月工资、薪金所得应由甲公司预扣预交的个人所得税

=（30 000×11−5 000×11−5 550×11−2 000×11）×20%−16 920−523.5−523.5−

1 668−1 745−1 745−1 745−1 745−1 745−3 050−3 490

=191 950×20%−16 920−523.5−523.5−1 668−1 745−1 745−1 745−1 745−1 745−

3 050−3 490

=3 490（元）

张某 12 月工资、薪金所得应由甲公司预扣预交的个人所得税

=（30 000×12−5 000×12−5 550×12−2 000×12）×20%−16 920−523.5−523.5−

1 668−1 745−1 745−1 745−1 745−1 745−3 050−3 490−3 490

=209 400×20%−16 920−523.5−523.5−1 668−1 745−1 745−1 745−1 745−1 745−

3 050−3 490−3 490

=3 490（元）

张某202×年工资、薪金所得应由甲公司预扣预交的个人所得税

=523.5+523.5+1 668+1 745+1 745+1 745+1 745+1 745+3 050+3 490+

3 490+3 490

=24 960（元）

（2）扣缴义务人向居民个人支付劳务报酬所得、稿酬所得、特许权使用费所得，按次或者按月预扣预交个人所得税。

具体预扣预交方法如下：

劳务报酬所得、稿酬所得、特许权使用费所得以收入减除费用后的余额为收入额。其中，稿酬所得的收入额减按70%计算。

劳务报酬所得、稿酬所得、特许权使用费所得每次收入不超过4 000元的，减除费用按800元计算；每次收入4 000元以上的，减除费用按20%计算。

【例5-2】接例5-1，居民个人张某202×年3月从兼职单位乙公司取得一次性劳务报酬收入共计40 000元，202×年6月从丙出版社取得一次性稿酬收入共计12 000元，202×年10月转让给丁公司专利权取得一次性特许权使用费收入共计3 000元。上述收入均为同一年的税前收入，且均来源于中国境内。假设不考虑增值税等因素。居民个人劳务报酬所得预扣预交个人所得税的预扣率表见表5-2。

【要求】

（1）计算张某劳务报酬所得应由乙公司预扣预交的个人所得税。

（2）计算张某稿酬所得应由丙出版社预扣预交的个人所得税。

（3）计算张某特许权使用费所得应由丁公司预扣预交的个人所得税。

【解析】

（1）张某劳务报酬所得应由乙公司预扣预交的个人所得税

=40 000×（1-20%）×30%-2 000

=7 600（元）

（2）张某稿酬所得应由丙出版社预扣预交的个人所得税

=12 000×（1-20%）×70%×20%=1 344（元）

（3）张某特许权使用费所得应由丁公司预扣预交的个人所得税

=（3 000-800）×20%=440（元）

2. 居民个人综合所得应纳税额的汇算清交方法

自2019年1月1日起，居民个人的综合所得（工资、薪金所得，劳务报酬所得，稿酬所得，特许权使用费所得），以每一纳税年度的收入额减除费用60 000元以及专项扣除、专项附加扣除和依法确定的其他扣除后的余额，为应纳税所得额。各项所得的计算，以人民币为单位。所得为人民币以外的货币的，按照人民币汇率中间价折合成人民币交纳税款。

居民个人的综合所得适用七级超额累进税率，其应纳税额的计算公式为：

应纳税额=年应纳税所得额×适用税率-速算扣除数

=（每一纳税年度的收入额-60 000-专项扣除、专项附加扣除和依法确定的

其他扣除）×适用税率-速算扣除数

=［工资、薪金收入额+劳务报酬收入×（1-20%）+稿酬收入×（1-20%）×

70%+特许权使用费收入×（1−20%）−60 000−专项扣除、专项附加扣除和依法确定的其他扣除］×适用税率−速算扣除数

【例5-3】接例5-1和例5-2资料，居民个人张某次年3月1日至6月30日内办理汇算清交。居民个人综合所得个人所得税的税率表（按年）见表5-3。

【要求】计算张某次年3月1日至6月30日内汇算清交应补交（或申请退回）的个人所得税。

【解析】

202×年张某综合所得的应纳税所得额

$$=30\,000×12+40\,000×（1−20\%）+12\,000×（1−20\%）×70\%+3\,000×（1−20\%）−$$

$$60\,000−5\,550×12−2\,000×12$$

$$=250\,520（元）$$

202×年张某综合所得应纳的个人所得税=250 520×20%−16 920=33 184（元）

由于202×年各相关单位已经预扣预交了个人所得税共计34 344元（24 960+7 600+1 344+440），因此次年3月1日至6月30日内汇算清交时，张某应申请退回个人所得税1 160元（34 344−33 184）。

（二）非居民个人工资、薪金所得，劳务报酬所得，稿酬所得，特许权使用费所得应纳税额的计算

自2019年1月1日起，扣缴义务人向非居民个人支付工资、薪金所得，劳务报酬所得，稿酬所得和特许权使用费所得时，应当按以下方法按月或者按次代扣代缴个人所得税：

非居民个人的工资、薪金所得，以每月收入额减除费用5 000元后的余额为应纳税所得额；劳务报酬所得、稿酬所得、特许权使用费所得，以每次收入额为应纳税所得额，适用按月换算后的非居民个人月度税率表（见表5-4）计算应纳税额。其中，劳务报酬所得、稿酬所得、特许权使用费所得以收入减除20%的费用后的余额为收入额。稿酬所得的收入额减按70%计算。

非居民个人工资、薪金所得，劳务报酬所得，稿酬所得，特许权使用费所得应纳税额

=应纳税所得额×税率−速算扣除数

具体来说：

（1）非居民个人的工资、薪金所得适用七级超额累进税率，其应纳税额的计算公式为：

应纳税额=月应纳税所得额×适用税率−速算扣除数

=（每月工资、薪金收入额−5 000）×适用税率−速算扣除数

（2）非居民个人的劳务报酬所得适用七级超额累进税率，其应纳税额的计算公式为：

应纳税额=应纳税所得额×适用税率−速算扣除数

=每次收入额×适用税率−速算扣除数

=劳务报酬收入×（1−20%）×适用税率−速算扣除数

（3）非居民个人的稿酬所得适用七级超额累进税率，其应纳税额的计算公式为：

应纳税额=应纳税所得额×适用税率−速算扣除数

=每次收入额×适用税率−速算扣除数

=稿酬收入×（1−20%）×70%×适用税率−速算扣除数

（4）非居民个人的特许权使用费所得适用七级超额累进税率，其应纳税额的计算公式为：

$$应纳税额=应纳税所得额×适用税率-速算扣除数$$
$$=每次收入额×适用税率-速算扣除数$$
$$=特许权使用费收入×（1-20\%）×适用税率-速算扣除数$$

【例5-4】202×年1月，非居民个人彼得从任职单位取得税前工资、薪金收入22 000元。上述收入来源于中国境内，且不享受免税优惠政策。非居民个人工资、薪金所得，劳务报酬所得，稿酬所得，特许权使用费所得个人所得税的适用税率见表5-4。

【要求】计算彼得202×年1月应交纳的个人所得税。

【解析】彼得202×年1月工资、薪金所得的应纳税所得额=22 000-5 000=17 000（元）

彼得202×年1月工资、薪金所得应纳（任职单位应代扣代缴）个人所得税=17 000×20%-1 410=1 990（元）

【例5-5】202×年1月，非居民个人珍妮一次性取得税前劳务报酬收入50 000元。该收入均来源于中国境内，且不享受免税优惠政策。假设不考虑增值税等因素。非居民个人工资、薪金所得，劳务报酬所得，稿酬所得，特许权使用费所得个人所得税的适用税率见表5-4。

【要求】计算珍妮202×年1月应交纳的个人所得税。

【解析】珍妮202×年1月劳务报酬所得的应纳税所得额=50 000×（1-20%）=40 000（元）

珍妮202×年1月劳务报酬所得应纳（支付所得的单位应代扣代缴）个人所得税=40 000×30%-4 410=7 590（元）

（三）经营所得应纳税额的计算

自2019年1月1日起，经营所得，以每一纳税年度的收入总额减除成本、费用以及损失后的余额，为应纳税所得额。

经营所得个人所得税的计算公式为：

$$应纳税额=应纳税所得额×适用税率-速算扣除数$$
$$=（全年收入总额-成本、费用、损失）×适用税率-速算扣除数$$

取得经营所得的个人，没有综合所得的，计算其每一纳税年度的应纳税所得额时，应当减除费用6万元、专项扣除、专项附加扣除以及依法确定的其他扣除。专项附加扣除在办理汇算清交时减除。

（四）财产租赁所得应纳税额的计算

财产租赁所得一般以个人每次取得的收入，定额或定率减除规定费用后的余额为应纳税所得额。每次收入不超过4 000元的，减除准予扣除项目、修缮费用（800元为限），再减除费用800元；每次收入4 000元以上的，减除准予扣除项目、修缮费用（800元为限），再减除20%的费用，其余额为应纳税所得额。其计算公式分别为：

（1）每次（月）收入不足4 000元的：

$$应纳税额=[每次（月）收入额-准予扣除项目-修缮费用（800元为限）-800]×20\%$$

（2）每次（月）收入在4 000元以上的：

$$应纳税额=[每次（月）收入额-准予扣除项目-修缮费用（800元为限）]×$$
$$（1-20\%）×20\%$$

（五）财产转让所得应纳税额的计算

财产转让所得应纳税额的计算公式为：

$$应纳税额 = 应纳税所得额 × 适用税率 = （收入总额 - 财产原值 - 合理税费）× 20\%$$

对股票转让所得，暂不征收个人所得税。

【例5-6】 丁某于2021年2月将其2019年1月购入的原价为180万元（含增值税）的住宅，以320万元（免增值税）的价格卖给吴某和苏某。售房过程中丁某按规定支付交易费等相关税费20万元。

【要求】 计算丁某应纳的个人所得税。

【解析】 个人转让房屋的个人所得税应税收入不含增值税，其取得房屋时所支付价款中包含的增值税计入财产原值，计算转让所得时可扣除的税费不包括本次转让交纳的增值税。免征增值税的，确定计税依据时，转让房地产取得的收入不扣减增值税税额。

应纳个人所得税 = （320 - 180 - 20）× 20% = 24（万元）

（六）利息、股息、红利所得和偶然所得应纳税额的计算

利息、股息、红利所得和偶然所得个人所得税按次征收，以每次取得的收入为一次，不扣除任何费用，也就是说，其应纳税所得额即为每次收入额。其计算公式为：

$$应纳税额 = 应纳税所得额 × 适用税率 = 每次收入额 × 20\%$$

【例5-7】 张某为自由职业者，202×年9月取得以下所得：从A上市公司取得股息所得18 000元（持股2年），从B非上市公司取得股息所得6 000元，兑现202×年8月10日到期的1年期银行储蓄存款利息所得1 200元。

【要求】 计算张某应纳的个人所得税。

【解析】 自2015年9月8日起，个人从公开发行和转让市场取得的上市公司股票，持股期限超过1年的，股息、红利所得暂免征收个人所得税。自2008年10月9日起，对储蓄利息所得暂免征收个人所得税。

张某应纳个人所得税 = 6 000 × 20% = 1 200（元）

六、个人所得税的征收管理

（一）个人所得税的代扣代缴

1. 个人所得税的扣缴义务人

我国实行个人所得税代扣代缴和个人自行申报纳税相结合的征收管理制度。个人所得税采取代扣代缴办法，有利于控制税源，保证税收收入，简化征纳手续，加强个人所得税管理。税法规定，个人所得税以支付所得的单位或者个人为扣缴义务人。纳税人有中国公民身份号码的，以中国公民身份号码为纳税人识别号；纳税人没有中国公民身份号码的，由税务机关赋予其纳税人识别号。扣缴义务人扣缴税款时，纳税人应当向扣缴义务人提供纳税人识别号，扣缴义务人应当按照国家规定办理全员全额扣缴申报，并向纳税人提供其个人所得和已扣缴税款等信息。扣缴义务人在向纳税人支付各项应纳税所得时，必须履行代扣代缴税款的义务。扣缴义务人对纳税人的应扣未扣税款应由纳税人予以补交。

对扣缴义务人，按照所扣缴的税款，税务机关应付给2%的手续费。

2. 个人所得税代扣代缴的范围

居民个人向扣缴义务人提供专项附加扣除信息的，扣缴义务人按月预扣预交税款时应当按照规定予以扣除，不得拒绝。

非居民个人取得工资、薪金所得，劳务报酬所得，稿酬所得和特许权使用费所得，有扣缴义务人的，由扣缴义务人按月或者按次代扣代缴税款，不办理汇算清交。

纳税人取得利息、股息、红利所得，财产租赁所得，财产转让所得和偶然所得，按月或者按次计算个人所得税，有扣缴义务人的，由扣缴义务人按月或者按次代扣代缴税款。

扣缴义务人向个人支付应纳税所得（包括现金、实物和有价证券）时，不论纳税人是否属于本单位人员，均应代扣代缴其应纳的个人所得税税款。

3. 个人所得税的代扣代缴期限

扣缴义务人每月或者每次预扣、代扣的税款，应当在次月 15 日内交入国库，并向税务机关报送扣缴个人所得税申报表。

4. 个人所得税代扣代缴的纳税申报

扣缴义务人代扣代缴个人所得税时，应填报"个人所得税扣缴申报表"和"个人所得税基础信息表"。

（二）个人所得税的自行申报

1. 个人所得税自行申报的范围

有下列情形之一的，纳税人应当依法办理纳税申报：

（1）取得综合所得需要办理汇算清交；

（2）取得应税所得没有扣缴义务人；

（3）取得应税所得，扣缴义务人未扣缴税款；

（4）取得境外所得；

（5）因移居境外注销中国户籍；

（6）非居民个人在中国境内从两处以上取得工资、薪金所得；

（7）国务院规定的其他情形。

2. 个人所得税自行申报的期限

居民个人取得综合所得，按年计算个人所得税；有扣缴义务人的，由扣缴义务人按月或者按次预扣预交税款；需要办理汇算清交的，应当在取得所得的次年 3 月 1 日至 6 月 30 日内办理汇算清交。预扣预交办法由国务院税务主管部门制定。

纳税人取得经营所得，按年计算个人所得税，由纳税人在月度或者季度终了后 15 日内向税务机关报送纳税申报表，并预交税款；在取得所得的次年 3 月 31 日前办理汇算清交。

纳税人取得应税所得没有扣缴义务人的，应当在取得所得的次月 15 日内向税务机关报送纳税申报表，并交纳税款。

居民个人从中国境外取得所得的，应当在取得所得的次年 3 月 1 日至 6 月 30 日内申报纳税。

非居民个人在中国境内从两处以上取得工资、薪金所得的，应当在取得所得的次月 15 日内申报纳税。

纳税人因移居境外注销中国户籍的，应当在注销中国户籍前办理税款清算。

纳税人办理汇算清交退税或者扣缴义务人为纳税人办理汇算清交退税的，税务机关审核后，按照国库管理的有关规定办理退税。

任务二 个人所得税的会计核算

一、个人所得税会计科目的设置

个人所得税有代扣代缴和自行申报两种交纳方式，根据交纳方式的不同，会计科目的设置也有所不同。

个人所得税的扣缴义务人应在"应交税费"科目下设置"代扣代缴个人所得税"明细科目，其贷方发生额反映扣缴义务人应代扣代缴或预扣预交的个人所得税，借方发生额反映扣缴义务人实际交纳（代交、预交）的个人所得税，期末余额在贷方，反映扣缴义务人尚未交纳（代交、预交）的个人所得税。个人所得税的扣缴义务人也可以不在"应交税费"科目下设置"代扣代缴个人所得税"明细科目，而是通过设置"应交个人所得税"明细科目来代替。

个体工商户、个人独资企业投资者、合伙企业自然人合伙人等取得经营所得的个人属于取得应税所得没有扣缴义务人的纳税人，需要自行申报交纳个人所得税，因此，个体工商户、个人独资企业、合伙企业等应在"应交税费"科目下设置"应交个人所得税"明细科目，其贷方发生额反映个体工商户、个人独资企业投资者、合伙企业自然人合伙人等应交纳的个人所得税额，借方发生额反映个体工商户、个人独资企业投资者、合伙企业自然人合伙人等实际交纳的个人所得税，期末余额在贷方，反映个体工商户、个人独资企业投资者、合伙企业自然人合伙人等尚未交纳的个人所得税。

二、代扣代缴个人所得税的会计核算

（一）工资、薪金所得个人所得税的会计核算

居民个人取得综合所得，按年计算个人所得税；有扣缴义务人的，由扣缴义务人按月或者按次预扣预交税款；需要办理汇算清交的，应当在取得所得的次年3月1日至6月30日内办理汇算清交。非居民个人取得工资、薪金所得，有扣缴义务人的，由扣缴义务人按月或者按次代扣代缴税款，不办理汇算清交。

企业作为个人所得税的扣缴义务人，应按规定扣缴该企业职工应交纳的个人所得税额。企业为职工代扣代缴或预扣预交个人所得税有两种情况：第一，职工自己承担个人所得税，企业只负有代扣代缴或预扣预交个人所得税的义务；第二，企业既承担个人所得税税款，又负有代扣代缴或预扣预交个人所得税的义务。但是不管哪一种，对个人所得税的会计核算都是相同的（但第二种情况，对于企业来说是存在税收风险的，主要体现在：企业承担的个人所得税税款不能在企业所得税税前扣除）。企业在向职工支付工资、薪金并按规定代扣或预扣职工的个人所得税，以及代扣三险一金时，借记"应付职工薪酬"科目，贷记"银行存款""应交税费——代扣代缴个人所得税""其他应付款——代扣代缴三险一金"等科目；实际交纳代扣或预扣的个人所得税时，借记"应交税费——代扣代缴个人所得税""其他应付款——代扣代缴三险一金"科目，贷记"银行存款"等科目。

【例5-8】接例5-1资料，居民个人工资、薪金所得预扣预交个人所得税的预扣率表见表5-1。

【要求】（1）计算张某本年1月工资、薪金所得应由甲公司预扣预交的个人所得税。

（2）对甲公司上述业务进行账务处理。

【解析】

张某1月工资、薪金所得应由甲公司预扣预交的个人所得税=（30 000-5 000-5 550-2 000）×3%

$$=17 450×3\%=523.5（元）$$

发放1月工资并预扣个人所得税时：

借：应付职工薪酬	30 000
贷：银行存款（30 000-523.5-5 550）	23 926.5
应交税费——代扣代缴个人所得税	523.5
其他应付款——代扣代缴三险一金	5 550

2月初实际交纳预扣的个人所得税时：

借：应交税费——代扣代缴个人所得税	523.5
贷：银行存款	523.5

2月初实际交纳应由个人承担的三险一金时：

借：其他应付款——代扣代缴三险一金	5 550
贷：银行存款	5 550

（二）劳务报酬所得、稿酬所得、特许权使用费所得个人所得税的会计核算

居民个人取得综合所得，按年计算个人所得税；有扣缴义务人的，由扣缴义务人按月或者按次预扣预交税款；需要办理汇算清交的，应当在取得所得的次年3月1日至6月30日内办理汇算清交。预扣预交办法由国务院税务主管部门制定。非居民个人取得劳务报酬所得、稿酬所得和特许权使用费所得，有扣缴义务人的，由扣缴义务人按月或者按次代扣代缴税款，不办理汇算清交。

企业支付给个人劳务报酬、稿酬、特许权使用费时，作为扣缴义务人应代扣代缴个人所得税。企业在交付上述费用并代扣个人所得税时，借记"生产成本""管理费用""销售费用""无形资产"等科目，贷记"银行存款""库存现金""应交税费——代扣代缴个人所得税"等科目；实际交纳代扣的个人所得税时，借记"应交税费——代扣代缴个人所得税"科目，贷记"银行存款"科目。

【例5-9】甲公司202×年10月支付外聘兼职法律顾问王某（居民个人）未扣除个人所得税之前的法律咨询费为32 000元，甲公司为王某预扣代交了个人所将税。假设不考虑增值税等因素。居民个人劳务报酬所得预扣预交个人所得税的预扣表见表5-2。

【要求】

（1）计算甲公司应为王某预扣预交的个人所得税。

（2）对甲公司上述业务进行账务处理。

【解析】

（1）王某劳务报酬所得的应纳税所得额=32 000×（1-20%）=25 600（元）

甲公司应为王某预扣预交的个人所得税=25 600×30%-2 000=5 680（元）

（2）支付劳务报酬并预扣个人所得税时：

借：管理费用　　　　　　　　　　　　　　　　　　　　　　　　32 000

　　贷：银行存款（32 000－5 680）　　　　　　　　　　　　　26 320

　　　　应交税费——代扣代缴个人所得税　　　　　　　　　　　5 680

实际交纳预扣的个人所得税时：

借：应交税费——代扣代缴个人所得税　　　　　　　　　　　　　5 680

　　贷：银行存款　　　　　　　　　　　　　　　　　　　　　　5 680

（三）利息、股息、红利所得，财产租赁所得和偶然所得等个人所得税的会计核算

纳税人（个人）取得利息、股息、红利所得，财产租赁所得和偶然所得，按月或者按次计算个人所得税，有扣缴义务人的，由扣缴义务人按月或者按次代扣代缴税款。

企业支付内部职工集资利息并代扣个人所得税时，借记"财务费用"科目，贷记"银行存款""库存现金""应交税费——代扣代缴个人所得税"等科目；实际交纳代扣的个人所得税时，借记"应交税费——代扣代缴个人所得税"科目，贷记"银行存款"科目。

股份公司向个人支付的股利包括现金股利和股票股利。公司支付现金股利时，代扣代缴的个人所得税从应付现金股利中直接扣除。公司进行利润分配时，按应支付给个人的现金股利，借记"利润分配——应付股利"科目，贷记"应付股利"科目；实际支付现金股利并代扣个人所得税时，借记"应付股利"科目，贷记"银行存款""库存现金""应交税费——代扣代缴个人所得税"等科目；实际交纳代扣的个人所得税时，借记"应交税费——代扣代缴个人所得税"科目，贷记"银行存款"科目。

公司派发股票股利或以盈余公积对个人股东转增股本，应代扣代缴个人所得税。公司按转增股本的金额，向个人收取现金以备代交，或委托证券代理机构从个人股东账户代扣。当公司派发股票股利或以盈余公积对个人股东转增股本时，借记"利润分配——未分配利润""盈余公积"科目，贷记"股本"或"实收资本"科目；计提需要代扣的个人所得税时，借记"其他应收款——个人所得税"科目，贷记"应交税费——代扣代缴个人所得税"科目；收到个人股东交来税款的证券代理机构扣缴税款时，借记"银行存款""库存现金"科目，贷记"其他应收款——个人所得税"科目；实际交纳代扣的个人所得税时，借记"应交税费——代扣代缴个人所得税"科目，贷记"银行存款"科目。

企业支付给个人财产租赁所得、偶然所得时，作为扣缴义务人应代扣代缴个人所得税。企业在支付上述费用并代扣个人所得税时，借记"生产成本""管理费用""销售费用""营业外支出"等科目，贷记"银行存款""库存现金""应交税费——代扣代缴个人所得税"等科目；实际交纳代扣的个人所得税时，借记"应交税费——代扣代缴个人所得税"科目，贷记"银行存款"科目。

【例5-10】 根据利润分配方案，股东李某202×年3月从甲公司分得现金股利，未扣除个人所得税之前的现金股利金额为32 000元，甲公司为其代扣代缴了个人所得税。

【要求】（1）计算甲公司应为李某代扣代缴的个人所得税。

（2）对甲公司上述业务进行账务处理。

【解析】

（1）李某利息、股息、红利所得的应纳税所得额＝32 000元

甲公司应为李某代扣代缴的个人所得税＝32 000×20%＝6 400（元）

（2）账务处理如下：

① 通过利润分配方案时：

借：利润分配——应付股利   32 000

  贷：应付股利   32 000

② 实际发放现金股利并代扣个人所得税时：

借：应付股利   32 000

  贷：银行存款（32 000－6 400）   25 600

    应交税费——代扣代缴个人所得税   6 400

③ 实际交纳代扣的个人所得税时：

借：应交税费——代扣代缴个人所得税   6 400

  贷：银行存款   6 400

（四）财产转让所得个人所得税的会计核算

纳税人（个人）取得财产转让所得，按月或者按次计算个人所得税，有扣缴义务人的，由扣缴义务人按月或者按次代扣代缴税款。

企业向个人购买的财产属于购建企业固定资产项目的，代扣的个人所得税应作为企业购建固定资产的价值组成部分，借记"固定资产"科目，贷记"银行存款""应交税费——代扣代缴个人所得税"科目；企业向个人购买的财产属于无形资产项目的，代扣的个人所得税应作为企业取得无形资产的价值组成部分，借记"无形资产"科目，贷记"银行存款""应交税费——代扣代缴个人所得税"科目；企业向个人购买的财产属于原材料项目的，代扣的个人所得税应作为企业取得原材料的价值组成部分，借记"原材料"科目，贷记"银行存款""应交税费——代扣代缴个人所得税"科目。实际交纳代扣的个人所得税时，借记"应交税费——代扣代缴个人所得税"科目，贷记"银行存款"科目。

【例5-11】王某202×年11月将2年前购买的房屋转让给甲公司，原价为500 000元，购入时交纳相关税费10 000元，王某转让房屋的售价为800 000元，转让房屋的相关税费为50 000元。

【要求】

（1）计算甲公司应为王某代扣代缴的个人所得税。

（2）对甲公司上述业务进行账务处理。

【解析】

（1）王某财产转让所得的应纳税所得额＝800 000－（500 000＋10 000）－50 000

                 ＝240 000（元）

甲公司应为王某代扣代缴的个人所得税＝240 000×20%＝48 000（元）

（2）支付购买房屋的款项并代扣个人所得税时：

借：固定资产   800 000

  贷：银行存款   752 000

    应交税费——代扣代缴个人所得税   48 000

（3）实际交纳代扣的个人所得税时：

借：应交税费——代扣代缴个人所得税   48 000

  贷：银行存款   48 000

三、自行申报个人所得税的会计核算

纳税人取得经营所得，按年计算个人所得税，由纳税人在月度或者季度终了后15日内向税务机关报送纳税申报表，并预交税款；在取得所得的次年3月31日前办理汇算清交。

纳税人计提预交的个人所得税时，借记"所得税费用"科目，贷记"应交税费——应交个人所得税"科目；实际预交个人所得税时，借记"应交税费——应交个人所得税"科目，贷记"银行存款""库存现金"等科目。年度终了，计算出全年实际应交纳的个人所得税，若需要补交个人所得税，则按照需要补交的个人所得税金额，借记"所得税费用"或"以前年度损益调整"科目，贷记"应交税费——应交个人所得税"科目，实际补交个人所得税时，借记"应交税费——应交个人所得税"科目，贷记"银行存款""库存现金"等科目；若需要税务机关退回多交的个人所得税，则按照需要退回的个人所得税金额，借记"应交税费——应交个人所得税"科目，贷记"所得税费用"或"以前年度损益调整"科目，实际收到税务机关退回的个人所得税时，借记"银行存款""库存现金"等科目，贷记"应交税费——应交个人所得税"科目。

【例5-12】个人独资企业甲2020年经主管税务机关核定，按照2019年度实际应交个人所得税税额，确定本年各季度的预交个人所得税金额为15 000元。个人独资企业甲汇算清交时计算的2020年度个人所得税应为100 000元。个人独资企业乙2020年经过主管税务机关核定，按照2019年度实际应交个人所得税税额，确定本年各季度的预交个人所得税金额为15 000元。个人独资企业乙汇算清交时计算的2020年度个人所得税应为40 000元。

【要求】（1）对个人独资企业甲上述业务进行账务处理。

（2）对个人独资企业乙上述业务进行账务处理。

【解析】

（1）个人独资企业甲2020年每季度末计提预交的个人所得税时：

借：所得税费用　　　　　　　　　　　　　　　　　　　　15 000

　　贷：应交税费——应交个人所得税　　　　　　　　　　　　　15 000

个人独资企业甲2020年每季度的次月申报期内预交个人所得税时：

借：应交税费——应交个人所得税　　　　　　　　　　　　15 000

　　贷：银行存款　　　　　　　　　　　　　　　　　　　　　15 000

2020年度终了个人独资企业甲汇算清交全年个人所得税。

由于个人独资企业甲2020年全年已经预交个人所得税60 000元（15 000×4），2021年3月31日前汇算清交时，需要补交个人所得税40 000元（100 000-60 000），账务处理如下：

2021年3月31日前计提应补交的个人所得税时：

借：所得税费用（或"以前年度损益调整"）　　　　　　　40 000

　　贷：应交税费——应交个人所得税　　　　　　　　　　　　　40 000

2021年3月31日前补交个人所得税时：

借：应交税费——应交个人所得税　　　　　　　　　　　　40 000

　　贷：银行存款　　　　　　　　　　　　　　　　　　　　　40 000

（2）个人独资企业乙2020年每季度末计提预交的个人所得税时：

借：所得税费用   15 000

     贷：应交税费——应交个人所得税   15 000

个人独资企业乙 2020 年每季度的次月申报期内预交个人所得税时：

借：应交税费——应交个人所得税   15 000

     贷：银行存款   15 000

2020 年度终了个人独资企业乙汇算清交全年个人所得税。

由于个人独资企业乙 2020 年全年已经预交个人所得税 60 000 元（15 000×4），2021 年 3 月 31 日前汇算清交时，需要由税务机关退回多交的个人所得税 20 000 元（60 000−40 000），账务处理如下：

2021 年 3 月 31 日前计提应由税务机关退回的个人所得税时：

借：应交税费——应交个人所得税   20 000

     贷：所得税费用（或"以前年度损益调整"）   20 000

2021 年 3 月 31 日前收到由税务机关退回的个人所得税时：

借：银行存款   20 000

     贷：应交税费——应交个人所得税   20 000

任务三　个人所得税的纳税申报

一、个人所得税代扣代缴的纳税申报

扣缴义务人代扣代缴个人所得税时，应填报"个人所得税基础信息表（A 表）""个人所得税扣缴申报表"。

二、个人所得税自行申报的纳税申报

纳税人自行申报个人所得税时，根据不同的情况应分别填报"个人所得税年度自行纳税申报表"（见表 5–6）、"个人所得税经营所得纳税申报表"等申报表。

【例 5–13】居民个人李强为中国境内甲公司员工，其身份证上载明的"公民身份号码"为：280×××××××××××××××××，2020 年取得的收入情况如下：（1）每月取得中国境内甲公司支付的税前工资、薪金收入 11 000 元。三险一金的计提基数为 11 000 元，每月个人负担的养老保险、医疗保险、失业保险、住房公积金分别为 880 元、220 元、55 元、880 元，每月子女教育专项附加扣除额为 1 000 元，每月赡养老人专项附加扣除额为 2 000 元。

（2）为中国境内乙公司提供咨询全年取得税前劳务报酬收入共计 30 000 元。

（3）出版小说一部，全年取得中国境内丙出版社支付的税前稿酬收入共计 20 000 元。

（4）全年取得中国境内丁公司支付的税前特许权使用费收入共计 10 000 元。

甲公司、乙公司、丙出版社、丁公司已经为李强预交（代扣代缴）了个人所得税，共 5 225 元。

【要求】（1）计算李强 2020 年度综合所得的应纳税所得额。

（2）计算李强 2020 年度综合所得的应纳个人所得税。

（3）计算李强 2020 年度综合所得汇算清交时应补交或者申请退回的个人所得税。

（4）李强 2021 年 6 月 10 日对 2020 年度综合所得的个人所得税进行汇算清交，填写"个人所得税年度自行纳税申报表"。

【解析】

（1）2020 年度综合所得的应纳税所得额

$=11\,000 \times 12 + 30\,000 \times (1-20\%) + 20\,000 \times (1-20\%) \times 70\% + 10\,000 \times (1-20\%) - 60\,000 - 880 \times 12 - 220 \times 12 - 55 \times 12 - 880 \times 12 - 1\,000 \times 12 - 2\,000 \times 12 = 54\,780$（元）

（2）2020 年度综合所得应纳个人所得税 $= 54\,780 \times 10\% - 2\,520 = 2\,958$（元）

（3）2020 年度综合所得应申请退回个人所得税 $= 5\,225 - 2\,958 = 2\,267$（元）

（4）填写"个人所得税年度自行纳税申报表"（见表 5-6）。

表 5-6　个人所得税年度自行纳税申报表

税款所属期：2020 年 01 月 01 日至 2020 年 12 月 31 日

纳税人姓名：李强

纳税人识别号：280××××××××××××××××　　　　　　金额单位：人民币元（列至角分）

项目		
项　　目	行次	金额
一、收入合计（1=2+3+4+5）	1	192 000.00
（一）工资、薪金所得	2	132 000.00
（二）劳务报酬所得	3	30 000.00
（三）稿酬所得	4	20 000.00
（四）特许权使用费所得	5	10 000.00
二、费用合计	6	12 000.00
三、免税收入合计	7	4 800.00
四、减除费用	8	60 000.00
五、专项扣除合计（9=10+11+12+13）	9	24 420.00
（一）基本养老保险费	10	10 560.00
（二）基本医疗保险费	11	2 640.00
（三）失业保险费	12	660.00
（四）住房公积金	13	10 560.00
六、专项附加扣除合计（14=15+16+17+18+19+20）	14	36 000.00
（一）子女教育	15	12 000.00
（二）继续教育	16	
（三）大病医疗	17	
（四）住房贷款利息	18	
（五）住房租金	19	
（六）赡养老人	20	24 000.00

续表

项 目	行次	金额
七、其他扣除合计（21＝22＋23＋24＋25＋26）	21	
（一）年金	22	
（二）商业健康保险（附报《商业健康保险税前扣除情况明细表》）	23	
（三）税延养老保险（附报《个人税收递延型商业养老保险税前扣除情况明细表》）	24	
（四）允许扣除的税费	25	
（五）其他	26	
八、准予扣除的捐赠额（附报《个人所得税公益慈善事业捐赠扣除明细表》）	27	
九、应纳税所得额（28＝1－6－7－8－9－14－21－27）	28	54 780.00
十、税率（%）	29	10
十一、速算扣除数	30	2 520.00
十二、应纳税额（31＝28*29－30）	31	2 958.00
十三、减免税额	32	
十四、已交税额	33	5 225.00
十五、应补/退税额（34＝31－32－33）	34	－2 267.00

无住所个人附报信息

纳税年度内在中国境内居住天数		已在中国境内居住年数	

谨声明：本表是根据国家税收法律法规及相关规定填报的，本人对填报内容（附带资料）的真实性、可靠性、完整性负责。

纳税人签字：李强　2021 年　06 月 10 日

经办人签字： 经办人身份证件类型： 经办人身份证件号码： 代理机构签章： 代理机构统一社会信用代码：	受理人： 受理税务机关（章）： 受理日期：　　　年　　月　　日

国家税务总局监制

练 习 题

一、单项选择题

1. 下列各项中，不属于个人所得税纳税人的是（　　　）。

A. 个体工商户
B. 民办非企业单位
C. 中国公民
D. 个人独资企业的投资者

2. 根据个人所得税法律制度的规定，下列说法中，不正确的是（ ）。

A. 个人转让非货币性资产的所得，按照"财产转让所得"项目征收个人所得税

B. 个体工商户从事生产、经营活动取得的所得，按照"经营所得"项目征收个人所得税

C. 演员从其所属单位领取的工资，按照"工资、薪金所得"项目征收个人所得税

D. 从事个体出租车运营的出租车驾驶员取得的收入，按照"工资、薪金所得"项目征收个人所得税

3. 个体工商户发生的下列支出中，在计算个人所得税应纳税所得额时准予扣除的是（ ）。

A. 税收滞纳金

B. 在生产经营活动中发生的合理的不需要资本化的借款费用

C. 个人所得税税款

D. 用于个人和家庭的支出

4. 202×年10月李某出租一套住房，取得不含增值税的租金收入3 500元，房屋租赁过程中交纳的可以税前扣除的税费为220元，支付出租住房的修缮费为1 200元。已知个人出租房屋暂减按10%的税率征收个人所得税；财产租赁所得每次收入不足4 000元的，减除费用800元。下列计算李某当月出租住房应交纳个人所得税额的算式中，正确的是（ ）。

A.（3 500−220−1 200−800）×10%=128（元）

B.（3 500−220−800）×10%=248（元）

C.（3 500−220−800−800）×10%=168（元）

D.（3 500−220−1 200）×10%=208（元）

5. 202×年8月孙某购买体育彩票取得一次中奖收入15 000元，购买彩票支出1 000元，领奖时支付交通费40元、餐费60元。已知偶然所得个人所得税税率为20%。下列计算孙某当月该笔中奖收入应交纳个人所得税额的算式中，正确的是（ ）。

A.（15 000−1 000−40−60）×20%=2 780（元）

B. 15 000×20%=3 000（元）

C.［15 000/（1−20%）］×20%=3 750（元）

D.［（15 000−1 000−40−60）/（1−20%）］×20%=3 475（元）

二、多项选择题

1. 根据个人所得税法律制度的规定，下列各项中，属于劳务报酬所得的有（ ）。

A. 个人提供专利权的使用权取得的所得

B. 个人从事技术服务取得的所得

C. 律师以个人名义再聘请其他人员为其工作而支付的工资

D. 教师从学校领取的工资

2. 下列各项中，按照"财产转让所得"项目交纳个人所得税的有（ ）。

A. 个人转让车船取得的所得

B. 个人转让股权取得的所得

C. 个人取得的房屋转租收入

D. 个人转让不动产取得的所得

3. 根据个人所得税法律制度的规定，下列各项中，属于居民个人综合所得的有（　　　）。

　　A. 稿酬所得　　　　　　　　　　　　B. 偶然所得

　　C. 特许权使用费所得　　　　　　　　D. 利息、股息、红利所得

4. 下列各项中，应按照"财产转让所得"项目交纳个人所得税的有（　　　）。

　　A. 个人转让非货币性资产的所得

　　B. 个人提供商标权取得的所得

　　C. 企业在业务宣传活动中，随机向本单位以外的个人赠送礼品，个人取得的礼品收入

　　D. 个人由于各种原因终止投资，从被投资者企业取得的股权转让收入

5. 下列各项所得中，适用超额累进税率计征个人所得税的有（　　　）。

　　A. 利息、股息、红利所得

　　B. 综合所得

　　C. 财产转让所得

　　D. 经营所得

三、判断题

1. 在中国境内有住所，或者无住所而在一个纳税年度内在中国境内居住累计满 365 天的个人，为居民个人。　　　　　　　　　　　　　　　　　　　　　　　（　　　）

2. 非居民个人从中国境内取得的所得，无须交纳个人所得税。　　　　　　（　　　）

3. 年终加薪和劳动分红，不分种类和取得的情况，一律按照"工资、薪金所得"项目征收个人所得税。　　　　　　　　　　　　　　　　　　　　　　　　　　　（　　　）

4. 个人通过网络收购玩家的虚拟货币，加价后向他人出售取得的收入，应当按照"偶然所得"项目征收个人所得税。　　　　　　　　　　　　　　　　　　　　　（　　　）

5. 非居民个人的工资、薪金所得，以每月收入额减除费用 5 000 元后的余额为应纳税所得额。　　　　　　　　　　　　　　　　　　　　　　　　　　　　　　　（　　　）

四、业务题

1. 我国居民个人张某就职于我国甲公司，张某有一孩子正在读初中。202×年每月税前工资、薪金收入为 25 000 元，每月减除费用 5 000 元，每月负担基本养老保险 2 000 元、基本医疗保险 500 元、失业保险 125 元、住房公积金 2 000 元，三险一金合计 4 625 元。张某子女教育每月专项附加扣除金额为 1 000 元（经张某与其妻子商议后确定）。张某没有其他专项附加扣除和依法确定的其他扣除。甲公司为张某预扣预交了个人所得税。居民个人工资、薪金所得预扣预交个人所得税的预扣率表如表 5-7 所示。

表 5-7　居民个人工资、薪金所得预扣预交个人所得税的预扣率表

级数	累计预扣预交应纳税所得额	预扣率/%	速算扣除数/元
1	不超过 36 000 元的部分	3	0
2	超过 36 000 元至 144 000 元的部分	10	2 520
3	超过 144 000 元至 300 000 元的部分	20	16 920

级数	累计预扣预交应纳税所得额	预扣率/%	速算扣除数/元
4	超过 300 000 元至 420 000 元的部分	25	31 920
5	超过 420 000 元至 660 000 元的部分	30	52 920
6	超过 660 000 元至 960 000 元的部分	35	85 920
7	超过 960 000 元的部分	45	181 920

要求：

（1）计算甲公司 202×年 1 月应为张某预扣预交的个人所得税。

（2）对甲公司与张某个人所得税相关业务进行账务处理。

2. 甲公司 202×年 1 月支付外聘专家徐某（我国居民个人）讲座费，未扣除个人所得税的讲座费为 80 000 元，甲公司为徐某预扣预交了个人所得税。假设不考虑增值税等因素。居民个人劳务报酬所得预扣预交个人所得税的预扣率表如表 5-8 所示。

表 5-8 居民个人劳务报酬所得预扣预交个人所得税的预扣率表

级数	累计预扣预交应纳税所得额	预扣率/%	速算扣除数/元
1	不超过 20 000 元的部分	20	0
2	超过 20 000 元至 50 000 元的部分	30	2 000
3	超过 50 000 元的部分	40	7 000

要求：

（1）计算甲公司应为徐某预扣预交的个人所得税。

（2）对甲公司与徐某个人所得税相关业务进行账务处理。

3. 作家张某（我国居民个人）在甲出版社出版小说 1 部，202×年 1 月甲出版社一次性支付稿酬，未扣除个人所得税的稿酬为 10 000 元，甲出版社为张某预扣预交了个人所得税。

要求：

（1）计算甲出版社应为张某预扣预交的个人所得税。

（2）对甲出版社与张某个人所得税相关业务进行账务处理。

4. 202×年 1 月甲公司向赵某（我国居民个人）购买专利权使用权，未扣除个人所得税的价款为 20 000 元，甲公司为赵某预扣预交了个人所得税。

要求：

（1）计算甲公司应为赵某预扣预交的个人所得税。

（2）对甲公司与赵某个人所得税相关业务进行账务处理。

5. 甲公司本年 1 月支付内部职工集资利息，未扣除个人所得税的利息为 100 000 元，甲公司为职工代扣代缴了个人所得税。

要求：

（1）计算甲公司应为职工代扣代缴的个人所得税。

（2）对甲公司与职工个人所得税相关业务进行账务处理。

项目六
其他税种的会计实务（上）

▶ **职业能力目标**

（1）能根据相关业务资料计算关税、城市维护建设税和教育费附加及地方教育附加、资源税、土地增值税、城镇土地使用税。

（2）能设置关税、城市维护建设税和教育费附加及地方教育附加、资源税、土地增值税、城镇土地使用税的会计科目，能根据相关业务资料对关税、城市维护建设税和教育费附加及地方教育附加、资源税、土地增值税、城镇土地使用税进行会计核算。

（3）能根据相关业务资料填写关税、城市维护建设税和教育费附加及地方教育附加、资源税、土地增值税、城镇土地使用税纳税申报表，并能进行关税、城市维护建设税和教育费附加及地方教育附加、资源税、土地增值税、城镇土地使用税的纳税申报。

任务一　关税会计

一、关税的认知

（一）关税的概念

关税是海关依法对进出境货物、物品征收的一种税。所谓"境"指关境，又称海关境域或关税领域，是国家海关法全面实施的领域。通常情况下，一国关境与国境是一致的，包括国家全部的领土、领海、领空，但也有不一致的情况。

注：*海关在征收进口货物、物品关税的同时，还代征进口环节的增值税，对于消费品应税货物或物品还代征进口环节的消费税。*

关税通常分为进口关税、出口关税和过境关税。我国目前对进出境货物征收的关税分为进口关税和出口关税两类。

（二）关税的纳税义务人

进口货物的收货人、出口货物的发货人、进出境物品的所有人，是关税的纳税义务人。

（三）关税的课税对象

关税的课税对象是准许进出我国关境的货物和物品。凡准许进出口的货物，除国家另有规定外，均由海关征收进口关税或出口关税。对于从境外采购进口的原产于中国境内的货物，也应按规定征收进口关税。

（四）关税的税率

1. 税率的种类

关税的税率分为进口税率和出口税率两种。其中进口税率又分为普通税率、最惠国税率、协定税率、特惠税率、关税配额税率和暂定税率。

2. 税率的确定

（1）进出口货物，应按纳税义务人申报进口或出口之日实施的税率征税。

（2）进口货物到达之前，经海关核准先行申报的，应该按照装载此货物的运输工具申报进境之日实施的税率征税。

（五）关税的计税依据

1. 进口货物的完税价格

一般贸易项下进口的货物以海关审定的成交价格为基础的到岸价格作为完税价格。

2. 出口货物的完税价格

$$出口货物的完税价格＝离岸价格/（1＋出口关税税率）$$

注：离岸价格从内地口岸至最后出境口岸所支付的国内段运输费应予以扣除；不包括装船以后发生的费用；出口货物在成交价格以外，买方另行支付的货物包装费，应计入成交价格。

3. 进出口货物完税价格的审定

当存在以下几种情况时，进出口货物的完税价格需要审定：

（1）对于进出口货物的收发货人或其代理人向海关申报进出口货物的成交价格明显偏低，而又不能提供合法证据和正当理由的。

（2）申报价格明显低于海关掌握的相同或类似货物的国际市场上公开成交货物的价格，而又不能提供合法证据和正当理由的。

（3）申报价格经海关调查认定买卖双方之间有特殊经济关系或对货物的使用、转让互相订有特殊条件或特殊安排，影响成交价格的，以及其他特殊成交情况的，海关认为需要估价的。

（六）关税应纳税额的计算

1. 从价税计算方法

$$应纳关税＝应税进（出）口货物数量×单位完税价格×适用税率$$

2. 从量税计算方法

$$应纳关税＝应税进（出）口货物数量×关税单位税额$$

3. 复合税计算方法

$$应纳关税＝应税进（出）口货物数量×关税单位税额＋应税进（出）口货物数量×单位完税价格×适用税率$$

4. 滑准税计算方法

$$应纳关税＝应税进（出）口货物数量×单位完税价格×滑准税税率$$

（七）关税的征收管理

1. 关税的申报

进口货物的纳税人应当自运输工具申报进境之日起 14 日内，向货物的进境地海关申报。出口货物的发货人除海关特准外，应在装货的 24 小时以前，填报出口货物报关单，交验出口许可证和其他证件，申报出口，由海关放行，否则货物不得离境出口。

2. 关税的交纳

在海关签发税款交款凭证之日起 15 日内，向指定银行交纳税款。逾期不交者除依法追交外，由海关自到期次日起至交清税款之日止，按日征收欠交税额 0.5‰的滞纳金。

$$关税滞纳金金额 = 滞纳关税金额 × 滞纳金征收比率 × 滞纳天数$$

注：纳税义务人因不可抗力或在国家税收政策调整的情况下，不能按期交纳税款的，经由海关总署批准，可以延期交款，但最长不得超过 6 个月。

3. 关税的追交

如果发现少征或漏征税款，海关有权在 1 年内予以补征，如因收发货人或其代理人违反规定造成的少征或漏征，海关在 3 年内可追交。

二、关税的会计核算

（一）关税会计科目的设置

根据进口业务和出口业务，纳税人应在"应交税费"科目中设置"应交进口关税"和"应交出口关税"两个二级明细科目，其贷方登记应交纳的关税，借方登记已交纳的关税；期末贷方余额表示应交未交的关税，期末借方余额表示多交的关税。

纳税人也可以不设置"应交税费——应交进口关税"和"应交税费——应交出口关税"科目，在实际交纳关税时，直接贷记"银行存款"科目。

（二）进口关税的会计核算业务

计提时：借"在途物资"，贷"应交税费——应交进口关税"。

实交时：借"应交税费——应交进口关税"，贷"银行存款"。

【例 6-1】甲工业企业为增值税一般纳税人，202×年 7 月进口 A 材料，海关核定的货价为 145 000 美元，货物运抵我国关境内输入地点起卸前的包装费为 1 500 美元，运费为 3 000 美元，保险费为 500 美元。当日汇率为 1 美元=6 元人民币。进口关税税率为 15%，进口增值税税率为 13%，材料按实际成本核算。

【要求】（1）计算甲工业企业当月进口货物的应纳关税和应纳进口环节增值税。

（2）对甲公司上述业务进行账务处理。

【解析】

（1）成交价格=145 000+1 500+3 000+500=150 000（美元）

　　　　　　150 000×6=900 000（元）

应纳关税=900 000×15%=135 000（元）

A 材料采购成本（组成计税价格）=900 000+135 000=1 035 000（元）

应纳进口环节增值税=1 035 000×13%=134 550（元）

（2）① 购入现汇时：

借：银行存款——美元存款　　　　　　　　　　　　　　150 000

　　贷：银行存款——人民币存款　　　　　　　　　　　　　　900 000

② 对外付汇，交纳进口关税、增值税，计算进口 A 材料的采购成本时：

借：在途物资——A 材料　　　　　　　　　　　　　　1 035 000

　　应交税费——应交增值税（进项税额）　　　　　　　134 550

　　贷：银行存款——美元存款　　　　　　　　　　　　　　900 000

　　　　　　　　——人民币存款（135 000+134 550）　　　269 550

③ 材料验收入库时：

借：原材料——A 材料　　　　　　　　　　　　　　　1 035 000

　　贷：在途物资——A 材料　　　　　　　　　　　　　　1 035 000

（三）出口关税的会计核算业务

计提时：借"税金及附加"，贷"应交税费——应交出口关税"。

实交时：借："应交税费——应交出口关税"，贷"银行存款"。

【例6-2】甲公司为一家外贸公司，202×年 3 月直接对外出口一批产品，离岸价格折合人民币为 3 600 000 元，出口关税税率为 20%。

【要求】（1）计算甲公司的应纳出口关税。

（2）对甲公司上述业务进行账务处理。

【解析】

（1）甲公司的应纳出口关税：

应纳出口关税=［3 600 000/（1+20%）］×20%=600 000（元）

（2）甲公司业务的账务处理。

计提出口关税时：

借：税金及附加　　　　　　　　　　　　　　　　　　600 000

　　贷：应交税费——应交出口关税　　　　　　　　　　　　600 000

实际交纳出口关税时：

借：应交税费——应交出口关税　　　　　　　　　　　600 000

　　贷：银行存款　　　　　　　　　　　　　　　　　　　　600 000

任务二　城市维护建设税、教育费附加及地方教育附加会计

一、城市维护建设税、教育费附加及地方教育附加的认知

（一）城市维护建设税、教育费附加及地方教育附加的概念

城市维护建设税（简称城建税）是以纳税人依法实际交纳的增值税额，消费税额和出口货物、劳务或者跨境销售服务、无形资产增值税免抵税额为计税依据所征收的一种税。征收城市维护建设税的主要目的是筹集城镇设施建设和维护资金。

教育费附加、地方教育附加是以纳税人依法实际交纳的增值税额、消费税额和出口货物、劳务或者跨境销售服务、无形资产增值税免抵税额为计征依据所征收的附加费。

（二）城市维护建设税的纳税人、教育费附加和地方教育附加的交纳人

城市维护建设税的纳税人、教育费附加和地方教育附加的交纳人，是在我国境内交纳增值税、消费税的单位和个人。

（三）城市维护建设税的税率、教育费附加和地方教育附加的征收率

1. 城市维护建设税的税率

城市维护建设税实行差别比例税率，按照纳税人所在地的不同，设置了三档比例税率（见表 6-1）。

表 6-1 城市维护建设税税率表

纳税人所在地	税率
市区	7%
县城或者镇	5%
市区、县城或者镇以外的其他地区	1%

对下列两种情况，可按交纳增值税和消费税所在地的规定税率就地交纳城市维护建设税：

（1）由受托方代扣代缴、代收代缴增值税和消费税的单位和个人，其代扣代缴、代收代缴的城市维护建设税按受托方所在地适用税率执行。

（2）流动经营等无固定纳税地点的单位和个人，在经营地交纳增值税和消费税的，其城市维护建设税的交纳按经营地适用税率执行。

2. 教育费附加和地方教育附加的征收率

教育费附加的征收率为 3%，地方教育附加的征收率为 2%。

（四）城市维护建设税的计税依据、教育费附加和地方教育附加的计征依据

城市维护建设税的计税依据以及教育费附加和地方教育附加的计征依据，为纳税人依法实际交纳的增值税额、消费税额和出口货物、劳务或者跨境销售服务、无形资产增值税免抵税额。城市维护建设税的计税依据以及教育费附加和地方教育附加的计征依据，应当按照规定扣除期末留抵退税退还的增值税额。

对由于减免增值税、消费税而发生退税的，可同时退还已征收的城市维护建设税。但对出口货物、劳务和跨境销售服务、无形资产以及因优惠政策退还增值税、消费税的，不退还已交纳的城市维护建设税；对增值税、消费税实行先征后返、先征后退、即征即退办法的，除另有规定外，对随增值税、消费税附征的城市维护建设税，一律不退（返）还。

对进口货物或者境外单位和个人向境内销售劳务、服务、无形资产交纳的增值税额、消费税额，不征收城市维护建设税。

（五）应纳城市维护建设税、教育费附加及地方教育附加的计算

应纳城市维护建设税=纳税人依法实际交纳的增值税额、消费税额和出口货物、劳务或者跨境销售服务、无形资产增值税免抵税额×适用税率（7%，5%或者 1%）

应纳教育费附加=纳税人依法实际交纳的增值税额、消费税额和出口货物、劳务或者跨境销售服务、无形资产增值税免抵税额×征收率（3%）

应纳地方教育附加=纳税人依法实际交纳的增值税额、消费税额和出口货物、劳务或者跨境销售服务、无形资产增值税免抵税额×征收率（2%）

（六）城市维护建设税、教育费附加及地方教育附加的征收管理

1. 城市维护建设税的纳税义务发生时间、教育费附加和地方教育附加的交纳义务发生时间

城市维护建设税的纳税义务发生时间、教育费附加和地方教育附加的交纳义务发生时间，与增值税、消费税的纳税义务发生时间一致，分别与增值税、消费税同时交纳；城市维护建设税、教育费附加和地方教育附加的扣缴义务人为负有增值税、消费税扣缴义务的单位和个人，在扣缴增值税、消费税的同时扣缴城市维护建设税、教育费附加和地方教育附加。

2. 城市维护建设税的纳税期限、教育费附加和地方教育附加的交纳期限

城市维护建设税、教育费附加和地方教育附加按月或者按季计征。不能按固定期限计征的，可以按次计征。

实行按月或者按季计征的，纳税人应当于月度或者季度终了之日起15日内申报并交纳税费。实行按次计征的，纳税人应当于纳税义务发生之日起15日内申报并交纳税费。

3. 城市维护建设税的纳税地点、教育费附加和地方教育附加的交纳地点

纳税人交纳增值税、消费税的地点，就是该纳税人交纳城市维护建设税、教育费附加和地方教育附加的地点。有特殊情况的，按下列原则和办法确定纳税地点或者交纳地点：

（1）代扣代缴、代收代缴增值税、消费税的单位和个人，同时也是城市维护建设税，教育费附加和地方教育附加的代扣代缴、代收代缴义务人，其纳税地点或者交纳地点为代扣代收地。

（2）对流动经营等无固定纳税地点的单位和个人，应随同增值税、消费税在经营地交纳城市维护建设税、教育费附加和地方教育附加。

二、城市维护建设税、教育费附加及地方教育附加的会计核算

纳税人计提城市维护建设税时，应借记"税金及附加""固定资产清理"等科目，贷记"应交税费——应交城市维护建设税"科目；实际交纳城市维护建设税时，应借记"应交税费——应交城市维护建设税"科目，贷记"银行存款"科目。"应交税费——应交城市维护建设税"科目期末贷方余额反映企业应交未交的城市维护建设税。

纳税人计提教育费附加时，应借记"税金及附加""固定资产清理"等科目，贷记"应交税费——应交教育费附加"科目；实际交纳教育费附加时，应借记"应交税费——应交教育费附加"科目，贷记"银行存款"科目。"应交税费——应交教育费附加"科目期末贷方余额反映企业应交未交的教育费附加。

纳税人计提地方教育附加时，应借记"税金及附加""固定资产清理"等科目，贷记"应交税费——应交地方教育附加"科目；实际交纳地方教育附加时，应借记"应交税费——应交地方教育附加"科目，贷记"银行存款"科目。"应交税费——应交地方教育附加"科目期末贷方余额反映企业应交未交的地方教育附加。

【例6-3】甲公司位于县城，202×年3月销售产品实际交纳增值税120万元，实际交纳消费税100万元；进口产品实际交纳增值税20万元。

【要求】（1）计算甲公司上述业务的应纳城市维护建设税和教育费附加及地方教育附加。
（2）对甲公司上述业务进行账务处理。

【解析】
（1）应纳城市维护建设税=（120+100）×5%=11（万元）

应纳教育费附加=（120+100）×3%=6.6（万元）

应纳地方教育附加=（120+100）×2%=4.4（万元）

（2）① 计提城市维护建设税、教育费附加及地方教育附加时：

借：税金及附加	220 000
贷：应交税费——应交城市维护建设税	110 000
——应交教育费附加	66 000
——应交地方教育附加	44 000

② 交纳城市维护建设税、教育费附加及地方教育附加时：

借：应交税费——应交城市维护建设税	110 000
——应交教育费附加	66 000
——应交地方教育附加	44 000
贷：银行存款	220 000

三、城市维护建设税、教育费附加及地方教育附加的申报实务

纳税人对城市维护建设税、教育费附加及地方教育附加进行申报时，应填报"城市维护建设税、教育费附加、地方教育附加申报表"。

任务三 资源税会计

一、资源税的认知

（一）资源税的概念

资源税是对在中华人民共和国领域和中华人民共和国管辖的其他海域开发应税资源的单位和个人征收的一种税。

（二）资源税的纳税人

资源税的纳税人是指在中华人民共和国领域和中华人民共和国管辖的其他海域开发应税资源的单位和个人。

（三）资源税的征税范围

应税资源的具体范围，由《中华人民共和国资源税法》所附"资源税税目税率表"确定，我国目前资源税的征税范围仅涉及矿产品和盐两大类，具体包括：

（1）能源矿产。包括：原油，天然气、页岩气、天然气水合物，煤，煤成（层）气，铀、钍，油页岩、油砂、天然沥青、石煤，地热。

（2）金属矿产。包括：黑色金属和有色金属。

（3）非金属矿产。包括：矿物类、岩石类和宝玉石类。

（4）水气矿产。包括：二氧化碳气、硫化氢气、氦气、氡气，矿泉水。

（5）盐。包括：钠盐、钾盐、镁盐、锂盐；天然卤水；海盐。

纳税人开采或者生产应税产品自用的，应当依照《中华人民共和国资源税法》规定交纳资源税；但是，自用于连续生产应税产品的，不交纳资源税。

（四）资源税的税目和税率

资源税的税目和税率，依照"资源税税目税率表"（见表6-2）执行。

表6-2　资源税税目税率表

税目		征税对象	税率
能源矿产	原油	原矿	6%
	天然气、页岩气、天然气水合物	原矿	6%
	煤	原矿或者选矿	2%～10%
	煤成（层）气	原矿	1%～2%
	铀、钍	原矿	4%
	油页岩、油砂、天然沥青、石煤	原矿或者选矿	1%～4%
	地热	原矿	1%～20%或者每立方米1～30元
金属矿产	黑色金属 铁、锰、铬、钒、钛	原矿或者选矿	1%～9%
	有色金属 铜、铅、锌、锡、镍、锑、镁、钴、铋、汞	原矿或者选矿	2%～10%
	铝土矿	原矿或者选矿	2%～9%
	钨	选矿	6.5%
	钼	选矿	8%
	金、银	原矿或者选矿	2%～6%
	铂、钯、钌、锇、铱、铑	原矿或者选矿	5%～10%
	轻稀土	选矿	7%～12%
	中重稀土	选矿	20%
	铍、锂、锆、锶、铷、铯、铌、钽、锗、镓、铟、铊、铪、铼、镉、硒、碲	原矿或者选矿	2%～10%
非金属矿产	矿物类 高岭土	原矿或者选矿	1%～6%
	石灰岩	原矿或者选矿	1%～6%或者每吨（或者每立方米）1～10元
	磷	原矿或者选矿	3%～8%
	石墨	原矿或者选矿	3%～12%
	萤石、硫铁矿、自然硫	原矿或者选矿	1%～8%

税目		征税对象	税率
非金属矿产	矿物类	天然石英砂、脉石英、粉石英、水晶、工业用金刚石、冰洲石、蓝晶石、硅线石（矽线石）、长石、滑石、刚玉、菱镁矿、颜料矿物、天然碱、芒硝、钠硝石、明矾石、砷、硼、碘、溴、膨润土、硅藻土、陶瓷土、耐火黏土、铁矾土、凹凸棒石黏土、海泡石黏土、伊利石黏土、累托石黏土	原矿或者选矿	1%～12%
		叶蜡石、硅灰石、透辉石、珍珠岩、云母、沸石、重晶石、毒重石、方解石、蛭石、透闪石、工业用电气石、白垩、石棉、蓝石棉、红柱石、石榴子石、石膏	原矿或者选矿	2%～12%
		其他黏土（铸型用黏土、砖瓦用黏土、陶粒用黏土、水泥配料用黏土、水泥配料用红土、水泥配料用黄土、水泥配料用泥岩、保温材料用黏土）	原矿或者选矿	1%～5%或者每吨（或者每立方米）0.1～5元
	岩石类	大理岩、花岗岩、白云岩、石英岩、砂岩、辉绿岩、安山岩、闪长岩、板岩、玄武岩、片麻岩、角闪岩、页岩、浮石、凝灰岩、黑曜岩、霞石正长岩、蛇纹岩、麦饭石、泥灰岩、含钾岩石、含钾砂页岩、天然油石、橄榄岩、松脂岩、粗面岩、辉长岩、辉石岩、正长岩、火山灰、火山渣、泥炭	原矿或者选矿	1%～10%
		砂石	原矿或者选矿	1%～5%或者每吨（或者每立方米）0.1～5元
	宝玉石类	宝石、玉石、宝石级金刚石、玛瑙、黄玉、碧玺	原矿或者选矿	4%～20%
水气矿产		二氧化碳气、硫化氢气、氦气、氡气	原矿	2%～5%
		矿泉水	原矿	1%～20%或者每立方米1～30元
盐		钠盐、钾盐、镁盐、锂盐	选矿	3%～15%
		天然卤水	原矿	3%～15%或者每吨（或者每立方米）1～10元
		海盐		2%～5%

纳税人开采或者生产不同税目应税产品的，应当分别核算不同税目应税产品的销售者销售数量；未分别核算或者不能准确提供不同税目应税产品的销售额或者销售数的，从高适用税率。

（五）资源税的计税依据

资源税按照"资源税税目税率表"实行从价计征或者从量计征。

"资源税税目税率表"中规定可以选择实行从价计征或者从量计征的，具体计征方式由省、自治区、直辖市人民政府提出，报同级人民代表大会常务委员会决定，并报全国人民代表大会常务委员会和国务院备案。

实行从价计征的，应纳税额按照应税资源产品（以下称应税产品）的销售额乘以具体适用税率计算。实行从量计证的。应纳税额按照应税产品的销售数量乘以具体适用税率计算。

应税产品为矿产品的，包括原矿和选矿产品。

1. 销售额

（1）资源税应税产品（以下简称应税产品）的销售额，按照纳税人销售应税产品向购买方收取的全部价款确定，不包括增值税款。

计入销售额中的相关运杂费用，凡取得增值税发票或者其他合法有效凭据的，准予从销售额中扣除。相关运杂费用是指应税产品从坑口或者洗选（加工）地到车站、码头或者购买方指定地点的运输费用、建设基金以及随运销产生的装卸、仓储、港杂费用。

纳税人扣减的运杂费用明显偏高导致应税产品价格偏低且无正当理由的，主管税务机关可以合理调整计税价格。

（2）纳税人将其开采的原煤，自用于连续生产洗选煤的，在原煤移送使用环节不交纳资源税；将开采的原煤加工为洗选煤销售的，以洗选煤销售额乘以折算率作为应税煤炭销售额，计算交纳资源税。

折算率可通过洗选煤销售额扣除洗选环节成本、利润计算，也可通过洗选煤市场价格与其所用同类原煤市场价格的差额及综合回收率计算。折算率由省、自治区、直辖市财税部门或其授权地市级财税部门确定。

纳税人同时以自采未税原煤和外购已税原煤加工洗选煤的，应当分别核算；未分别核算的，按上述规定计算交纳资源税。

纳税人将其开采的原煤自用于其他方面的，视同销售原煤；将其开采的原煤加工为洗选煤自用的，视同销售洗选煤。

（3）征税对象为精矿的，纳税人销售原矿时，应将原矿销售额换算为精矿销售额交纳资源税；征税对象为原矿的，纳税人销售自采原矿加工的精矿，应将精矿销售额折算为原矿销售额交纳资源税。换算比或折算率原则上应通过原矿售价、精矿售价和选矿比计算，也可通过原矿销售额、加工环节平均成本和利润计算。

金矿以标准金锭为征税对象，纳税人销售金原矿、金精矿的，应比照上述规定将其销售额换算为金锭销售额交纳资源税。

换算比或折算率应按简便可行、公平合理的原则，由省级财税部门确定，并报财政部、国家税务总局备案。

纳税人销售其自采原矿的，可采用成本法或市场法将原矿销售额换算为精矿销售额计算交纳资源税。

① 成本法公式为：

$$精矿销售额 = 原矿销售额 + 原矿加工为精矿的成本 \times (1 + 成本利润率)$$

② 市场法公式为：

$$精矿销售额 = 原矿销售额 \times 换算比$$
$$换算比 = 同类精矿单位价格 / (原矿单位价格 \times 选矿比)$$
$$选矿比 = 加工精矿耗用的原矿数量 / 精矿数量$$

（4）纳税人申报的应税产品销售额明显偏低且无正当理由的，或者有自用应税行为而无销售额的，主管税务机关可以按下列方法和顺序确定其应税产品销售额：

① 按纳税人最近时期同类产品的平均销售价格确定。

② 按其他纳税人最近时期同类产品的平均销售价格确定。

③ 按后续加工非应税产品销售价格，减去后续加工环节的成本利润后确定。

④ 按应税产品组成计税价格确定。

$$组成计税价格 = 成本 \times (1 + 成本利润率) + (1 - 资源税税率)$$

上述公式中的成本利润率由省、自治区、直辖市税务机关确定。

⑤ 按其他合理方法确定。

2. 销售数量

（1）销售数量，包括纳税人开采或者生产应税产品的实际销售数量和自用于应当交纳资源税情形的应税产品数量。

（2）纳税人不能准确提供应税产品销售数量的，以应税产品的产量或者主管税务机关确定的折算比换算成的数量为计征资源税的销售数量。

（六）资源税应纳税额的计算

资源税的应纳税额，按照从价定率或从量定额的办法，分别以应税产品的销售额以纳税人具体适用的比例税率或者以应税产品的销售数量乘以纳税人具体适用的定额率计算。

计算公式如下：

（1）实行从价定率计征办法的应税产品，资源税应纳税额按销售额和比例税率计算：

$$应纳资源税 = 应税产品的销售额 \times 适用的比例税率$$

（2）实行从量定额计征办法的应税产品，资源税应纳税额按销售数量和定额税率计算：

$$应纳资源税 = 应税产品的销售数量 \times 适用的定额税率$$

【例 6-4】山东德胜石油开采有限公司的纳税人识别号为 91370709864220086Y，法定代表人为张明，注册地址和生产经营地址均为山东省潍坊市奎文区胜利路 999 号，开户银行为中国工商银行胜利路分理处，账号为 3301022009011512365，电话号码为 0536-8888888，其资源税纳税期限为 1 个月。山东德胜石油开采有限公司 2020 年 9 月生产原油 10 万吨，当月已对外销售 6 万吨，每吨不含增值税售价为 6 000 元。该批原油已经发出，款项以银行存款收讫。该批原油在发出时，其控制权由山东德胜石油开采有限公司转移给客户。原油的资源税税率为 6%。该公司于 2020 年 10 月 9 日对 2020 年 9 月的资源税进行纳税申报。

【要求】计算山东德胜石油开采有限公司的应纳增值税和资源税。

【解析】

应纳增值税=60 000×6 000×13%=46 800 000（元）

应纳资源税=60 000×6 000×6%=21 600 000（元）

（七）资源税的征收管理

1. 资源税纳税义务发生时间

资源税在应税产品的销售或自用环节计算交纳。资源税的纳税义务发生时间具体来说分为以下几种情况：

（1）纳税人销售应税产品采取分期收款结算方式的，其纳税义务发生时间为销售合同规定的收款日期的当日。

（2）纳税人销售应税产品采取预收货款结算方式的，其纳税义务发生时间为发出应税产品的当日。

（3）纳税人销售应税产品采取其他结算方式的，其纳税义务发生时间为收讫销售款项或者取得索取销售款项凭据的当日。

（4）纳税人自产自用应税产品的，其纳税义务发生时间为移送使用应税产品的当日。

（5）纳税人以自采原矿加工精矿产品的，在原矿移送使用时不交纳资源税，在精矿销售或自用时交纳资源税。

（6）纳税人以自采原矿加工金锭的，在金锭销售或自用时交纳资源税。纳税人销售自采原矿或者自采原矿加工的金精矿、粗金，在原矿或者金精矿、粗金销售时交纳资源税，在移送使用时不交纳资源税。

（7）纳税人以应税产品投资、分配、抵债、赠与、以物易物等，视同销售，依照税法有关规定计算交纳资源税。

2. 资源税的纳税期限

资源税按月或者按季申报交纳；不能按固定期限计算交纳的，可以按次申报交纳。纳税人按月或者按季申报交纳的，应当自月度或者季度终了之日起15日内，向税务机关办理纳税申报并交纳税款；按次申报交纳的，应当自纳税义务发生之日起15日内，向税务机关办理纳税申报并交纳税款。

3. 资源税的纳税地点

（1）纳税人应当在矿产品的开采地或者海盐的生产地的税务机关申报交纳资源税。

（2）纳税人在本省、自治区、直辖市范围内开采或者生产应税产品，其纳税地点需要调整的，由所在省、自治区、直辖市税务机关决定。

（3）纳税人跨省开采资源税应税产品，其下属生产单位与核算单位不在同一省、自治区、直辖市的，对其开采的矿产品一律在开采地纳税。

（4）海洋原油、天然气资源税向国家税务总局海洋石油税务管理机构交纳。

二、资源税的会计核算

（一）直接销售应税产品资源税的会计核算

纳税人计提资源税时，借记"税金及附加"科目，贷记"应交税费——应交资源税"科目；实际交纳资源税时，借记"应交税费——应交资源税"科目，贷记"银行存款"科目。

（二）自产自用应税产品应纳资源税的会计核算

纳税人自产自用应税产品，自用于连续生产应税产品的，不交纳资源税。自用于其他方面的，视同销售，按规定计提资源税时，借记"生产成本""制造费用"等科目，贷记"应交税费——应交资源税"科目；实际交纳资源税时，借记"应交税费——应交资源税"科目，贷记"银行存款"科目。

【例6-5】 甲煤炭开采企业202×年7月将开采的价值为3 000万元的原煤自用于连续生产洗选煤5万吨（洗选煤的成本为4 000万元），并全部销售，开具的增值税专用发票上注明金额5 000万元、增值税税额650万元。另外取得从甲煤炭开采企业到码头含增值税的运费收入50万元。该批洗选煤已经发出，款项以银行存款收讫。该批洗选煤在发出时，其控制权由甲煤炭开采企业转移给客户。假设洗选煤的折算率为80%，煤炭的资源税税率为6%。

【要求】 对甲煤炭开采企业上述业务进行账务处理。

【解析】 洗选煤应纳资源税=洗选煤销售额×折算率×适用税率。

　　　　甲煤炭开采企业销售洗选煤应纳资源税=5 000×80%×6%=240（万元）

（1）移送原煤用于生产洗选煤时：

借：生产成本　　　　　　　　　　　　　　　　　　　　　30 000 000

　　贷：原材料　　　　　　　　　　　　　　　　　　　　　　30 000 000

借：生产成本　　　　　　　　　　　　　　　　　　　　　10 000 000

　　贷：应付职工薪酬、制造费用等科目（40 000 000−30 000 000）　10 000 000

（2）生产的洗选煤入库时：

借：库存商品　　　　　　　　　　　　　　　　　　　　　40 000 000

　　贷：生产成本　　　　　　　　　　　　　　　　　　　　　40 000 000

（3）销售洗选煤时：

借：银行存款　　　　　　　　　　　　　　　　　　　　　56 500 000

　　贷：主营业务收入　　　　　　　　　　　　　　　　　　　50 000 000

　　　　应交税费——应交增值税（销项税额）　　　　　　　　6 500 000

销售洗选煤并提供运输服务属于混合销售行为，运输收入应当按照主业销售货物来计算交纳增值税。

借：银行存款　　　　　　　　　　　　　　　　　　　　　500 000

　　贷：其他业务收入〔500 000/（1+13%）〕　　　　　　　442 477.88

　　　　应交税费——应交增值税（销项税额）（442 477.88×13%）

　　　　　　　　　　　　　　　　　　　　　　　　　　　57 522.12

借：主营业务成本　　　　　　　　　　　　　　　　　　　40 000 000

　　贷：库存商品　　　　　　　　　　　　　　　　　　　　40 000 000

（4）计提资源税时：

借：税金及附加　　　　　　　　　　　　　　　　　　　　2 400 000

　　贷：应交税费——应交资源税　　　　　　　　　　　　　2 400 000

（5）交纳资源税时：

借：应交税费——应交资源税　　　　　　　　　　　　　　2 400 000

　　贷：银行存款　　　　　　　　　　　　　　　　　　　　2 400 000

三、资源税的纳税申报实务

纳税人对资源税进行纳税申报时，应填报"资源税纳税申报表"。

任务四　土地增值税会计

一、土地增值税的认知

（一）土地增值税的概念

土地增值税是对转让国有土地使用权、地上建筑物及其他附着物产权并取得收入的单位和个人，就其转让房地产所取得的增值额征收的一种税。

（二）土地增值税的纳税人

土地增值税的纳税人为转让国有土地使用权、地上建筑物及其附着物（统称转让房地产）并取得收入的单位和个人。

（三）土地增值税的征税范围

1. 土地增值税征税范围的一般规定

（1）土地增值税只对转让国有土地使用权及其地上建筑物和附着物的行为征税，对出让国有土地使用权的行为不征税。所谓国有土地使用权，是指土地使用人根据国家法律、合同等规定，对国家所有的土地享有的使用权利。土地增值税只对企业、单位和个人转让国有土地使用权的行为征税。对属于集体所有的土地，按现行法律规定须先由国家征用后才能转让。

国有土地使用权出让是指国家以土地所有者的身份将土地使用权在一定年限内让与土地使用者，并由土地使用者向国家支付土地出让金的行为。由于土地使用权的出让方是国家，出让收入在性质上属于政府凭借所有权在土地一级市场上收取的租金，因此政府出让土地的行为及取得的收入不在土地增值税的征税之列。

（2）土地增值税既对转让国有土地使用权的行为征税，也对转让地上建筑物及其他附着物产权的行为征税。税法规定，纳税人转让地上建筑物和其他附着物的产权，取得的增值性收入，也应计算交纳土地增值税。换言之，纳入土地增值税征税范围的增值额，是纳税人转让房地产所取得的全部增值额，而非仅仅是土地使用权转让的收入。

（3）土地增值税只对有偿转让的房地产征税，对以继承、赠与等方式无偿转让的房地产，不予征税。不征土地增值税的房地产赠与行为包括以下两种情况：

① 房产所有人、土地使用权所有人将房屋产权、土地使用权赠与直系亲属或承担直接赡养义务人的行为。

② 房产所有人、土地使用权所有人通过中国境内非营利的社会团体、国家机关将房屋产权、土地使用权赠与教育、民政和其他社会福利、公益事业的行为。

2. 土地增值税征税范围的特殊规定

1）企业改制重组

（1）按照《中华人民共和国公司法》的规定，非公司制企业整体改建为有限责任公司或者股份有限公司，有限责任公司（股份有限公司）整体改建为股份有限公司（有限责任公司），对改建前的企业将国有土地、房屋权属转移、变更到改建后的企业，暂不征收土地增值税。

整体改建是指不改变原企业的投资主体，并承继原企业权利、义务的行为。

（2）按照法律规定或者合同约定，两个或两个以上企业合并为一个企业，且原企业投资主体存续的，对原企业将国有土地、房屋权属转移、变更到合并后的企业，暂不征收土地增值税。

（3）按照法律规定或者合同约定，企业分设为两个或两个以上与原企业投资主体相同的企业，对原企业将国有土地、房屋权属转移、变更到分立后的企业，暂不征收土地增值税。

（4）单位、个人在改制重组时以国有土地、房屋进行投资，对其将国有土地、房屋权属转移、变更到被投资的企业，暂不征收土地增值税。

（5）上述改制重组有关土地增值税政策不适用于房地产开发企业。

2）房地产开发企业将开发的房地产转变用途

房地产开发企业将开发的部分房地产转为企业自用或用于出租等商业用途时，如果产权未发生转移，不征收土地增值税。

3）房地产的交换

房地产交换是指一方以房地产与另一方的房地产进行交换的行为。由于这种行为既发生了房产产权、土地使用权的转移，交换双方又取得了实物形态的收入，所以属于土地增值税的征税范围。但对个人之间互换自有居住用房地产的，经当地税务机关核实，可以免征土地增值税。

4）合作建房

对于一方出地，另一方出资金，双方合作建房，建成后按比例分房自用的，暂免征收土地增值税；建成后转让的，应征收土地增值税。

5）房地产的出租

房地产出租不属于土地增值税的征税范围。

6）房地产的抵押

对于房地产的抵押，在抵押期间不征收土地增值税；如果抵押期满以房地产抵债，发生房地产权属转移，应列入土地增值税的征税范围。

7）房地产的代建行为

房地产的代建行为不属于土地增值税的征税范围。

8）房地产的重新评估

房地产进行重新评估而产生的评估增值不属于土地增值税的征税范围。

9）土地使用者处置土地使用权

土地使用者转让、抵押或置换土地，无论其是否取得了该土地的使用权属证书，也无论其在转让、抵押或置换土地过程中是否与对方当事人办理了土地使用权属证书变更登记手续，只要土地使用者享有占有、使用、收益或处分该土地的权利，且有合同等证据表明其实质转让、抵押或置换了土地并取得了相应的经济利益，土地使用者及其对方当事人就应依照税法规定交纳土地增值税和契税等。

（四）土地增值税的税率

土地增值税的税率见表6-3。

表6-3　土地增值税的税率表

档次	级　距	税率	速算扣除系数
1	增值额未超过扣除项目金额50%的部分	30%	0%
2	增值额超过扣除项目金额50%，未超过100%的部分	40%	5%
3	增值额超过扣除项目金额100%，未超过200%的部分	50%	15%
4	增值额超过扣除项目金额200%的部分	60%	35%

（五）土地增值税的计税依据

土地增值税的计税依据是纳税人转让房地产所取得的增值额。转让房地产的增值额，是纳税人转让房地产的收入减除税法规定的扣除项目金额后的余额。土地增值额的大小，取决于转让房地产的收入额和扣除项目金额两个因素。

1. 应税收入的确定

纳税人转让房地产取得的应税收入，应包括转让房地产的全部价款及有关的经济收益。从收入的形式来看，包括货币收入、实物收入和其他收入。

2. 扣除项目及其金额

税法准予纳税人从房地产转让收入额中减除的扣除项目具体包括以下内容：

（1）取得土地使用权所支付的金额。

① 纳税人为取得土地使用权所支付的地价款。

② 纳税人在取得土地使用权时按国家统一规定交纳的有关费用和税金。

（2）房地产开发成本。

（3）房地产开发费用。其计算公式为：

$$允许扣除的房地产开发费用=利息+（取得土地使用权所支付的金额+房地产开发成本）\times 5\%（或10\%）$$

（4）与转让房地产有关的税金。

（5）财政部确定的其他扣除项目。

（6）旧房及建筑物的扣除金额。

（六）土地增值税应纳税额的计算

1. 应纳税额的计算公式

土地增值税的计算公式为：

$$应纳土地增值税=\sum（每级距的增值额\times 适用税率）$$
$$=增值额\times 适用税率-扣除项目金额\times 速算扣除系数$$

2. 应纳税额的计算步骤

1）计算增值额

$$增值额=房地产转让收入-扣除项目金额$$

2）计算增值率

$$增值率＝（增值额/扣除项目金额）×100\%$$

3）确定适用税率

按照计算出的增值率，从土地增值税税率表中确定适用税率。

4）计算应纳税额

$$应纳土地增值税＝增值额×适用税率－扣除项目金额×速算扣除系数$$

（七）土地增值税的征收管理

1. 土地增值税的纳税期限

纳税人应在转让房地产合同签订后七日内到房地产所在地主管税务机关办理纳税申报表，并向税务机关提供房屋及建筑物产权土地使用权证书土地转让房产买卖合同，房地产评估报告及其他与其转让房地产有关的资料，然后在税务机关规定的期限内交纳土地增值税。

纳税人因经常发生房地产转让，而难以在每次转让后申报的经税务机关审核同意后可以按月或按季定期进行纳税申报，具体期限由主管税务机关根据情况确定。

纳税人采取预收款方式销售房地产的对在项目全部竣工结算前转让房地产取得的收入，税务机关可以预征土地增值税具体办法由各省、自治区、直辖市税务局，根据当地情况制定。

对于纳税人预售房地产所取得的收入，当地税务机关规定预征土地增值税的纳税人应当到主管税务机关办理纳税申报表，并按规定比例预交，待办理完土地增值税清算后，多退少补。

2. 土地增值税的清算

1）土地增值税的清算单位

土地增值税，以国家有关部门审批的房地产开发项目为单位进行清算，对于分期开发的项目，以分期项目为单位清算。开发项目中，同时包含普通住宅和非普通住宅的应分别计算增值额。

2）土地增值税的清算条件

（1）符合下列情况之一的纳税人应进行土地增值税的清算：

① 房地产开发项目全部竣工完成销售的。

② 整体转让为竣工决算房地产开发项目的。

③ 直接转让土地使用权的。

（2）符合下列情况之一的，主管税务机关可以要求纳税人进行土地增值税清算：

① 已竣工验收的房地产开发项目，已转让的房地产建筑面积占整个项目可售建筑面积的比例在85%以上，或该比例虽未超过85%，但剩余的可售建筑面积已经出租或自用的。

② 取得销售预售许可证满3年，仍未销售完毕的。

③ 纳税人申请注销税务登记单位办理土地增值税清算手续的。

④ 省级税务机关规定的其他情况。

3. 土地增值税的纳税地点

土地增值税的纳税人应向房地产所在的地主管税务机关办理纳税申报表，并在税务机关核定的期限内交纳土地增值税。

二、土地增值税的会计核算

（一）房地产开发企业土地增值税的会计核算

房地产开发企业计提土地增值税时：

借：税金及附加

    贷：应交税费——应交土地增值税

实际交纳土地增值税时：

借：应交税费——应交土地增值税

    贷：银行存款

纳税人采取预售方式销售房地产的，对在项目全部竣工结算前转让房地产取得的收入，税务机关可以预征土地增值税，纳税人按税法规定预交的土地增值税：

借：应交税费——应交土地增值税

    贷：银行存款

待项目办理完土地增值税清算时：

借：税金及附加

    贷：应交税费——应交土地增值税

若收到退回多交的土地增值税时：

借：银行存款

    贷：应交税费——应交土地增值税

若补交土地增值税，则做相反的会计分录。

（二）非房地产开发企业土地增值税的会计核算

非房地产开发企业对于地上建筑物及附着物，连同国有土地使用权一并转让的业务，通过"固定资产清理"等科目核算，按转让时应交纳的土地增值税额，借记"固定资产清理"科目，贷记"应交税费——应交土地增值税"科目。实际交纳土地增值税时，借记"应交税费——应交土地增值税"科目，贷记"银行存款"等科目。

【例6-6】北京立信房地产开发有限公司（地处市区，具体地址为北京市海淀区玉泉路5号，纳税人识别号为91370222333888999P，主管部门为北京市住房和城乡建设委员会，开户银行为中国工商银行北京玉泉路支行，银行账号为 3500015478865412312，电话为010-81454653，在2020年1月整体转让一栋其2019年开发的普通住宅（金都阳光Ⅰ期，该项目为新项目，具体地址为北京市海淀区玉泉路88号），并办理了产权转移手续。转让取得含税收入12 000万元，扣除项目中土地出让金2 000万元，房地产开发成本假设只有建筑安装工程费，包括购买的建筑材料2 000万元（含增值税，取得增值税专用发票，税率为13%），支付给建筑公司建设工程款800万元（含增值税，取得增值税专用发票，税率为9%），房地产开发费用中的利息支出1 100万元（不能按转让房地产项目计算分摊利息支出，也不能提供金融机构证明），房地产开发费用的计算扣除比例为10%。假设只考虑城市维护建设税和教育费附加，不考虑地方教育附加。北京立信房地产开发有限公司于2020年2月5日进行土地增值税纳税申报。

【要求】计算北京立信房地产开发有限公司的应纳土地增值税。

【解析】

（1）应纳增值税=[（全部价款和价外费用-当期允许扣除的土地价款）/（1+9%）]×9%-
增值税进项税额

=[（120 000 000-20 000 000）/（1+9%）]×9%-[20 000 000/（1+13%）]×
13%-[8 000 000/（1+9%）]×9%

=5 295 445.32（元）

（2）营改增后，土地增值税纳税人转让房地产取得的收入为不含增值税收入。

转让房地产的收入（不含增值税收入）

=120 000 000-[（120 000 000-20 000 000）/（1+9%）]×9%=111 743 119.27（元）

取得土地使用权所支付的金额（土地价款）=20 000 000（元）

房地产开发成本=20 000 000/（1+13%）+8 000 000/（1+9%）

=25 038 564.58（元）

房地产开发费用=（取得土地使用权所支付的金额+房地产开发成本）×10%

=（20 000 000+25 038 564.58）×10%

=4 503 856.46（元）

与转让房地产有关的税金=城市维护建设税+教育费附加

=5 295 445.32×7%+5 295 445.32×3%

=529 544.53（元）

加计扣除=（取得土地使用权所支付的金额+房地产开发成本）×20%

=（20 000 000+25 038 564.58）×20%

=9 007 712.92（元）

转让房地产的扣除项目金额合计

=20 000 000+25 038 564.58+4 503 856.46+529 544.53+9 007 712.92

=59 079 678.49（元）

（3）转让房地产的增值额。

转让房地产的增值额=111 743 119.27-59 079 678.49=52 663 440.78（元）

（4）增值额与扣除项目金额的比率（增值率）。

增值额与扣除项目金额的比率=52 663 440.78/59 079 678.49×100%=89.14%

适用税率为40%，速算扣除系数为5%。

应纳土地增值税=52 663 440.78×40%-59 079 678.49×5%=18 111 392.39（元）

三、土地增值税申报实务

从事房地产开发的纳税人对土地增值税进行清算时，应填报"土地增值税纳税申报表（二）（从事房地产开发的纳税清算适用）"。

任务五　城镇土地使用税会计

一、城镇土地使用税的认知

（一）城镇土地使用税的概念

城镇土地使用税是国家在城市、县城、建制镇和工矿区范围内，对使用土地的单位和个人，以其实际占用的土地面积为计税依据，按照规定的税额计算征收的一种税。

（二）城镇土地使用税的纳税人

城镇土地使用税的纳税人是指在税法规定的征税范围内使用土地的单位和个人。

城镇土地使用税的纳税人，根据用地者的不同情况分别确定为：

（1）城镇土地使用税由拥有土地使用权的单位或个人交纳；

（2）拥有土地使用权的纳税人不在土地所在地的，由代管人或实际使用人交纳；

（3）土地使用权未确定或权属纠纷未解决的，由实际使用人交纳；

（4）土地使用权共有的，共有各方均为纳税人，以共有各方实际使用土地的面积占总面积的比例，分别计算交纳城镇土地使用税。

（三）城镇土地使用税的征税范围

城镇土地使用税的征税范围是税法规定的纳税区域内的土地。凡在城市、县城、建制镇、工矿区范围内的土地，不论是国家所有的土地还是集体所有的土地，都属于城镇土地使用税的征税范围。

自 2009 年 1 月 1 日起，公园、名胜古迹内的索道公司经营用地，应按规定交纳城镇土地使用税。

（四）城镇土地使用税的税率

城镇土地使用税采用定额税率，即采用有幅度的差别税额，按大、中、小城市和县城、建制镇、工矿区分别规定每平方米城镇土地使用税年应纳税额。城镇土地使用税税率表见表 6-4。

表 6-4　城镇土地使用税税率表

级别	人口/人	每平方米年税额/元
大城市	50 万以上	1.5～30
中等城市	20 万～50 万	1.2～24
小城市	20 万以下	0.9～18
县城、建制镇、工矿区		0.6～12

（五）城镇土地使用税的计税依据

城镇土地使用税以纳税人实际占用的土地面积为计税依据，土地面积计量单位为平方米。即税务机关根据纳税人实际占用的土地面积，按照规定的税率计算应纳税额，向纳税人征收城镇土地使用税。

（六）城镇土地使用税应纳税额的计算

城镇土地使用税以纳税人实际占用的土地面积为计税依据，按照规定的适用税额计算征收。其计算公式为：

$$应纳城镇土地使用税 = 实际占用应税土地面积 × 适用税额$$

（七）城镇土地使用税的征收管理

1. 城镇土地使用税的纳税义务发生时间

（1）纳税人购置新建商品房，自房屋交付使用之次月起，交纳城镇土地使用税。

（2）纳税人购置存量房，自办理房屋权属转移、变更登记手续，房地产权属登记机关签发房屋权属证书之次月起，交纳城镇土地使用税。

（3）纳税人出租、出借房产（由房产所有人交纳），自交付出租、出借房产之次月起，交纳城镇土地使用税。

（4）以出让或转让方式有偿取得土地使用权的，由受让方从合同约定交付土地时间的次月起交纳城镇土地使用税；合同未约定交付时间的，由受让方从合同签订的次月起交纳城镇土地使用税。

（5）纳税人新征用的耕地，自批准征用之日起满1年时开始交纳城镇土地使用税。

（6）纳税人新征用的非耕地，自批准征用次月起交纳城镇土地使用税。

2. 城镇土地使用税的纳税期限

城镇土地使用税按年计算、分期交纳，具体纳税期限由省、自治区、直辖市人民政府确定。

3. 城镇土地使用税的纳税地点

城镇土地使用税在土地所在地交纳。纳税人使用的土地不属于同一省、自治区、直辖市管辖的，由纳税人分别向土地所在地的税务机关交纳城镇土地使用税；在同一省、自治区、直辖市管辖范围内，纳税人跨地区使用的土地，其纳税地点由各省、自治区、直辖市税务局确定。

二、城镇土地使用税的会计核算

纳税人计提城镇土地使用税时，借记"税金及附加"科目，贷记"应交税费——应交城镇土地使用税"科目；实际交纳城镇土地使用税时，借记"应交税费——应交城镇土地使用税"科目，贷记"银行存款"等科目。

【例6-7】北京天和有限责任公司为增值税一般纳税人，坐落于北京市海淀区和平路22号，其纳税人识别号为91370700354102156C，土地税源编号为A01T37070022000，该公司生产经营用地面积为12 000平方米，其中，幼儿园占地1 200平方米，公司绿化占地2 000平方米。该土地为一级土地，城镇土地使用税的单位税额为每平方米7元。2019年1月1日又受让面积为12 000平方米的土地使用权，该土地为二级土地，城镇土地使用税的单位税额为每平方米5元。按照当地规定，城镇土地使用税按年计算、每季度交纳一次。该公司于2020年1月10日对2019年第四季度的城镇土地使用税进行纳税申报。

【要求】（1）计算北京天和有限责任公司2019年第四季度的应纳城镇土地使用税。

（2）对北京天和有限责任公司2019年第四季度的城镇土地使用税业务进行账务处理。

【解析】

（1）企业办的学校、医院、托儿所、幼儿园，其用地能与企业其他用地明确区分的，免征城镇土地使用税。

2019年应纳城镇土地使用税=12 000×7+12 000×5=144 000（元）

2019年免城镇土地使用税额=1 200×7=8 400（元）

2019年第四季度应纳城镇土地使用税=84 000/4+60 000/4=36 000（元）

2019年第四季度免城镇土地使用税额=8 400/4=2 100（元）

2019年第四季度应补交城镇土地使用税额=36 000−2 100=33 900（元）

（2）① 2019年10月、11月、12月每月月底计提第四季度各月的城镇土地使用税时，分别做如下分录：

借：税金及附加　　　　　　　　　　　　　　　　　　　　12 000
　　贷：应交税费——应交城镇土地使用税（36 000/3）　　　　　　12 000
借：应交税费——应交城镇土地使用税　　　　　　　　　　　700
　　贷：其他收益（2 100/3）　　　　　　　　　　　　　　　　　700

② 2020年1月10日实际交纳2019年第四季度的城镇土地使用税时：

借：应交税费——应交城镇土地使用税（36 000−2 100）　　33 900
　　贷：银行存款　　　　　　　　　　　　　　　　　　　　　33 900

三、城镇土地使用税的纳税申报实务

纳税人城镇土地使用税进行纳税申报时，应填报"城镇土地使用税房产税纳税申报表"及其明细表（略）。

练 习 题

一、单项选择题

1. 202×年7月，甲公司进口一台机器设备。海关审定的成交价格为100万元，机器设备运抵我国关境内输入地点起卸前的包装费为5万元，运费为3万元，保险费为1万元。已知关税税率为10%。下列计算甲公司当月进口机器设备应交纳关税税额的算式中，正确的是（　　）。

　　A.（100+5+3）×10%=10.8（万元）　　B.（100+2+1）×10%=10.3（万元）

　　C.（100+5）×10%=10.5（万元）　　　　D.（100+5+3+1）×10%=10.9（万元）

2. 根据关税法律制度的规定，进出口货物完税后，如发现少征或漏征税款，海关有权在一定期限内予以补征，该期限为（　　）。

　　A.1年　　　　　B.2年　　　　　C.3年　　　　　D.5年

3. 纳税人向税务机关实际交纳的下列税款中，应当作为城市维护建设税计税依据的是（　　）。

　　A. 印花税　　　　　B. 契税　　　　　C. 消费税　　　　　D. 车船税

4. 202×年8月甲公司销售产品实际交纳增值税50万元、消费税20万元，进口产品实际交纳增值税10万元。已知教育费附加征收比率为3%。下列计算甲公司当月应交纳教育费附加的算式中，正确的是（   ）。

A.（50+20）×3%=2.1（万元）　　　B.（50+10）×3%=1.8（万元）

C.（50+20+10）×3%=2.4（万元）　　D. 50×3%=1.5（万元）

5. 下列各项中，不属于资源税征税范围的是（   ）。

A. 原油　　　　　B. 柴油　　　　　C. 矿泉水　　　　　D. 天然卤水

二、多项选择题

1. 下列各项中，属于到岸价格的有（   ）。

A. 货价

B. 货物运抵我国关境内输入地点起卸后的通关费

C. 出于在境内制造的目的向境外支付与该货物有关的计算机软件和资料费用

D. 货物运抵我国关境内输入地点起卸前的劳务费

2. 纳税人可以不设置"应交税费——应交进口关税"科目，在实际交纳进口关税时，直接借记（   ）等科目，贷记"银行存款"等科目。

A."在途物资"　　　　　　　　　B."原材料"

C."税金及附加"　　　　　　　　D."销售费用"

3. 下列各项中，属于城市维护建设税纳税人的有（   ）。

A. 实际交纳增值税的外商投资企业　　B. 实际交纳增值税的军事单位

C. 实际交纳消费税的外籍个人　　　　D. 实际交纳消费税的外国企业

4. 企业计提城市维护建设税时，应借记（   ）等科目，贷记"应交税费——应交城市维护建设税"科目。

A."银行存款"　　　　　　　　　B."固定资产清理"

C."税金及附加"　　　　　　　　D."管理费用"

5. 下列各项中，属于资源税征税范围的有（   ）。

A. 铝土矿　　　　B. 润滑油　　　　C. 银项链　　　　D. 砂石

三、判断题

1. 滑准税是指关税的税率随着进口商品价格的变动而反方向变动的一种税率形式，即价格越高，税率越低。　　　　　　　　　　　　　　　　　　　　　　　　　（   ）

2. 城市维护建设税的计税依据以及教育费附加和地方教育附加的计征依据，应当按照规定扣除期末留抵退税退还的增值税额。　　　　　　　　　　　　　　　　　　（   ）

3. 对出口产品退还增值税、消费税的，同时退还已征的城市维护建设税、教育费附加、地方教育附加。　　　　　　　　　　　　　　　　　　　　　　　　　　　　（   ）

4. 中外合作开采陆上、海上石油资源的企业依法交纳资源税。　　　　　（   ）

5. 企业自产自用应税产品按规定计提资源税时，借记"税金及附加"等科目，贷记"应交税费——应交资源税"科目。　　　　　　　　　　　　　　　　　　　　（   ）

四、业务题

1. 甲工业企业为增值税一般纳税人，202×年5月进口原材料一批，海关核定的货价为120 000美元，进口原材料运抵我国关境内输入地点起卸前的包装费为1 000美元，运费为

2 000 美元，保险费为 600 美元。当日汇率为 1 美元=6.5 元人民币。进口关税税率为 20%，进口增值税税率为 13%，材料按实际成本核算。甲工业企业从海关取得了海关进口增值税专用交款书，该海关进口增值税专用交款书本年 5 月已申请稽核比对且稽核比对结果为相符。

要求：

（1）计算甲工业企业当月进口原材料的应纳关税和应纳进口环节增值税。

（2）对甲工业企业进口环节关税、增值税相关业务进行账务处理。

2. 甲公司位于市区，202×年 1 月销售货物需要交纳增值税 700 000 元，需要交纳消费税 800 000 元，进口货物需要交纳增值税 200 000 元，出口货物增值税免抵税额为 100 000 元。

要求：

（1）计算甲公司 202×年 1 月的应纳城市维护建设税、教育费附加、地方教育附加。

（2）对甲公司城市维护建设税、教育费附加、地方教育附加相关业务进行账务处理。

3. 甲房地产开发公司（简称甲公司）为增值税一般纳税人，2021 年 1 月 20 日收到主管税务机关的"土地增值税清算通知书"，要求对其建设的 A 项目进行清算。该项目总建筑面积为 22 000 平方米，其中可售建筑面积为 20 000 平方米，不可售建筑面积为 2 000 平方米（产权属于全体业主所有的公共配套设施）。该项目 2018 年 4 月通过全部工程质量验收（A 项目属于老项目）。

2018 年 5 月甲公司开始销售 A 项目，截止土地增值税清算前，可售建筑面积中已售出 16 000 平方米，取得含税销售收入 52 500 万元。甲公司对 A 项目（老项目）选择简易计税方法。

经审核，A 项目取得土地使用权所支付的金额合计为 9 000 万元；房地产开发成本为 16 000 万元，管理费用为 4 000 万元，销售费用为 4 500 万元，财务费用为 3 500 万元（其中利息支出为 3 300 万元，无法提供金融机构证明）。

A 项目所在省政府规定，房地产开发费用扣除比例为 10%。A 项目清算前已预交土地增值税 1 200 万元，其他各项税费均已及时足额交纳。城市维护建设税税率为 7%，教育费附加的征收率为 3%，地方教育附加的征收率为 2%。土地增值税税率表见表 6-5。

表 6-5 土地增值税税率表

级数	增值额与扣除项目金额的比率	税率/%	速算扣除系数/%
1	不超过 50% 的部分（含 50%）	30	0
2	超过 50% 至 100% 的部分（含 100%）	40	5
3	超过 100% 至 200% 的部分（含 200%）	50	15
4	超过 200% 的部分	60	35

要求：

（1）计算甲公司土地增值税清算中应补交的土地增值税。

（2）对甲公司土地增值税清算中补交土地增值税相关业务进行账务处理。

4. 甲公司 202×年占地 50 000 平方米，其中办公占地 8 000 平方米，加工车间占地 30 000 平方米，企业内部道路及绿化占地 12 000 平方米。企业城镇土地使用税单位税额为每平方米

1.2 元。按照当地规定，城镇土地使用税按年计算，每季度交纳一次。

要求：

（1）计算甲公司 202×年第一季度的城镇土地使用税。

（2）对甲公司 202×年第一季度的城镇土地使用税相关业务进行账务处理。

5. 甲煤矿企业为增值税一般纳税人，202×年 1 月发生下列业务：

（1）采取托收承付方式销售原煤 200 吨，每吨不含税售价为 120 元，每吨成本为 80 元，货款已经收讫。

（2）销售未税原煤加工的选煤 300 吨，将生产的 50 吨选煤用于职工宿舍取暖，将 150 吨选煤赠送给某关联单位。上述选煤每吨不含税售价为 200 元，成本每吨为 150 元。该煤矿原煤与选煤的折算率为 60%。

该煤矿原煤资源税税率为 5%，该煤矿原煤和选煤的增值税税率均为 13%。

要求：

（1）计算 202×年 1 月的应纳资源税。

（2）对甲煤矿企业资源税相关业务进行账务处理。

项目七
其他税种的会计实务（下）

▶ **职业能力目标**

（1）能根据相关业务资料计算房产税、车船税、车辆购置税、印花税、契税。

（2）能设置房产税、车船税、车辆购置税、印花税、契税的会计科目，并根据相关业务资料对房产税、车船税、车辆购置税、印花税、契税进行会计核算。

（3）能根据相关业务资料填写房产税、车船税、车辆购置税、印花税、契税纳税申报表，并进行房产税、车船税、车辆购置税、印花税、契税的纳税申报。

任务一 房产税会计

一、房产税的认知

（一）房产税的概念

房产税是以房产为征税对象，按照房产的计税价值或房产租金收入向房产所有人或经营管理人等征收的一种税。

（二）房产税的纳税人

房产税的纳税人是指在中华人民共和国城市、县城、建制镇和工矿区内拥有房屋产权的单位和个人。具体包括产权所有人、承典人、房产代管人或者使用人。

房产税的征税对象是房屋。

（1）产权属于国家所有的，其经营管理的单位为纳税人；产权属于集体和个人的，集体单位和个人为纳税人。

（2）产权出典的，承典人为纳税人。产权出典是指产权所有人为了某种需要，将自己的房屋在一定期限内典当给他人使用，以押金形式换取一定数额的现金（或者实物），并立有某种合同（契约）的行为。在此，房屋所有人称为房屋出典人，支付现金（或者实物）的人称为房屋的承典人。

（3）产权所有人（或出租人）、承典人均不在房产所在地的，房产代管人或者使用人为纳税人。

（4）产权未确定以及租典纠纷未解决的，房产代管人或者使用人为纳税人。

（5）纳税单位和个人无租使用房产管理部门、免税单位及纳税单位的房产，由使用人代为交纳房产税。

（三）房产税的征税范围

房产税的征税范围是城市、县城、建制镇和工矿区的房屋，不包括农村。

（四）房产税的税率

我国现行房产税采用比例税率。从价计征和从租计征实行不同标准的比例税率。

（1）从价计征的，税率为 1.2%。

（2）从租计征的，税率为 12%。从 2001 年 1 月 1 日起，对个人按市场价格出租的居民住房，可暂减按 4%的税率征收房产税。

（五）房产税的计税依据

房产税以房产的计税价值或房产租金收入为计税依据。按房产计税价值征税的，称为从价计征；按房产租金收入征税的，称为从租计征。

1. 从价计征的房产税的计税依据

从价计征的房产税以房产余值为计税依据。房产税依照房产原值一次减除 10%～30%后的余值计算交纳。具体扣减比例由省、自治区、直辖市人民政府确定。

（1）房产原值是指纳税人按照会计制度规定，在账簿"固定资产"科目中记载的房屋原价。

（2）房产余值是房产的原值减除规定比例后的剩余价值。

（3）房屋附属设备和配套设施的计税规定。房产原值应包括与房屋不可分割的各种附属设备或一般不单独计算价值的配套设施。主要有暖气、卫生、通风、照明、煤气等设备；各种管线，如蒸汽、压缩空气、石油、给水排水等管道及电力、电讯、电缆导线；电梯、升降机、过道、晒台等。属于房屋附属设备的排水、采暖、消防、中央空调、电气及智能化楼宇设备等，无论在会计核算中是否单独记账与核算，都应计入房产原值，计征房产税。

纳税人对原有房屋进行改建、扩建的，要相应增加房屋的原值。对更换房屋附属设备和配套设施的，在将其价值计入房产原值时，可扣减原来相应设备和设施的价值；对附属设备和配套设施中易损坏、需要经常更换的零配件，更新后不再计入房产原值。

（4）对于投资联营的房产的计税规定。

① 对以房产投资联营、投资者参与投资利润分红、共担风险的，按房产余值作为计税依据计交房产税。

② 对以房产投资收取固定收入、不承担联营风险的，实际上是以联营名义取得房屋租金，应以出租方取得的租金收入为计税依据计交房产税。

2. 从租计征的房产税的计税依据

房产出租的，以房屋出租取得的租金收入为计税依据，计交房产税。计征房产税的租金收入不含增值税。

（六）房产税应纳税额的计算

1. 从价计征的房产税应纳税额的计算

从价计征是按房产的原值减除一定比例后的余值计征，其计算公式为：

$$从价计征应纳房产税=应税房产原值×（1-扣除比例）×1.2\%$$

式中，扣除比例幅度为10%～30%，具体扣除比例由省、自治区、直辖市人民政府规定。

2. 从租计征的房产税应纳税额的计算

从租计征是按房产的租金收入计征，其计算公式为：

$$从租计征应纳房产税=租金收入×12\%（或4\%）$$

【例7-1】山东宏达有限责任公司为增值税小规模纳税人，纳税人识别号为91370723478900321V，2019年度共计拥有土地65 000平方米。2019年上半年该公司共有房产原值4 000万元，7月1日起该公司将原值200万元、占地面积400平方米的一栋仓库出租给某商场存放货物（6月30日交付该出租的仓库给商场），租期1年，每月租金收入为2.5万元。9月10日对委托施工单位建设的生产车间办理验收手续，由在建工程转入固定资产原值500万元。当地规定房产税计算余值的扣除比例为30%，房产税按季度进行纳税申报。该公司于2020年1月8日对其2019年第四季度房产税进行纳税申报。

【要求】计算山东宏达有限责任公司2019年应纳房产税以及2019年第四季度应纳房产税。

【解析】

由省、自治区、直辖市人民政府根据本地区实际情况，以及宏观调控需要确定，自2019年1月1日至2021年12月31日，对增值税小规模纳税人可以在50%的税额照度内减征资源税、城市维护建设税、房产税、城镇土地使用税、印花税（不含证券交易印花税）、耕地占用税和教育费附加、地方教育附加。增值税小规模纳税人已依法享受资源税、城市维护建设税、房产税、城镇土地使用税、印花税、耕地占用税、教育费附加、地方教育附加其他优惠政策的，可叠加享受上述优惠政策。截至2019年2月25日，我国31个省、自治区、直辖市均已发文明确，小微企业"六税两费"按50%幅度顶格减征。大连、青岛、宁波、厦门、深圳5个计划单列市按照本省规定执行。

2019年从价计征应纳房产税=（4 000-200）×（1-30%）×1.2%+［200×（1-30%）×1.2%/12］×6+［500×（1-30%）×1.2%/12］×3=33.81（万元）

2019年该公司作为增值税小规模纳税人从价计征房产税减征额=33.81×50%=16.905（万元）

2019年从租计征应纳房产税=2.5×6×12%=1.8（万元）

2019年该公司作为增值税小规模纳税人从租计征房产税减征额=1.8×50%=0.9（万元）

2019年应纳房产税合计=33.81+1.8=35.61（万元）

2019年该公司作为增值税小规模纳税人房产税减征额合计=16.905+0.9=17.805（万元）

2019年第四季度从价计征应纳房产税=［（4 000-200）×（1-30%）×1.2%/12］×3+［500×（1-30%）×1.2%/12］×3=9.03（万元）

2019年该公司作为增值税小规模纳税人第四季度从价计征房产税减征额=9.03×50%=4.515（万元）

2019年该公司作为增值税小规模纳税人第四季度从价计征房产税应补（退）税额合计=9.03-4.515=4.515（万元）

2019年第四季度从租计征应纳房产税=2.5×3×12%=0.9（万元）

2019年该公司作为增值税小规模纳税人第四季度从租计征房产税减征额=0.9×50%=0.45（万元）

2019 年该公司作为增值税小规模纳税人第四季度从租计征房产税应补（退）税额合计 = 0.9−0.45=0.45（万元）

2019 年第四季度应纳房产税合计 =9.03+0.9=9.93（万元）

2019 年该公司作为增值税小规模纳税人第四季度房产税减征额合计 =4.515+0.45=4.965（万元）

2019 年该公司作为增值税小规模纳税人第四季度房产税应补（退）税额合计 =4.515+0.45=4.965（万元）

（七）房产税的征收管理

1. 房产税的纳税义务发生时间

（1）纳税人将原有房产用于生产经营，自生产经营之月起交纳房产税。

（2）纳税人自行新建房屋用于生产经营，自建成的次月起交纳房产税。

（3）纳税人委托施工企业建设的房屋，自办理验收手续的次月起交纳房产税。

（4）纳税人购置新建商品房，自房屋交付使用的次月起交纳房产税。

（5）纳税人购置存量房，自办理房屋权属转移、变更登记手续，房地产权所属登记机关签发房屋权属证书的次月起交纳房产税。

（6）纳税人出租、出借房产，自交付出租、出借房产的次月起交纳房产税。

（7）房地产开发企业自用、出租、出借本企业建造的商品房，自房屋使用或交付的次月起交纳房产税。

（8）自 2009 年起，纳税人因房产的实物或权利状态发生变化而依法终止房产税的纳税义务的，其应纳税款的计算应截止到房产的实物或权利发生变化的当月末。

2. 房产税的纳税期限

房产税实行按年计算、分期交纳的征收办法。具体纳税期限由省、自治区、直辖市人民政府规定。一般可采取按季或半年交纳，按季交纳的可在 1 月、4 月、7 月、10 月交纳；按半年交纳的可在 1 月、7 月交纳；税额比较大的，可按月交纳；个人出租房产的，可按次交纳。

3. 房产税的纳税地点

房产税在房产所在地交纳。房产不在同一地方的纳税人，应按房产的坐落地点分别向房产所在地的税务机关申报纳税。

二、房产税的会计核算

纳税人经营自用的房屋，按从价计征计算应交纳的房产税额，借记"税金及附加"科目，贷记"应交税费——应交房产税"科目；实际交纳房产税时，借记"应交税费——应交房产税"科目，贷记"银行存款"等科目。纳税人出租的房屋，按从租计征计算应交纳的房产税额，借记"税金及附加"科目，贷记"应交税费——应交房产税"科目；实际交纳房产税时，借记"应交税费——应交房产税"科目，贷记"银行存款"等科目。

【例 7-2】承例 7-1。

【要求】对山东宏达有限责任公司 2019 年第四季度的房产税业务进行账务处理。

【解析】

（1）2019 年 10 月、11 月、12 月每月月底计提第四季度各月的房产税时，各月分别做如下分录：

```
借：税金及附加                                    33 100
    贷：应交税费——应交房产税（99 300/3）          33 100
借：应交税费——应交房产税（49 650/3）             16 550
    贷：其他收益                                  16 550
```

（2）2020年1月8日实际交纳2019年第四季度的房产税时：

```
借：应交税费——应交房产税                        49 650
    贷：银行存款                                  49 650
```

三、房产税的纳税申报实务

纳税人对房产税进行纳税申报时，应填报"城镇土地使用税房产税纳税申报表"（略）、"城镇土地使用税房产税免税明细申报表"（略）、"城镇土地使用税房税税源明细表"（略）。

任务二　车船税会计

一、车船税的认知

（一）车船税的概念

车船税是指对在中国境内车船管理部门登记的车辆、船舶（简称车船）依法征收的一种税。

（二）车船税的纳税人

车船税的纳税人是指在中华人民共和国境内属于税法规定的车辆、船舶的所有人或者管理人。

从事机动车第三者责任强制保险业务的保险机构为机动车车船税的扣缴义务人。

（三）车船税的征收范围

车船税的征税范围是指在中华人民共和国境内属于《中华人民共和国车船税法》（简称《车船税法》）所规定的应税车辆和船舶，具体包括：

（1）依法应当在车船登记管理部门登记的机动车辆和船舶。

（2）依法不需要在车船登记管理部门登记的在单位内部场所行驶或者作业的机动车辆和船舶。

车船登记管理部门是指公安、交通运输、农业、渔业、军队、武装警察部队等依法具有车船登记管理职能的部门和船舶检验机构；单位是指依照中国法律、行政法规规定，在中国境内成立的行政机关、企业、事业单位、社会团体以及其他组织。

（四）车船税的税目

车船税的税目分为五大类，包括乘用车、商用车、其他车辆、摩托车和船舶。

乘用车为核定载客人数9人（含）以下的车辆；商用车包括客车和货车，其中，客车为核定载客人数9人以上的车辆（包括电车），货车包括半挂牵引车、挂车、客货两用汽车、三轮汽车和低速载货汽车等；其他车辆包括专用作业车和轮式专用机械车等（不包括拖拉机）。

船舶包括机动船舶和游艇。

（五）车船税的税率

车船税采用定额税率，又称固定税额。根据《车船税法》的规定，对应税车船实行有幅度的定额税率，即对各类车船分别规定一个最低到最高限度的年税额。车船的适用税额依照税法所附"车船税税目税额表"执行。车船税税目税额表见表7-1。

表7-1　车船税税目税额表

税目		计税单位	年基准税额	备注
乘用车（按发动机气缸容量（排气量）分档）	1.0升（含）以下	每辆	60～360 元	核定载客人数9人（含）以下
	1.0升以上至1.6升（含）		300～540 元	
	1.6升以上至2.0升（含）		360～660 元	
	2.0升以上至2.5升（含）		660～1 200 元	
	2.5升以上至3.0升（含）		1 200～2 400 元	
	3.0升以上至4.0升（含）		2 400～3 600 元	
	4.0升以上		3 600～5 400 元	
商用车	客车	每辆	480～1 440 元	核定载客人数9人上，包括电车
	货车	整备质量每吨	16～120 元	货车包括半挂牵引车、三轮汽车和低速载货汽车等
挂车		整备质量每吨	按照货车税额的50%计算	
其他车辆	专用作业车	整备质量每吨	16～120 元	不包括拖拉机
	轮式专用机械车		16～120 元	
摩托车		每辆	36～180 元	
机动船舶	净吨位不超过200吨	净吨位每吨	3 元	拖船、非机动驳船分别按照机动船舶税额的50%计算
	净吨位超过200吨但不超过2 000吨		4 元	
	净吨位超过2 000吨但不超过10 000吨		5 元	
	净吨位超过10 000吨		6 元	
游艇	艇身长度不超过10米	艇身长度每米	600 元	
	艇身长度超过10米但不超过18米		900 元	
	艇身长度超过18米但不超过30米		1 300 元	
	艇身长度超过30米		2 000 元	
	辅助动力帆艇		600 元	

（六）车船税的计税依据

车船税以车船的计税单位数量为计税依据。《车船税法》按车船的种类和性能，分别确定每辆、整备质量每吨、净吨位每吨和艇身长度每米为计税单位。具体如下：

（1）乘用车、商用客车和摩托车，以辆数为计税依据。

（2）商用货车、专用作业车和轮式专用机械车，以整备质量吨位数为计税依据。

（3）机动船舶以净吨位数为计税依据。

（4）游艇以艇身长度为计税依据。

（七）车船税应纳税额的计算

（1）车船税各税目应纳税额的计算公式为：

乘用车、商用客车和摩托车的应纳车船税=辆数×适用年基准税额

商用货车、专用作业车和轮式专用机械车的应纳车船税=整备质量吨位数×适用年基准税额

机动船舶的应纳车船税=净吨位数×适用年基准税额

拖船和非机动驳船的应纳车船税=净吨位数×适用年基准税额×50%

游艇的应纳车船税=艇身长度×适用年基准税额

（2）购置的新车船，购置当年的应纳税额自纳税义务发生的当月起按月计算。计算公式为：

应纳车船税=适用年基准税额/12×应纳税月份数

（3）保险机构代收代缴车船税和滞纳金的计算。

① 购买短期交强险的车辆。对于境外机动车临时入境、机动车临时上道路行驶、机动车距规定的报废期限不足1年而购买短期交强险的车辆，保单中"当年应交"项目的计算公式为：

当年应交=计税单位×年单位税额×应纳税月份数/12

② 已向税务机关交税的车辆或税务机关已批准减免税的车辆。对于已向税务机关交税或税务机关已经批准免税的车辆，保单中"当年应交"项目应为零。对于税务机关已批准减税的机动车，保单中"当年应交"项目应根据减税前的应纳税额扣除依据减税证明中注明的减税幅度计算的减税额确定，计算公式为：

减税车辆应纳车船税=减税前应纳税额×（1-减税幅度）

【例7-3】山东宏达贸易有限责任公司纳税人识别号为91370200221233212R，其2019年拥有2辆乘用汽车：第1辆的车辆识别代号（车架号码）为ABCD1232565001232，发动机气缸容量为1.8升，载客人数为4人；第2辆的车辆识别代号（车架号码）为ABCD1232562236011，发动机气缸容量为2.2升，载客人数为4人。按照当地规定，每年年初申报交纳当年全年的车船税（说明：一般情况下，纳税人在购买交强险时，由扣缴义务人代收代缴车船税，但本例是特殊情况，即纳税人自行申报交纳车船税）。车船税税率为：发动机气缸容量为1.6升以上至2.0升（含）、载客人数9人（含）以下的乘用车每辆为360元；发动机气缸容量为2.0升以上至2.5升（含）、载客人数9人（含）以下的乘用车每辆为660元。该公司于2019年1月10日对2019年度的车船税进行纳税申报。

【要求】计算山东宏达贸易有限责任公司 2019 年的应纳车船税。

【解析】

2019 年全年应纳车船税=360+660=1 020（元）

（八）车船税的征收管理

1. 车船税的纳税义务发生时间

车船税纳税义务发生时间为取得车船所有权或者管理权的当月。以购买车船的发票或其他证明文件所载日期的当月为准。

车船税的纳税义务发生时间，为车船管理部门核发的车船登记证书或者行驶证书所记载日期的当月。纳税人未按照规定到车船管理部门办理应税车船登记手续的，以车船购置发票所载开具时间的当月作为车船税的纳税义务发生时间。对未办理车船登记手续且无法提供车船购置发票的，由主管税务机关核定纳税义务发生时间。

2. 车船税的纳税期限

车船税按年申报，分月计算，一次性交纳。纳税年度为公历 1 月 1 日至 12 月 31 日。具体纳税申报期限由省、自治区、直辖市人民政府规定。

（1）从事机动车第三者责任强制保险业务的保险机构为机动车车船税的扣缴义务人，应当在收取保险费时依法代收车船税，并出具代收税款凭证。

机动车车船税扣缴义务人在代收车船税时，应当在机动车交通事故责任强制保险的保险单以及保费发票上注明已收税款的信息，作为代收税款凭证。

（2）已完税或者依法减免税的车辆，纳税人应当向扣缴义务人提供登记地的主管税务机关出具的完税凭证或者减免税证明。

纳税人没有按照规定期限交纳车船税的，扣缴义务人在代收代缴税款时，可以一并代收代缴欠交税款的滞纳金。

（3）扣缴义务人已代收代缴车船税的，纳税人不再向车辆登记地的主管税务机关申报交纳车船税。

（4）没有扣缴义务人的，纳税人应当向主管税务机关自行申报交纳车船税。

（5）纳税人交纳车船税时，应当提供反映排气量、整备质量、核定载客人数、净吨位、千瓦、艇身长度等与纳税相关信息的相应凭证以及税务机关根据实际需要要求提供的其他资料。纳税人以前年度已经提供前款所列资料信息的，可以不再提供。

（6）已交纳车船税的车船在同一纳税年度内办理转让过户的，不另纳税，也不退税。

3. 车船税的纳税地点

车船税由税务机关负责征收。车船税的纳税地点为车船的登记地或者车船税扣缴义务人所在地，具体如下：

（1）扣缴义务人代收代缴车船税的，纳税地点为扣缴义务人所在地。

（2）纳税人自行申报交纳车船税的，纳税地点为车船登记地的主管税务机关所在地。

（3）依法不需要办理登记的车船，其车船税的纳税地点为车船的所有人或者管理人所在地。

4. 车船税纳税申报的其他管理规定

（1）车辆所有人或者管理人在申请办理车辆相关登记、定期检验手续时，应当向公安机关交通管理部门提交依法纳税或者免税证明。公安机关交通管理部门核查后办理相关手续。

（2）扣缴义务人应当及时解交代收代缴的税款和滞纳金，并向主管税务机关申报。扣缴义务人向税务机关解交税款和滞纳金时，应当同时报送明细的税款和滞纳金扣缴报告。扣缴义务人解交税款和滞纳金的具体期限，由省、自治区、直辖市税务机关依照法律、行政法规的规定确定。

（3）在一个纳税年度内，已完税的车船被盗抢、报废、灭失的，纳税人可以凭有关管理机关出具的证明和完税凭证，向纳税所在地的主管税务机关申请退还自被盗抢、报废、灭失月份起至该纳税年度终了期间的税款。

已办理退税的被盗抢车船失而复得的，纳税人应当从公安机关出具相关证明的当月起计算交纳车船税。

二、车船税的会计核算

对于先计提后交纳的情况，纳税人计提车船税时，借记"税金及附加"科目，贷记"应交税费——应交车船税"科目；实际交纳车船税时，借记"应交税费——应交车船税"科目，贷记"银行存款"等科目。

对于先交纳后分摊的情况，纳税人交纳车船税时，借记"预付账款"科目，贷记"应交税费——应交车船税"科目，同时借记"应交税费——应交车船税"科目，贷记"银行存款"科目；以后各期分摊时，再借记"税金及附加"科目，贷记"预付账款"科目。

【例7-4】承例7-3。

【要求】对山东宏达贸易有限责任公司2019年的车船税业务进行账务处理。

【解析】

（1）2019年1月10日交纳2019年全年的车船税时：

借：预付账款　　　　　　　　　　　　　　　　　　　　　　　1 020
　　贷：应交税费——应交车船税　　　　　　　　　　　　　　　　1 020
借：应交税费——应交车船税　　　　　　　　　　　　　　　　　1 020
　　贷：银行存款　　　　　　　　　　　　　　　　　　　　　　　1 020

（2）2019年1—12月，每月月末分摊各月应当承担的车船税时：

借：税金及附加　　　　　　　　　　　　　　　　　　　　　　　　85
　　贷：预付账款　　　　　　　　　　　　　　　　　　（1 020/12）85

企业也可以根据企业会计准则的重要性原则，不进行分摊，而是在直接交纳车船税的当月做如下会计分录：

借：税金及附加　　　　　　　　　　　　　　　　　　　　　　1 020
　　贷：应交税费——应交车船税　　　　　　　　　　　　　　　　1 020
借：应交税费——应交车船税　　　　　　　　　　　　　　　　　1 020
　　贷：银行存款　　　　　　　　　　　　　　　　　　　　　　　1 020

三、车船税的纳税申报实务

车船税的纳税申报实务纳税人对车船税进行纳税申报时，应填报"车船税纳税申报表"。

任务三　车辆购置税会计

一、车辆购置税的认知

（一）车辆购置税的概念

车辆购置税是对在中华人民共和国境内购置规定车辆的单位和个人征收的一种税。

（二）车辆购置税的纳税人

在我国境内购置汽车、有轨电车、汽车挂车、排气量超过 150 毫升的摩托车（以下统称应税车辆）的单位和个人，为车辆购置税的纳税人。

购置包括购买、进口、自产、受赠、获奖或者以其他方式取得并自用应税车辆的行为。

（三）车辆购置税的征收范围

车辆购置税以列举的车辆作为征税对象，未列举的车辆不纳税。其征税范围包括汽车、有轨电车、汽车挂车、排气量超过 150 毫升的摩托车。

（四）车辆购置税的税率

车辆购置税采用 10% 的比例税率。

（五）车辆购置税的计税依据

1. 计税依据的基本规定

车辆购置税的计税依据即为应税车辆的计税价格。应税车辆的计税价格，按照下列规定确定：

（1）纳税人购买自用应税车辆的计税价格，为纳税人实际支付给销售者的全部价款，不包括增值税款。购买自用应税车辆计征车辆购置税的计税依据，与销售方计算增值税的计税依据一致。

$$计税价格=含增值税的销售价格/（1+增值税税率或征收率）$$
$$=（含增值税价款+价外费用）/（1+增值税税率或征收率）$$

（2）纳税人进口自用应税车辆的计税价格，为关税完税价格加上关税和消费税，即组成计税价格。进口自用应税车辆计征车辆购置税的计税依据，与进口方计算增值税的计税依据一致。

① 如果进口车辆是属于消费税征税范围的小汽车、摩托车等应税车辆，则其组成计税价格为：

$$计税价格（组成计税价格）=关税完税价格+关税+消费税$$
$$=（关税完税价格+关税）/（1-消费税税率）$$

② 如果进口车辆是不属于消费税征税范围的应税车辆，则组成计税价格公式简化为：

$$计税价格（组成计税价格）=关税完税价格+关税$$

（3）纳税人自产自用应税车辆的计税价格，按照纳税人生产的同类应税车辆（车辆配置序列号相同的车辆）的销售价格确定，不包括增值税款，没有同类应税车辆销售价格的，按照组成计税价格确定，组成计税价格的计算公式如下：

$$组成计税价格 = 成本 \times （1 + 成本利润率）$$

属于应征消费税的应税车辆，其组成计税价格中应加计消费税额。

上述公式中的成本利润率，由各省、自治区、直辖市和计划单列市税务局确定。

（4）纳税人以受赠、获奖或者其他方式取得自用应税车辆的计税价格，按照购置应税车辆时相关凭证载明的价格确定，不包括增值税款。

2. 计税依据的特殊规定

免税、减税车辆因转让、改变用途等原因不再属于免税、减税范围的，纳税人应当在办理车辆转移登记或者变更登记前交纳车辆购置税。计税价格以免税、减税车辆初次办理纳税申报时确定的计税价格为基准，每满一年扣减10%。

（六）车辆购置税应纳税额的计算

1. 一般情况下自用应税车辆应纳税额或应退税额的计算

车辆购置税实行从价定率的方法计算应纳税额，其计算公式如下：

$$应纳车辆购置税 = 计税依据 \times 税率$$

其中：

进口应税车辆应纳车辆购置税 =（关税完税价格 + 关税 + 消费税）× 税率

自产自用应税车辆应纳车辆购置税 = 同类应税车辆的销售价格 × 税率

以受赠、获奖或者其他方式取得自用应税车辆应纳车辆购置税

= 购置应税车辆相关凭证载明的价格 × 税率

【例7-5】北京黄河有限责任公司2020年3月10日从美国购买一辆厂牌型号为DFS1235EQI、发动机号码为2568456，车架号码为666231的别克轿车一辆。该公司进口报关时，经海关核定的关税完税价格为176 000元，进口关税税率为20%，消费税税率为12%，款项未付。该公司位于北京市海淀区长春桥路1号，注册类型代码为686123，行业代码为2031，纳税人证件名称为营业执照，证件号码为91254556541256912N，联系电话为010-88464125，邮政编码为100084。该公司于2020年3月25日对车辆购置税进行纳税申报。

【要求】计算北京黄河有限责任公司的应纳车辆购置税。

【解析】

应纳关税 = 176 000 × 20% = 35 200（元）

组成计税价格 =（176 000 + 35 200）/（1 - 12%）= 240 000（元）

应纳增值税 = 240 000 × 13% = 31 200（元）

应纳消费税 = 240 000 × 12% = 28 800（元）

应纳车辆购置税 = 240 000 × 10% = 24 000（元）

2. 特殊情况下自用应税车辆应纳税额或应退税额的计算

（1）减税、免税条件消失车辆应纳税额的计算。免税、减税车辆因转让、改变用途等原因不再属于免税、减税范围的，纳税人应当在办理车辆转移登记或者变更登记前交纳车辆购置税。计税价格以免税、减税车辆初次办理纳税申报时确定的计税价格为基准，每满一年扣减10%，并据此计算交纳车辆购置税。

已经办理免税、减税手续的车辆因转让、改变用途等原因不再属于免税、减税范围的，纳税人、纳税义务发生时间、应纳税额按以下规定执行：

① 发生转让行为的，受让人为车辆购置税纳税人；未发生转让行为的，车辆所有人为车辆购置税纳税人。

② 纳税义务发生时间为车辆转让或者用途改变等情形发生之日。

③ 应纳税额计算公式如下：

$$应纳车辆购置税=初次办理纳税申报时确定的计税价格×（1-使用年限×10\%）×10\%-已纳车辆购置税$$

应纳税额不得为负数。

使用年限的计算方法是，自纳税人初次办理纳税申报之日起，至不再属于免税、减税范围的情形发生之日止。使用年限取整计算，不满一年的不计算在内。

（2）应税车辆退回时应退税额的计算。纳税人将已征车辆购置税的车辆退回车辆生产企业或者销售企业的，可以向主管税务机关申请退还车辆购置税。退税额以已交税款为基准，自交纳税款之日至申请退税之日，每满一年扣减10%。

已征车辆购置税的车辆退回车辆生产或销售企业，纳税人申请退还车辆购置税的，应退税额计算公式如下：

$$应退车辆购置税=已纳车辆购置税×（1-使用年限×10\%）$$

应退税额不得为负数。

使用年限的计算方法是，自纳税人交纳税款之日起，至申请退税之日止。

（七）车辆购置税的征收管理

1. 车辆购置税的纳税环节

车辆购置税由税务机关负责征收。车辆购置税实行一次性征收。购置已征车辆购置税的车辆，不再征收车辆购置税。但减税、免税条件消失的车辆，应按规定交纳车辆购置税。车辆购置税是对应税车辆的购置行为课征，选择单一环节，实行一次课征制度。征税环节选择在使用环节（最终消费环节）。具体而言，纳税人应当在向公安机关交通管理部门办理车辆注册登记前，交纳车辆购置税。公安机关交通管理部门办理车辆注册登记，应当根据税务机关提供的应税车辆完税或者免税电子信息对纳税人申请登记的车辆信息进行核对，核对无误后依法办理车辆注册登记。

2. 车辆购置税的纳税义务发生时间

车辆购置税的纳税义务发生时间为纳税人购置应税车辆的当日。

3. 车辆购置税的纳税期限

纳税人应当自纳税义务发生之日起60日内申报交纳车辆购置税。

4. 车辆购置税的纳税地点

纳税人购置应税车辆，应当向车辆登记地的主管税务机关申报交纳车辆购置税；购置不需要办理车辆登记的应税车辆的，应当向纳税人所在地的主管税务机关申报交纳车辆购置税。

二、车辆购置税的会计核算

纳税人可以不通过"应交税费——应交车辆购置税"科目核算车辆购置税。企业实际交纳车辆购置税时，借记"固定资产"等科目，贷记"银行存款"科目。

纳税人也可以通过"应交税费——应交车辆购置税"科目核算车辆购置税。企业购置应税车辆或者免税、减税车辆因转让、改变用途等原因不再属于免税、减税范围的，按应计提或者补交的车辆购置税额，借记"固定资产"等科目，贷记"应交税费——应交车辆购置税"等科目；实际交纳车辆购置税时，借记"应交税费——应交车辆购置税"科目，贷记"银行存款"科目。

【例7-6】 承例7-5。

【要求】 对北京黄河有限责任公司的车辆购置税业务进行账务处理。

【解析】

（1）计提车辆购置税时：

固定资产的入账价值＝关税完税价格＋关税＋消费税＋车辆购置税

$$=176\,000+35\,200+28\,800+24\,000=264\,000（元）$$

借：固定资产	264 000	
应交税费——应交增值税（进项税额）	31 200	
贷：应付账款——外商		176 000
应交税费——应交车辆购置税		24 000
银行存款（35 200＋28 800＋31 200）		95 200

（2）交纳车辆购置税时：

借：应交税费——应交车辆购置税	24 000	
贷：银行存款		24 000

或者将上述会计分录合并为：

借：固定资产	264 000	
应交税费——应交增值税（进项税额）	31 200	
贷：应付账款——外商		176 000
银行存款		119 200

三、车辆购置税的纳税申报实务

纳税人对车辆购置税进行纳税申报时，应填报"车辆购置税纳税申报表"。

任务四　印花税会计

一、印花税的认知

（一）印花税的概念

印花税是对经济活动和经济交往中书立、领受、使用的应税经济凭证征收的一种税。因纳税人主要是通过在应税凭证上粘贴印花税票来完成纳税义务，故名印花税。

（二）印花税的纳税人

印花税的纳税人是指在中华人民共和国境内书立，使用税法所列凭证的单位和个人。书立应税凭证的纳税人，为对应税凭证有直接权利义务关系的单位和个人；采用委托贷款方式书立的借款合同纳税人，为受托人和借款人，不包括委托人；按买卖合同或者产权转移书据税目缴纳印花税的拍卖成交确认书纳税人，为拍卖标的的产权人和买受人，不包括拍卖人。

如果一份合同或应税凭证由两方或两方以上当事人共同签订，签订合同或应税凭证的各方都是纳税人，应各就其所持合同或应税凭证的计税金额履行纳税义务。

根据书立、使用应税凭证的不同，纳税人分类如下：

（1）立合同人。立合同人是指合同的当事人，即对凭证有直接权利义务关系的单位和个人，但不包括合同的担保人、证人、鉴定人。当事人的代理人有代理纳税义务。

（2）立账簿人。立账簿人是指开立并使用营业账簿的单位和个人。如某企业因生产需要，设立了若干营业账簿，该企业即为印花税的纳税人。

（3）立据人。立据人是指书立产权转移书据的单位和个人。

（4）使用人。使用人是指在国外书立、领受，但在国内使用应税凭证的单位和个人。

（5）各类电子应税凭证的签订人。即以电子形式签订的各类应税凭证的当事人。

（三）印花税的征税范围

（1）在中华人民共和国境内书立应税凭证、进行证券交易的单位和个人，为印花税的纳税人，应当依照本法规定缴纳印花税。

在中华人民共和国境外书立在境内使用的应税凭证的单位和个人，应当依照本法规定交纳印花税。

（2）中华人民共和国印花税法所称应税凭证，是指该法所附"印花税税目税率表"列明的合同、产权转移书据和营业账簿。

（3）在中华人民共和国境外书立在境内使用的应税凭证，应当按规定交纳印花税。包括以下几种情形：

① 应税凭证的标的为不动产的，该不动产在境内；

② 应税凭证的标的为股权的，该股权为中国居民企业的股权；

③ 应税凭证的标的为动产或者商标专用权、著作权、专利权、专有技术使用权的，其销售方或者购买方在境内，但不包括境外单位或者个人向境内单位或者个人销售完全在境外使用的动产或者商标专用权、著作权、专利权、专有技术使用权；

④ 应税凭证的标的为服务的，其提供方或者接受方在境内，但不包括境外单位或者个人向境内单位或者个人提供完全在境外发生的服务。

（4）企业之间书立的确定买卖关系、明确买卖双方权利义务的订单、要货单等单据，且未另外书立买卖合同的，应当按规定交纳印花税。

（5）发电厂与电网之间、电网与电网之间书立的购售电合同，应当按买卖合同税目交纳印花税。

（6）下列情形的凭证，不属于印花税征收范围：

① 人民法院的生效法律文书，仲裁机构的仲裁文书，监察机关的监察文书。

② 县级以上人民政府及其所属部门按照行政管理权限征收、收回或者补偿安置房地产书

立的合同、协议或者行政类文书。

③ 总公司与分公司、分公司与分公司之间书立的作为执行计划使用的凭证。

（四）印花税的税率

印花税的税率有比例税率，其税目税率表如表7–5所示。

表7–5 印花税税目税率表

税目		税率	备注
合同（指书面合同）	借款合同	借款金额的 0.05‰	指银行业金融机构、经国务院银行业监督管理机构批准设立的其他金融机构与借款人（不包括同业拆借）的借款合同
	融资租赁合同	租金的 0.05‰	
	买卖合同	价款的 0.3‰	指动产买卖合同（不包括个人书立的动产买卖合同）
	承揽合同	报酬的 0.3‰	
	建设工程合同	价款的 0.3‰	
	运输合同	运输费用的 0.3‰	指货运合同和多式联运合同（不包括管道运输合同）
	技术合同	价款、报酬或者使用费的 0.3‰	不包括专利权、专有技术使用权转让书据
	租赁合同	租金的 1‰	
	保管合同	保管费的 1‰	
	仓储合同	仓储费的 1‰	
	财产保险合同	保险费的 1‰	不包括再保险合同
产权转移书据	土地使用权出让书据	价款的 0.05‰	转让包括买卖（出售）、继承、赠与、互换、分割
	土地使用权、房屋等建筑物和构筑物所有权转让书据（不包括土地承包经营权和土地经营权转移）	价款的 0.05‰	
	股权转让书据（不包括应缴纳证券交易印花税的）	价款的 0.05‰	
	商标专用权、著作权、专利权、专有技术使用权转让书据	价款的 0.3‰	
营业账簿		实收资本（股本）、资本公积合计金额的 0.25‰	
证券交易		成交金额的 1‰	

（五）印花税的计税依据

（1）应税合同的计税依据，为合同所列的金额，不包括列明的增值税税款。

（2）应税产权转移书据的计税依据，为产权转移书据所列的金额，不包括列明的增值税税款；应税合同、产权转移书据未列明金额的，印花税的计税依据按照实际结算的金额确定。

（3）应税营业账簿的计税依据，为账簿记载的实收资本（股本）、资本公积合计金额。

（4）证券交易的计税依据，为成交金额。证券交易无转让价格的，按照办理过户登记手续时该证券前一个交易日收盘价计算确定计税依据；无收盘价的，按照证券面值计算确定计税依据。

计税依据按照前款规定仍不能确定的，按照书立合同、产权转移书据时的市场价格确定；依法应当执行政府定价或者政府指导价的，按照国家有关规定确定。

（六）印花税应纳税额的计算

印花税的应纳税额按照计税依据乘以适用税率计算：

$$应纳印花税=计税依据×比例税率$$

【例7-7】甲公司于本年10月与乙公司签订购买价值3 000万元设备的合同，甲公司为购买此设备准备向丙商业银行借款，并于本年11月与丙商业银行签订借款金额为2 800万元的借款合同。后来因故买卖合同作废，本年12月甲公司与乙公司改签融资租赁合同，租赁费为3 000万元。

【要求】计算甲公司的应纳印花税。

【解析】

买卖合同应纳印花税=3 000×0.3‰=0.9（万元）

产生纳税义务后合同作废不能免税。

借款合同应纳印花税=2 800×0.05‰=0.14（万元）

融资租赁合同属于借款合同，则

融资租赁合同应纳印花税=3 000×0.05‰=0.15（万元）

甲公司应纳印花税合计=0.9+0.14+0.15=1.19（万元）

（七）印花税的征收管理

1. 印花税的纳税义务发生时间

印花税的纳税义务发生时间为纳税人书立应税凭证或者完成证券交易的当日。

证券交易印花税扣缴义务发生时间为证券交易完成的当日。

2. 印花税的纳税期限

印花税按季、按年或者按次计征。实行按季、按年计征的，纳税人应当自季度、年度终了之日起十五日内申报缴纳税款；实行按次计征的，纳税人应当自纳税义务发生之日起十五日内申报缴纳税款。

证券交易印花税按周解缴。证券交易印花税扣缴义务人应当自每周终了之日起五日内申报解缴税款以及银行结算的利息。

3. 印花税的纳税地点

（1）纳税人为单位的，应当向其机构所在地的主管税务机关申报交纳印花税；纳税人为个人的，应当向应税凭证书立地或者纳税人居住地的主管税务机关申报交纳印花税。

不动产产权发生转移的，纳税人应当向不动产所在地的主管税务机关申报交纳印花税。

（2）纳税人为境外单位或者个人，在境内有代理人的，以其境内代理人为扣缴义务人；在境内没有代理人的，由纳税人自行申报交纳印花税，具体办法由国务院税务主管部门规定。

证券登记结算机构为证券交易印花税的扣缴义务人，应当向其机构所在地的主管税务机关申报解缴税款以及银行结算的利息。

二、印花税的会计核算

由于印花税一般情况下是由纳税人以购买并一次贴足印花税票方式交纳税款的，因此，为了简化处理，纳税人交纳的印花税可以不通过"应交税费"科目核算。购买印花税票时，可以直接借记"税金及附加"科目，贷记"银行存款"科目。一次购买印花税票金额较大且分期使用的，可以先借记"预付账款"科目，贷记"银行存款"科目；待实际使用时，再借记"税金及附加"科目，贷记"预付账款"科目。

纳税人也可以通过"应交税费——应交印花税"科目核算印花税。企业按应计提的印花税额，借记"税金及附加"等科目，贷记"应交税费——应交印花税"科目；实际交纳印花税时，借记"应交税费——应交印花税"科目，贷记"银行存款"科目。一次购买印花税票金额较大且分期使用的，可以先借记"预付账款"科目，贷记"银行存款"科目；待实际使用时，再借记"税金及附加"科目，贷记"应交税费——应交印花税"科目，同时借记"应交税费——应交印花税"科目，贷记"预付账款"科目。

【例7-8】承例7-7。

【要求】对甲公司的印花税业务进行账务处理。

【解析】（1）202×年10月计算并交纳印花税时：

借：税金及附加　　　　　　　　　　　　　　　　　　　　9 000
　　贷：银行存款　　　　　　　　　　　　　　　　　　　　　　9 000

（2）202×年11月计算并交纳印花税时：

借：税金及附加　　　　　　　　　　　　　　　　　　　　1 400
　　贷：银行存款　　　　　　　　　　　　　　　　　　　　　　1 400

（3）202×年12月计算并交纳印花税时：

借：税金及附加　　　　　　　　　　　　　　　　　　　　　800
　　贷：银行存款　　　　　　　　　　　　　　　　　　　　　　800

三、印花税的纳税申报实务

纳税人对印花税进行纳税申报时，应填报"印花税纳税申报（报告）表"（略）。"印花税纳税申报（报告）表"适用于中国境内各类印花税纳税人填报。它能够将应税凭证当月申报与及时贴花完税的情况做全面综合的反映。

任务五　契税会计

一、契税的认知

（一）契税的概念

契税是指国家在土地、房屋权转移时，按照当事人双方签订的合同（契约），以及所确定价格的一定比例，向权属承受人征收的一种税。

（二）契税的纳税人

契税的纳税人是指在中华人民共和国境内承受土地、房屋权属转移的单位和个人。

契税由专属的承受人交纳。承受是指以受让、购买、受赠、互换等方式取得土地、房屋权属的行为。

（三）契税的征税范围

契税以在我国境内转移土地、房屋权属的行为作为征税对象。土地、房屋权属未发生转移的，不征收契税。契税的征税范围主要包括以下内容。

1. 土地使用权出让

土地使用权出让是指土地使用者向国家交付土地使用权出让费用，国家将土地使用权在一定年限内让与土地使用者的行为。出让费用包括出让金、土地收益等。

2. 土地使用权转让

土地使用权转让是指土地使用者以出售、赠与、互换或者其他方式将土地使用权转移给其他单位和个人的行为。土地使用权转让不包括土地承包经营权和土地经营权的转移。

3. 房屋买卖

房屋买卖是指房屋所有者将其房屋出售，由承受人交付货币、实物、无形资产或其他经济利益的行为。

4. 房屋赠与

房屋赠与是指房屋所有者将其房屋无偿转让给受赠者的行为。

5. 房屋互换

房屋互换是指房屋所有者之间相互交换房屋的行为。

（四）契税的税率

契税采用比例税率，并实行 3%～5%的幅度税率。契税的具体适用税率，由省、自治区、直辖市人民政府在上述规定的税率幅度内提出，报同级人民代表大会常务委员会决定，并报全国人民代表大会常务委员会和国务院备案。

（五）契税的计税依据

按照土地、房屋权属转移的形式、定价方法的不同，契税的计税依据确定如下：

（1）土地使用权出让、出售，房屋买卖，契税的计税依据为土地、房屋权属转移合同确定的成交价格，包括应交付的货币以及实物、其他经济利益对应的价款。

（2）土地使用权赠与、房屋赠与以及其他没有价格的转移土地、房屋权属行为，契税的计税依据为税务机关参照土地使用权出售、房屋买卖的市场价格依法核定的价格。

（3）土地使用权交换、房屋互换，契税的计税依据为所互换土地使用权、房屋的价格差额。互换价格不相等的，由多交付货币的一方交纳契税；互换价格相等的，免征契税。

（4）以划拨方式取得的土地使用权，经批准转让房地产时，契税的计税依据为补交的土地使用权出让费用或者土地收益。

（六）契税应纳税额的计算

契税的应纳税额按照计税依据乘以具体适用税率计算。其计算公式为：

$$应纳契税 = 计税依据 \times 税率$$

【例7-9】山东信达设备股份有限公司（纳税人识别号为91370209092220087T）2019年12月28日从山东运达房地产开发股份有限公司（纳税人识别号为91370209092090765A）手中购入一套办公用房，该商品房位于潍坊市光明路3号，面积为2 000平方米，成交价格为10 000 000元（不含增值税），款项未付，取得由对方开具的增值税专用发票，并于当月认证。山东省人民政府规定契税税率为3%。山东信达设备股份有限公司于2019年12月29日对契税进行纳税申报。

【要求】计算山东信达设备股份有限公司的应纳契税。

【解析】

应纳契税=10 000 000×3%=300 000（元）

（七）契税的征收管理

1. 契税的纳税义务发生时间

契税的纳税义务发生时间是纳税人签订土地、房屋权属转移合同的当日，或者纳税人取得其他具有土地、房屋权属转移合同性质凭证的当日。

2. 契税的纳税期限

纳税人应当在依法办理土地、房屋权属登记手续前申报交纳契税。纳税人办理纳税事宜后，税务机关应当开具契税完税凭证。纳税人办理土地、房屋权属登记，不动产登记机构应当查验契税完税、减免税凭证或者有关信息。未按照规定交纳契税的，不动产登记机构不予办理土地、房屋权属登记。

3. 契税的纳税地点

契税由土地、房屋所在地的税务机关依照《中华人民共和国契税法》《中华人民共和国税收征收管理法》的规定征收管理。

二、契税的会计核算

（1）纳税人购买房屋、建筑物等固定资产的同时获得土地使用权的，按应计提的契税，借记"在建工程""固定资产"等科目，贷记"应交税费——应交契税"科目；实际交纳契税时，借记"应交税费——应交契税"科目，贷记"银行存款"科目。纳税人可以不通过"应交税费——应交契税"科目核算契税。企业实际交纳契税时，借记"在建工程""固定资产"等科目，贷记"银行存款"科目。

（2）纳税人单独购买土地使用权，按应计提的契税，借记"无形资产"科目，贷记"应交税费——应交契税"科目；实际交纳契税时，借记"应交税费——应交契税"科目，贷记"银行存款"科目。纳税人可以不通过"应交税费——应交契税"科目核算契税。企业实际交纳契税时，借记"无形资产"科目，贷记"银行存款"科目。

（3）房地产企业购入的土地使用权应交纳的契税视开发情况而定；如果土地购入后就进行开发，则作为开发成本处理；如果土地购入后仅作为土地储备，则作为无形资产处理。

【例7-10】 承例7-9。

【要求】 对山东信达设备股份有限公司的契税业务进行账务处理。

【解析】（1）计提契税时：

借：固定资产——办公用房（10 000 000+300 000）	10 300 000
应交税费——应交增值税（进项税额）（10 000 000×9%）	900 000
贷：应付账款〔10 000 000×（1+9%）〕	10 900 000
应交税费——应交契税	300 000

（2）实际交纳契税时：

借：应交税费——应交契税	300 000
贷：银行存款	300 000

或者将上述会计分录合并为：

借：固定资产——办公用房（10 000 000+300 000）	10 300 000
应交税费——应交增值税（进项税额）（10 000 000×9%）	900 000
贷：应付账款〔10 000 000×（1+9%）〕	10 900 000
银行存款	300 000

练 习 题

一、单项选择题

1. 下列各项中，属于房产税征税范围的是（　　）。

　　A. 水塔
　　B. 烟囱
　　C. 建制镇的房屋
　　D. 农村的房屋

2. 202×年甲公司的房产原值为6 000万元，已提折旧2 000万元。已知从价计征的房产税税率为1.2%，当地规定的房产原值的扣除比例为30%。下列计算甲公司202×年应交纳房产税额的算式中，正确的是（　　）。

　　A. 6 000×1.2%=72（万元）

　　B.（6 000-2 000）×（1-30%）×1.2%=33.6（万元）

　　C. 6 000×（1-30%）×1.2%=50.4（万元）

　　D.（6 000-2 000）×1.2%=48（万元）

3. 202×年1月1日，甲公司出租商品房，租期为1年，一次性收取含增值税租金210 000元。已知增值税征收率为5%，从租计征的房产税税率为12%。下列计算甲公司202×年出租商品房应交纳房产税额的算式中，正确的是（　　）。

　　A. 210 000/（1+5%）×（1-30%）×12%=16 800（元）

　　B. 210 000/（1+5%）×12%=24 000（元）

　　C. 210 000×（1-30%）×12%=17 640（元）

D. 210 000×12%＝25 200（元）

4. 下列各项中，不属于车船税税目的是（　　　）。

    A. 摩托车　　　　　B. 船舶　　　　　　C. 电动自行车　　　　D. 商用车

5. 甲公司 202×年拥有机动船舶 15 艘，每艘净吨位为 250 吨；非机动驳船 2 艘，每艘净吨位为 100 吨。已知当地机动船舶的车船税年税额为：净吨位不超过 200 吨的，每吨 3 元；净吨位超过 200 吨但不超过 2 000 吨的，每吨 4 元。下列计算甲公司 202×年应交纳车船税额的算式中，正确的是（　　　）。

    A. 15×250×4+2×100×3＝15 600（元）

    B. 15×250×4+2×100×3×50%＝15 300（元）

    C.（15×250×4+2×100×3）×50%＝7 800（元）

    D. 15×250×4×50%+2×100×3＝8 100（元）

二、多项选择题

1. 下列各项中，应当计入房产原值计交房产税的有（　　　）。

    A. 过道　　　　　B. 烟囱　　　　　C. 升降机　　　　D. 照明设备

2. 下列关于房产税的账务处理中，正确的有（　　　）。

    A. 企业经营自用的房屋，按从价计征方法计算应交纳的房产税额，借记"制造费用"科目，贷记"应交税费——应交房产税"科目

    B. 企业出租的房屋，按从租计征方法计算应交纳的房产税额，借记"管理费用"科目，贷记"应交税费——应交房产税"科目

    C. 企业经营自用的房屋，按从价计征方法计算应交纳的房产税额，借记"税金及附加"科目，贷记"应交税费——应交房产税"科目

    D. 企业出租的房屋，按从租计征方法计算应交纳的房产税额，借记"税金及附加"科目，贷记"应交税费——应交房产税"科目

3. 下列各项中，应征收车船税的有（　　　）。

    A. 机动船舶　　　B. 专用作业车　　　C. 拖拉机　　　　D. 半挂牵引车

4. 对于先交纳后分摊车船税的账务处理，下列各项中，说法正确的有（　　　）。

    A. 交纳车船税时，借记"预付账款"科目，贷记"应交税费——应交车船税"科目，同时借记"应交税费——应交车船税"科目，贷记"银行存款"科目

    B. 以后各期分摊车船税时，再借记"税金及附加"科目，贷记"预付账款"科目

    C. 计提车船税时，借记"税金及附加"科目，贷记"应交税费——应交车船税"科目

    D. 实际交纳车船税时，借记"应交税费——应交车船税"科目，贷记"银行存款"等科目

5. 下列各项中，应当征收车辆购置税的有（　　　）。

    A. 汽车挂车　　　　　　　　　　B. 电动摩托车

    C. 电动三轮车　　　　　　　　　D. 排气量为 180 毫升的摩托车

三、判断题

1. 房产税的纳税人是指在我国城市、县城、建制镇、农村和工矿区内拥有房屋产权的单位和个人。　　　　　　　　　　　　　　　　　　　　　　　　　　　　　　（　　　）

2. 根据房产税法律制度的规定，房产不在同一地方的纳税人，应按房产的坐落地点分别

向房产所在地的税务机关申报纳税。 （　　）

3. 商用货车以辆数为车船税的计税依据。 （　　）

4. 已交纳车船税的车船在同一纳税年度内办理转让过户的，不另纳税，也不退税。

（　　）

5. 纳税人应当在向公安机关交通管理部门办理车辆注册登记后，交纳车辆购置税。

（　　）

四、业务题

1. 甲公司 202× 年拥有小汽车 6 辆、载货汽车 3 辆。其中每辆载货汽车整备质量为 5 吨。甲公司 202× 年 1 月交纳了全年的车船税。每辆小汽车车船税的年税额为 480 元，载货汽车的车船税年税额为 60 元/吨。

要求：

（1）计算甲公司 202× 年的应纳车船税。

（2）对甲公司 202× 年车船税相关业务进行账务处理。

2. 甲公司 202× 年 6 月 10 日从日本进口 100 辆小汽车。甲公司进口报关时，经海关核定的关税完税价格为每辆 300 000 元，款项未付。该小汽车的进口关税税率为 25%，消费税税率为 40%。甲公司从海关取得海关进口增值税专用交款书，该海关进口增值税专用交款书 202× 年 6 月已申请稽核比对结果为相符。

要求：

（1）计算甲公司 202× 年 6 月的应纳车辆购置税。

（2）对甲公司车辆购置税相关业务进行账务处理。

3. 甲公司 202× 年 1 月与乙运输公司签订了两份运输保管合同：第一份合同载明的金额合计 5 000 000 元（运费和保管费并未分别记载），第二份合同注明运费 2 000 000 元、保管费 1 000 000 元。运输合同印花税税率为 0.5‰，保管合同印花税税率为 1‰。

要求：

（1）计算甲公司 202× 年 1 月的应纳印花税。

（2）对甲公司印花税相关业务进行账务处理。

4. 甲公司 202× 年 1 月从乙房地产开发公司购入一套办公用房，成交价格为 5 000 000 元（不含增值税），款项未付，取得由乙房地产开发公司开具的增值税专用发票，该增值税专用发票 202× 年 1 月符合抵扣规定。当地的契税税率为 3%。

要求：

（1）计算甲公司 202× 年 1 月的应纳契税。

（2）对甲公司契税相关业务进行账务处理。

附录 A
练习题参考答案

项目二　增值税会计

一、单项选择题

1. D　2. C　3. B　4. A　5. B

二、多项选择题

1. ABCD　2. ACD　3. BC　4. CD　5. ABC

三、判断题

1. ×　2. ×　3. √　4. ×　5. √

四、业务题

1.【答案】

借：应交税费——应交增值税（已交税金）　　　　　　　　　　　　　　150 000
　　贷：银行存款　　　　　　　　　　　　　　　　　　　　　　　　　　150 000

2.【答案】

增值税纳税人初次购进增值税税控系统专用设备和交纳技术维护费用凭相关发票可以全额抵减增值税额。

（1）交纳技术维护费时：

借：管理费用　　　　　　　　　　　　　　　　　　　　　　　　　　　500
　　贷：银行存款　　　　　　　　　　　　　　　　　　　　　　　　　　500

（2）按规定抵减的增值税应纳税额：

借：应交税费——应交增值税（减免税款）　　　　　　　　　　　　　　500
　　贷：管理费用　　　　　　　　　　　　　　　　　　　　　　　　　　500

3.【答案】

当期允许扣除的土地价款

=（当期销售房地产/房地产项目可供销售建筑面积）×支付的土地价款

=（18 000/40 000）×10 900-4 905（万元）

借：应交税费——应交增值税（销项税额抵减）　　　　　　　　　　　4 050 000
　　贷：主营业务成本　　　　　　　　　　　　　　　　　　　　　　4 050 000

4.【答案】

应纳增值税=200 000−120 000=80 000（元）

（1）月份终了，将当月应交未交增值税额从"应交税费——应交增值税"明细科目转入"应交税费——未交增值税"明细科目。

借：应交税费——应交增值税（转出未交增值税）　　　　　80 000

　　贷：应交税费——未交增值税　　　　　　　　　　　　　　80 000

（2）次月申报期内交纳增值税时：

借：应交税费——未交增值税　　　　　　　　　　　　　　80 000

　　贷：银行存款　　　　　　　　　　　　　　　　　　　　　80 000

5.【答案】

应纳增值税=120 000−100 000−30 000=−10 000（元）

月份终了，将当月多交的增值税额从"应交税费——应交增值税"明细科目转入"应交税费——未交增值税"明细科目。

借：应交税费——未交增值税　　　　　　　　　　　　　　10 000

　　贷：应交税费——应交增值税（转出多交增值税）　　　　10 000

项目三　消费税会计实务

一、单项选择题

1. B　2. C　3. A　4. B　5. C

二、多项选择题

1. BD　2. AC　3. AB　4. BC　5. AD

三、判断题

1.×　2.×　3.×　4.×　5.√

四、业务题

1.【答案】

（1）销售 10 辆 M 款小汽车的应纳增值税和应纳消费税计算如下。

销售 10 辆 M 款小汽车的应纳增值税=150 000×10×13%=195 000（元）

销售 10 辆 M 款小汽车的应纳消费税=150 000×10×9%=135 000（元）

（2）用 2 辆 N 款小汽车抵债的应纳增值税和应纳消费税计算如下。

纳税人用于换取生产资料和消费资料、投资入股和抵偿债务等方面的应税消费品，应当以纳税人同类应税消费品的最高销售价格作为计税依据计算消费税，按同类应税消费品的平均销售价格作为计税依据计算增值税。

用 2 辆 N 款小汽车抵债的应纳增值税=190 000×2×13%=49 400（元）

用 2 辆 N 款小汽车抵债的应纳消费税=200 000×2×9%=36 000（元）

（3）对甲公司销售 10 辆 M 款小汽车的相关业务进行的账务处理如下。

借：银行存款　　　　　　　　　　　　　　　　　　　　1 695 000

　　贷：主营业务收入（150 000×10）　　　　　　　　　　1 500 000

　　　　应交税费——应交增值税（销项税额）（1 500 000×13%）　　195 000

借：主营业务成本	1 100 000
贷：库存商品 M 款小汽车（110 000×10）	1 100 000
借：税金及附加	135 000
贷：应交税费——应交消费税	135 000

（4）对甲公司用 2 辆 N 款小汽车抵债的相关业务进行的账务处理如下。

借：应付账款——乙公司	600 000
贷：库存商品——N 款小汽车（150 000×2）	300 000
应交税费——应交增值税（销项税额）（190 000×2×13%）	49 400
其他收益——债务重组收益（600 000−300 000−49 400）	250 600
借：税金及附加	36 000
贷：应交税费——应交消费税	36 000

另有观点认为：

借：应付账款——乙公司	600 000
贷：库存商品——N 款小汽车（150 000×2）	300 000
应交税费——应交增值税（销项税额）（190 000×2×13%）	49 400
应交税费——应交消费税	36 000
其他收益——债务重组收益（600 000−300 000−49 400−36 000）	214 600

2.【答案】

增值税纳税人采取以旧换新方式销售货物的，应按新货物的同期销售价格确定销售额。但对金银首饰以旧换新业务，应按照销售方实际收取的不含增值税的全部价款征收增值税。消费税纳税人采用以旧换新（含翻新改制）方式销售的金银首饰，应按实际收取的不含增值税的全部价款作为计税依据征收消费税。

借：库存商品	8 000
库存现金	12 000
贷：主营业务收入（8 000+12 000−1 380.53）	18 619.47
应交税费——应交增值税（销项税额）〔[12 000/（1+13%）]×13%〕	1 380.53
借：税金及附加	530.97
贷：应交税费——应交消费税〔[12 000/（1+13%）]×5%〕	530.97

3.【答案】

不含增值税销售额=56 500/（1+13%）=50 000（元）

增值税销项税额=50 000×13%=6 500（元）

应纳消费税=50 000×5%=2 500（元）

（1）决定发放福利时：

借：管理费用	56 500
贷：应付职工薪酬——非货币性福利	56 500

（2）实际发放福利时：

借：应付职工薪酬——非货币性福利	56 500
贷：主营业务收入	50 000
应交税费——应交增值税（销项税额）	6 500

（3）结转成本时：

借：主营业务成本	45 000
贷：库存商品	45 000

（4）计提消费税时：

借：税金及附加	2 500
贷：应交税费——应交消费税	2 500

4.【答案】

（1）甲公司的应纳消费税计算如下。

将自产的应税消费品实木地板用于办公室装修，增值税不视同销售，消费税视同销售。

应纳消费税=200 000×5%=10 000（元）

（2）对甲公司相关业务进行的账务处理如下。

① 202×年1月领用自产的应税消费品实木地板用于办公室装修时：

借：在建工程（160 000+10 000）	170 000
贷：库存商品	160 000
应交税费——应交消费税	10 000

② 202×年2月装修完成时：

借：固定资产	170 000
贷：在建工程	170 000

5.【答案】

（1）对甲公司销售高档化妆品及计提消费税进行的账务处理如下：

① 销售高档化妆品时：

借：银行存款（40 000+5 200+2 260）	47 460
贷：主营业务收入	40 000
应交税费——应交增值税（销项税额）（40 000×13%）	5 200
其他应付款——存入保证金	2 260
借：主营业务成本	30 000
贷：库存商品	30 000

② 计提消费税时：

借：税金及附加	6 000
贷：应交税费——应交消费税（40 000×15%）	6 000

（2）若购买方到期前退还包装物，甲公司退还包装物押金，对甲公司相关业务进行的账务处理如下：

借：其他应付款——存入保证金	2 260
贷：银行存款	2 260

（3）若购买方逾期未退还包装物，甲公司没收包装物押金，对甲公司相关业务进行的账务处理如下：

借：其他应付款——存入保证金	2 260
贷：其他业务收入〔2 260/（1+13%）〕	2 000
应交税费——应交增值税（销项税额）〔2 260/（1+13%）×13%〕	260

借：其他业务成本　　　　　　　　　　　　　　　　　　　　　　　1 600
　　贷：周转材料——包装物　　　　　　　　　　　　　　　　　　　　　1 600
借：税金及附加　　　　　　　　　　　　　　　　　　　　　　　　300
　　贷：应交税费——应交消费税〔2 260/（1+13%）×15%〕　　　　　　300

项目四　企业所得税的会计实务

一、单项选择题

1. B　2. B　3. C　4. B　5. A

二、多项选择题

1. CD　2. BCD　3. BCD　4. ACD　5. ABC

三、判断题

1. ×　2. ×　3. √　4. √　5. ×

四、业务题

1.【答案】

（1）对甲公司 2020 年 12 月 31 日的企业所得税相关业务进行的账务处理如下：

① 确定 2020 年 12 月 31 日资产的账面价值。

2020 年，会计上计提的折旧额=12 000 000/5/12×6=1 200 000（元）。

2020 年 12 月 31 日固定资产的账面价值

=固定资产成本（原值）–固定资产累计折旧–固定资产减值准备

=12 000 000–1 200 000–0

=10 800 000（元）

2020 年 7—12 月每月分别计提折旧时：

借：管理费用　　　　　　　　　　　　　　　　　　　　　　　　200 000
　　贷：累计折旧〔（12 000 000/5）/12〕　　　　　　　　　　　　　　200 000

② 确定 2020 年 12 月 31 日资产的计税基础。

2020 年按税法规定计提的折旧额=12 000 000/10×6/12=600 000（元）

2020 年 12 月 31 日固定资产的计税基础

=固定资产成本（原值）–按照税法规定计算确定的累计折旧

=12 000 000–600 000

=11 400 000（元）

③ 确认 2020 年度递延所得税（递延所得税费用）。

2020 年 12 月 31 日固定资产的账面价值 10 800 000 元小于计税基础 11 400 000 元，差额是 600 000 元（11 400 000–10 800 000），为可抵扣暂时性差异，2020 年期末应确认相关的递延所得税资产 150 000 元（600 000×25%）。

　　2020 年度递延所得税费用

　　=（递延所得税负债的期末余额–递延所得税负债的期初余额）–（递延所得税资产的期末余额–递延所得税资产的期初余额）

　　=（0–0）–（150 000–0）

　　=–150 000（元）（负数代表收益）

④ 确认 2020 年度当期所得税（当期所得税费用）。

2020 年度当期所得税费用=应纳税所得额×当期适用税率

$$=（50\,000\,000+1\,200\,000-600\,000）×25\%$$

$$=12\,650\,000（元）$$

⑤ 确认 2020 年度利润表中的所得税费用。

2020 年度所得税费用=当期所得税费用+递延所得税费用

$$=12\,650\,000+（-150\,000）$$

$$=12\,500\,000（元）$$

2020 年 12 月 31 日确认所得税费用的账务处理如下：

借：所得税费用——当期所得税费用   12 650 000

    递延所得税资产   150 000

      贷：应交税费   150 000

         所得税费用——递延所得税费用   12 650 000

（2）甲公司 2021 年 12 月 31 日的企业所得税相关业务进行的账务处理如下。

① 确定 2021 年 12 月 31 日资产的账面价值。

2021 年，会计上计提的折旧额=12 000 000/5=2 400 000（元）

2021 年 12 月 31 日固定资产的账面价值

=固定资产成本（原值）-固定资产累计折旧-固定资产减值准备

=12 000 000-1 200 000+2 400 000-0

=8 400 000（元）

2021 年 1—12 月每月分别计提折旧时：

借：管理费用   200 000

    贷：累计折旧（12 000 000/5/12）   200 000

② 确定 2021 年 12 月 31 日资产的计税基础。

2021 年按税法规定计提的折旧额=12 000 000/10=1 200 000（元）

2021 年 12 月 31 日固定资产的计税基础

=固定资产（原值）-按照税法规定计算确定的累计折旧

=1 200 000-（600 000+1 200 000）

=10 200 000（元）

③ 确认 2021 年度递延所得税（递延所得税费用）。

2021 年 12 月 31 日固定资产的账面价值 8 400 000 元小于计税基础 10 200 000 元，差额是 1 800 000 元（10 200 000-8 400 000），为累计应确认的可抵扣暂时性差异。2021 年期末递延所得税资产余额为 450 000 元（1 800 000×25%），由于 2021 年期初递延所得税资产余额为 150 000 元，2021 年期末应确认递延所得税资产 300 000 元（450 000-150 000）。

2021 年度递延所得税费用

=（递延所得税负债的期末余额-递延所得税负债的期初余额）-（递延所得税资产的期末余额-递延所得税资产的期初余额）

=（0-0）-（450 000-150 000）

=-300 000（元）（负数代表收益）

④ 确认 2021 年度当期所得税（当期所得税费用）。

2021 年度当期所得税费用 = 应纳税所得额 × 当期适用税率

$$= （50\ 000\ 000 + 2\ 400\ 000 - 1\ 200\ 000）× 25\%$$

$$= 12\ 800\ 000（元）$$

⑤ 确认 2021 年度利润表中的所得税费用。

2021 年度所得税费用 = 当期所得税费用 + 递延所得税费用

$$= 12\ 800\ 000 + （-300\ 000）$$

$$= 12\ 500\ 000（元）$$

2021 年 12 月 31 日确认所得税费用的账务处理如下：

借：所得税费用——当期所得税费用　　　　　　　　　　　　　　　　　12 800 000

　　递延所得税资产　　　　　　　　　　　　　　　　　　　　　　　　　 300 000

　　贷：应交税费——应交所得税　　　　　　　　　　　　　　　　　　　12 800 000

　　　　所得税费用——递延所得税费用　　　　　　　　　　　　　　　　　 300 000

2.【答案】

（1）对甲公司 2020 年 12 月 31 日的企业所得税相关业务进行的账务处理如下：

2020 年 12 月 31 日该项无形资产的账面价值 = 500 000（元）

2020 年 12 月 31 日该项无形资产的计税基础 = 500 000 - 500 000/10

$$= 450\ 000（元）$$

2020 年 12 月 31 日该项无形资产的账面价值 500 000 元大于计税基础 450 000 元，差额是 500 000 元（500 000 - 450 000），将于未来期间增加企业的应纳税所得额，为应纳税暂时性差异，2020 年期末应确认相关的递延所得税负债 12 500 元（50 000 × 25%）。

2020 年 12 月 31 日该项无形资产

= （递延所得税负债的期末余额 - 递延所得税负债的期初余额）-（递延所得税资产的
　 期末余额 - 递延所得税资产的期初余额）

= （12 500 - 0）-（0 - 0）

= 12 500（元）

2020 年度当期所得税费用 = 应纳税所得额 × 当期适用税率

$$= （5\ 000\ 000 + 0 - 500\ 000/10）× 25\%$$

$$= 1\ 237\ 500（元）$$

2020 年度所得税费用 = 当期所得税费用 + 递延所得税费用

$$= 1\ 237\ 500 + 12\ 500$$

$$= 1\ 250\ 000（元）$$

确认所得税费用的账务处理如下：

借：所得税费用——当期所得税费用　　　　　　　　　　　　　　　　　 1 237 500

　　递延所得税费用　　　　　　　　　　　　　　　　　　　　　　　　　　 12 500

　　贷：应交税费　　应交所得税　　　　　　　　　　　　　　　　　　　 1 237 500

　　　　递延所得税负债　　　　　　　　　　　　　　　　　　　　　　　　　12 500

（2）对甲公司 2021 年 12 月 31 日的企业所得税相关业务进行的账务处理如下。由于 2021 年 12 月 31 日，对该项无形资产进行减值测试，可收回金额为 300 000 元，因此，2021 年 12

月 31 日，会计上计提无形资产减值准备=500 000−300 000=200 000（元）。

2021 年 12 月 31 日该项无形资产的账面价值=300 000（元）

2021 年 12 月 31 日该项无形资产的计税基础=500 000−（500 000/10）×2

$$=400\ 000（元）$$

2021 年 12 月 31 日该项无形资产的账面价值 300 000 元小于计税基础 400 000 元差额是 100 000 元（400 000−300 000），为应确认的可抵扣暂时性差异，符合确认条件时，应确认相关的递延所得税资产 25 000 元（100 000×25%），同时应当转回 2018 年期末确认的递延所得税负债 12 500 元。

2021 年度递延所得税费用=（递延所得税负债的期末余额−递延所得税负债的期初余额）−

（递延所得税资产的期末余额−递延所得税资产的期初余额）

$$=（0−12\ 500）−（25\ 000−0）$$

$$=−37\ 500（元）（负数代表收益）$$

2021 年度当期所得税费用=应纳税所得额×当期适用税率

$$=（5\ 000\ 000+0−500\ 000/10+200\ 000）×25\%$$

$$=1\ 287\ 500（元）$$

2021 年度所得税费用=当期所得税费用+递延所得税费用

$$=1\ 287\ 500+（−37\ 500）$$

$$=1\ 250\ 000（元）$$

确认所得税费用的账务处理如下：

借：所得税费用——当期所得税费用　　　　　　　　　　　　　　　1 287 500

　　递延所得税资产　　　　　　　　　　　　　　　　　　　　　　 25 000

　　递延所得税负债　　　　　　　　　　　　　　　　　　　　　　 12 500

　　贷：应交税费——应交所得税　　　　　　　　　　　　　　　　1 287 500

　　　　所得税费用——递延所得税费用　　　　　　　　　　　　　　 37 500

3.【答案】

（1）确认 2021 年 12 月 31 日预计负债的账面价值。

2021 年 12 月 31 日预计负债的账面价值=1 000−800+1 200=1 400（万元）

（2）确认 2021 年 12 月 31 日预计负债的计税基础。

2021 年 12 月 31 日预计负债的计税基础=1 400−1 400=0，年末累计可抵扣暂时性差异金额=1 400（万元），2021 年末递延所得税资产余额=1 400×25%=350（万元），2021 年末递延所得税资产发生额=350−250=100（万元），递延所得税收益为 100 万元。

（3）确认 2021 年度递延所得税费用。

2021 年 12 月 31 日预计负债的账面价值 1 400 万元大于其计税基础 0，差额是 1 400 万元，将于未来期间减少企业的应纳税所得额，为可抵扣暂时性差异。2021 年期末递延所得税资产余额为 350 万元（1 400×25%），由于 2021 年期初递延所得税资产余额为 250 万元，因此 2021 年期末应确认递延所得税资产 100 万元（350−250）。

2021 年度递延所得税费用=（递延所得税负债的期末余额−递延所得税负债的期初余额）−

（递延所得税资产的期末余额−递延所得税资产的期初余额）

$$=（0−0）−（350−250）=−100（万元）（负数代表收益）$$

（4）确认 2021 年度当期所得税（当期所得税费用）。

2021 年度当期所得税费用=应纳税所得额×当期适用税率

$$=（20\ 000+1\ 200-800）×25\%=5\ 100（万元）$$

（5）确认 2021 年度利润表中的所得税费用。

2021 年度所得税费用=当期所得税费用+递延所得税费用

$$=5\ 100+（-100）=5\ 000（万元）$$

2021 年 12 月 31 日确认所得税费用的账务处理如下：

借：所得税费用——当期所得税费用　　　　　　　　　　　　　　51 000 000

　　　递延所得税资产　　　　　　　　　　　　　　　　　　　　1 000 000

　　　贷：应交税费——应交所得税　　　　　　　　　　　　　　51 000 000

　　　　　所得税费用——递延所得税费用　　　　　　　　　　　　1 000 000

4.【答案】

（1）对甲公司 2020 年 12 月 31 日的企业所得税相关业务进行的账务处理如下：

2020 年 12 月 31 日合同负债的账面价值=200（万元）

2020 年 12 月 31 日合同负债的计税基础=200-200=0

2020 年 12 月 31 日合同负债的账面价值 200 万元大于其计税基础 0，差额是 200 万元，将于未来期间减少企业的应纳税所得额，为可抵扣暂时性差异，符合确认条件时，应确认相关的递延所得税资产 50 万元（200×25%）。

2020 年度当期所得税费用=（递延所得税负债的期末余额-递延所得税负债的期初余额）-

　　　　　　　　　　　　（递延所得税资产的期末余额-递延所得税资产的期初余额）

$$=（0-0）-（50-0）=-50（万元）（负数代表收益）$$

2020 年度当期所得税费用=应纳税所得额×当期适用税率

$$=（20\ 000+200）×25\%=5\ 050（万元）$$

2020 年度所得税费用=当期所得税费用+递延所得税费用

$$=5\ 050+（-50）=5\ 000（万元）$$

2020 年 12 月 31 日确认所得税费用的账务处理如下：

借：所得税费用——当期所得税费用　　　　　　　　　　　　　　50 500 000

　　　递延所得税资产　　　　　　　　　　　　　　　　　　　　500 000

　　　贷：应交税费——应交所得税　　　　　　　　　　　　　　50 500 000

　　　　　所得税费用——递延所得税费用　　　　　　　　　　　　500 000

（2）对甲公司 2019 年 12 月 31 日的企业所得税相关业务进行的账务处理如下：

2021 年 12 月 31 日合同负债的账面价值=0

2021 年 12 月 31 日合同负债的计税基础=0

2021 年 12 月 31 日可抵扣暂时性差异余额=0

2021 年期末递延所得税资产余额=0×25%=0

由于 2021 年期初递延所得税资产余额为 50 万元，2021 年期末应转回相关的递延所得税资产 50 万元。

2021 年度递延所得税费用=（递延所得税负债的期末余额-递延所得税负债的期初余额）-

　　　　　　　　　　　　（递延所得税资产的期末余额-递延所得税资产的期初余额）

$$=（0-0）-（0-50）=50（元）$$

2021年度当期所得税费用=应纳税所得额×当期适用税率

$$=（20\,000-200）×25\%=4\,950（万元）$$

2021年度所得税费用=当期所得税费用+递延所得税费用

$$=4\,950+50=5\,000（万元）$$

2021年12月31日确认所得税费用的账务处理如下：

借：所得税费用——当期所得税费用		49 500 000
——递延所得税费用		500 000
贷：应交税费——应交所得税		49 500 000
递延所得税资产		500 000

5.【答案】

2021年12月31日其他应付款的账面价值=1 000 000（元）

2021年12月31日其他应付款的计税基础=1 000 000-0=1 000 000（元）

2021年12月31日其他应付款的账面价值1 000 000元等于其计税基础1 000 000元，不形成暂时性差异。

2021年度当期所得税费用=应纳税所得额×当期适用税率

$$=（10\,000\,000+1\,000\,000）×25\%$$

$$=2\,750\,000（元）$$

2021年12月31日确认所得税费用的账务处理如下：

借：所得税费用	2 750 000
贷：应交税费——应交所得税	2 750 000

项目五　个人所得税的会计实务

一、单项选择题

1. B　2. D　3. B　4. C　5. B

二、多项选择题

1. BC　2. ABD　3. AC　4. AD　5. BD

三、判断题

1. ×　2. ×　3. √　4. ×　5. √

四、业务题

1.【答案】

（1）甲公司202×年1月应为张某预扣预交的个人所得税计算如下：

工资、薪金所得的应纳税所得额=25 000-5 000-4 625-1 000=14 375（元）

甲公司应预扣预交的个人所得税=14 375×3%=431.25（元）

（2）对甲公司与张某个人所得税相关业务进行的账务处理如下：

① 202×年1月发放工资并预扣个人所得税时：

借：应付职工薪酬	25 000
贷：银行存款（25 000-431.25-4 625）	19 943.75
应交税费——代扣代缴个人所得税	431.25
其他应付款——代扣代缴三险一金	4 625

② 202×年 2 月初实际交纳预扣的个人所得税时：

借：应交税费——代扣代缴个人所得税　　　　　　　　　　　　　　431.25

　　贷：银行存款　　　　　　　　　　　　　　　　　　　　　　　　　　431.25

③ 202×年 2 月初实际交纳应由个人承担的三险一金时：

借：其他应付款——代扣代缴三险一金　　　　　　　　　　　　　　4 625

　　贷：银行存款　　　　　　　　　　　　　　　　　　　　　　　　　　4 625

2.【答案】

（1）甲公司应为徐某预扣预交的个人所得税计算如下：

劳务报酬所得的应纳税所得额=80 000×（1−20）=64 000（元）

甲公司应预扣预交的个人所得税=64 000×40%−7 000=18 600（元）

（2）对甲公司与徐某个人所得税相关业务进行的账务处理如下：

① 支付劳务报酬并预扣个人所得税时：

借：管理费用　　　　　　　　　　　　　　　　　　　　　　　　　　80 000

　　贷：银行存款（80 000−18 600）　　　　　　　　　　　　　　　　61 400

　　　　应交税费——代扣代缴个人所得税　　　　　　　　　　　　　　18 600

② 实际交纳预扣的个人所得税时：

借：应交税费——代扣代缴个人所得税　　　　　　　　　　　　　　18 600

　　贷：银行存款　　　　　　　　　　　　　　　　　　　　　　　　　　18 600

3.【答案】

（1）甲出版社应为张某预扣预交的个人所得税计算如下：

稿酬所得的应纳税所得额=10 000×（1−20%）×70%=5 600（元）

甲出版社应预扣预交的个人所得税=5 600×20%=1 120（元）

（2）对甲出版社与张某个人所得税相关业务进行的账务处理如下：

① 支付稿酬并预扣个人所得税时：

借：生产成本　　　　　　　　　　　　　　　　　　　　　　　　　　10 000

　　贷：银行存款（10 000−1 120）　　　　　　　　　　　　　　　　　8 880

　　　　应交税费——代扣代缴个人所得税　　　　　　　　　　　　　　1 120

② 实际交纳预扣的个人所得税时：

借：应交税费——代扣代缴个人所得税　　　　　　　　　　　　　　1 120

　　贷：银行存款　　　　　　　　　　　　　　　　　　　　　　　　　　1 120

4.【答案】

（1）甲公司应为赵某预扣预交的个人所得税计算如下：

特许权使用费所得的应纳税所得额=20 000×（1−20%）=16 000（元）

甲公司应预扣预交的个人所得税=16 000×20%−3 200（元）

（2）对甲公司与赵某个人所得税相关业务进行的账务处理如下：

① 支付特许权使用费并预扣个人所得税时：

借：无形资产　　　　　　　　　　　　　　　　　　　　　　　　　　20 000

　　贷：银行存款（20 000−3 200）　　　　　　　　　　　　　　　　　16 800

　　　　应交税费——代扣代缴个人所得税　　　　　　　　　　　　　　3 200

② 实际交纳预扣的个人所得税时：

借：应交税费——代扣代缴个人所得税   3 200

    贷：银行存款   3 200

5. 【答案】

（1）甲公司应为职工代扣代缴的个人所得税计算如下：

利息、股息、红利所得的应纳税所得额=100 000（元）

甲公司应代扣代缴的个人所得税=100 000×20%=20 000（元）

（2）对甲公司与职工个人所得税相关业务进行的账务处理如下：

① 支付利息并代扣个人所得税时：

借：财务费用   100 000

    贷：银行存款（100 000–20 000）   80 000

          应交税费——代扣代缴个人所得税   20 000

② 实际交纳代扣的个人所得税时：

借：应交税费——代扣代缴个人所得税   20 000

    贷：银行存款   20 000

项目六　其他税种的会计实务（上）

一、单项选择题

1. D　2. A　3. C　4. A　5. B

二、多项选择题

1. ABD　2. AB　3. ABCD　4. BC　5. AD

三、判断题

1. √　2. √　3. ×　4. √　5. ×

四、业务题

1. 【答案】

（1）甲工业企业当月进口原材料的应纳关税和应纳进口环节增值税计算如下：

成交价格=120 000+1 000+2 000+600–123 600（美元）

123 600×6.5=803 400（元）

应纳关税=803 400×20%=160 680（元）

原材料采购成本（组成计税价格）=803 400+160 680=964 080（元）

应纳进口环节增值税=964 080×13%=125 330.4（元）

（2）对甲工业企业进口环节关税、增值税相关业务进行的账务处理如下：

① 购入现汇时：

借：银行存款——美元存款   803 400

    贷：银行存款——人民币存款   803 400

② 对外付汇，交纳进口关税、增值税，计算进口原材料的采购成本时：

借：在途物资（803 400+160 680）   964 080

          应交税费——应交增值税（进项税额）   125 330.4

	贷：银行存款——美元存款	803 400
	——人民币存款（160 680＋125 330.4）	286 010.4

③ 材料验收入库时：

借：原材料 964 080

贷：在途物资 964 080

2.【答案】

（1）甲公司 202×年 1 月的应纳城市维护建设税、教育费附加、地方教育附加计算如下：

对进口货物或者境外单位和个人向境内销售劳务、服务、无形资产交纳的增值税、消费税税额，不征收城市维护建设税。

应纳城市维护建设税＝（700 000＋800 000＋100 000）×7%＝112 000（元）

应纳教育费附加＝（700 000＋800 000＋100 000）×3%＝48 000（元）

应纳地方教育附加＝（700 000＋800 000＋100 000）×2%＝32 000（元）

（2）对甲公司城市维护建设税、教育费附加、地方教育附加相关业务进行的账务处理如下：

① 计提城市维护建设税、教育费附加、地方教育附加时：

借：税金及附加 192 000

贷：应交税费——应交城市维护建设税 112 000

——应交教育费附加 48 000

——应交地方教育附加 32 000

② 交纳城市维护建设税、教育费附加、地方教育附加时：

借：应交税费——应交城市维护建设税 112 000

——应交教育费附加 48 000

——应交地方教育附加 32 000

贷：银行存款 192 000

3.【答案】

（1）甲公司土地增值税清算中应补交的土地增值税计算如下：

清算比例＝16 000/20 000×100%＝80%

转让房地产的收入（不含增值税收入）＝52 500/（1＋5%）＝50 000（万元）

转让房地产有关税金＝52 500/（1＋5%）×5%×（7%＋3%＋2%）＝300（万元）

房地产开发费用＝（9 000＋16 000）×80%×10%＝2 000（万元）

扣除项目合计＝（9 000＋16 000）×80%＋2 000＋300＋（9 000＋16 000）×80%×20%＝26 300（万元）

增值额＝50 000－26 300＝23 700（万元）

增值率＝23 700/26 300×100%＝90.11%

清算后补交土地增值税＝23 700×40%－26 300×5%－1 200＝6 965（万元）

（2）对甲公司土地增值税清算中补交土地增值税相关业务进行的账务处理如下：

① 计提补交的土地增值税时：

借：税金及附加 69 650 000

贷：应交税费——应交土地增值税 69 650 000

② 实际补交土地增值税时：

借：应交税费——应交土地增值税 69 650 000
　　贷：银行存款 69 650 000

4.【答案】

（1）甲公司202×年第一季度的城镇土地使用税计算如下：

202×年全年应纳城镇土地使用税=50 000×1.2=60 000（元）

202×年第一季度应纳城镇土地使用税=60 000/4=15 000（元）

（2）对甲公司202×年第一季度的城镇土地使用税相关业务进行的账务处理如下：

① 202×年1月、2月、3月每月月底计提第一季度各月的城镇土地使用税时：

借：税金及附加 5 000
　　贷：应交税费——应交城镇土地使用税（15 000/3） 5 000

② 202×年4月初申报期内实际交纳本年第一季度的城镇土地使用税时：

借：应交税费——应交城镇土地使用税 15 000
　　贷：银行存款 15 000

5.【答案】

（1）202×年1月的应纳资源税计算如下：

采取托收承付方式销售原煤200吨应纳资源税=200×120×5%=1 200（元）

纳税人将其开采的原煤自用于连续生产洗选煤的，在原煤移送使用环节不交纳资源税；将开采的原煤加工为洗选煤销售的，以洗选煤销售额乘以折算率作为应税煤炭销售额，计算交纳资源税；将其开采的原煤自用于其他方面（如用于职工宿舍）的，视同销售原煤，以洗选煤同期对外销售价格乘以折算率作为应税煤炭销售额，计算应纳资源税。计入销售额中的相关运杂费用，凡取得增值税发票或者其他合法有效凭据的，准予从销售额中扣除。相关运杂费用是指应税产品从坑口或者洗选（加工）地到车站、码头或者购买方指定地点的运输费用、建设基金以及随运销产生的装卸、仓储、港杂费用。

销售未税原煤加工的300吨选煤应纳资源税=300×200×60%×5%=1 800（元）

将生产的50吨选煤用于职工宿舍取暖应纳资源税=50×200×60%×5%=300（元）

将150吨选煤赠送给某关联单位应纳资源税=150×200×60%×5%=900（元）

该煤矿当月应纳资源税合计=1 200+1 800+300+900=4 200（元）

（2）对甲煤矿企业资源税相关业务进行的账务处理如下：

① 销售自产的原煤时：

借：银行存款 27 120
　　贷：主营业务收入（200×120） 24 000
　　　　应交税费——应交增值税（销项税额）（24 000×13%） 3 120

借：主营业务成本（200×80） 16 000
　　贷：库存商品 16 000

② 销售未税原煤加工的300吨选煤时：

借：银行存款 67 800
　　贷：主营业务收入（300×200） 60 000
　　　　应交税费——应交增值税（销项税额）（60 000×13%） 7 800

借：主营业务成本（300×150）　　　　　　　　　　　　　45 000
　　贷：库存商品　　　　　　　　　　　　　　　　　　　　　45 000
③ 将生产的 50 吨选煤用于职工宿舍取暖时：
借：应付职工薪酬　　　　　　　　　　　　　　　　　　　11 300
　　贷：主营业务收入（50×200）　　　　　　　　　　　　10 000
　　　　应交税费——应交增值税（销项税额）（10 000×13%）　1 300
借：主营业务成本（50×150）　　　　　　　　　　　　　　7 500
　　贷：库存商品　　　　　　　　　　　　　　　　　　　　　7 500
④ 将 150 吨选煤赠送给某关联单位时：
借：营业外支出（22 500+3 900）　　　　　　　　　　　　26 400
　　贷：库存商品（150×150）　　　　　　　　　　　　　　22 500
　　　　应交税费——应交增值税（销项税额）（150×200×13%）　3 900
⑤ 计提资源税时：
借：税金及附加（1 200+1 800+300+900）　　　　　　　　4 200
　　贷：应交税费——应交资源税　　　　　　　　　　　　　4 200
⑥ 次月初申报期内交纳资源税时：
借：应交税费——应交资源税　　　　　　　　　　　　　　4 200
　　贷：银行存款　　　　　　　　　　　　　　　　　　　　4 200

项目七　其他税种的会计实务（下）

一、单项选择题
1. C　2. C　3. B　4. C　5. B
二、多项选择题
1. ACD　2. CD　3. ABD　4. AB　5. AD
三、判断题
1. ×　2. √　3. ×　4. √　5. ×
四、业务题
1.【答案】
（1）甲公司 202×年的应纳车船税计算如下：
甲公司 202×年应纳车船税=6×480+3×5×60=3 780（元）
（2）对甲公司 202×年车船税相关业务进行的账务处理如下：
① 甲公司 202×年 1 月交纳全年的车船税时：
借：预付账款　　　　　　　　　　　　　　　　　　　　　3 780
　　贷：应交税费——应交车船税　　　　　　　　　　　　　3 780
借：应交税费——应交车船税　　　　　　　　　　　　　　3 780
　　贷：银行存款　　　　　　　　　　　　　　　　　　　　3 780
或者将上述会计分录合并为：
借：预付账款　　　　　　　　　　　　　　　　　　　　　3 780
　　贷：银行存款　　　　　　　　　　　　　　　　　　　　3 780

② 202×年1—12月，每月月末分摊各月应当承担的车船税时：

借：税金及附加　　　　　　　　　　　　　　　　　　　　315

　　贷：预付账款（3 780/12）　　　　　　　　　　　　　　　　315

甲公司也可以根据企业会计准则的重要性原则，不进行分摊，而在直接交纳车船税的当月（202×年1月）做如下会计分录：

借：税金及附加　　　　　　　　　　　　　　　　　　　3 780

　　贷：应交税费——应交车船税　　　　　　　　　　　　　　3 780

借：应交税费——应交车船税　　　　　　　　　　　　　3 780

　　贷：银行存款　　　　　　　　　　　　　　　　　　　　　3 780

或者将上述会计分录合并为：

借：税金及附加　　　　　　　　　　　　　　　　　　　3 780

　　贷：银行存款　　　　　　　　　　　　　　　　　　　　　3 780

2.【答案】

（1）甲公司202×年6月的应纳车辆购置税计算如下：

应纳关税＝300 000×100×25%＝7 500 000（元）

组成计税价格＝（300 000×100＋7 500 000）/（1−40%）＝62 500 000（元）

应纳增值税＝62 500 000×13%＝8 125 000（元）

应纳消费税＝62 500 000×40%＝25 000 000（元）

应纳车辆购置税＝62 500 000×10%＝6 250 000（元）

（2）对甲公司车辆购管税相关业务进行的账务处理如下：

① 计提车辆购置税时：

固定资产的入账价值＝关税完税价格＋关税＋消费税＋车辆购置税

　　　　　　　　　＝300 000×100＋7 500 000＋25 000 000＋6 250 000

　　　　　　　　　＝68 750 000（元）

借：固定资产　　　　　　　　　　　　　　　　　　68 750 000

　　应交税费——应交增值税（进项税额）　　　　　　8 125 000

　　贷：应付账款——外商（300 000×100）　　　　　　　30 000 000

　　　　应交税费——应交车辆购置税　　　　　　　　　　6 250 000

　　　　银行存款（7 500 000＋25 000 000＋8 125 000）　40 625 000

② 交纳车辆购置税时：

借：应交税费——应交车辆购置税　　　　　　　　　　6 250 000

　　贷：银行存款　　　　　　　　　　　　　　　　　　　6 250 000

或者将上述会计分录合并为：

借：固定资产　　　　　　　　　　　　　　　　　　68 750 000

　　应交税费——应交增值税（进项税额）　　　　　　8 125 000

　　贷：应付账款——外商　　　　　　　　　　　　　　30 000 000

　　　　银行存款（7 500 000＋25 000 000＋8 125 000＋6 250 000）　46 875 000

3.【答案】

（1）甲公司202×年1月的应纳印花税计算如下：

第一份合同应纳印花税=5 000 000×1‰=5 000（元）

第二份合同应纳印花税=2 000 000×0.5‰+1 000 000×1‰=2 000（元）

应纳印花税合计=5 000+2 000=7 000（元）

（2）对甲公司印花税相关业务进行的账务处理如下：

借：税金及附加 7 000

　　贷：银行存款 7 000

4.【答案】

（1）甲公司 202×年 1 月的应纳契税计算如下：

应纳契税=5 000 000×3%=150 000（元）

（2）对甲公司契税相关业务进行的账务处理如下：

① 计提契税时：

借：固定资产——办公用房（5 000 000+150 000） 5 150 000

　　应交税费——应交增值税（进项税额）（5 000 000×9%） 450 000

　　贷：其他应付款（5 000 000+450 000） 5 450 000

　　　　应交税费——应交契税 150 000

② 实际交纳契税时：

借：应交税费——应交契税 150 000

　　贷：银行存款 150 000

或者将上述会计分录合并为：

借：固定资产——办公用房（5 000 000+150 000） 5 150 000

　　应交税费——应交增值税（进项税额）（5 000 000×9%） 450 000

　　贷：其他应付款（5 000 000+450 000） 5 450 000

　　　　银行存款 150 000